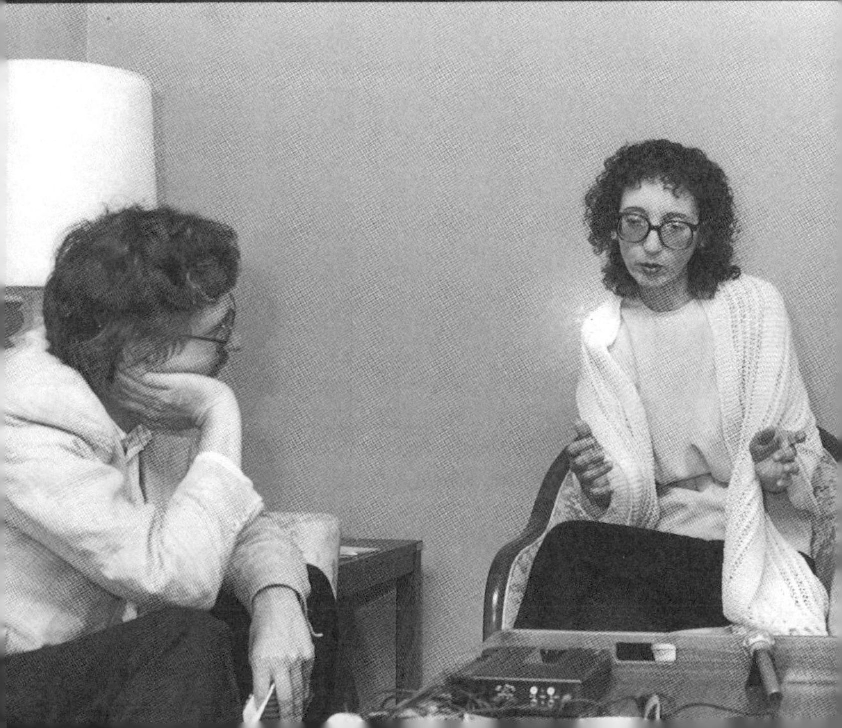

Das Buch

Schreiben ist ein einsames Geschäft. Wenn sich Autoren mitteilen, dann durch ihre Bücher. Wir, ihre Leser, entwickeln, wenn uns ein Autor eingefangen hat, eine vielleicht unzulässige Neugier, mehr zu wissen, mehr zu erfahren. Nicht, daß wir glaubten, das Werk durch die Biographie erschließen zu können. Aber haben wir uns nicht ein wenig mit Zuckerman, Anselm Kristlein oder Stiller im Laufe unserer einsamen Lektüre angefreundet? Sind wir nicht so etwas wie alte Bekannte geworden? Wer hat das alles erfunden, ist eine Frage, die Volker Hage zu beantworten versucht. Er hat die Autoren aufgesucht, sie kenntnisreich in Gespräche verwickelt, aus denen sich Miniaturen und Porträts ergaben. Plötzlich wissen wir mehr, verstehen manches besser, unsere Bekanntschaft hat sich vertieft.
Hage ist Journalist. Die meisten Autorenporträts erschienen zunächst in der ›FAZ‹ oder der ›Zeit‹. Er versteht es, zu fesseln und Neugierde zu wecken. ›Alles erfunden‹ ist ein nützliches und vergnügliches Buch. So ganz unter der Hand entwickelt sich auch ein Gespür für die mannigfachen Verflechtungen zwischen der deutschen und der amerikanischen Literatur.

Der Autor

Volker Hage, 1949 in Hamburg geboren, ist Redakteur im ›Spiegel‹-Kulturressort. Zuvor arbeitete er – von 1975 bis 1986 – im Literaturblatt der ›Frankfurter Allgemeinen‹ und im ›FAZ-Magazin‹, war – bis 1992 – leitender Literaturredakteur der ›Zeit‹. Gastprofessuren in Deutschland und Amerika. Begründer und Mitherausgeber des Reclam-Periodikums ›Deutsche Literatur‹ (jährlich seit 1982); Herausgeber mehrerer Anthologien. Bücher: ›Max Frisch‹ (Rowohlt-Monographie, 1983), ›Collagen in der deutschen Literatur‹ (1984); ›Schriftproben. Zur deutschen Literatur der achtziger Jahre‹ (1990); ›Eine Liebe fürs Leben. Thomas Mann und Travemünde‹ (1993); ›Marcel Reich-Ranicki‹ (1995, zusammen mit Mathias Schreiber).

studio dtv

Volker Hage:
Alles erfunden

Porträts deutscher und amerikanischer Autoren

Aktualisierte und ergänzte Neuauflage

Deutscher
Taschenbuch
Verlag

Mai 1995
Deutscher Taschenbuch Verlag, München
© Deutscher Taschenbuch Verlag, München 1995
© Für die Autorenfotos siehe Nachweise am Schluß des Bandes
Umschlaggestaltung: Christoph Krämer
Satz: IBV Satz- und Datentechnik, Berlin
Druck und Bindung: C. H. Beck'sche Buchdruckerei,
Nördlingen
Printed in Germany · ISBN 3-423-19032-9

Für Laura

»Alle Geschichten sind erfunden, Spiele der Einbildung, Entwürfe der Erfahrung, Bilder, wahr nur als Bilder. Jeder Mensch, nicht nur der Dichter, erfindet seine Geschichten – nur daß er sie, im Gegensatz zum Dichter, für sein Leben hält – anders bekommen wir unsere Erlebnismuster, unsere Ich-Erfahrung, nicht zu Gesicht.«

Max Frisch

»Man sucht den Autor und findet – natürlich – einen Fremden.«

Joyce Carol Oates

»Ja. Da hast du das Leben. Immer ein bißchen an der Fiktion vorbei.«

Philip Roth

Inhalt

Vorbemerkung zur Neuausgabe

Diese Sammlung von Schriftstellerporträts erschien erstmals 1988. Zwei der hier porträtierten Schriftsteller leben inzwischen nicht mehr: Günther Anders und Max Frisch. Die Gespräche mit Jurek Becker und Wolf Biermann sind vor dem Hintergrund der noch existierenden DDR geführt worden. Biermann lebte damals, bei der Begegnung im Herbst 1981, seit fünf Jahren wieder in Hamburg und sang noch das hohe Lied auf den anderen Staat, aus dem er nach seinem Kölner Konzert im November 1976 rausgeflogen war. Becker war – in West-Berlin, Herbst 1986 – stolzer Besitzer eines DDR-Visums, das genau bis zum Jahre 1989 Gültigkeit hatte... Vier der Beiträge sind ergänzt worden: Neue Gespräche mit Joseph Heller, Philip Roth, Botho Strauß und John Updike haben neue Aspekte gebracht. Zwei Porträtierte sind hinzugekommen: Harold Brodkey und Richard Ford. So ist das Verhältnis zwischen den Autoren aus Amerika und jenen deutscher Sprache noch ausgewogener. Der transatlantische Vergleich, der sich damit ergibt, ist ein erwünschter Nebenaspekt dieses Buches. Im Zentrum jedenfalls steht der Schriftsteller, der einzelne mit seinen Geschichten: jenen, die er in Büchern erfindet, und jenen, die er über sich und sein Leben erzählt. Und immer wieder ist die Frage, wie das eine mit dem anderen zusammenhängt.

Hamburg, Januar 1995   V. H.

Wir antiquierten Menschen

Günther Anders

Wien, 30. November 1984

Es war ein sonderbares Bild. Unterhalb des blumengeschmückten Rednerpults stand ein Fernsehgerät. Ein Mann mit weißen Haaren und hoher Stirn sprach vom Bildschirm zum Publikum. Im September 1983 dankte auf diese Weise Günther Anders in der Paulskirche für den Adorno-Preis der Stadt Frankfurt. Das »Banalste von der Welt« sagte er, Alter und Krankheit, hinderten ihn daran, leibhaftig zu erscheinen: »Und lieber bin ich noch als Phantom unter Euch und unter Ihnen als überhaupt nicht.«

Mehr als ein Jahr danach in seiner Wiener Wohnung in der Lackierergasse: Hier hat Günther Anders, der Schriftsteller und Philosoph, damals das Videoband besprochen; hier sitzt er, 82 Jahre alt, täglich an seinem Schreibtisch. Er steht um sechs Uhr auf, hört die Frühnachrichten. Dann arbeitet er, von einer Mittagspause abgesehen, bis abends um halb sieben. »Wenn man versucht, mehr als Durchschnittliches zu leisten, muß man in allen unwichtigen Dingen ganz spießig und regelmäßig sein«, erklärt er mir. Der Raum wird von einem runden Eisenofen beheizt. Es gibt eine Couch, einen Besucherstuhl, einen Tisch, der vollgetürmt ist mit Büchern, in der Ecke am Fenster steht der kleine Schreibtisch. Neben den Büchern liegt ein aufgeschlagenes Notenblatt: Beethovens ›Appassionata‹. Musik ist für Anders so etwas wie ein Nahrungsmittel. »Ich höre sie bei der Arbeit, aber nicht als Hintergrundmusik. Ich höre sie ganz bewußt. Ich kann mich schizophren machen.«

Er schreibt heute alles mit der Hand, die Maschine kann er nicht mehr bedienen. »Man muß ja nicht sein ganzes Leben lang alles können«, sagt er trocken. Er kann seine Finger nicht mehr bewegen: Eine Arthrose quält ihn nun schon seit dreißig Jahren.

Damals sagten ihm die Ärzte voraus, daß er bald im Rollstuhl sitzen werde. Statt dessen lebt er noch heute tagsüber allein in dieser Wohnung. Er kämpft gegen die Schmerzen an, auch während des Gesprächs. Besuch ist für ihn eine Ablenkung von der Arbeit. »Seit ich diesen Preis bekommen habe, bin ich bekannt wie eine bunte Kuh geworden. Dreißig Jahre nach meinen wichtigen Arbeiten!«

Mitte der fünfziger Jahre, schon damals war er kein junger Mann mehr, erschien der erste Band seines Hauptwerks: ›Die Antiquiertheit des Menschen‹. Das Buch ist wie vieles, was Anders geschrieben hat, schwer einzuordnen. Ein umfangreicher Essay? Eine systematische Philosophie? Eine Mischung aus »Metaphysik und Journalismus« (wie Anders selbst vorschlug)? Als einer der ersten hat er sich darin kritisch mit dem Fernsehen beschäftigt. »Die Welt wird uns ins Haus geliefert«, beschrieb er einen heute geläufigen Sachverhalt. Als real gelte das, was auf dem Bildschirm erscheine. Die paradoxe Folge: »Erst wenn die Tür hinter uns ins Schloß gefallen ist, wird das Draußen uns sichtbar.« Die Welt wird zum »Phantom«. Mit Sinn für Selbstironie also hat der Adorno-Preisträger die Worte seiner Dankrede gewählt.

Wie kam er Anfang der fünfziger Jahre aufs Fernsehen? »Geschrieben habe ich das, ohne je ferngesehen zu haben«, erzählt Anders vergnügt. »In New York hatte ich einmal zwei bis drei Minuten auf der Straße beobachtet, wie Leute sich vor einem Schaufenster versammeln, um einen Boxkampf im TV zu sehen. Das war alles.« Entstanden ist eine faszinierende Theorie des Fernsehens, die vor allem die Wirkung auf das Publikum mit bestechender Klarsicht beschreibt – in einer Zeit, als in der Bundesrepublik gerade mit der täglichen Ausstrahlung eines Programms begonnen wurde. Für Anders ein Beleg dafür, daß »die Vorstellung für die Erkenntnis heute viel wichtiger ist als die Wahrnehmung«. Und er hat seine Ansichten über das Fernsehen seither nicht geändert? »Falsch sind sie nicht. Aber zwei Ergebnisse haben mich mittlerweile zu einer Revision meiner grundsätzlichen Kritik geführt. Zum einen die Rolle des Fernsehens im Vietnam-Krieg. Die amerikanische Regierung hat damit gegen sich selbst Reklame gemacht. Wenn nicht jeden Abend der Krieg ins Haus gekommen wäre, wäre die Ungeduld nicht so stark gewesen. Zum anderen die Wirkung der Serie ›Holocaust‹.« Er selbst hat immer noch keinen Fernseher in der Wohnung, läßt jedoch Milde walten, wenn andere auf ihren »welthistorischen Knopf« drücken. Über seine Nachbarin sagt er: »Sie ist in gewissem Sinne globaler als Goethe.«

Das Fernsehgerät ist nur einer der Bausteine in seiner Lehre von der ›Antiquiertheit des Menschen‹. Gemeint ist damit: Wir sind den Apparaten nicht gewachsen, die wir herstellen können. Inbegriff dieses Unvermögens ist die Atombombe. »Zerbomben können wir zwar Hunderttausende«, heißt es in der Einleitung aus dem Jahre 1956, »sie aber beweinen oder bereuen nicht.« Die nach seiner Meinung unterentwickelte Angst vor der Atomwaffe – unsere »Apokalypseblindheit« – ist für Anders ein Leitthema geblieben: Dahinter habe alles andere zurückzustehen. So ist er der Warner geworden, der »professionelle Panikmacher« (wie er selbst es ausdrückt), der »wahrscheinlich schärfste und luzideste Kritiker der technischen Welt« (wie Jean Améry es formuliert hat). In der Paulskirche sagte er über den Bildschirm: »Während also das Phantom zu Ihnen spricht, sitze ich weit entfernt von Ihnen in Wien, aufs eiligste damit beschäftigt, dasjenige zu tun, womit Sie mich ja zu Recht identifizieren. Nämlich Argumente gegen die fälschlich Nachrüstung genannte Souveränitätsberaubung der Bundesrepublik zu formulieren.« Günther Anders nimmt solche Worte nicht leichthin in den Mund. Sein Werk bezeugt die Ernsthaftigkeit des Engagements.

Jetzt sitzt er in seiner Arbeitsstube in Wien auf der Couch, vornübergebeugt, mit wachen Augen, und spricht mit eckiger Betonung, fast ein wenig im Singsang: »Es ist einfach eine zu große Vorstellung, als daß man vom normalen Menschen verlangen kann, den apokalyptischen Gedanken des Endes wirklich zu fassen und zu halten. Auch ich sitze nicht den ganzen Tag seit Jahrzehnten da und sage: Die Welt geht unter. Ich versuche, mich seelisch angemessen zu verhalten. Aber ich bebe nicht kontinuierlich.« Die mögliche Katastrophe besteht für ihn darin, »daß die Geschichte nicht weitergeht«. Oder wie er es vor Jahren ausdrückte: daß wir im ganzen »tötbar« seien, als Menschheit. Im Juli 1957 veröffentlichte Anders in der ›Frankfurter Allge-

Günther Anders, 1984 in Wien

meinen‹ seine ›Gebote des Atomzeitalters‹: »Ist nämlich die heutige Menschheit tötbar, so erlischt mit ihr auch die gewesene; und die künftige gleichfalls.« Er guckt ratlos: »Wie ich das den Leuten einhämmern soll, weiß ich nicht. Ich habe gewissermaßen alle Patronen verschossen.« Er steht auf. »Ich muß eine Sekunde nach dem Ofen schauen. Der darf nicht ausgehen.« An der Wand hängt ein Plakat ›Ärzte warnen vor dem Atomkrieg‹ mit den Standorten der Atomwaffen in der Bundesrepublik. Ein dichtes Netz. Daneben, an der sonst leeren Wand, ein Foto. »Mein Vater«, erklärt Anders.

Ja, er ist der Warner, der Philosoph, der sich fernab von Metaphysik ganz der bestehenden und gefährdeten Welt verschrieben hat. Aber in ihm steckt und versteckt sich noch viel mehr. Er war auch Zeichner und Komponist. Er war ein Romancier, dessen

Hauptwerk in dem großen Büroschrank mit den unveröffentlichten Manuskripten ruht, ein Lyriker, dessen Gedichte unbekannt sind, ein Erzähler, der schon 1936 einen Literaturpreis
erhielt, aber bis heute nur mit einigen Geschichten und Fabeln
bekannt ist, ein Literaturtheoretiker, der sich als einer der ersten
zu Kafka, Brecht und Döblin äußerte und dessen Arbeiten gerade eben erstmals gesammelt vorliegen: in dem Band ›Mensch
ohne Welt‹.

Sein Leben ist ein Roman. Geboren wurde Anders am 12. Juli
1902 in Breslau. Sein bürgerlicher Name: Günther Stern. Der
Vater, William Stern, war Psychologe. Bis heute gilt seine ›Psychologie der frühen Kindheit‹ als Standardwerk. Es hat damit
eine besondere Bewandtnis. Der kleine Günther und seine Geschwister bilden nämlich das Anschauungsmaterial. Die Mutter,
auch Psychologin, verfaßte ein Protokoll der frühkindlichen
Entwicklung, aus dem dann der Vater zitierte. So ist nachzulesen, welche Melodien der einjährige Günther summte, welche
Tonfolge sich das Kind selbst ausdachte (mit Notenbeispiel), mit
welcher Begeisterung der fast Dreijährige zum erstenmal am
Klavier saß, was der Vierjährige auf Spaziergängen beobachtete.
Die Mutter damals über ihren Sohn: »Günther hat von den Ge-
schwistern wohl die stärkste Aufwühlbarkeit des Gemüts. Seine
Begeisterungsfähigkeit für alles Schöne, was ihm begegnete, na-
mentlich für die Reize der Natur, zeigte nicht nur stärkere Inten-
sität, sondern auch eine für das Alter seltene Beständigkeit.« Für
einen Biographen werden diese Aufzeichnungen einmal eine
Fundgrube sein. Das sonderbare Erlebnis, seine allerersten
Schritte dokumentiert zu finden, »sich als ein gerade geborenes
Wesen zu treffen, als ein Wesen, mit dem man sich, obwohl man
es selbst ist, doch nicht identifizieren kann, dessen Äußerungen
einen wie die eigener Enkelkinder anmuten«, hat Günther Anders 1952 im Geleitwort zur Neuauflage des 1914 erstmals publizierten Buchs seines Vaters beschrieben.

Das begabte Kind hatte es schwer, seinen Weg zu finden. Denker oder Dichter, Maler oder Musiker? Alles schien wünschbar
und von seinen Talenten her möglich. Doch das Jahrhundert, in
das der Sohn aus jüdischer Familie geboren wurde, sprach ein
Wörtchen mit. Immer wieder kreuzten sich in diesem Lebens-

weg private und politische Ereignisse. Noch bevor er 1919 sein Abitur machen konnte, hatte der junge Stern mit einer Jugendgruppe in Frankreich einiges vom Krieg mitbekommen und war zugleich Opfer antisemitischer Schikanen geworden. Er studierte Philosophie. In Freiburg hörte er Heidegger und Husserl, bei dem er 1924, also mit 22 Jahren, promovierte. ›Die Rolle der Situationskategorie im Logischen‹ ist der Titel der Arbeit. Entschieden war damit nichts. Günther Stern dichtete, schrieb ein nie veröffentlichtes Versepos über Berlin, arbeitete für Zeitungen und den Rundfunk, in Paris auch eine Zeitlang als Führer im Louvre. Die Zeit bis 1927 beschrieb er später als ein »politikfreies Intermezzo meines Lebens«.

Die Politik holte ihn bald ein. Mit einer Musikphilosophie, die er 1929 verfaßte, wollte er sich in Frankfurt habilitieren. Doch die Professoren baten ihn um Geduld: »Jetzt kommen erst einmal die Nazis dran für ein Jahr oder so.« Die Prognose war nicht ganz richtig, aus der Habilitation wurde nichts. Günther Anders heute: »Ich habe die Arbeit auch später nie veröffentlicht, nicht zuletzt, weil ich sah, daß die Musikanalysen von Adorno ihr überlegen waren.« Es war für ihn eine philosophisch fruchtbare Zeit. Er war damals in erster Ehe mit Hannah Arendt verheiratet, »die literarisch und philosophiegeschichtlich viel bewanderter war«, diskutierte mit ihr, mit Adorno, Horkheimer, Mannheim und Tillich. Ein Vortrag aus dem Jahre 1929, ›Die Weltfremdheit des Menschen‹, wurde Jahre später ins Französische übersetzt und gab Jean-Paul Sartre wesentliche Anregungen. Doch ihm half das alles nicht weiter. Wovon sollte er leben? Er besuchte Brecht, der damals Anfang Dreißig war und dem er ein Radiomanuskript mitbrachte: ›Bert Brecht als Denker‹ – so sah man den Verfasser der ›Dreigroschenoper‹ damals im allgemeinen noch nicht. Brecht war beeindruckt, rief sofort Herbert Ihering an, den Kulturchef vom ›Börsen-Courier‹. Fortan schrieb Günther Stern Tag für Tag über Gott und die Welt, über Kriminalfälle, Philosophenkongresse und Romane. Eines Tages sagte Ihering: »Wir können nicht so viele Artikel unter einem Namen bringen. Nennen Sie sich doch noch anders!« Also nannte er sich Anders.

Im März 1933 mußte er Berlin verlassen. Der Gestapo war

Brechts Adressenliste in die Hände gefallen: Grund genug zur Flucht. In Paris begann ein Hungerleben. Einmal hielt er einen Vortrag über Kafka. Wieder war er der Zeit voraus: Außer Walter Benjamin (einem entfernten Verwandten), der unter den Zuhörern saß, verstand wohl kaum einer, wieso Anders vor einer Kafka-Mode warnen zu müssen glaubte. Auch der zweite Preis in einem Literaturwettbewerb der von Klaus Mann edierten Zeitschrift ›Die Sammlung‹ (den ersten erhielt Anna Seghers), half ihm nur wenig weiter. Er trennte sich 1936 von Hannah Arendt und fuhr allein nach Amerika. Günther Anders hatte einen Namen. Aber er war nicht bekannt genug, um wie Thomas Mann oder andere veröffentlichen und davon leben zu können. Es zog ihn quer durch die Vereinigten Staaten; er hielt Vorträge, stand am Fließband und putzte in einem Kostümlager von Hollywood Nachbildungen von SA-Stiefeln. Im März 1941 notierte er mit dem ihm eigenen Sarkasmus im Tagebuch: »Da ist man also vor den Originalen geflohen, um dann, ein paar Jahre später am anderen Ende der Welt in die Gefahr zu geraten, deren Duplikate gegen Bezahlung zu säubern. Gleichviel, auch lernen kann man hier manches.« Die Erfahrungen, die er in den Fabriken machte, bilden den Hintergrund für seine ›Antiquiertheit des Menschen‹.

Noch in Amerika entwickelte er eine paradoxe Lebensphilosophie, die er einem Gesprächspartner in den Mund legt: »Wer die richtige Frau nimmt, der verspielt die Chance der Erfahrung. Wer ›seinen‹ Beruf findet, der bleibt nur bei sich selbst. Wer nur auf Klaviaturen spielt, die ihm nach Maß gearbeitet sind, dessen Finger lernen nichts mehr.« Die Überlegungen münden in der These, daß »richtig« im Leben nur die Durststrecken seien: »Die Jahre, die mit Zufällen angefüllt waren. Die Berufe, die Sie verflucht haben. Und wenn Sie ein Minimum an Erfahrung erworben haben sollten, zu danken hätten Sie das ausschließlich diesen Zeiten des angeblichen Zeitverlusts.«

Selbsttrost angesichts der Jahre, in denen Anders kaum eine Zeile publizieren konnte? Die Kontakte zu den anderen Emigranten boten keinen Ersatz. Manche Kollegen waren hilfsbereit wie Döblin, der sich als Arzt einmal rührend um eine Angina kümmerte, oder zumindest gesprächsbereit wie Brecht, dessen

Äußerungen Anders notiert und Jahre danach veröffentlicht hat. Er verklärt seinen Umgang mit den Berühmtheiten nicht; er hat es nicht nötig. »Brecht konnte mich nicht ausstehen«, sagt er, fast mit Genugtuung. Mit Adorno habe es erhebliche Schwierigkeiten gegeben.

Anders kehrt 1950 zurück, im Besitz der amerikanischen Staatsbürgerschaft – die ihm bald wieder aberkannt wurde, da er in Europa zu bleiben gedachte. In Ost- oder Westdeutschland? Er entschied sich für Wien. »Ich kam mit Koffern an und tausend Manuskripten.« Darunter befanden sich auch die achthundert Seiten des Romans ›Die molussische Katakombe‹, an dem er schon Anfang der dreißiger Jahre gearbeitet, den er in Paris erweitert und den Manès Sperber, damals Lektor eines kommunistischen Exilverlages, mit der Begründung abgelehnt hatte, der Roman sei nicht linientreu. Anders sagt mit der Ruhe dessen, der nicht mehr unbedingt dabeisein muß: »Das Buch wird sicher noch einmal herauskommen.« Die erste seiner Arbeiten, die nach dem Krieg veröffentlicht wurde, war die Kafka-Interpretation, im Kernstück fast zwanzig Jahre alt, in Amerika erweitert, immer noch Vorreiter. Kafka: nicht auf der Suche nach Gott, sondern ein Realist? Der 1951 erschienene Band ›Kafka pro und contra‹ war, heftig umstritten, der Neuanfang des Autors Anders, eines Mannes Ende Vierzig.

In den fünfziger Jahren wurde Günther Anders einer der Wortführer der internationalen Anti-Atom-Bewegung, wurde er der, als der er heute noch oder wieder bekannt ist: der »notorische Schwarzseher«, wie er selbst sich nannte, der eindringliche und unerbittliche Mahner. Früher als andere erkannte er, wie die Welt sich verändert, »da wir die Macht besitzen, einander das Ende zu bereiten«. So heißt es schon im ersten Band der ›Antiquiertheit‹. Damals gab es nur einen Bruchteil des heute angehäuften atomaren Zerstörungspotentials. »Es gibt keinen führenden Politiker, der wirklich die Gefahr sieht«, sagt Anders nun. »Adenauer hat einmal von größerer Artillerie gesprochen, obwohl Hiroshima davor lag und man die Opferzahlen kannte. Er hat den qualitativen Sprung nicht gesehen. Auch keiner der amerikanischen Präsidenten hat das begriffen. Man glaubt immer noch, man könne bessere Waffen herstellen, ohne zu verstehen, daß die Epoche des Komparativs lange vorbei ist. Man kann nicht mehr als alle Menschen umbringen.« Anders rückte dieses Thema vor dreißig Jahren ins Zentrum seines Lebens. Er versuchte, diesen einen Sachverhalt präzise und einfach zu fassen, immer wieder. Er hielt Vorträge, schrieb Aufsätze, gab Interviews. Seine literarischen Interessen stellte er zurück. Nur noch zitatweise tauchten Proben seiner literatur-kritischen und künstlerischen Begabung auf: so eine kurze Bek-kett-Analyse in der ›Antiquiertheit‹, Auszüge aus den damals noch unveröffentlichten Tagebüchern und hier und da ver-schämt ein Gedicht, verkleidet als ›Molussisches Lied‹. »Nimm an, ich sei wirklich eingleisig geworden«, antwortete er einem Freund auf einen besorgten Brief. »Aber dann bin ich ebenso eingleisig wie das Geleise, auf dem der Wagen unseres Schicksals seiner möglichen Katastrophe entgegenrollt... Wer dagegen euch Vielgleisige retten will, wer den Wagenrädern in die Speiche fallen will, der muß auf diesem einen Geleise, auf dem der Wagen rollt, hinter dem Wagen herrennen. Ohne rechts oder links zu blicken. Und das ist es, was ich zu tun versuche.«

Enthalten sind diese Zeilen in dem ›Tagebuch aus Hiroshima und Nagasaki‹, das Anders 1959 unter dem Titel ›Der Mann auf der Brücke‹ veröffentlichte. Im Jahr zuvor hatte er in Tokio an einem Anti-Atom-Kongreß teilgenommen und danach die Op-fer der ersten Atomwaffeneinsätze besucht. Was ihm vor allem auffiel: »Nirgends eine Spur von Bosheit, lediglich Trümmer.« Er interpretierte den überraschenden Mangel an Haß bei den überlebenden Opfern als psychischen Defekt, als »Folge der Tatsache, daß wir durch Zerfällung des ›Tatorts‹ unfähig gewor-den sind, diejenigen Gefühle aufzubringen, die der Faktizität un-serer Welt angemessen wären«. Er schrieb in sein Tagebuch: »Der Haßlosigkeit hier entspricht das absolut reine Gewissen dort, nämlich in Trumans Hause. Die beiden gehören zusam-men.« Die »fürchterliche Konsequenz unseres technologischen Zustands«: Das Opfer erlebt sich nur noch als jemand, dem Leid geschieht, nicht mehr als jemand, dem ein anderer Leid zufügt, der Täter sich nicht mehr als Handelnder. »Da er sich an einem Tatort aufhält, der nicht zugleich Leidensort ist, bleibt er unfä-hig, sich selbst seine eigene Tat zuzurechnen. (...) Er ist also der

Zwillingsbruder seines Opfers: Auch er unfähig gemacht, noch moralisch zu handeln.«

Schon bald fand Anders die Möglichkeit, diese Überlegung an einem Beispiel zu demonstrieren. Er las eine Nachricht, daß der amerikanische Pilot eines Aufklärungsflugzeugs, das über Hiroshima eingesetzt war, in ein psychiatrisches Armeehospital eingeliefert worden sei. Die Diagnose: Ödipus-Komplex. Noch heute kann sich Anders darüber ereifern: »Es ist gar nicht mal falsch gedacht. Es ist überhaupt nicht gedacht!« Im Juni 1959 schickte er den ersten Brief an Claude Eatherly, c/o Veterans Hospital. Er glaubte nicht, daß er den Empfänger erreichen würde. Doch Eatherly antwortete, und es entwickelte sich ein Briefwechsel, der 1961 unter dem Titel ›Off limits für das Gewissen‹ veröffentlicht und schon bald ein Welterfolg wurde. Anders deutete die Verstörung des Briefpartners als den vergeblichen Versuch, die Beteiligung an der Tötung von zweihunderttausend Menschen zu begreifen. »Daß Sie, da Ihre Mühen nicht gelingen können, panisch und unkoordiniert reagieren, ist also durchaus begreiflich. Beinahe darf man sagen: es ist ein Zeichen Ihrer moralischen Gesundheit.«

Er war der Mann, der Amerika wegen des ersten Atomwaffeneinsatzes anklagen konnte. Ihm, dem deutschen Juden, der in Amerika überlebt hatte, konnte niemand die deutschen Gaskammern entgegenhalten. Denn er, Anders, hätte zu den Opfern gezählt, wäre er im Land geblieben. Im Juli 1966 besuchte er Auschwitz und notierte hinterher die bewegenden Worte:

»Ich komme von dem Orte, an dem zu sterben, an dem umgebracht und zu Müll verarbeitet zu werden, mir eigentlich bestimmt gewesen war – vor fünfundzwanzig Jahren hätte das sein sollen. Warum ich dem entgangen bin, warum nicht auch meine Schuhe Teile des Auschwitzer Schuhgebirges, nicht auch meine Koffer Teile des Auschwitzer Kofferberges, nicht auch meine Haare Teile des Auschwitzer Haargebirges, nicht auch meine Brillen Teile des Auschwitzer Brillengebirges geworden sind und warum ich dort, wo andere vor fünfundzwanzig Jahren herumgegangen sind, erst gestern herumgegangen bin, und warum ich von dort auch wieder habe fortgehen können, ganz nach Belieben, so als wäre ich Höß persönlich, das ist unbeantwortbar.«

Beide Orte, Auschwitz wie Hiroshima, sind dem Schriftsteller Anders Chiffren für die apokalyptische Potenz dieses Jahrhunderts. Beide hat er aufgesucht, um der Ausflucht zu wehren, davongekommen zu sein sei ein persönliches Verdienst. Und der Anblick der Todesstätten hat ihm die Fähigkeit zu unterscheiden nicht geraubt. »Nein, Auschwitz ist trotz der Tatsache, daß die Welt nicht durch Auschwitzs, sondern durch Hiroshimas zugrunde gehen wird, moralisch ungleich entsetzlicher gewesen als Hiroshima«, schrieb er später. »Die zwei Air-Force-Piloten, die die Bomben über den zwei Unglücksstädten fallen ließen, haben die Hunderttausende ihrer Opfer nicht jahrelang erniedrigt und gefoltert, wie es Usus in Auschwitz war, sondern nicht einmal gesehen, nein: noch nicht einmal vorgestellt.« Die Notizen über den Besuch in Auschwitz und in seiner Vaterstadt Breslau bilden den Schluß der Tagebücher aus den Jahren 1941 bis 1966, von Anders 1967 als ›Die Schrift an der Wand‹ veröffentlicht. Hier sind erstmals auch private Schilderungen zu finden, so etwa Erinnerungen an die Eltern. Damit stellte sich der Erzähler Günther Anders nach Jahrzehnten wieder dem Publikum vor, ein Jahr später zusätzlich mit dem Band ›Der Blick vom Turm‹, der Fabeln enthält (von denen manche später in Lesebücher aufgenommen worden sind). Doch Anders war längst zum Inbegriff der Warnung vor dem atomaren Ende geworden – und davon wollten die Menschen vorerst nichts mehr hören. ›Die Schrift an der Wand‹ sucht man heute vergeblich im Buchhandel, »nein: nicht vergriffen«, erbost sich Anders, »eingestampft«. Dabei hätte dieses Tagebuch eine ähnliche Karriere machen können wie die in manchem vergleichbaren Tagebücher Max Frischs. Doch es gab bisher nie eine Taschenbuchausgabe, wie übrigens auch nicht von den beiden Bänden der ›Antiquiertheit des Menschen‹* (der zweite erschien 1980). Selbst die Anti-Atom-Bücher waren jahrelang nicht greifbar. Erst das Wiederaufleben der Diskussion hat das Interesse daran von neuem geweckt.

Hätte er sich in den Jahren, als er ausschließlich der Anti-Atom-Rufer war, nicht vielleicht doch auch als literarischer Au-

---

* Mittlerweile gibt es eine zweibändige Taschenbuchausgabe und – unter dem Titel ›Tagebücher und Gedichte‹ – auch eine Neuausgabe der ›Schrift an der Wand‹.

tor zeigen sollen? Hätte er sich dem Publikum damit nicht erkennbarer, greifbarer gemacht – und womöglich seinen Warnungen damit noch mehr Nachdruck verliehen? »Da haben Sie völlig recht. Wäre damals ein Gedichtband herausgekommen, wäre ein ganz anderes Bild da. Na ja, ist nicht mehr nachzuholen.« Und er fügt hinzu: »Ich hätt's gern gemacht. Aber der alte Herr Beck, mein Verleger, hätte gar nicht verstanden, daß ich außer philosophischen Dingen auch literarische mache.« Auf die Idee, vielleicht in einem anderen Verlag Texte zu publizieren, kam Anders lange nicht. Erst 1978 brachte ein Frankfurter Verleger einen Band mit Erzählungen heraus, darunter endlich die 1936 prämiierte Geschichte ›Der Hungermarsch‹.

»Die belletristischen Arbeiten bilden fünfzig Prozent meiner Produktion«, sagt Anders. »Jetzt hat mein Verlag die Gesammelten Werke angekündigt, da müssen sie auch das andere bringen. Neulich saß der junge Verleger auf Ihrem Platz, und ich habe ihm gesagt: ›Bringen Sie jetzt erst mal meine Gedichte heraus!‹« Von seinen ›Ketzereien‹, einer Notizsammlung, die »alles enthält, was mich anspricht und anspringt«, und deren erster Band 1982 herauskam, liegen drei neue Folgen im Manuskript vor. Er arbeitet schon geraume Zeit an einem dritten Band der ›Antiquiertheit des Menschen‹. »Aber das wird alles nicht mehr in meiner Zeit herauskommen können«, sagt er wie nebenbei. »Ich kann den Hahn nicht mehr zudrehen. Das kreativ zu nennen, wäre völlig falsch. Es ist eine Sache des Installateurs. Wie Sie ja auch merken: Ich bin ungeheuer verschwatzt.«

Einmal hat er geschrieben, es sei schamlos, in apokalyptischer Zeit Privates vor anderen auszubreiten. Die Konfrontation mit diesem Zitat zaubert das einzige Mal Erstaunen auf sein Gesicht. »›Schamlos‹ habe ich geschrieben? Ach! Wo und wann?« Also kein genereller Vorbehalt der Literatur gegenüber? »Nein, das kann ich nicht sagen. Das wäre eine Art literarischer Selbstmord. Es gibt sehr viele Liebesgedichte von mir. Ich habe auch in der letzten Zeit sehr viele Erinnerungen, ganz unpolitischer Art, aufgeschrieben.« Wie lange mag es dauern, bis man diese Aufzeichnungen, die Gedichte, den Roman, die vollständigen Tagebücher, kurz: bis man Günther Anders endlich kennenlernen wird? Es ist keine Frage an ihn.

Ohnehin nur zögernd läßt er sich auf das Interesse an seiner künstlerischen Seite ein, dem lange zurückgedrängten Teil des Ego. Fast ist man geneigt – sitzt man heute dem Zweiundachtzigjährigen in seinem mühsam zu heizenden Arbeitsraum gegenüber, erlebt man die etwas kantige, jede Form von Kumpanei zurückweisende Art –, an das mütterliche Protokoll über den fünfjährigen Knaben zu denken: »Wenn er gelobt wird, müßte man eigentlich eine kinematographische Aufnahme machen; denn dann zeigt er eine unbeschreibliche Mischung von Stolz, Freude, Scheu, Verlegenheit und dem Wunsche, dies alles zu verbergen. Aus dem Verlangen, seine Gefühle nicht sehen zu lassen, entstehen zuweilen die seltsamsten Grimassen.« Natürlich zieht er heute keine Grimassen mehr, allenfalls einmal die Stirn in Falten. Er schaut mit treuherzigem Augenaufschlag und sagt ganz einfach: »Ich bin überhaupt völlig ungebildet, nicht nur, was Literatur angeht. Ich habe viel zu früh angefangen zu schreiben. Ich hatte nie Geld. Und wenn ich was lesen wollte, habe ich eben in Heimarbeit die Sachen selbst hergestellt.«

Wie ich ein Deutscher wurde

Jurek Becker

West-Berlin, 14. September 1986

Seit fast neun Jahren lebt er jetzt im Westen, mittlerweile im Besitz eines DDR-Visums, das bis zum Jahr 1989 Gültigkeit hat. Vor sechs Jahren hat er eine Wohnung in der Kreuzberger Siedlung ›Riehmers Hofgarten‹ bezogen, einer Wohnanlage aus der Zeit der Jahrhundertwende, die heute unter Denkmalschutz steht. Autos hört man hier nicht. »Es ist zu still manchmal«, sagt Jurek Becker, der aus dem Fenster auf einen Spielplatz blickt. »Beim Arbeiten stören mich kleinste Geräusche, wenn der Grundlärm fehlt.«

Eine große Kanne mit Milchkaffee steht auf dem Tisch, dazu zwei Becher. »Mögen Sie?« Becker macht einen aufgeräumten, erwartungsvollen Eindruck. Er hat noch keinerlei Resonanz auf seinen neuen Roman erhalten. Es ist ein Sonntagvormittag. Becker sitzt vorgebeugt im Sessel, beide Hände auf dem Tisch. Sein Gesicht ist braungebrannt. Der Vollbart und die Haare sind kurzgeschnitten: Grau setzt sich, hier wie dort, erfolgreich gegen Schwarz durch. Die braunen Augen sind bisweilen zu zwei Schlitzen verengt, wenn er spricht. »Wenn ich ein Buch anfange, brauche ich die Überzeugung, daß es ein trauriger Verlust wäre, wenn das Buch ungeschrieben bliebe. Diese Selbstüberschätzung gehört zu meinem Handwerkszeug. Ohne sie hätte ich nicht die Nerven, zwei Jahre dort in der Einsamkeit am Schreibtisch zu sitzen und mit Worten zu hantieren.«

Der Roman heißt ›Bronsteins Kinder‹ – und beide Kinder dieser jüdischen Familie Bronstein sind auf ihre Art Erben der Vergangenheit. Elle ist als Dreijährige von den Eltern bei Bauern in ein Versteck gegeben worden, »wofür sie so viel zahlen mußten, daß an ein eigenes Versteck nicht mehr zu denken war«. Die Eltern und die Tochter überleben getrennt Verfolgung und Bedrohung durch die Nazis – doch nach dem Krieg kommt Elle als eine andere zurück. Sie greift Menschen an, zerkratzt ihnen das Gesicht. Die Eltern müssen sie in eine Anstalt geben. Als deutlich wird, daß keine Besserung zu erwarten ist, wollen sie ein zweites Kind. Hans, der Sohn, verdankt seine Geburt also im Grunde der Gegenwärtigkeit des Vergangenen. Von einer Gnade später Geburt kann für ihn beim besten Willen nicht die Rede sein: Bronsteins Kinder können nicht so tun, als hätten sie mit dem Schicksal der Väter nichts gemein. Auch wenn sie es versuchen. Als Hans, der immer noch keine Zulassung zum Studium hat, danach gefragt wird, ob er sich denn bei der Bewerbung als »Sohn eines Opfers des Faschismus« eingetragen habe, antwortet der: »Als ich geboren wurde, war er längst kein Opfer mehr« – womit der eigene Vater gemeint ist. »Das ist man ein Leben lang«, sagt der Vater seiner Freundin, »das wird man niemals los.« Und dessen Frau setzt hinzu, man könne sich nicht aussuchen, wessen Sohn man sei.

Jurek Becker wurde, so steht es in seinem Paß, am 30. September 1937 in der polnischen Stadt Lodz geboren. An seine Mutter hat er kaum Erinnerung, den Vater traf er wieder, als er sieben Jahre alt war. Eine autobiographische Skizze Beckers (›Mein Judentum‹) enthält die Bemerkung, in eine jüdische Familie hineingeboren worden zu sein, habe für ihn »nicht eben kleine Folgen« gehabt: »Als ich zwei Jahre alt war, wurden die Eltern und ich Bewohner des Gettos von Lodz. (…) Es folgten Aufenthalte in den Konzentrationslagern Ravensbrück und Sachsenhausen.« Als der Krieg vorbei war, lebten von der einst großen Familie nur noch drei Personen: Vater, Sohn und eine Tante. Das Kind Jurek überlebte in einem anderen KZ als der Vater. Beide verdanken dem Geschick einer amerikanischen Suchorganisation, daß sie einander wiederfanden. Vielleicht ist Jurek Becker auch später nie den letzten Zweifel daran losgeworden, ob der Mann, mit dem er fortan in Berlin lebte, wirklich sein Vater war. Jedenfalls schildert er in seinem Roman ›Der Boxer‹ (1976) die Situation der ersten Begegnung aus der Sicht des Vaters. »Sie ging mit Aron hinaus, quer über den Platz, die Kinder nahmen keine Notiz von ihnen. Aron sagte, er habe gedacht, sie könne jetzt auf einen beliebigen Jungen zeigen, auf irgendeinen in passendem Alter, und ihm sagen, es sei seiner, er hätte es ihr glauben *müssen*.«

Ein wichtiger Impuls für die literarische Arbeit Jurek Beckers ist die Rekonstruktion von Ereignissen, die sein Leben bestimmt haben, sich ihm aber nicht einprägen konnten. An die ersten sieben Jahre seines Lebens hat er praktisch keine Erinnerung. Das habe, so Beckers nachträgliche Erklärung, wohl mit Verdrängung zu tun, aber auch damit, daß die Tage im Lager für die Kinder so ereignislos verliefen. Erst nach dem Krieg in Berlin lernte er die deutsche Sprache. In jener Skizze schreibt er: »In einer extrem intensiven Beschäftigung mit der Sprache sah ich das einzige Mittel, dem Spott und den Nachteilen zu entkommen, die sich daraus ergaben, daß ich als einziger Achtjähriger weit und breit nicht *richtig* sprechen konnte.« Nach dem Abitur studierte Becker Philosophie. »Als ich von der Uni geflogen war«, erzählt er, »war mein erster Beruf der eines festangestellten Drehbuchautors.« Für die DEFA schrieb er Filmskripts. Auch der erste Roman ›Jakob der Lügner‹, 1969 in der DDR, 1970 bei uns veröffentlicht, war ursprünglich ein Drehbuch. Es wurde nicht akzeptiert. »Ich fand es schade, das schöne Drehbuch wegzuwerfen. Da habe ich, sozusagen im Zorn, das erste Mal Prosa zu schreiben versucht.«

Es ist ein wunderbares Buch entstanden, ein Buch, das das Grauen in milden Tönen schildert, die Tragödie als Komödie inszeniert – und so die Abwehr des Lesers unterläuft. Jakob Heym, der im Getto lebt, macht anderen Mut, weil er, einmal in Lügen verstrickt, nicht mehr herausfindet. Der Radioapparat, den er bei Todesstrafe nicht besitzen dürfte und den er in Wirklichkeit auch gar nicht hat, wird zur Hoffnung für die Eingeschlossenen: Jakob denkt sich Meldungen aus, die den anderen Mut machen. So wird in dem Roman zugleich die Kraft der Phantasie beschworen.

Der zweite Roman ›Irreführung der Behörden‹, vier Jahre nach dem Debüt erschienen, handelt von einem jungen Schriftsteller, der sich gegen Opportunismus, Bürokratie und Borniertheit in der DDR zur Wehr setzt. Wiederum ein Buch mit und über Phantasie: diesmal vor einem weniger tragischen Hinter-

grund. Mit seinem dritten Buch, dem ›Boxer‹, kehrte der Autor
erneut in die Vergangenheit zurück: Der Roman ist in Form einer Befragung geschrieben. Ein Jüngerer will von Aron Blank
wissen: Was ist das für ein Leben, wenn man dem KZ entronnen
ist, den Sohn wiedergefunden und ihn am Ende, nach Jahren der
Vaterliebe, doch noch verloren hat?

›Jakob der Lügner‹, ›Der Boxer‹ und nun ›Bronsteins Kinder‹
– wieviel davon verdankt er Berichten seines Vaters? »Die Antwort wird Sie wundern«, sagt Jurek Becker. »Mein Vater hat mir
nie etwas über solche Angelegenheiten erzählt. Zwischen uns
herrschte ein Zustand der Sprachlosigkeit. Natürlich nicht über
alles, doch über die Vergangenheit, über Krieg und Verfolgung.
Je erwachsener ich wurde, das heißt, je näher ich dem Schreiben
kam, desto bewußter wurde mir das. Dennoch brachte ich es
nicht fertig, diesen Zustand zu ändern. Ich wurde nur fähig, einen Dialog zwischen uns zu erfinden, ein Verhältnis, wie ich es
mir gewünscht hätte. Das hat zwar nicht meinem Vater diesen
Zustand erleichtert, doch mir. Mein Vater starb 1972, ich war 35.
Auch wenn es grausam klingt: Was mich am meisten gequält hat,
waren die Notizbücher voller Fragen, die ich nicht gestellt hatte
– und die ich wahrscheinlich nie gestellt hätte, auch wenn er
zweihundert Jahre alt geworden wäre. Ein Bild vom Verhältnis
zwischen meinem Vater und mir habe ich mir erst dann gemacht,
als dieses Verhältnis vorüber war.«

Es lag also eher an ihm, dem Sohn, wenn ein solches Gespräch
nicht in Gang kam? »Daß ich ein Gespräch über die alten Sachen
nicht haben wollte, hatte ja nicht nur mit dem Verhältnis zu meinem Vater zu tun, das übrigens recht gut war und herzlich, es lag
auch an bestimmten Abneigungen. Ich fürchtete mich davor, um
einen Tropfen Wasser zu bitten und fünfhundert Liter zu krie-
gen. Denken Sie daran: Ich bin in der DDR zur Schule gegangen
und in einer Art und Weise mit dem Früher konfrontiert worden, die diesem Dialog hinderlich war. Immer wieder habe ich
Personen zugehört, die in der DDR ›Arbeiterveteranen‹ heißen.
Die haben uns Schülern unendlich viele Geschichten erzählt, die
uns ein Bild von Nazi-Deutschland geben sollten, die oft aber
auch recht langweilig waren. Das hat mich ängstlich gemacht.«
Gab es denn Ansätze zu einem Dialog mit dem Vater? »Die gab

es nur in sehr frühen Zeiten. Ich wollte von ihm Informationen, die neben dem liegen, was ich zu hören gewohnt war. Aber er hat mir immer nur von dem erzählt, was ihn am meisten erschüttert hat. Von seiner Frau, also meiner Mutter, die ich kaum gekannt habe, von meinem Bruder. Von Leiden. Er hat mir eigentlich nur die Informationen gegeben, die ich schon hatte, so daß ich irgendwann sogar den niederträchtigen Verdacht hatte: Das ist ein Rückkoppelungseffekt, das sind schon keine Originalerfahrungen mehr.«

Mag sein, daß hier ein Motiv für Jurek Becker lag, auf eigene Faust zu recherchieren. Er ging für seinen ersten Roman in die Archive, las die einschlägigen Darstellungen und Zeugnisse. Er wollte für sich selbst wissen, was Wirklichkeit, was Phantasie ist; er wollte selbst bestimmen, wo er beim Schreiben die Grenze zwischen beiden überschritt. »Es sollten mir keine plumpen Fehler unterlaufen, ich wollte die Abweichungen sozusagen komponieren. Es gibt zu dieser Problematik eine schöne Geschichte: Manfred Krug, mein bester Freund, hatte als junger Mann, mit siebzehn, einen Kleindarstellerjob am Berliner Ensemble, dem Brecht-Theater in Ost-Berlin. Brecht lebte noch und hatte damals ein Stück von Erwin Strittmatter bearbeitet. Krug hatte eine winzige Rolle: Er spielte einen FDJler und mußte ein Lied singen und auf der Gitarre begleiten. Einmal kam Brecht, unterbrach die Probe und sagte: ›Sie spielen ja völlig falsch Gitarre. Das klingt fürchterlich!‹ Krug, der schon damals nicht auf den Mund gefallen war, antwortete: ›Herr Eisler hat eine Melodie mit acht Akkorden geschrieben, ich kann aber nur drei. Das finde ich aber auch nicht so schlimm. Ich soll doch einen Jugendlichen vom Lande spielen und keinen Gitarristen.‹ Brecht hörte sich diese Frechheit an, und irgendwie imponierte sie ihm. ›Wissen Sie‹, sagte er, ›Sie haben völlig recht. Tun Sie mir nur einen Gefallen: Lernen Sie die übrigen fünf Akkorde, und lassen Sie sie dann weg!‹«

Der Vater war über den Roman ›Jakob der Lügner‹ empört: »Ein Jahr lang hat er nicht mit mir gesprochen.« Damals hat Jurek Becker die schroffe Reaktion so verstanden, daß sein Vater beleidigt war, bei diesem Thema nicht als Fachmann hinzugezogen worden zu sein. »Ich habe das Buch sozusagen hinter seinem

Rücken geschrieben.« Kann es vielleicht sein, daß der Vater nun erst begriff, wie stark die Vergangenheit den Sohn interessierte – der ein Buch nicht nur hinter seinem Rücken, sondern ja auch an Stelle der möglichen Gespräche geschrieben hatte?

Daß der Roman ›Bronsteins Kinder‹ Anfang der siebziger Jahre spielt, hat also auch einen autobiographischen Aspekt: Damals lebte Jurek Becker noch in der DDR, damals starb sein Vater. Becker, der selbst zwei inzwischen erwachsene Söhne hat, war mit seinen nicht gestellten Fragen nach dem Tod des Vaters ganz auf sich selbst verwiesen. Antworten konnte ihm der Vater nun nicht mehr geben.

Vater und Sohn im Roman: Arno und Hans Bronstein. Schroffheit, Härte, Kälte auch hier. Ost-Berlin, Sommer 1973. In der DDR feiert man die Weltfestspiele. Für Hans Bronstein, achtzehn Jahre alt, ist das alles nicht besonders interessant. Er macht gerade sein Abitur, und er ist verliebt: in Martha, Studentin und Tochter eines Freundes seines Vaters. Hans wohnt beim Vater, die Mutter ist kurz nach seiner Geburt gestorben. Die Schwester Elle lebt in einer Nervenheilanstalt. Hans und Martha treffen sich von Zeit zu Zeit heimlich in dem kleinen Haus außerhalb der Stadt, das dem Vater gehört. Der Sohn hat sich für zärtliche Stunden einen Nachschlüssel machen lassen. Einmal kommt Hans allein dorthin, Martha will später nachkommen, und er findet das Liebesnest belegt. Ein Mann liegt im Bett: gefesselt. Der Vater von Hans und zwei Freunde stehen um ihn herum, befragen und schlagen ihn. Hans ist entsetzt. Er wird entdeckt – und ist fortan gehalten, sich zu entscheiden, auf welcher Seite er stehen will, auf der der Peiniger, die ehemalige Opfer sind, oder auf der des Opfers, das ein Peiniger von damals ist.

Rache also, Rache dreißig Jahre danach. Der ans Bett Gefesselte war einst Aufseher in einem Konzentrationslager. Beim Kartenspiel hat er sich verraten, Andeutungen, Anspielungen wurden ihm zum Verhängnis. Einer seiner Mitspieler war Häftling – übrigens in einem anderen Lager. Drei Juden haben ihn nun in ihrer Gewalt. Selbstjustiz: wie macht man das? Sie sind ratlos, und die Entdeckung durch Hans verschärft ihre Ratlosigkeit. Nach der furchtbaren Entdeckung des Sohnes im Waldhaus kommt ein Gespräch lange nicht in Gang. Der Vater läßt die Fra-

gen an sich abgleiten, erklärt den Jüngeren für nicht zuständig.
Es kommt zum Streit. Später erinnert sich Hans: »Tausendmal
habe ich mir inzwischen Vorwürfe gemacht, ich hätte nur mein
Gekränktsein im Kopf gehabt und nicht begriffen, daß ich nur
eine Randfigur war. Tausendmal habe ich mich gefragt, aus welchem Grund ich Vater für einen Herkules hielt, dem jede Anstrengung zugemutet werden konnte.«

Ost-Berlin, August 1974. Zweite Ebene des Romans: ein Jahr
ist vergangen. Der Vater von Hans ist tot. Der Sohn fand ihn im
Waldhaus auf dem Boden, als er gerade den Gefangenen befreien
wollte, um seinen Vater und dessen Freunde vor sich selbst zu
schützen. Wahrscheinlich hat der Vater einen Herzschlag erlit-
ten. Ein Jahr danach beginnt Hans Bronstein damit, die Geschichte der Konfrontation mit dem Vater zu erzählen, bis hin
zur Katastrophe – um alles vergessen zu können. »Ich vermute«,
sagt er, »daß man sich von Ereignissen, die aus dem Gedächtnis
entfernt werden sollen, zunächst ein möglichst genaues Bild machen muß.« Es ist keine Frage, was Hans und seinen Vater stärker trennt als die Grenze der Generationen. Es ist die unausge-
sprochene Erklärung (nicht der Vorwurf) an den Jungen: Du bist
ein Deutscher geworden. Hatten Bronsteins Kinder eine andere
Wahl?

Wie ich ein Deutscher wurde – so sollte dieser Roman ursprünglich heißen. Während der zweijährigen Arbeit an dem
Buch hat Becker diesen Titel im Kopf gehabt. Der Verlag,
Freunde und seine zweite Frau Christine (mit der Becker seit
knapp einem Jahr verheiratet und der der Roman gewidmet ist)
haben ihm diesen Titel »in konzertierter Aktion« ausgeredet.

Wie ich ein Deutscher wurde – das ist die Perspektive des Ich-
Erzählers, es ist auch Beckers eigene. ›Bronsteins Kinder‹, wie
der Roman nun heißt, ist ein Bekenntnis geworden. Becker hat
nicht nur, wie er erzählt, beim Schreiben den Vater vor Augen
gehabt – der fiktive Erzähler des Buches argumentiert auch im
Sinne seines Erfinders. Daß Hans dabei gelegentlich klüger ist,
als ein Achtzehnjähriger wohl sein würde, stört Becker nicht:
»Es gibt seit zweitausend Jahren eine stillschweigende Vereinba-
rung zwischen Schriftstellern und Lesern, daß die fiktiven Erzähler von Rollenprosa gelegentlich zu Erkenntnissen gelangen

Jurek Becker, 1986

und auf Formulierungen kommen dürfen, zu denen sie nach aller Erfahrung im sogenannten wirklichen Leben nur außerordentlich selten in der Lage wären.«

Dann sagt er: »Weder mein Vater noch ich waren in der Situation, die hier beschrieben wird. Trotzdem hatte ich natürlich uns beide vor Augen. Was ich Ihnen vorhin nicht erzählt habe, was aber in dem Roman dargestellt ist: Die Schwierigkeit eines Dialogs mit meinem Vater erwuchs auch daraus, daß ich ein Monstrum war. Verstehen Sie es bitte nicht als Überheblichkeit, wenn ich sage, daß mein Vater, der ein einfacher Mann war, Mühe hatte, mir gewachsen zu sein. In seinen Augen war ich ein Mittelding zwischen Intelligenzbestie *und* Kindskopf. Es muß aber auch an seiner Erziehung gelegen haben, daß ich rechthaberisch war, daß ich mein ganzes Glück darin sah, mich in der Diskussion durchzusetzen, daß ich ein großer Argumentetüftler war. Wenn ich so einen Sohn hätte – ich würde wahnsinnig werden. Ähnlich die Situation im Roman: Der Vater dort hat anderes im Kopf, als sich der Argumenteflut seines Sohnes entgegenzustemmen. Dieser Belastung ist er nicht gewachsen, und auch daraus erklärt sich seine Schroffheit.«

Daß sein Roman zu einer Zeit erscheint, in der manche Historiker es plötzlich für angebracht halten, über die Fragen nachzudenken, ob die Verbrechen des deutschen Faschismus wirklich einzigartig seien oder vielleicht doch mehr oder weniger elegant in die Reihe der historischen Massenmorde einzugliedern wären (und so auch ein bißchen entschuldbar?), ist natürlich Zufall. Ein so konzentriert gearbeitetes Buch wie ›Bronsteins Kinder‹ entsteht nicht von heute auf morgen. Die Geschichte hat Becker zehn Jahre mit sich herumgetragen. Außerdem schirmt er sich beim Schreiben möglichst ab. Doch wie unberührt von Diskussionen und Debatten auch immer: Die *eine* Geschichte, die Jurek Becker in Abwandlungen immer wieder schreibt und um die er herum schreibt, stellt sich in den achtziger Jahren anders dar als in den sechzigern: Die Opfer und Zeugen von ehemals sind alt oder tot. Jakob, der Lügner, wird noch im Präsens von einem Chronisten beschrieben, der selbst mit dabei war; Aron, der Boxer (er ist gar keiner, er stellt sich nur seinem Sohn so vor), wird befragt und kann sich mehr oder weniger sicher erinnern; Arno

Bronstein ist tot, als der Sohn anhebt, von ihm zu berichten. Und nicht ohne Grund ist die Geschichte in die siebziger Jahre verlegt. Wenn auch Bronsteins Kinder einmal das Interesse an dieser Geschichte verlieren, wer sollte sie noch erzählen? Jurek Becker sagt über seinen neuen Roman: »Ein Buch der Ratlosigkeit.«

Ein Roman ist Erfindung, den empirischen Nachweis muß er nicht erbringen – wenn er in sich stimmig ist. Und doch: Wie steht es mit dem Kern der Handlung? Von Günther Anders stammt die Bemerkung: »In demjenigen Augenblick, in dem die Welt, und zwar durch uns, apokalyptisch wird, bietet sie den Anblick einer Fata morgana dar, den Anblick eines Paradieses, das von arglosen Mördern und haßlosen Opfern bewohnt wird. Nirgends eine Spur von Bosheit, lediglich Trümmer.« Anders schrieb diese Worte 1958 in Hiroshima und sprach vom ersten Atombombenabwurf. Doch gelten seine Worte nicht auch für Auschwitz und die Überlebenden? Diese allgemeine Liebe sei nichts als ein Defekt, heißt es weiter. Ist die Geschichte, die Jurek Becker erzählt, psychologisch glaubwürdig? Hätte er nicht erzählerisch beglaubigen müssen, warum gerade Arno Bronstein zur Rache greift, warum er den »Defekt« der Wohlanständigkeit durchbricht wie schon seine Tochter Elle, die dafür eingesperrt wurde?

Gewiß, sagt Becker, im Sinne der Statistik sei das im Roman Geschilderte nicht typisch. »Aber daß sich ein solcher Fall nicht in der Wirklichkeit zugetragen hat, ist dennoch seltsamer als alles andere. Aller Wahrscheinlichkeit nach hätte eine solche Geschichte tausendmal geschehen müssen. Es hat mich beschäftigt, warum der Zorn der Überlebenden so gering ist. Oft ist ja darüber diskutiert worden, wie folgsam die Opfer in den Tod gegangen sind. Drei Reihen vor ihnen schütteten andere den Kalk auf die, die schon in der Grube lagen, trotzdem traten sie auch nach vorn und ließen sich erschießen. Darüber ist viel gemutmaßt worden. Aber warum flammte der Zorn bei den Überlebenden auch später nicht auf, als das Risiko viel geringer geworden war? Heute wird doch Rache genommen für sehr viel Geringeres: Die Zeitungen sind voll davon. Warum haben die Lagerhäftlinge nie oder so gut wie nie Rache geübt? Waren sie so gedemütigt und desaktiviert, daß eine solche Lebensregung nicht mehr möglich war? Ich wollte einen Fall schildern, den ich sehr viel häufiger vermutet hätte, der aber offenbar nicht eingetreten ist. Es scheint mir kein Einwand gegen eine Geschichte, zu sagen, daß sie unwahrscheinlich ist. Etwas anderes wäre ein Vorwurf der psychologischen Unglaubwürdigkeit. Damit müßte ich mich auseinandersetzen, und ich habe es natürlich auch getan, bevor ich mit dem Schreiben anfing.«

Eine der Keimzellen seines Romans, sagt Becker, sei eine Beobachtung vor vielen Jahren bei einem Prozeß gewesen – »wie gehorsam die Zeugen wieder abgezogen sind, nachdem der, gegen den sie ausgesagt haben, freigesprochen worden ist«. Einen Fall von Selbstjustiz kenne er aber doch. Da sei er noch ein Kind gewesen.

Er erzählt mit einer Stimme, die auch diese Geschichte zu einer kleinen Legende macht. 1946 in Berlin: Ein Freund des Vaters sieht aus der Straßenbahn, wie ein Aufseher des Lagers, in dem er noch kurz zuvor gewesen ist, auf der Straße geht. Er springt ab, nimmt einen Ziegelstein und schlägt dem Mann den Kopf ein. Er wird von anderen festgehalten, vor ein britisches Militärgericht gestellt und zu fünf Jahren Gefängnis wegen Totschlags verurteilt. Nach drei Jahren wird er entlassen und lebt später als Taxifahrer. »Mein Vater hat ihn im Gefängnis besucht und mir davon erzählt. Ich war zehn Jahre alt. Den Mann habe ich später selbst ein paarmal getroffen, doch nie mit ihm über diese Sache gesprochen.« Opfer gewesen zu sein berechtige nicht dazu, andere zu Opfern zu machen. Er sei da ganz der Meinung von Hans Bronstein: Selbstjustiz ist nicht zulässig.

Gibt es die Gnade der späten Geburt? Gibt es sie für Bronsteins Kinder, gibt es sie für die Kinder der Mörder? »Was mit dieser dummen Floskel gemeint ist, liegt auf der Hand. Im Klartext bedeutet sie: ›Solche wie wir sollten endlich verdrängen dürfen.‹ Ein phantasiebegabter Mensch hat sich aber gefälligst, unabhängig vom Datum seiner Geburt, damit zu beschäftigen, was er an Stelle der anderen getan hätte. Ich habe mir oft vorgestellt, ich wäre blond gewesen, damals ein paar Jahre älter und auf der anderen Seite – was macht mich so sicher zu glauben, ich wäre anständig geblieben? Auch davon handelt dieses Buch.«

Jurek Becker macht eine lange Pause. »Sagen Sie mal«, sagt er dann unvermittelt, »darf ich auch einmal ein Stück Gesprächsverlauf bestimmen? Wir reden die ganze Zeit über das, was man das Schwere an diesem Buch nennen könnte. Finden Sie denn eigentlich nicht, daß das Buch auch etwas Leichtes hat? Gibt es in diesem Buch nicht etwas für Sie, was man Amüsement nennen könnte?« Er schenkt sich noch einmal Kaffee nach. Das Teelicht unter der großen Kanne ist schon seit einer Weile verloschen. Er hält den Becher in beiden Händen und fährt fort, ohne eine Antwort abzuwarten: »Jedenfalls habe ich noch nie ein Buch geschrieben zu einer im Gange befindlichen Diskussion. Das wäre auch eine etwas umständliche Teilnahme an einer Diskussion. Da melde ich mich lieber auf einer Versammlung zu Wort. Dazu sind mir zwei Jahre – so lange lebe ich ja nicht – zu wichtig. Ein Buch muß für mich schon mehr Grund haben als einen aktuellen Anlaß. Es sammelt sich so lange irgendwo in mir etwas an, bis es raus will, bis ich meine: ich platze, ich muß es auf andere abladen! Mit anderen Worten: Der wichtigste und wahrscheinlich einzig ausschlaggebende Grund für ein Buch bin ich. In diesem Fall – ›Bronsteins Kinder‹ – war es vor allem das Gefühl eines Versäumnisses und der Wunsch, dieses Versäumnis nicht ewig dauern zu lassen. Ich will nur solche Bücher schreiben, von denen ich überzeugt bin: Die kann niemand außer mir schreiben. Um es pfauenhaft zu sagen: Bücher, die meine Einzigartigkeit dokumentieren.«

Seine Figuren haben eher Angst vor solcher Einzigartigkeit. Es fällt auf, daß in seinen Büchern immer wieder betont wird, wie wenig sicher sich die Helden der eigenen Meinung sind. »Noch heute gerate ich in Panik, wenn ich mit einer Meinung allein stehe«, heißt es in dem neuen Roman. Über den Lehrer aus dem Roman ›Schlaflose Tage‹ erfährt man: »So oft er in die Situation gekommen war, eine Meinung vorzutragen, habe er stets, so mußte er denken, die von den anderen erwartete gewählt.« Der Journalist in ›Aller Welt Freund‹ sagt von sich, er sei »jemand ohne Überzeugung«. Und in der Erzählung ›Allein mit den Anderen‹ liest man: »Ich bin ein ängstlicher Mensch, das sage ich ohne Stolz…« Hat das System?

»Sie erzählen mir da etwas Neues, ich habe ja diese Sammlung nie angestellt. Was ich weiß und was mir bewußt ist: daß Opportunismus immer ein reizvolles Thema für mich gewesen ist – die

Wurzeln von Anpassung, die Gründe von Anpassung, die Folgen von Anpassung. Und Meinungslosigkeit oder vorgegebene Meinungslosigkeit ist ein wesentlicher Begleitumstand von Opportunismus. Nahezu alle meine Hauptfiguren sind dieser Gefahr ausgesetzt – ob sie ihr erliegen oder nicht, ist eine andere Frage. Ich, ihr Autor, versuche, darüber zu meditieren.« Woher kommt dieses Interesse? »Es ist mir in der DDR gewachsen; sicher nicht zufällig. Die Umgebung, in der ein Autor lebt, bleibt nicht ohne Folgen auf die Art seiner Hervorbringungen. Ich habe zumindest zwei Bücher geschrieben, in denen Opportunismus eindeutig ein Thema ist: ›Irreführung der Behörden‹ und ›Schlaflose Tage‹. Vielleicht auch noch ›Aller Welt Freund‹. Natürlich beschäftigt mich nicht nur die Frage, wie verbreitet das Phänomen Opportunismus in der Gesellschaft ist, in der ich lebe, sondern auch: Wie weit bin ich angepaßt?«

Es ist ein Problem, das für ihn nicht dadurch aus der Welt ist, daß er nun im Westteil Berlins lebt. Es wird dadurch vielmehr noch komplizierter, noch vertrackter: Unterdrückt er jetzt womöglich seine Kritik an der DDR, um keinen Beifall von der falschen Seite zu erhalten? Früher mußte er sich fragen, »ob Sätze nicht deshalb ungeschrieben geblieben sind, weil da Leute waren, die sie nicht lesen wollten« – im Westen kommt die Furcht hinzu, Überlegungen zu unterdrücken, die gewisse Kreise hier vielleicht nur allzugern hören würden.

In die DDR möchte er gern zurück. Er zweifelt nicht daran, »daß es technisch möglich sein wird, 1989 ein Visum zu erhalten, das bis 1999 Gültigkeit hat«. Doch darum geht es ihm nicht. Gewiß, ein Visum hat Vorteile – man kann leicht in die DDR reisen und sie wieder verlassen. Die alles entscheidende Frage für ihn ist: wird er drüben gedruckt oder nicht? »Wenn ich in der DDR mein Zeug publizieren könnte und mir nicht die Öffentlichkeit genommen würde, möchte ich von morgen an wieder in der DDR leben. Wenn das nicht möglich ist, möchte ich auch nach 1989 nicht in der DDR leben.« Er lächelt. »Das mag in Ihren Ohren so klingen wie: Wenn Weihnachten und Pfingsten auf einen Tag fallen... Aber das habe ich nicht zu verantworten. Ich kann ja nicht, weil das Erwünschte so unwahrscheinlich klingt, so tun, als hätte ich andere Wünsche.«

Er ist sich also ganz sicher, daß er der DDR den Vorzug geben würde? »Ich weiß nicht, ob dieses Wort zutrifft«, sagt Becker. »Jedenfalls ist die DDR bis heute das Land, das mich mehr interessiert. Ich bin dort aufgewachsen, dort haben sich die meisten meiner Ansichten gebildet, meine Vorlieben und Abneigungen.« Sie interessiere ihn mehr, die DDR, also rege sie ihn auch mehr auf. Sie mache ihn in ganz anderem Maße aggressiv als die Bundesrepublik: Becker hält es mit Bloch, der gesagt hat, die DDR sei gewiß die größere Enttäuschung.

Was ihm im Westen besonders aufgefallen ist: »Ich komme in einen Buchladen und fühle mich umzingelt von Überflüssigem, umzingelt von Büchern, die nach meiner Meinung besser nicht geschrieben worden wären, die im Grunde die Leute belästigen.« Und er fürchtet sich davor, selbst solche Bücher zu produzieren. Es fällt ihm zusehends schwerer, die eigene Sicherheit dagegenzusetzen. »Ich weiß nicht, ob mit zunehmendem Alter dieses Problem an Gewicht gewinnt. Ich weiß nur, daß ich solche Gedanken vor acht Jahren noch nicht kannte.« Manchmal stellt er sich die Frage, ob man denn sein ganzes Leben Schriftsteller sein müsse, wenn man einmal damit angefangen hat: »Muß man unbedingt als Schriftsteller in Pension gehen?«

Trübsinnige Gedanken eines Autors, der mit seinen ersten beiden Büchern einen grandiosen Erfolg in beiden deutschen Staaten errang, dann etwas ins Abseits geriet, dort nicht mehr gedruckt, hier nicht mehr gefeiert wurde. Ein Vergessener? Nein, ganz gewiß nicht. Mit viel Enthusiasmus arbeitet Becker zur Zeit an den Drehbüchern für neue Folgen einer Fernsehserie, die in Berlin spielt und ihm ein größeres Publikum beschert, als er es je mit seinen Büchern erreichen könnte. Er arbeitet mit Begeisterung und Akribie daran – anders kann er nicht. Und ohne das Schreiben leben? Das würde er noch weniger können: »Ich lese manchmal Texte von mir und denke: Die sind intelligenter, als ich es bin! Am Schreibtisch oder mit dem Bleistift in der Hand komme ich zu Gedanken, zu denen ich im Gespräch, etwa mit Ihnen, nicht fähig bin. Ich schreibe sozusagen über meine sonstigen Verhältnisse. Das macht natürlich Lust aufs Schreiben. Der Schreibtisch ist der einzige Ort, an dem ich ein kleines bißchen fliegen kann.«

Jurek Becker läßt sich nicht gern in die Karten gucken. Es gibt nur ganz wenige unverblümte autobiographische Texte von ihm, auch kaum Meinungsbeiträge. Sein Reich ist die Welt der Fiktion. Über sein Privatleben redet er höchst ungern, über die beiden Söhne, seine erste Ehe, die junge Frau an seiner Seite. Am liebsten hätte er das Gespräch an einem anderen Ort als den eigenen vier Wänden geführt. Er ist sichtlich froh, als das Tonbandgerät abgeschaltet, das Widmungsexemplar verstaut ist. »Nun sagen Sie mal, wie finden Sie denn den Roman wirklich?«

Wenige Wochen später, bei einer privaten Begegnung, erzählt er mir die Geschichte seines Geburtsdatums, die er bisher noch nirgendwo beschrieben hat – eine Art offiziöser Nachtrag zu unserem Gespräch. Er weiß nicht, wann er geboren worden ist. Was ziemlich sicher sei: daß der Vater ihn im Getto älter gemacht hat, als er wirklich war – um den Sohn vor dem Abtransport zu bewahren. Die größeren Kinder, vielleicht von vier an, »durften« arbeiten. Jurek Beckers früheste Erinnerung: wie er mit anderen Kindern an einem langen Tisch sitzt und mit einem Hölzchen Tabak in kleine Papierrollen drückt. Nach dem Krieg habe sich der Vater an das wahre Geburtsdatum des Sohnes nicht mehr erinnern können; nicht einmal an den Tag oder den Monat. Das offizielle Geburtsdatum sei also willkürlich gewählt – wahrscheinlich sei er, Jurek Becker, einige Jahre jünger als überall verzeichnet. Wie ich ein Deutscher wurde: Auch das ist ein Kapitel dieser Geschichte.

Verdrehte Welt – das seh' ich gerne

Wolf Biermann

Hamburg, 23. September 1981

Er will geliebt werden. All seine Ausbrüche, Attacken und Rundumschläge, seine Polemik und sein Protest können nicht verdecken, daß er zu den Verletzlichen gehört, zu jenen, die sich immer wieder Feinde machen – um nicht erleben zu müssen, daß sie eines Tages welche haben, ohne zu wissen woher. Er brüllt am liebsten los, bevor die anderen zuschlagen, und wenn er selbst in die Schußlinie geraten ist, schießt er zurück: mit Worten und Gitarre. Er will geliebt, bewundert, umworben sein, weil er spüren möchte, daß er da ist. Und wenn Wohlwollen nicht zu haben ist, dann will er wenigstens Widerstand. Denn auch dann spürt er, daß er vorhanden ist. Wem alles zur Politik wird, der kann Gegnerschaft ertragen: Feinde sind eine Ehre, wenn man sie in ein politisches Koordinatensystem einbauen kann.

Wolf Biermann kann. Das heißt: er kann gar nicht anders. Er war noch ein Kind, als er lernen mußte, daß es zweierlei Lieder gibt, solche, die man singen darf, und solche, die man besser nicht singt, wenn andere dabei sind. Seine Mutter brachte ihm heimlich die kommunistischen Arbeiterlieder bei, die Nazilieder lernte man damals von allein. Eines Tages besuchten sie den Vater im Gefängnis, der kleine Sohn sollte etwas vorsingen. »Es zerreißt mir noch heute die Seele, wenn ich daran denke: aus Freude darüber, daß ich kein Arbeiterlied sang, und aus Scham, daß ich ihm dieses furchtbare Lied in die Seele brüllte.« Er sang damals »Bomben auf Engelland«, und er schreit die Melodie jetzt noch einmal heraus und haut dazu mit der Faust auf den Tisch: »Bumm, bumm, bumm!« Eine lastende Pause, dann: »Das gehört dazu.« Schnell findet er eine Wendung, um sich aus der Erinnerung in die Ironie zu retten: »Wenn Sie ein schlechtes Feuil-

leton machen wollen, können Sie schreiben: Das war der erste
öffentliche Auftritt Wolf Biermanns.« Auf jeden Fall spielt dieses Erlebnis eine Schlüsselrolle. Ohne die Erfahrungen der Kindheit, ohne das, was noch folgen sollte, ist dieser Mann nicht zu
verstehen. Die Kraft, sich Einkreisung, Bespitzelung, Haß und
Isolierung widersetzen zu können, hat ihre Wurzeln in dem, was
die Familie Biermann erleiden mußte.

Fünf Jahre lebt er mittlerweile wieder in seiner Heimatstadt,
in Hamburg, wo er am 15. November 1936 geboren wurde. Am
13. November 1976 gab er in Köln jenes Konzert, das drei Tage
später, genau einen Tag nach seinem vierzigsten Geburtstag, als
Vorwand für den Entzug der Staatsbürgerschaft der DDR her-
halten mußte. Es war das erste große Konzert nach vielen Jahren.
Noch heute ist er gepackt von diesem Bühnenauftritt. »Ich war
so tief erschüttert und bewegt von meiner Sache, daß ich für irgendwelche Posen gar keine Puste hatte. So direkt, wie wir uns
jetzt gegenübersitzen, so direkt war ich mit achttausend Leuten
zusammen!« Das läßt sich auch umkehren. Jeder einzelne Besucher daheim wird ihm zum Repräsentanten des Publikums, wird
zur Testperson für die Wirkung des von ihm Geschriebenen,
Komponierten, Erzählten. Er ist – monoman in seiner Aus-
druckswut – zum Dialog nur schwer fähig. Und doch täuscht
sich, wer glaubt, Biermann könne nicht zuhören. Jede Regung,
jede Reaktion wird von ihm registriert. Er gleicht einem Seis-
mographen, der selber für Erdbeben und Eruptionen sorgt.

Biermann wohnt mit Tine, seiner Frau, und drei Kindern am
Hohenzollernring in einer dunklen Backsteinvilla, wie man sie in
den zwanziger Jahren baute. Dies ist jener Teil Hamburgs, wo
das Arbeiterviertel Altona aufhört und die feineren Elbvororte
sich ankündigen: eine Grenzlinie. Man hat es nicht weit zu den
Parkanlagen, aber kann doch um die Ecke in schmalen Gassen,
denen jedes Grün fehlt, die Einkäufe erledigen. Das Haus strahlt
Gemütlichkeit aus, außen wie innen. Am Fenster stehen die
durchgesessenen Ledersessel, die Wände hängen voll mit Fotos,
Gemälden, Zeichnungen. Biermann legt Holz auf. »Ist schön,
so'n Kamin«, sagt er, »gerade in dieser Jahreszeit.« Über dem
Kamin hängt ein Bild, das seinen Vater im Kreis von Kollegen
von der »Deutschen Werft« zeigt, am Rahmen steckt eine rote

Nelke. Der Vater, die Mutter und ein Onkel bildeten eine illegale Zelle der kommunistischen Partei. Wenn unter Umgehung der vom Völkerbund verordneten Neutralität Waffen für Franco verladen wurden, so konnte man einiges dafür tun, »diese Schiffe zu identifizieren«. Im Jahre 1937 wurde der Vater verhaftet, ein Gestapospitzel hatte sich in die Gruppe geschlichen. Wolf Biermann war gerade ein paar Monate auf der Welt.

Es war die zweite Verhaftung. Gleich 1933 war der Maschinenbauer Biermann schon einmal von den Nazis eingesperrt worden. Er hatte in einer selbstgedruckten Zeitung jene vier Kommunisten gewürdigt, die die Nazis aus Rache für eine in Altona erlittene Niederlage dem Henker zugeführt hatten. Der jüngste von ihnen war ein Schuster, 19 Jahre alt. »Auf die Frage nach seinem letzten Wunsch hat er dem Gegenüber mit den Handschellen die Fresse poliert.« Er hieß Karl Wolf. Nach ihm erhielt der junge Biermann seinen Vornamen. Diesmal wurde der Vater nicht wieder entlassen. Nicht lange nach dem Besuch des »kleinen Sängers« – wie sein Sohn im Haus in Hammerbrook hieß, weil er morgens im Bett immer sang, wenn die Mutter zur Arbeit gegangen war – brachte man ihn im Frühjahr 1943 nach Auschwitz. Er wurde ermordet. »Mein Vater war nicht nur Arbeiter und Kommunist, sondern auch Jude.« Die ganze Familie des Vaters, Eltern, Geschwister und deren Kinder, waren vorher schon umgebracht worden. »Alle – ohne eine einzige Ausnahme. Zwanzig Menschen.« Wolf Biermann erzählt es langsam, stoßweise, mit großen Pausen, als wisse er nicht weiter. »Meine Mutter hat mich mit leidenschaftlicher Konsequenz zu meinem Vater hin erzogen. Das war ein Akt der Liebe zu meinem Vater und ein Akt des politischen Beharrens und der Wahrung menschlicher Würde.« An jedem Morgen stand ein Spielzeug-Wägelchen vor der Tür, in das die Mutter ein kleines Geschenk für den Sohn gelegt hatte, das sie als Gruß des Vaters ausgab: eine Feder, eine Murmel, ein Zuckerstück. »So war mein Vater jeden Tag auf die heftigste Weise bei mir.«

Heute glaubt er, alles, was er später gemacht habe, sei ohne diese Beziehung zu seinem Vater nicht denkbar. »Das war und ist und wird sein mein heftigster Antrieb!« Die Mutter formulierte es damals pathetisch so: »Wolf, du mußt deinen Vater rä-

Wolf Biermann, 1981 in seinem Hamburger Haus

chen!« Doch das ging nicht mit der geballten Faust allein. Der Sohn sollte studieren. Vorerst klappte es nicht recht. Am Heinrich-Hertz-Gymnasium war er eines der wenigen Arbeiterkinder, und er verausgabte seine Kraft in Prügeleien, weil die anderen die »kommunistischen Weisheiten, die ich selbst nicht verstand«, nicht hören wollten. »Ich blieb dumm«, sagt er lapidar. »Meine Mutter hatte mir auferlegt, die ganze Menschheit zu erretten. Aber ich war zu blöd, die Infinitesimalrechnung zu beherrschen.« Das änderte sich erst, als er nach der zehnten Klasse Hamburg und die Bundesrepublik verließ. In einem Internat bei Schwerin sollten ihm die Genossen in der DDR etwas Ordentliches beibringen. Das war 1953, Biermann siebzehn Jahre alt. Und es klappte: »Mich schützte meine Unwissenheit. Ich fühlte mich zu Hause, in meinem Vaterland, im Land meines Vaters.« Er studierte dann in Ost-Berlin politische Ökonomie. Noch ein-

mal war es die Mutter, die die Richtung wies. Ihr gefiel – wenn sie
auf Besuch kam – die wirtschaftliche Organisation im sozialistischen Staat nicht recht. »Und so beschloß sie«, sagt Biermann
und hebt die Stimme ausdrucksvoll und augenzwinkernd am
Ende des Satzes, »daß wir dort erst mal die Wirtschaft in Ordnung bringen müssen.«

Damals verspürte er keinerlei Drang zu schreiben. Er spielte
gelegentlich ein bißchen Gitarre, »mit drei Griffen«. Dann kam
er in den Sog des ›Berliner Ensembles‹. Und wollte Regisseur
werden. Zwei Jahre arbeitete er dort mit, studierte dann noch
einmal: Philosophie und Mathematik – »bis zum ordentlichen
Ende«. 1960 lernte er eine Frau kennen, die ihn »unter anderem«
dazu verführte, eigene Lieder zu schreiben. Doch der Dichter
und Sänger Biermann wäre womöglich öffentlich niemals in Erscheinung getreten, wenn die Oberen der DDR es nicht für politisch klug gehalten hätten, ein im Jahr des Mauerbaus gegründe-
tes »Berliner Arbeiter- und Studententheater« 1963 wieder zu
schließen. »Das war denen zu kommunistisch.« Biermann erei-
fert sich, steht auf, stochert im Kamin, bleibt stehen. »Wenn das
passiert, was diese Bonzen ständig fordern, verlieren sie die Nerven.« Er war damals der Leiter, ihm wurde die »Kanone Theater« genommen, und so verlegte er sich auf »leichte Handfeuer-
waffen«. Er sagt in einer typischen Mischung aus Bitterkeit und
Hohn: »Sie trieben mich in eine Richtung, die sich am Ende für
sie als politisch wesentlich gefährlicher und teurer erwies als dieses vergleichsweise harmlose Theater, weil sie kaum unter Kontrolle zu halten war.« Er spricht über die DDR wie von einer
Frau, an der man immer noch hängt, obgleich man inzwischen
verstanden hat, daß sie die Liebe nicht erwidert. Biermanns Lieder setzten sich schnell durch; 1964 besuchte er für eine Tournee
die Bundesrepublik, damals ein seltenes Privileg, 1965 erschien
sein erstes Buch, ›Die Drahtharfe‹, eine kleine Sammlung mit
»Balladen, Gedichten, Liedern« – mittlerweile der auflagen-
stärkste deutsche Lyrikband nach dem Krieg. Der Band erschien
im Westen. Auch eine erste Platte kam heraus, der Mitschnitt eines gemeinsamen Auftritts mit Wolfgang Neuss. Auch sie erschien im Westen. Im Osten tagte derweil das elfte Plenum des
Zentralkomitees der SED und verfügte ein Auftritts- und Aus-

reiseverbot. Die Stimme des Sängers sollte in der DDR nicht mehr vernommen werden.

Die Karriere des politischen Dichters Wolf Biermann begann. Abgeschnitten von seinem Publikum, von Spitzeln und Drohungen umlagert, sammelte er in der Chausseestraße 131 alle Kräfte und einen Kreis von Freunden – und schrieb Lieder über den Staat, indem er über sich, und er schrieb über sich, indem er über jenen Staat schrieb, der ihn bedrängte: doch den Gefallen, sich von der Lehre loszusagen, tat er der Obrigkeit nicht. Er betrieb sein Leben »wie ein politisches Gedicht«. Er hatte, wie er meint, das Glück, gerade bekannt genug zu sein, um alle Maßnahmen gegen sich stumpf werden zu lassen. »Der Knebel im Mund des populären Sängers verwandelt sich in ein Mikrophon.« Das sind so Sätze, die er wie Verlautbarungen von sich gibt. In seinem Lied- und Lyrikband ›Mit Marx- und Engelszungen‹, der 1968 erschien, zeugen viele Texte von der seltenen literarischen Konstellation, in der sich, wie Biermann später schrieb, »das Familienalbum berührt mit dem Geschichtsbuch«. Es sind so trotzige wie traurige, so verschmitzte wie verwunschene Verse: Power und Poesie. Da gibt es das dem Lyriker Peter Huchel gewidmete ›Ermutigungs-Lied‹ (»Du, laß dich nicht verhärten / In dieser harten Zeit«), da heißt es: »Ach, mein Herz ist krank von all der Politik und all dem Schlachten«. Und es finden sich die bekannten Zeilen: »Seht, Genossen, diesen Weltveränderer / Die Welt / Er hat sie verändert, nicht aber sich selbst / Seine Werke, sie sind am Ziel, er aber ist am Ende / Das seht, Genossen. Und zittert!« 1969 erschien die erste eigene Langspielplatte. Sie heißt wie der Ort, wo sie aufgenommen worden war: ›Chausseestraße 131‹. Biermanns Musik hat wenig Liedhaftes. Eingängig sind seine Melodien selten: Sie sollen nicht die Botschaft ins Ohr des Hörers schmeicheln, sondern sich dem Text widersetzen, ihm eine eigene Wendung abtrotzen, gegen ihn vor- und über ihn hinausgehen. In fast jedem Lied finden sich Moll-Akkorde, die allem Markigen widerstreben. Ein Sänger der leisen Töne ist Biermann deswegen nicht: Er kann fluchen und schreien – dissonant und eckig, mit Liebe und Wut.

Wut und Liebe: sie liegen für ihn eng beisammen, stoßen sich manchmal in ein und demselben Lied. Leidenschaft kennt bei-

des: Widerstand und Eros. Biermanns Minnelieder zählen zum
Schönsten gegenwärtiger Liebeslyrik, auch und gerade da, wo sie
scheinbar derb und grob sind. Das Autobiographische in seinen
Texten ist ihm kein Problem. Wenn er heute auf die Jahre in der
DDR zurückblickt, sagt er:»Ich wurde so ins Zentrum des politischen Getümmels hineingezerrt, daß das, was mir persönlich
passierte, einen hohen Grad an politischer Bedeutung hatte. Ich
konnte relativ unbekümmert über mich schreiben, ohne in Gefahr zu kommen, meine Leser und Hörer mit individualisiertem,
borniertem Zeug zu behelligen.«

So ist es vielleicht kein Wunder, daß sein abendfüllendes Mu-
sikdrama ›Der Dra-Dra‹ aus dem Jahre 1970, das sich an einer
Vorlage von Jevgenij Schwarz orientiert und nur sehr indirekt
mit Biermann selbst zu tun hat, eher enttäuschte. Das Stück
wurde 1971 in München aufgeführt und ist heute in der Versen-
kung verschwunden. »Das Stück gehört in den Osten«, setzt
Biermann zur Verteidigung an. »Dort konnte es nicht gespielt
werden. Hier wurde es zerspielt, und das konnte wohl auch nicht
anders sein.« Die Parabel vom Drachen und seinem Bezwinger
sei für westliche Betrachter zu abstrakt, zu märchenhaft. In
›Deutschland. Ein Wintermärchen‹ (1972) spricht der Dichter
wieder über sein Land und sich. Ein »lässig gereimter Reisebe-
richt«, wie Biermann über Heines Vorbild (und zugleich über
sein eigenes Buch) schrieb, »in dem schön schnoddrig Wichtig-
keiten und Nichtigkeiten gleichgewichtig nebeneinander gesetzt
sind.« Während Biermann noch in der DDR lebte, erschienen im
Westen die Langspielplatten ›Warte nicht auf beßre Zeiten, aah –
ja!‹ und ›Liebeslieder‹.

»Niemand hat es in der DDR so schwer wie ein Kommunist.«
Biermann schaut aus dem Fenster, winkt einem Unbekannten
zu. »Er wird von der Bürokratie mehr gehaßt und unerbittlicher
verfolgt als jeder andere. Aber auch in der westlichen Gesellschaft kann man sich nicht Kommunist nennen, ohne sich den
Haß des größten Teils dieser Gesellschaft auf die Schultern zu laden.« Seine Gesten sind sparsam, höchstens, daß er einmal Dau-
men und Zeigefinger zusammenlegt und in die Luft hält. Die eindringliche Wirkung seiner Rede entsteht durch Modulation der
Stimme, vor allem aber durch Mimik. Das ganze Gesicht wirkt

mit bei der Arbeit des Formulierens. Manchmal erscheint es alt,
faltig, müde, im nächsten Moment funkelt es vor Spaß an der eigenen Fähigkeit, die Spannungen im Wort zu bannen, denen er
ausgesetzt ist. »Wenn ich es schaffte, in einen so ernsten und
langandauernden Streit mit so mächtigen Leuten zu kommen
und in diesem Streit auch zu bestehen und nicht wegzukippen,
das hängt sehr eng mit meinem Vater und meiner Familiengeschichte zusammen. Denn der Mut, sich mit so übermächtigen
Leuten in einen solchen Streit einzulassen, der kommt nicht aus
einer kleinen Menschenbrust allein. Das kann man nicht. Das ist
zuviel. Das kann man wohl nur, wenn man genügend Tote im
Rücken hat, die einem beistehen.«

Doch die Toten, die ihm in all den Jahren vor Augen waren,
lassen ihn auch jetzt nicht ruhen. Er kann keinen Schritt zurück-
treten. Das wäre für ihn Verrat. Der Rausschmiß aus der selbst-
gewählten Heimat vor fünf Jahren darf nicht nachträglich zu einem Triumph für die Oberen in der DDR werden. »Wenn ich re-
signiere, hätten die Herrschenden in der DDR ihr Ziel erreicht.«
Das will er auf keinen Fall werden: »ein versauerter, demorali-
sierter Familienpoet mit dickem Konto und dünnen Gedanken,
der den politischen Kämpfen seiner Zeit ausweicht.« Nun, wo er
»aus Versehen im westlichen Teil Deutschlands gelandet« ist,
sieht er sich neuen Anfeindungen ausgesetzt. In den ersten zwei
Jahren wollte er nur eins: wieder rüber. »Inzwischen sehe ich
manches deutlicher. Das hat zur Folge, daß meine Ängste nachlassen.« Doch immer noch – und vielleicht immer mehr –
schwebt er in der Furcht, falsch verstanden zu werden, sich eine
Blöße zu geben, Worte zu sagen, die andere triumphieren lassen
könnten.

Es ist ein Kampf an vielen Fronten. Bei manchem im Westen
hat er sich unbeliebt gemacht, weil er diesen Staat, der ihn aufnahm, nicht bejubelte. »Die konnten es einfach nicht ertragen,
daß ein Mensch hier rüberkommt und nicht dankbar ist. Die
schlichte, bescheidene Wahrheit – die mit Politik im engeren
Sinne gar nichts zu tun hat –, daß ein Mensch gern dort ist, wo er
hingehört, wo er Freunde hat, wo er das Gefühl haben darf, gebraucht und geliebt zu werden, etwas Nützliches tun zu können,
auf diese schlichte Einsicht ist niemand gekommen. Und ich

habe es offenbar auch nicht geschafft, genau diesen Punkt öffentlich genügend deutlich zu machen. »Auf der anderen Seite lauern die Linken, die Genossen im Osten, aber auch im Westen, auf eine Geste der Abweichung, ein Zeichen der Abkehr von der Lehre. Doch zu seiner Form von Mut zählt auch, Scheuklappen ablegen zu können und »aus den wenigen Dingen, die man dazugelernt hat, kein Geheimnis zu machen«. An die Bundesrepublik hatte er keine Erwartungen. Aber er wußte auch: »In der DDR herrscht nicht einmal diese beschränkte bürgerliche Demokratie, die doch so kostbar ist.« Es gebe nicht den geringsten Grund, meint Biermann ernst, sich über diese Demokratie zu mokieren, trotz ihrer Beschränktheit – zugleich aber müsse man sich darüber mokieren, weil sie am Ende eben doch nur die Demokratie für die Leute mit dem nötigen Kleingeld sei. »Ein Widerspruch, der kaum auszuhalten ist.«

Er gibt sich nicht gern den Anschein von Unsicherheit. Schwanken ist ihm ein zutiefst verhaßter Zustand. Immer noch sieht er seine Aufgabe darin, die Tradition der kommunistischen Familie fortzuführen, der er entstammt und deren politische Überzeugung auf so entsetzliche Weise bestraft und damit in seinen Augen bestätigt wurde. Doch dann wird er plötzlich ganz leise und sagt etwas, was in seinen eigenen Ohren eigentlich ungeheuerlich klingen muß. »Ich vermute, daß es wohl noch niemals in der Menschheitsgeschichte eine Ideologie der Menschheitserlösung gegeben hat, die so verzweifelt heftig war wie die kommunistische und gleichzeitig notwendig, um die Not zu wenden, so mörderisch und selbstmörderisch. Ich weiß nicht mehr, was das ist: ein Kommunist, nachdem die größten Massenmörder und Völkerabschlachter sich so nannten und nennen, so daß ich am Ende froh sein muß, daß mein Vater das Privileg hatte, von den Nazis ermordet zu werden und nicht von den eigenen Genossen!«

Zu der Frage, was es bedeutet, sich heute Kommunist zu nennen, hat er keine abrufbare Antwort parat. Da ist plötzlich Ratlosigkeit in seinen Zügen. »Das ist eine Frage, der ich nicht gewachsen bin«, sagt er gequält. Und das ist nur zu verständlich: wie die Antwort auch ausfallen würde, er müßte falsch verstanden werden. Für die einen – und die hat er im Westen nun besser

kennengelernt – ist jeder, der sich Kommunist nennt, damit auch
ein Verteidiger all der Grausamkeiten, die im Namen des Kom-
munismus begangen wurden. Für die anderen, für Biermanns
Freunde in der DDR, für seine Genossen hierzulande, könnte er
als Renegat dastehen, wenn er öffentlich bekennen würde, sich
nicht Kommunist nennen zu wollen. So schwierig ist es geworden im Land des Wintermärchens. Leichter ist es da, Kritik zu
üben. Das kann und will er. Und da kehrt auch bald der Ton der
Gewißheit in seine Stimme zurück. Er hat im Westen weiß Gott
schlimme Erfahrungen gemacht: Morddrohungen wurden ihm
ins Haus geschickt. Das ist etwas, was er nicht geneigt ist hinzunehmen: die Unfähigkeit vieler Bürger dieser westlichen Republik, Kritik zu ertragen. »Es ist schier unmöglich, diesen selbst-
gerechten Leuten in der Bundesrepublik klarzumachen, daß es
anständiger und auch produktiver ist, gegen den Drachen im eigenen Land zu kämpfen und nicht gegen irgendeinen am anderen
Ende der Welt.« Er sieht darin Mangel an Souveränität, Unsicherheit, und er glaubt: »Die Existenzängste sind hier nicht kleiner als im Osten.« Es ärgert ihn, daß ihn die Fernsehanstalten
hierzulande gern vor die Kamera bitten, wenn eine kritikwür-
dige Angelegenheit im Osten zu kommentieren ist. Er hätte
Lust, im Fernsehen einmal seine Lieder zum Thema Terrorismus
in der Bundesrepublik vorzutragen. »Müßten sich die Leute
nicht für ihre eigenen Sachen mehr interessieren als dafür, daß
ich den Bonzen in der DDR eins auf die Schnauze haue?« fragt er
und ruft aus: »Was für Parasiten!« Das ist noch ein harmloser
Ausdruck bei ihm.

Dann steht er abrupt auf. »Übrigens habe ich ein neues Lied
geschrieben…« Er holt die Gitarre, stellt ein Bein auf den Stuhl,
spielt und singt. Das Lied heißt ›Bei Flut‹.* Es handelt von der
Elbe, die von der Flut zurückgedrängt wird und rückwärts fließt
– gen Osten:

---

* Später abgedruckt in Biermanns Lieder- und Gedichtsammlung ›Verdrehte
Welt – das seh' ich gerne‹ (1982).

Bei Flut
drückt die See
den Fluß in das Land
in Altona saß ich am Elbestrand
und sah, wie die Boje nach Osten hin zeigt
das Wasser läuft auf und steigt und steigt

verdrehte Welt!
   das seh ich gerne
      Der Fluß, er fließt
        zurück!
Die Wassermassen
   der Elbe wollen
      wieder nach Dresden
        zurück

Das sah ich gern aber gelassen
und bleibe

Biermann zerdehnt den Doppelvokal des letzten Worts in diesem leisen Stück wie bei einer Arie: Das Wort schwingt flatternd hin und her, sucht sich festen Boden. So interpretiert die Melodie den Text, hält die prosaische Aussage in der Schwebe.

Er will nicht zurück, aber auch nicht bleiben. Es zieht ihn nach Paris, ohne daß er das Haus in Hamburg aufgeben will. Hundertfünfzig Jahre nach Heinrich Heine, der, vom Norden Deutschlands kommend, dort seine neue Heimat suchte und fand, will auch Biermann den Sprung wagen: westwärts. Er will arbeiten. »Ich habe nie von der Hand in den Mund gelebt«, sagt er. Und er kann es nicht verstehen, daß Schweigen stets als Rückzug gewertet wird. »Ich habe zwölf Jahre lang in der DDR etwas zuwenig gesungen. Ich habe vier Jahre in der Bundesrepublik etwas zuviel gesungen – das mußte ich tun, um wieder ins Gleichgewicht zu kommen. Und nun singe ich wieder etwas zuwenig.« Vor drei Jahren erschien sein ›Preußischer Ikarus‹, das Buch enthält noch Arbeiten aus der DDR und schon welche, die hier im Westen entstanden sind. Am Schluß steht das nachdenkliche Gedicht ›Mag sein, daß ich irre‹. Es endet mit den Zeilen: »mag sein, daß ich einmal, wenn alles erreicht ist / Erreicht habe nichts, als ein' Anfang von vorn.«

»Wenn ich Brecht richtig mißverstanden habe«, sagt Biermann, »dann gilt es, Poesie so zu schreiben, daß sie die Höhe von Prosa erreicht.« Will er nicht auch einmal erzählen? »Ich weiß es nicht«, zögert er. »Prosa schreiben ist das Allerleichteste und das Allerschwerste.« Er habe unerhörten Respekt davor und wisse nicht, ob er den langen Atem hätte. Mehr als ein Jahr lang ist er nicht mehr aufgetreten. »Wenn ich resigniert wäre, würde ich singen«, sagt Wolf Biermann. »Singen wäre für mich die bequemste Art zu flüchten. Denn nirgendwo ist man unerbittlicher mit der Wahrheit konfrontiert als vor dem leeren Blatt Papier – doch nicht vor fünftausend Leuten in einem Saal. Na, das mache ich allemal!«

Ich habe keinen Namen

Harold Brodkey

New York, 23. Februar 1991

So einfach fängt alles an: »Es gibt da eine gewisse Schattierung roter Ziegel – ein dunkles, fast melodisches Rot, düster und von Blau durchzogen – das ist meine Kindheit in St. Louis. Nicht die echte Kindheit, sondern die falsche, welche von den ersten Bewußtseinsregungen bis zu dem Tage dauert, an dem man das Elternhaus verläßt, um ins College zu gehen. Diese gewisse Schattierung roter Ziegel und grünes Laubwerk sind charakteristisch für St. Louis im Sommer (der Winter dort ist nichts als grauer Himmel, ein überfüllter Schulbus und nasse Fußabdrücke auf dem braunen Linoleumfußboden der Schule). Und jenes bewußte Ziegelrot und blaßblauer Himmel verkörpern den Frühling. Dazu gehört auch die Verlorenheit und die merkwürdige, selbstquälerische Verwunderung, die Kinder empfinden, deren Familien von Schicksalsschlägen heimgesucht werden.«

So beginnt die erste Geschichte von Harold Brodkey, die er damals vor vierzig Jahren schrieb, als er Anfang zwanzig war, und die dann, 1958, sein erstes Buch eröffnete. Das wird sein Thema bleiben: die Kindheit, die Verlorenheit, die Verwunderung über jene Schicksalsschläge, die die eigene Familie trifft. Allerdings dauert es drei Jahrzehnte, bis auf das hochgelobte Debüt, auf den Erzählungsband ›Erste Liebe und andere Sorgen‹ (so 1968 der deutsche Titel), das nächste Buch folgt, wiederum ein Band mit Geschichten: ›Stories in an Almost Classical Mode‹, 1988 in den Vereinigten Staaten veröffentlicht.

Die ›Nahezu klassischen Stories‹ kommen in Deutschland in zwei Lieferungen heraus: Im vergangenen Herbst erschien die erste Hälfte unter dem Titel ›Unschuld‹, in diesem Herbst wird die zweite folgen: ›Engel‹. Zusammen ergibt das fast tausend Seiten.

Ein Brocken, nicht gerade leicht verdaulich. Aber unausweichlich. Unausweichlich für den, der von dem Glauben nicht lassen will, daß die Kunstform der Erzählung auch weiterhin für Überraschungen gut ist, daß die literarischen Erzähltechniken nicht wie beliebig nutz- und zitierbare Fertigformen bereitliegen, daß also nicht alles schon ausgereizt und nur noch wiederholbar ist.

Harold Brodkey wird mittlerweile immer seltener mit Joseph Brodsky verwechselt, dem russischen Lyriker, der auch in Amerika lebt und immerhin den Nobelpreis erhalten hat. Brodkey ist russisch-jüdischer Abstammung. Seine Eltern waren Einwanderer. Seinen heutigen Namen erhielt er im Alter von zwei Jahren, als seine Mutter starb und sein Vater den Jungen an eine Cousine zur Adoption gab. Sein ursprünglicher Name ist Aaron Weintrub.

Der Verlust der Mutter, der Schock und der Gewinn eines neuen Zuhauses: das war jener erste und initiale Schicksalsschlag, der das Werk dieses Schriftstellers bis heute und zunehmend prägt – ja, wer weiß, die eigentliche Quelle aller Inspiration und produktiver Schubkraft ist, das Schreiben überhaupt möglich und nötig gemacht hat. Harold Brodkey, am 25. Oktober 1930 in einem kleinen Ort im Staate Illinois geboren, verbrachte seine Kindheit in St. Louis, Missouri. Heute wohnt er mit seiner zweiten Frau, der Schriftstellerin Ellen Schwamm, mitten in New York.

Ecke 88. Straße und Broadway: eine Wohnung im vierzehnten Stock. Der Golfkrieg ist in vollem Gange. Das Ehepaar hat gerade die Nachrichten angeschaut. Brodkey hält den sich abzeichnenden Zerfall des sowjetischen Imperiums für viel einschneidender und die möglichen Folgen für weitaus gefährlicher als den Krieg am Golf.

Ich komme direkt von St. Louis nach New York, und Brodkey gerät sofort ins Schwärmen über seine alte Stadt, die er immer noch gern besucht: »In dem Apartment-Haus, in dem meine Familie zuletzt gelebt hat, wohnen heute in erster Linie Studenten. Aber es gibt dort einen Baum, den ich gepflanzt habe. Und die Straßen tragen im wesentlichen dieselben Namen. Das hört sich schrecklich sentimental an, aber die Menschen, die ich dort treffe, sind alle furchtbar nett. Alle sind älter geworden, viel

Harold Brodkey, 1991 während des Gesprächs in New York

ist passiert. Man spricht über die Kinder und das, was sich alles
verändert hat.« Es stärke die Lebensgeister, wenn man gelegentlich zurückkehrt. Außerdem: »Meine Eltern, *alle* meine Eltern
liegen da draußen auf ein und demselben Friedhof. Und dann:
Bei dem meisten, was ich schreibe, bilde ich mir ein, mir alles
ausgedacht zu haben, und vieles ist auch frei erfunden – aber
dann plötzlich geht es nicht weiter, und ich kehre zurück, und
ich kann gewissermaßen sehen, wo die Phantasie und die Grund-
idee hergekommen ist.«

Seine sechzig Jahre sieht man ihm nicht an. Das Gesicht mit
dem gepflegten Drei-Tage-Bart wirkt schmal, und wenn er lacht,
kann man in dessen Zügen plötzlich den scheuen Jungen entdek-
ken, der er einmal gewesen sein muß und im Grunde seines Herzens vielleicht immer noch ist. Er verabscheut Interviews wie

jeder vernünftige Schriftsteller, und wie jeder Schriftsteller, der seinen Büchern den Weg zu Lesern ebnen möchte, macht er dann doch immer wieder mal eine Ausnahme. Wie auch anders? Zählt er nicht zu jenen Erzählern, die Fragen nach ihrer Biographie mit ihrem Schreiben geradezu provozieren? Bis zur Unkenntlichkeit sind bei Brodkey Phantasie und Erinnerung, Fiktion und Realität zusammengewachsen. Wer Harold Brodkey ist? Das erfährt man, scheint es, ganz unverhüllt aus seinen Erzählungen. Er taucht darin recht deutlich selbst auf: zumeist unter dem Namen Wiley. Und einmal sogar unter seinem eigenen: in der Titelgeschichte.

›Eine nahezu klassische Story‹ schildert das Sterben der Adoptiveltern – die zweite Mutter Brodkeys erkrankte an Krebs, als er dreizehn Jahre alt war. »Meine Mutter und mein Vater waren beide am Sterben«, heißt es in der Geschichte, die von unerbittlicher Eindringlichkeit ist und zu den eindrucksvollsten Brodkeys, ja der neueren Literatur überhaupt zählt. Unverkennbar eine autobiographische Erzählung – und gerade an ihr läßt sich zeigen, wie hinfällig und nichtssagend die Kategorie des Autobiographischen im Grunde ist. »Meine Protagonisten sind die Stimme meiner Mutter und der Verstand, den ich mit dreizehn besaß«, so entschieden und ungewöhnlich läßt Brodkey die ›Nahezu klassische Story‹ beginnen. Nicht ein Ich ist der Held, nicht ein klar umrissener Erzähler, sondern ein Konglomerat: eine erinnerte Stimme und ein weit zurückliegender Bewußtseinszustand.

Es kommt noch deutlicher im Text: »Es ist zweifelhaft, ob ich wirklich Harold Brodkey bin.« Es folgt die Geschichte der Adoption: »Ich wurde, als ich zwei war, in dem auf den Tod meiner Mutter folgenden Monat adoptiert, und den Namen Harold wählte Joseph Brodkey beiläufig, weil er wie Aaron klang, der Name, den ich bei meiner richtigen Mutter gehabt hatte.« Der leibliche Vater »behielt meinen Bruder, der älter war als ich, und verkaufte mich mehr oder weniger an die Brodkeys für dreihundertfünfzig Dollar und das Versprechen eines anderen Jobs in einer anderen Stadt.« Die Frage »Wer war ich?« wird in dieser Erzählung denn auch halb ironisch beantwortet, vielleicht schon in Hinblick auf die spätere Karriere als Schriftsteller: »Ich stammte –

dem Geblüt nach, meine ich – von einer langen Reihe von Wunderrabbis ab, von Männern, die angeblich Flüche auferlegen und von Flüchen befreien konnten, von Rabbis, die für ihre Körpergröße und ihr Temperament bekannt waren: leicht in Wut geratende, oft ekstatische Männer.«

Als ›A Story in an Almost Classical Mode‹ im September 1973 zuerst in der Zeitschrift ›The New Yorker‹ erschien (wo die Mehrzahl von Brodkeys Erzählungen zunächst gedruckt worden ist), war die Darstellung eines quälend sich hinziehenden Krebstods auch in Amerika noch etwas sehr Ungewöhnliches. Daß der Erzähler hier unter des Autors Namen auftritt, hat nicht zuletzt mit der kritischen Haltung einer damaligen Redakteurin zu tun, wie Brodkey sich erinnert. Ursprünglich sei die Geschichte ohne Nennung des Namens geschrieben worden, erzählt er, ein anonymes Ich habe gesprochen. »Um mich zu verteidigen, habe ich die Geschichte in ein Stück Memoirenliteratur verwandelt. Das war Taktik.« Keineswegs sei alles wahr in dieser Erzählung, die Brodkey »eine gute Geschichte« nennt und hinzufügt: »Das ist kein Fall von Selbstüberschätzung! Es ist wie bei einem Ballspieler: Man weiß, was man spielen kann. Ich war stolz darauf.« Heute wisse er selbst nicht mehr genau, was an dieser Geschichte autobiographisch ist und was nicht. »Ich neige dazu, die Erzählung der Wahrheit vorzuziehen.«

Nicht nur im Gespräch, nicht nur in seiner ›Nahezu klassischen Story‹, sondern in fast allen Texten steht bei Brodkey die Frage im Vordergrund, was Erinnerung überhaupt leisten kann, was Wahrheit ist, wie das erzählt werden kann, was vielleicht im Gedächtnis eines jeden von uns (so oder so) versteckt ist, aber erst auf dem Papier wirklich entsteht und endgültig geschieht. Und doch sind diese theoretischen Einsprengsel alles andere als die gelehrten Verzierungen eines Poeta doctus, der Brodkey ganz gewiß ist, sondern es sind die zornigen Einwürfe, wilden und wütenden Schlachtrufe eines Schriftstellers, der die Brüche und Nahtstellen in seinen Geschichten nicht zu tilgen gedenkt – wie Flüche eines Wunderrabbis.

»Ich mißtraue allen Zusammenfassungen, jedem raffenden Durchgleiten der Zeit, jedem zu hoch gegriffenen Anspruch, unter Kontrolle zu haben, was man erzählt«, heißt es plötzlich mitten in einer Geschichte (›Unschuld‹), »ich glaube, wer zu verstehen behauptet, dabei aber ersichtlich gelassen bleibt, wer mit Emotionen zu schreiben behauptet, diese Emotionen aber nur gemächlich aus der Erinnerung holt, der ist einfach ein Narr und ein Lügner.« Das ist Brodkeys Credo. Und weiter: »Verstehen heißt zittern. Sich wirklich erinnern heißt wiedereintauchen und zerrissen werden.« Nicht zufällig gemahnt das an die Prozedur der psychoanalytischen Praxis. Schreiben ist für diesen Schriftsteller nicht nur einfach ein kurzes Eintauchen und vermeintliches Hervorholen von Vergangenem, sondern Forscherarbeit in den Tiefen der Erinnerung – mit ungewissem Ausgang und unvorhersehbaren Funden. Das schmerzt, und Brodkey scheint nicht einzusehen, warum er diesen Schmerz dem Leser vorenthalten, warum er den Schmerz nicht mit ihm teilen sollte: Eine Erzählung mit dem Titel ›Das Schmerzkontinuum‹ etwa lädt mit bohrender Insistenz zur Teilnahme ein – und dabei geht es doch um nicht mehr (nicht mehr?) als eine kindliche Prügelei zwischen dem kleinen Wiley und seiner Schwester Nonie.

In der Geschichte ›Die Musik des Kindermädchens‹ kommentiert der Erzähler die Frage, was Erinnerung leisten könne: »Ich glaube nicht, daß die Erinnerung aus billigen Gründen lügt. Es ist lediglich so, daß die Erinnerung mit Ergebnissen handelt, mit Summen, mit handlichen Formen von Wissen, weshalb das, was sie heraufholt, Dinge sind, die eher Motti oder Aphorismen oder Apotheosen gleichen als wahren Momenten. Und oft kommen die Summen, so wie sie in der Vorstellung sind, *der Wahrheit ganz nahe*, selbst wenn das Vorgestellte nie geschehen ist, sondern eine Totale, ein Gedankengespinst ist, so wie das, was auf einem Foto ist, niemals geschah, sondern ein maschinell hergestelltes Scheibchen eines Teils der Realität ist, das der Apparat dann sozusagen seitwärts aus dem vorwärtsziehenden Sog der realen Luft herausschiebt. Die Zeit wurde niemals so angehalten; das Foto lügt; der augengleiche Apparat schneidet ein dünnes, fixiertes Souvenir ab; das was seinen Inhalt ausmacht, macht es unwahr – keiner, den ich kenne, war je so reglos wie ein Foto.«

In einer anderen Erzählung mit dem Titel ›Weitgehend eine

mündliche Geschichte‹ gibt es mittendrin eine kleine Klammer, in der ein Gedanke steht, der sich im Kopf eines Kindes abspielt – und zugleich auf Erzählen überhaupt zielt: »Eine Lüge ist zum Erzählen erdacht und daher leichter zu verstehen und oft leichter zu glauben als ein holpriger Versuch, etwas mitzuteilen, was wirklich passiert ist: was passiert ist, ist nicht zum Erzählen gedacht.« Die Erfindung ist leichter plausibel zu machen als das zufällig Erlebte, soll das heißen, denn die Erfindung richtet sich immer schon an ein Gegenüber; die Grundstruktur aller Fiktion ist ihre Erzählbarkeit: Sie will, gerade weil sie Erfindung, also Lüge ist, überzeugen, ihr Konstruktionsmuster ist Schlüssigkeit. Dagegen revoltieren Brodkeys Erzählungen: Sie sind der mitunter holprige Versuch, das mitzuteilen, was wirklich passiert – und was im Grunde nicht so einfach abrufbar ist: nicht in der Erinnerung und schon gar nicht auf Fotos.

Das Thema dieser Geschichten, besonders der des Halbbandes ›Engel‹: die Schatten der frühesten Kindheit, und gleichzeitig: die Unmöglichkeit, ihrer habhaft zu werden. Daraus erklärt sich dieser merkwürdige Schwebezustand zwischen Erzählung und Kommentar, zwischen Essay und Vergegenwärtigung, ein Schwebezustand, der bisweilen – und gewiß nicht zufällig – an Proust denken läßt. Brodkey geht an die Grenze des Erträglichen bei dieser Mischung, er vollführt eine heikle Gratwanderung, und oft genug häuft und schichtet er Stimmen, Bilder, Erklärungen, Andeutungen in kaum noch zu überbietender Monotonie. In den Geschichten aus den sechziger und beginnenden siebziger Jahren gibt es noch einen Wechsel der Tonlage, der Charaktere, der Thematik. In den später entstandenen Texten ist das kaum noch der Fall: Es geht nun einzig und allein um die geradezu verbissene Rekonstruktion von Momenten aus Wileys frühester Kindheit, ausgenommen vielleicht zwei, drei Geschichten, darunter eine wunderbare Verona-Episode, bei der ein kleines Mädchen in einem Glücksaugenblick lebendig wird. Alles übrige ein einziges Kammerspiel, auftretende Personen: die leibliche Mutter, die Adoptiveltern, das Kindermädchen, die Adoptivschwester – und natürlich Wiley. Wiley, der noch keine Sprache hat, zwei Jahre alt, an der Seite von Ceil, der sterbenden Mutter, die hier unter ihrem richtigen Namen auftritt; Wiley auf dem Arm des Mannes, der sich gerade überlegt, ob er den stummen Knaben adoptieren will; Wiley in einem gequälten Gerangel mit der körperlich überlegenen Schwester Nonie; Wiley auf dem Klo, dessen Sitz ihm noch zu groß ist; Wiley behütet von Anne Marie, der jungen Frau, die plötzlich auch aus seinem Leben verschwindet, weil die Adoptivmutter sie wegschickt – ein Kind, das noch nicht sprechen kann: ganz Auge, ganz Ohr.

Wie geht das? Das geht gar nicht. Und deswegen kann Brodkey nicht aufhören damit. Seine Erzählungen sind überirdische Protokolle von surrealer Vollständigkeit, so als wäre das Gehirn des zweijährigen Knaben im Jahre 1923 Tonbandgerät und Filmkamera, Geruchsbarometer und Analyse-Instanz in einem gewesen. Man darf sich diese Geschichten keineswegs aus der Kinderperspektive erzählt vorstellen: Sie stellen sich selbst fast mit jedem Satz als Konstruktion aus, als künstliche, artifizielle Gebilde. Sie greifen unübersehbar über den Horizont eines Kindes hinaus. Die Charakterisierungen von Personen etwa zeugen von reifer Beobachtungsgabe; so heißt es einmal über jenen Mann, den er noch kaum kennt und der ihn später adoptieren wird, den Mann, der in diesen Texten fast ausnahmslos mit seinen Initialen vorkommt: »S.L.s Aufgeschlossenheit war hoffnungslos willkürlich und sexuell, nicht in echten Konventionen verwurzelt – seine sexuelle Befindlichkeit schränkte ihn stark ein: Er konnte nicht anders sein als lüstern, er konnte nicht *freundlich* sein, ohne gleich vertraulich zu werden: Sein ganzer gesellschaftlicher Charme und seine guten Umgangsformen wurzelten in seiner Zurückhaltung, in seinem ironischen Umgang mit dem, was er, dem Gefühl und weitgehend auch dem Wissen nach, vielleicht zu Recht als das sexuelle Wesen der Welt empfand. Wirklich aufgeschlossen war er nur im sexuellen Bereich.« Die Erzählung, die ›S.L.‹ heißt, wie der Mann, der in ihr aus verschiedenen – auch zeitlich unterschiedlichen – Perspektiven zugleich geschildert wird, zerdehnt einen einzigen Augenblick: den Gang in einem Garten, und das auf siebzig Seiten. Und wie um darüber zu spotten, heißt es am Ende schlicht: »Die Geschichte ist zur Zeit nur bis hierher gediehen, bis zum Vergnügen und Schrecken des getragenen Kindes...«

Nein, zügig kommen diese Geschichten wirklich nicht voran.

Und daher ist es bisweilen anstrengend, mühsam auch, ihnen zu folgen. Kleinste Sequenzen werden aufgebläht und beharrlich umkreist. Brodkey ist ein Meister der literarischen Zeitlupe, der Zerdehnung, ja mehr noch: des Stillstands. Und doch: Obgleich die meisten Geschichten alles andere als spannend sind, sorgen sie für eine untergründige Erregung. Man begreift plötzlich, daß das übliche Erzählen, auch ein noch so gemächliches und gemütliches, einem Parforceritt gleichkommt. Erst in der extremen Streckung, wie sie so bisher nur Proust vorgemacht hat, kommt das Erzählte, das Erinnerte wenigstens in Sichtweite – und Brodkey zeigt: Es ist alles immer noch unendlich weit weg, nicht faßbar, geisterhaft.

So auch in jener oft als Sexstory mißverstandenen Liebes- und Erweckungsgeschichte ›Unschuld‹, die dem ersten Band der deutschen Ausgabe den Titel gegeben hat: Auf rund fünfzig Seiten wird da der Versuch des Helden ausgebreitet, seiner Freundin etwas von der Befriedigung und Zärtlichkeit zurückzugeben, die er von ihr erfahren hat, kurz: sie endlich einmal zum Orgasmus kommen zu lassen. Brodkey sagt im Gespräch zu dieser mittlerweile schon legendären Erzählung: »Sie wissen ja, daß wir uns niemals an ein sexuelles Erlebnis in seiner Gesamtheit erinnern können. Wenn also jemand eine Geschichte wie ›Unschuld‹ liest und behauptet: Da erinnere sich jemand – wie soll das gehen? Kein Gedächtnis kann das leisten. Es handelt sich um eine Konstruktion. Daran führt kein Weg vorbei: Ich könnte gar nicht diese Menge an Einzelheiten im Zusammenhang behalten. Was man vor sich hat, ist eine Rekonstruktion, in der Tausende und Abertausende von einzelnen Erinnerungen jeder Art zusammengefügt sind. Wenn am Ende der Eindruck von Wahrheit entsteht, so hat man es vielleicht mit einer erzähltechnischen Innovation zu tun.«

So ist es. Genauer hat noch niemand hingeschaut, auch kein Henry Miller, kein John Updike. Und gerade weil Beischlaf und Cunnilingus mit einer beispiellosen Akribie aus der Perspektive des Studenten Wiley beschrieben werden, fehlt jeder pornographische Effekt. Wenn ein Kritiker der ›Frankfurter Allgemeinen‹ für die »gravierendste Schwäche« ausgerechnet dieser Erzählung hält, daß der Autor es nicht verstehe, »das Stilmittel des Aussparens und Ausblendens wirkungsvoll einzusetzen«, so kann das Mißverständnis kaum größer sein. Und der moralische Tadel, daß Brodkey das Innenleben einer Frau »offenbar für eine rein vaginale Angelegenheit« halte, ist fast schon rührend.

»Weißt du, für einen zeitgenössischen Schriftsteller ist Sex das, was die ethischen Grundsätze der Gesellschaft für Dickens waren«, läßt Brodkey den Literaturprofessor Leo Hofstedt (in ›Hofstedt und Jean – und andere‹) sagen. »Wir studieren den Sex, das ist der Bereich, in dem wir kompetent sind …« Die amerikanische Literatur ist gewiß nicht arm an Darstellungen von Sexualität, dieser Autor aber hat es – vor allem in den Geschichten aus dem Band ›Unschuld‹ – dank seiner Erzählmethode allen noch einmal gezeigt.

Brodkey hat aus erster Ehe eine Tochter, die heute dreißig Jahre alt ist und selbst zwei Kinder hat. Gab es Rücksichtnahmen auf die Familie? Auf die Entwicklung der Tochter? Aber ja, sagt er, Rücksicht sei einer der Gründe dafür gewesen, daß es dreißig Jahre dauerte, bevor sein zweites Buch erschien. Eine Art von Zensur, die ziemlich vollständig sei, setzt er hinzu. »Wenn man ein Kind hat, gibt es keine Entschuldigung dafür, ein Schriftsteller zu sein. Sie sollten kein Kritiker sein und ich kein Schriftsteller – wir sollten beide als Bankiers arbeiten! Es spielt vieles eine Rolle, was sich nicht in der Frage erschöpft, ob und wann man eine bestimmte Geschichte schreiben sollte oder nicht. Wer kann schon sagen, in welchem Alter einen etwas verwirrt oder nicht. Es gab ein paar Skandale, als Updike seine Geschichten veröffentlichte. Er verwendete seine Kinder und Freunde als Charaktere. Aber nur eins der Kinder hat protestiert. Es gibt da manche persönlichen Belange, denen man sich als Vater, der Verantwortung trägt, nicht nähern sollte.« Im übrigen gebe es mindestens zwei Personen mit dem Namen Harold Brodkey: ihn, wie er da sitze und rede, und den Mann an der Schreibmaschine. Er wisse eigentlich nicht, sagt er, wer er im realen Leben eigentlich sei, er wisse aber, daß das auch ganz uninteressant ist: »Wenn Sie von der Schreibmaschine aufstehen und Ihre Tochter ist im Nebenzimmer, ist sofort ein Abstand da. Schreiben ist eine Reise im Kopf. Und die Person, die schreibt, wird niemand anderes je zu Gesicht bekommen. Natürlich kann ich mich als jemand geben, der über das Schreiben zu reden versteht, so wie ich jetzt mit Ihnen rede – aber das ist noch lange nicht die Person, die schreibt. Auch ich habe den Autor noch nie getroffen, nie im Spiegel gesehen. Wenn meine Enkelkinder hier sind oder das Telephon klingelt, kann ich diesen Abstand spüren…«

›Nahezu klassische Stories‹, Geschichten in fast klassischer Manier: Für Brodkey, das deutet er im Gespräch an, hat Schreiben nur einen Sinn, wenn man jeden apokalyptischen Gedanken beiseite schiebt. Er setzt auf Kontinuität, darauf, daß es weitergeht, mit der Welt, mit den Generationen, mit dem Lesen. Wenn man schreibe, dann schreibe man, damit ein anderer noch besser schreibt. Er sei kein Messias, er fühle sich auch nicht so, wie behauptet worden ist. Alles Unsinn! Kein Messias! Kein Verkünder! Und jener Engel, der dem Erzähler in der gleichnamigen Titelstory am 21. Oktober 1951 erscheint, sei eben einfach ein Engel im Himmel, erklärt Brodkey jetzt, sichtbar auch für andere. Die Erscheinung wird so selbstverständlich beschrieben wie bei Kafka die Verwandlung des Helden in ein Insekt. Die Geschichte ›Engel‹, 1985 erstmals veröffentlicht, steht am Schluß der ›Stories in an Almost Classical Mode‹ – einzige Ausnahme von der Regel, nach der die Erzählung gemäß ihrem Erscheinungsdatum angeordnet sind. Nebenbei: das Datum, an dem der Engel über Havard Hall erscheint, fällt zufällig mit Brodkeys 21. Geburtstag zusammen.

So rundet sich der Kreis nach vierzig Jahren: ein Fingerzeig des Himmels am Anfang der literarischen Laufbahn – und nun am Ende des Buches. Die Geschichte ›Engel‹ schließt mit den Worten: »Ich *liebte* DEN SERAPHEN, DEN ENGEL, und liebte IHN zugleich nicht. Etwas so Mächtiges, so Spektakuläres kommt ohne einen aus. ER sagt keinem, was er tun sollte, alle Äußerungen zu DEM EREIGNIS fielen höchst unbeholfen und abstrakt und allegorisch aus, woran zu erkennen war, daß ER keinen beriet und IHM geltenden Satz sprachlich Gestalt gab. ER hatte nichts gesagt und war entschwunden, und vielleicht bedeutete das, daß man IHN am besten einfach gehen ließ, daß dies SEIN Rat gewesen war. Bestürzend war letzten Endes, daß damals niemand Zeugnis ablegte. Oder vielmehr taten sich zunächst nichts als Journalismus und Erschütterung kund. Und dann

Harold Brodkey, 1994 in Venedig

kamen lyrische Versuche, und immer wieder bezog einer sich auf den anderen, hin und her. Erst nach vielen Jahren gab es überzeugende, jedoch schwache und wie geflüsterte Versuche, wahrhaftig zu sein, von welchen dieses einer ist.« Man liegt wohl nicht völlig daneben, in diesem verlockenden Engel, dieser »Manifestation von Bedeutung und Schweigen« auch ein Bild für den Lockruf der Literatur zu erblicken: »Viele meinten, ER spräche, aber nicht zwei waren sich über die Aussagen einig, die sie IHM zuschrieben.«

Der Schriftsteller Harold Brodkey, der seinem Engel gefolgt ist, erhebt sich nach dem Gespräch mühsam aus seinem Sessel, in dem er seit zwei Stunden fast bewegungslos verharrt hat: eines Hexenschusses wegen. Nun muß er sich auf einen Stock stützen. Nach seinem angekündigten Roman, dem Lieblingsthema vieler Interviews mit diesem Autor seit vielen Jahren, muß ich gar nicht fragen. »Der kommt im Herbst«, sagt Brodkey* – der Schmerz im Rücken sei eine Folge jenes Luftsprungs, den er aus Freude darüber gemacht habe, daß das Manuskript endlich und endgültig abgegeben worden sei. Er setzt ein Autogramm in mein Exemplar von ›Unschuld‹ und sagt wie nebenbei: »Sie werden es wahrscheinlich nicht glauben, aber Brodkey ist für mich immer ein fremder Name geblieben – eben der Name, den meine Adoptiveltern mir gegeben haben. Mein ursprünglicher Name ist mir allerdings genauso fremd. Ich habe keinen Namen.«

Venedig, 30. April 1994

Frühstück auf der Terrasse des Hotels ›Monaco‹, ein Samstag-Vormittag, strahlend blauer Himmel. Harold Brodkey trägt eine Sonnenbrille und blickt hinaus aufs Wasser, auf das Gewimmel von Motorbooten, Linienschiffen, Gondeln. Ein Hospitalboot jagt mit Blaulicht und Sirene in den Canal Grande, der hier beginnt. Gegenüber leuchten des ehemalige Zollamt und die monumentale Kirche Santa Maria della Salute in der Sonne. Der

---

* Der mehr als 800 Seiten umfassende Roman ›The Runaway Soul‹ ist im Herbst 1991 erschienen – die deutsche Übersetzung wird voraussichtlich 1995 publiziert werden.

Dichter aus New York fühlt sich wohl in Europa, besonders in
dieser Stadt. Er kennt hier fast jedes Gebäude, jede Brücke, jede
Calle. »Ich bin fast so etwas wie ein europäischer Schriftsteller
geworden«, sagt er. »Das Publikum hier hat dieselben Bücher
gelesen wie ich. Ihr habt Tradition.«

Brodkey ist munter, fast ausgelassen an diesem Tag. Er kann
Gesellschaft nur noch jeweils für wenige Stunden ertragen, dann
wird er müde. Er hat Aids. Er und seine Frau, die ständig um ihn
ist, machen kein Geheimnis daraus. Aber es wird auch nicht un-
gefragt darüber geredet. Brodkey hat das, was über den Ausbruch der Krankheit zu sagen ist, in einem Essay im ›New Yorker‹ ausgebreitet, offen und schonungslos. Das war im vorigen
Sommer, im Juni 1993. ›An meine Leser‹, war das Stück betitelt,
und es begann mit den Worten: »Ich habe Aids. Es überrascht
mich, daß dem so ist. Ich habe mich seit den siebziger Jahren keiner Gefahr mehr ausgesetzt, das heißt: Meine Erfahrungen und
Abenteuer in Sachen Homosexualität habe ich hauptsächlich in
den sechziger Jahren gemacht.« Seither habe er sich durch die
verstrichene Zeit und entsprechende Abstinenz vor der Krankheit sicher gefühlt.

Ein befreundeter Arzt hatte ihm den Befund einige Monate
zuvor mitgeteilt. Brodkey war gerade mit der Endfassung eines
Romans beschäftigt, der in Venedig spielt und eine homosexuelle
Liebesgeschichte zum Kern hat: ›Profane Freundschaft‹. Das
Manuskript war zum Teil hier in Venedig entstanden, wo er für
zwei Monate ein Stipendium hatte – so kam es im übrigen auch,
daß eine erste Fassung des Romans Ende 1992 zunächst in einer
italienischen Übersetzung erschien. Erst in diesem Frühjahr ist
das Buch, in einer weitaus umfangreicheren Version, auch in
Amerika und in Deutschland herausgekommen.

Brodkey ist seit 1949 mehr als ein dutzend Mal in Venedig gewesen. Damals, in der unmittelbaren Nachkriegszeit, besuchte
er die Stadt als Tourist, auf einer langen Europareise. »Ich kann
gar nicht sagen, wie interessant das war!« schwärmt er. Mit der
Niederschrift des Venedig-Romans begann er in Amerika, erste
Entwürfe reichen weit zurück. Später dann hat er hier vor Ort
Gespräche geführt, alte Fotobände angeschaut – und immer wieder die Schauplätze inspiziert. Er konnte nicht einfach Details

aus seiner eigenen Kindheit auf seinen Romanhelden übertragen, der in Venedig aufwächst. »Ich habe gearbeitet wie ein Detektiv. Zu dem Venedig-Stipendium gehörte, daß ich ein Boot zur Verfügung hatte«, sagt er. »Man fuhr mich überallhin.« Ein umfangreiches Werk ist entstanden, in der deutschen Ausgabe 540 Seiten stark: Die Beichte des fiktiven amerikanischen Schriftstellers Niles O'Hara, Nino genannt, der sich als alter Mann in Venedig an die lebenslange Freundschaft mit seinem Jugendfreund, dem späteren Schauspieler Onni Galliani, erinnert.

Nino und Onni haben sich schon als Kinder kennengelernt, später die üblichen erotischen Pubertätsspiele miteinander veranstaltet, dann für viele Jahre aus den Augen verloren, als der Amerikaner mit seinen Eltern zurück in die USA geht. Erst 1945 kehrt er in das kaum zerstörte Venedig zurück – und trifft Onni wieder, einen halbseidenen jungen Mann von großer Anziehungskraft. Das alles wird in diesem Roman ausführlich und aus einer seltsam schwankenden Ich-Perspektive erzählt: »Dieses Knäuel von Dingen, eine Person genannt, betrachtete den gutaussehenden, chic angezogenen, aber schäbigen anderen Jungen, der so gar nicht seiner früheren Erscheinung glich und überdreht war und vielleicht *gebrochen* und unreparierbar wie ich.«

Wie schon in den letzten Erzählungen Brodkeys wird auch in diesem Roman das Erzählen ständig kommentiert: »In Wirklichkeit ist ein Mensch voller Schatten und Kraft und Schattenkräften. Und ein Porträt muß den Wahnsinn zeigen, dessen im Innern des Menschen ruckenden und zuckenden Pferdekopf.« Immer wieder macht Brodkey deutlich, daß es sich bei seinem Helden nicht um eine fest umrissene Person handelt, darin einer mittlerweile auch schon traditionellen modernen Erzählhaltung verpflichtet. »Ich kann in mir weder das starre Ich der Grammatik noch den Star eines Traumes ausmachen«, läßt er seinen fiktiven Erzähler schreiben, »ich bin ein ganzes Komitee von Ichs, ein Kongreß von jungen Männern.« Und die Verwandtschaft der beiden Vornamen Nino und Onni signalisiert mehr als nur Nähe: Die Grenzen zwischen den beiden Personen sind fließend. Bisweilen wird der Leser mit der Nase darauf gestoßen, sogar per Kursivschrift: »*Wir waren da tatsächlich zu zweit*, sehen Sie? (So erkennt man nach meiner Überzeugung die Wahr-

heit.) Wir erkennen einander in entliehenen Gestalten, in Verkleidung. In diese Gestalten sind wir gekleidet.« Bisweilen wirken diese Passagen aufgesetzt und aufdringlich. Nach einer besonders langen erzählerischen Durststrecke ruft sich Brodkeys
Schriftsteller-Held selbst zur Ordnung: »Jedenfalls habe ich
hiermit getan, was ich nur kann, um Wirklichkeit darzustellen,
und nun möchte ich mich wieder ans Erzählen einer Geschichte
begeben.«

›Profane Freundschaft‹ ist ein sehr uneinheitliches Buch, im
Grunde eine über die Maßen gestreckte Erzählung. Entsprechend unterschiedlich hat die Kritik darauf reagiert, die angel-
sächsische nicht anders als die deutschsprachige. Brodkey hat einen enormen Kredit, vor allem in Europa, die Erwartung ist entsprechend hochgespannt – und die Enttäuschung dann groß. Er
selbst machte sich in einem Lebensresümee angesichts seiner
Krankheit keine Illusionen darüber, »wie unterschiedlich ich in
den verschiedenen Ländern angesehen war und behandelt wurde
– großer Künstler hier, Narr dort, erstrangiger Autor, zweitran-
giger Hochstapler, Bösewicht, Virtuose, Knallkopf, Held.«

Es gibt in seinem Roman sehr zarte, unscheinbare Sätze.
»Liebe ist peinlich und kommt, wenn überhaupt, unscheinbar
und ohne Überschrift daher«, heißt es einmal. Sexualität – nicht
nur gleichgeschlechtliche – wird ausführlich geschildert, doch
nicht glorifiziert. Der Ort Venedig scheint für eine Grundmelo-
die von Tristesse zu bürgen. Die Begegnung Ninos mit einer jungen Frau wird so geschildert: »Ich verspürte eine aufstachelnde
Lust zum Bumsen und dann, wenn ich dabei war, ein traumglei-
ches Unvermögen, es wirklich noch zu wollen; so daß es ebenso
mühsam war, bis zum Orgasmus weiterzumachen, wie an den
flachen Stellen der Lagune durch den Schlick zu waten.« Oder:
»Das Klatschen eines Unterleibes auf den anderen: das Klatschen von Wasser gegen steinerne Stufen.« Der Ort Venedig,
»inmitten der Wellen und Winde und des stillen Stroms der
Zeit«, ist mehr als nur Schauplatz für die ›Profane Freundschaft‹:
Die Schilderung der Stadt – vor allem die Ankunftspassage –
zählt zu den Höhepunkten des insgesamt nicht sehr geglückten
Romans.

Bei unserem Gespräch auf der ›Monaco‹-Terrasse ist auch An-

gela Praesent dabei, die Übersetzerin, der es zu verdanken ist,
daß Brodkeys Buch in einer hervorragenden deutschen Fassung
erscheinen konnte (für manche Zähflüssigkeit ist sie nicht ver-
antwortlich zu machen). Sie erzählt, wie der Autor oft noch in
letzter Minute Passagen umstellt oder herausnimmt. »Warum
haben Sie das übersetzt? Das ist längst gestrichen«, sage er ihr
dann am Telefon. Nun lacht er. »Ich schreibe unermüdlich«, erzählt er. »Was soll ich sonst tun?« Angela Praesent hat die Arbeit
an der Übersetzung eines anderen Brodkey-Romans unterbro-
chen und auf Wunsch des deutschen Verlags ›Profane Freundschaft‹ erst einmal vorgezogen. Eigentlich ist sie dabei, das Ende
1991 in Amerika publizierte Buch ›The Runaway Soul‹ zu übertragen, ein Brocken von 833 Seiten – und nur der erste Teil des
seit Jahrzehnten angekündigten Hauptwerks. Die US-Kritik
reagierte auch darauf skeptisch bis ablehnend, zum Teil sogar
höhnisch. Brodkey hofft nun, daß der so lange versprochene
Mammutroman in Deutschland mehr Verständnis erfahren
werde – falls er selbst das Erscheinen der Übersetzung (angekündigt für 1995) noch erleben sollte. Er spricht über sich wie einen
Fremden.

In New York gefällt es ihm nicht mehr, aber er wird dorthin
zurückkehren. »Die Stadt hat sich sehr verändert, es ist ein Trau-
erspiel«, sagt er. »Viele junge Familien ziehen weg. Die Leute leben alle auf dem Land und kommunizieren nur noch per Fax.«
Aber auch über Venedig macht sich Brodkey keine Illusionen:
Venedig ist ein Traum, und der Tod in Venedig Literatur. »Ich
weinte, weil ich nicht ewig leben würde«, läßt er seinen Stellver-
treter am Ende des Romans ›Profane Freundschaft‹ niederschrei-
ben. »Ich weinte, weil Venedig lästig, alt und häßlich wird und
doch partiell schön bleibt; wie Onni. Ich weinte, weil ich im
Grunde über Tränen hinaus war.« Harold Brodkey erhebt sich,
er müsse sich nun zurückziehen, sagt er. Er verabschiedet sich
überschwenglich. Er sei eifersüchtig, das sind seine Abschieds-
worte, während er aufs Wasser blickt, eifersüchtig »auf alles
hier«.

Zu nah am Feuer

Richard Ford

New Orleans, 4. März 1991

Alptraum des Reporters: Man hat eine lange Reise hinter sich, und der Mensch, über den man ein Porträt schreiben will, gibt nichts Vernünftiges von sich – oder doch nicht das, was man sich erwartet hat. Man kommt nicht ins Gespräch miteinander. Kein Funke, kein Kontakt, keine Spannung. Wozu überhaupt das Tonbandgerät einschalten?

Dem Sportreporter geht es so. Er ist nach Detroit gefahren, um einen ehemaligen Footballspieler zu interviewen, der nun im Rollstuhl sitzt und über den er berichten soll. Doch Frank Bascombe erfährt von diesem Herb nicht, was er hören will: Statt Optimismus zu verbreiten, wühlt der selbstmitleidig in der Vergangenheit. Der Reporter ist hilflos und verärgert: »Ich habe mir natürlich noch keine Notiz gemacht und den Recorder noch nicht angerührt, obwohl das nötig wäre, da ich ein miserables Gedächtnis habe.« Frank Bascombe ist der Held eines Romans von Richard Ford. ›Der Sportreporter‹, 1986 in den Vereinigten Staaten, drei Jahre später bei uns erschienen, ist das bislang erfolgreichste Buch des amerikanischen Schriftstellers. Es ist die Geschichte eines mehrfachen Scheiterns: Das Porträt über Herb wird niemals geschrieben, die Freundin, die den Reporter auf seiner Reise begleitet, verläßt ihn, eine gescheiterte Ehe hat der Mann, der noch nicht einmal vierzig ist, schon hinter sich – und eine abgebrochene Karriere als Schriftsteller auch.

»Es ist kein Verlust für die Menschheit«, redet sich Fords trauriger Held ein, »wenn ein einzelner Schriftsteller beschließt, mit dem Schreiben Schluß zu machen. Wen außer den Affen kümmert's, wenn im Wald ein Baum umstürzt?« Dabei hat der Mann für seinen ersten Roman durchaus Anerkennung gefunden, doch dann kam das Angebot des Sportmagazins. »In manchen Menschen steckt nur ein einziges Buch. Es gibt Schlimmeres.«

New Orleans, Bourbon Street. Die Straße im alten Stadtzentrum, im Französischen Viertel, ändert von Ecke zu Ecke ihr Gesicht. Eben noch drängen sich billige Läden mit Souvenirs und Pornoaccessoires aneinander, in den Schaufenstern bedruckte T-Shirts und künstliche Phalli, schon befindet man sich in der besten Wohngegend: links und rechts der engen Straße vornehme Wohnhäuser und Villen mit jenen schmiedeeisernen Balkonen, für die das Vieux Carré berühmt ist.

Man hat eine lange Reise hinter sich und sucht an einem prächtigen, in einem warmen Gelb gestrichenen Eckhaus die Klingel, an der sich kein Namensschild befindet. Da geht die Tür auf, und ein großer schlanker Mann steht einladend da, mit blauen Augen und gewinnendem Lächeln. Hinter Richard Ford steht, genauso schlank, kaum weniger groß, Kristina, die Ehefrau, der er bisher noch alle seine Bücher gewidmet hat. Zwischen unseren Beinen fegt Rosy, die Hündin, hindurch. Die Wohnräume sind mit antikem Mobiliar sparsam und passend eingerichtet. Die Wände hängen voll mit Photos, Zeichnungen und Gemälden – Bildern von Freunden, wie Ford beim Rundgang erläutert. Er könne sich nichts hinhängen, was keinen persönlichen Bezug habe.

Ford war Anfang Dreißig, als 1976 sein erster Roman erschien, ›Ein Stück meines Herzens‹, ein Roman, an dem er sechs Jahre geschrieben hatte. Es folgte der Roman über einen Vietnamveteranen, ›Verdammtes Glück‹, ein Buch, das leider nur in einer unzulänglichen Übersetzung auf deutsch vorliegt.* Zehn Jahre nach dem Debüt erschien jener Roman, mit dem Ford in Amerika und später auch bei uns bekannt wurde: ›Der Sportreporter‹, ein Buch, das ebenso wie der im Jahr darauf erschienene Erzählungsband ›Rock Springs‹ zu den Höhepunkten der amerikanischen Gegenwartsliteratur zählt.

Wie kommt ein Schriftsteller von einem Buch zum nächsten? Wie schafft er es, immer wieder von vorn zu beginnen? Der Leser hält irgendwann das fertige Buch in Händen und kann sich

---

* Mittlerweile ist (1994) eine neue deutsche Übersetzung erschienen – sie ist besser gelungen, macht freilich auch deutlich, daß der Ton dieses Romans schwer zu treffen ist.

Richard Ford, 1991 in New Orleans

kaum vorstellen, daß einmal gar nichts davon dagewesen sein
soll, keine Seite, kein Satz, nicht einmal eine Idee. Der Schriftsteller schreibt hinein ins Leere, ins Ungesicherte, ins Unent-
deckte. Manchmal kann er dabei auf etwas zurückgreifen, eine
Skizze, einen Entwurf oder auch eine abgeschlossene Geschichte, die noch nicht zu Ende erzählt ist. Fords neuer Roman
›Wildlife‹, 1990 veröffentlicht, greift eine alte Geschichte wieder
auf, eigentlich sogar zwei: Die beiden Stories sind in ›Rock
Springs‹ enthalten. Auch der Titel kommt als Begriff in einer dieser Erzählungen schon vor.

Fords Überzeugung nach sei es jedem nur erlaubt, eine bestimmte Anzahl von Büchern zu schreiben. »Und es wäre mir
nicht im Traum eingefallen, ›Wildlife‹ zurückzuhalten, nur weil
es darin Verbindungen zu Erzählungen gibt, die ich geschrieben

habe«, sagt er. Und der Titel ›Wildlife‹? Der habe ihm von Anfang an vorgeschwebt. Es sei zwar richtig, daß das Wort in der
Erzählung ›Optimisten‹ schon vorkomme, es habe aber nun eine
andere Bedeutung: »Wir überleben nicht als Spezies, wir überleben als Einzelwesen. Der Roman handelt von nichts anderem
als der Erinnerung, die ein Mann an jene Zeit hat, da er ein Kind
war und grundsätzlich lernte zu überleben.«

Schon der Anfang, der erste Satz, sagt – wie oft bei Ford – eigentlich alles, was man wissen muß: »Im Herbst 1960, als ich
sechzehn war und mein Vater eine Zeitlang nicht arbeitete, lernte
meine Mutter einen Mann namens Warren Miller kennen und
verliebte sich in ihn.« Der Roman entfaltet diese Geschichte ganz
schlicht, ganz direkt und ohne Umwege – so schmuck- und
scheinbar kunstlos, daß man sich hüten muß, das Buch im Umfang von 190 Seiten für eines ohne Tiefgang oder gar ohne Geheimnis zu halten.

Great Falls, Montana: Jerry, der Vater, ist 39 Jahre alt und arbeitet, als die Geschichte einsetzt, als Golflehrer. Die Mutter,
Jeanette, 37, hat gelegentlich als Aushilfslehrerin ein wenig
Geld verdient. Jeff, der sechzehnjährige Sohn, der die Geschichte viele Jahre später erzählt, als er längst ein Erwachsener
ist (ohne daß der Leser erfährt, unter welchen Umständen und
wann genau das ist), geht noch zur Schule. Der Roman konzentriert sich ganz auf das, was in der Erinnerung des Jungen aufbewahrt ist. Eine Geschichte, die ganz folgerichtig, Schritt für
Schritt, die jeweils schlimmstmögliche Wendung nimmt, ruhig
und unbeirrbar, ohne dabei auf irgendeinen Effekt, eine Pointe,
ohne überhaupt auf eine Überraschung aus zu sein. Der Vater
verliert seinen Job. Eine falsche Beschuldigung, ein Irrtum, ein
Versehen, bald korrigiert, aber Jerry will nicht zurück. Er kap-
selt sich ein, verletzt und irritiert. Keine Katastrophe zunächst,
nur eine leichte Veränderung, eine kleine Erschütterung der Basis. Im Hintergrund brennen die Wälder, oben in den Bergen.
Es ist ein heißer Sommer gewesen, und die Brände sind immer
noch nicht unter Kontrolle. Für die Stadt Great Falls besteht
keine Gefahr, das Feuer ist weit genug entfernt, aber eine
Dunstschicht nebelt die Gegend ein, und der Geruch ist überall
zu spüren. Manchmal bildet sich der junge Jeff ein, am Abend

in den Bergen einzelne Flammen zu sehen, ja sogar Männer, die sich dort bewegen.

Schon bald ist der Vater einer von ihnen: als Freiwilliger bei der Brandbekämpfung. Seine Frau ist erbittert dagegen, aber er läßt sich nicht beirren. Plötzlich sind Mutter und Sohn allein, und ebenso plötzlich ist ein anderer Mann da. Eines Nachmittags sitzt er, Warren Miller, im Wohnzimmer. Vielleicht habe er eine Arbeit für sie, erklärt die Mutter dem Sohn. Jeanette läßt durchblicken, daß der Mann sie nicht zuletzt wegen seines Reichtums fasziniere: Er besitze Firmenanteile, Getreidesilos und eine Autovertretung. Warren Miller lädt Jeanette und Jeff zu einem Abendessen bei sich ein. Irgendwann fahren Mutter und Sohn nach Hause, ohne daß, soweit Jeff es beobachten konnte, viel passiert ist. Aber in der Nacht wacht er auf, und er sieht, wie Warren Miller nackt vom Badezimmer in das Schlafzimmer der Mutter geht. Der Junge steht im Flur und lauscht, obgleich er weiß, daß er besser nicht da stehen würde. Kurze Zeit später geht die Tür wieder auf, nachdem vorher ein Nein der Mutter zu hören war, und sie und Miller schleichen sich leise aus dem Haus, er notdürftig angezogen, sie im Bademantel. Sie laufen durch die Nacht zu Millers Auto, das vor dem Haus parkt.

Die Szene, die nun folgt, ist beispielhaft für die dezente und diskrete Art des Romanciers, das traumatische Erlebnis des Jungen zu erzählen – einzig die Genauigkeit der Erinnerung läßt etwas vom Schock ahnen, der noch viele Jahre später in Jeff nachhallt: »Ich stand an meinem Fenster und beobachtete sie, wartete darauf, daß er wegfuhr, daß meine Mutter und Warren Miller dahin fuhren, wo immer sie hinwollten – zu seinem Haus, in ein Motel oder in eine andere Stadt oder irgendwo anders hin, so daß ich weder sie noch ihn jemals wiedersehen würde. Aber das geschah gar nicht. Der Oldsmobile blieb mit laufendem Motor stehen, wo er war, ohne Licht, mit meiner Mutter und ihm da drin. Ich konnte sie im Dunkel nicht erkennen, und ganz allmählich beschlug das Fensterglas, weil sie da drin saßen und atmeten.«

Bald nach dieser Nacht kehrt Jeffs Vater zurück. Jeanette erzählt ihrem Mann alles und verläßt die Familie, ohne Angabe eines Ziels und ohne Miller. Er wisse nicht, was das Leben, dieses wilde Leben überhaupt zusammenhalte, sagt Jerry zu seinem

Sohn, als sie beide in einer Bar sitzen. Dann läßt er sich von Jeff das Haus des Nebenbuhlers zeigen, holt wortlos einen Benzinkanister aus dem Wagen und setzt vor den Augen des wie angewurzelt im Wagen verharrenden Jungen die Veranda in Brand. Noch ein Feuersturm. Der Amoklauf des Vaters läuft glimpflich ab: Miller kann sich – und eine Frau, die bei ihm ist – aus dem Haus retten, die Feuerwehr ist bald zur Stelle, es gibt keine Anzeige. Im folgenden Frühjahr ist die Mutter wieder da, Miller mittlerweile an einer Krankheit gestorben, das Ehepaar bleibt fortan zusammen, was Jeff, den es bald aus dem Haus treibt, teilnahmslos registriert und später aus dem Rückblick kurz berichtet.

Eine überschaubare, ruhig erzählte Geschichte: erst wenn man das Buch ein zweites Mal liest, spürt man, wie fein und unaufdringlich da die Fäden gezogen werden, wie Ford seine Figuren in ein Feuer schickt, das sie verwandelt. Der Romancier kommentiert nicht: Keine der Figuren wird von ihm getadelt oder gar der Verachtung preisgegeben.

»Mir haben die Leser erzählt, daß ihnen die Mutter regelrecht unsympathisch war«, sagt Ford fast erbittert. »Ich denke manchmal, daß ich naiv bin, was das Verhältnis von Müttern und Söhnen angeht. Für mich ist die Liebe, die zwischen ihnen besteht, so grundlegend und primär, daß sie alle möglichen Arten von Streit und Entfernung überdeckt und erträgt. Mütter, Söhne können alles mögliche machen – und doch lieben sie einander. Die Konvention würde vielleicht sagen: Eine Mutter tut so etwas nicht. Und mein Instinkt sagt dagegen: Doch, sie würde das vielleicht machen, aber ihren Sohn gleichwohl lieben. Es ist der Versuch, die Erfahrung des Herzens zu erweitern.« Warum läßt er den Jungen die Geschichte erzählen, aus großem Abstand? »Der Erzähler ist wichtig. Indem er erzählt, zeigt er, daß er das, was er erzählt, überstanden und überlebt hat. Was immer da war: Man kann es überleben und später davon erzählen.«

Wir sind zum Mittagessen in ein Restaurant gefahren: mit dem Jeep von Kristina – das Auto des Schriftstellers ist gerade in New York geklaut worden, als er dort ein paar Wochen allein im Apartment eines Freundes gearbeitet hat. »Ein teurer Aufenthalt«, sagt Ford grimmig. Die Versicherung werde zwar zahlen, aber es sei gleichwohl ein Verlustgeschäft. Im französischen Restaurant werden die Fords als Stammgäste begrüßt, wir sitzen in einer ruhigen Ecke. New Orleans ist die Stadt, die der Schriftsteller noch am ehesten als seine Heimatstadt bezeichnen würde, auch wenn er nur als kleines Kind hier für längere Zeit gewohnt hat. Geboren wurde Ford 1944 in Jackson, im Staate Mississippi. Seine Eltern – wie auch die von Kristina – führten ein Wanderleben. Er war acht Jahre alt, als der Vater den ersten Herzinfarkt bekam, er war sechzehn, als der Vater am zweiten starb. Vorher schon lebte er die meiste Zeit bei den Großeltern, der Kontakt zur Mutter war hauptsächlich telefonischer Natur. Dennoch sei sie es gewesen, hat er kürzlich in einem Interview einem amerikanischen Magazin verraten, die ihn vor der kriminellen Laufbahn bewahrt habe. »Ruf mich niemals aus einem Gefängnis an!« soll sie gesagt haben. »Denn es würde niemand für dich da sein!«

Kristina, mit der er mehr als zwei Jahrzehnte verheiratet ist, traf er Anfang der sechziger Jahre beim Studium; damals schrieb er auch die ersten Geschichten. Sie trennten sich vorerst, sie ging nach New York, er studierte noch einmal etwas ganz anderes, nachdem er einige Zeit als Lehrer gearbeitet hatte: Jura. Doch das Semester an der Washington University in St. Louis brachte ihm keinen Spaß, und kurz nach dem Weihnachtsfest 1967 traf er zwei Entscheidungen: Kristina zu heiraten und Schriftsteller zu werden. Danach hat Ford lange zusammen mit seiner Frau in einem einsamen Haus hoch oben im Bundesstaat Montana gewohnt, vor allem in den Sommermonaten (allerdings niemals in einem Wohnmobil, wie es in einem deutschen Klappentext hieß, was ihn verärgert hat). Dort zieht es die beiden immer wieder hin, viele von Fords Geschichten spielen in der Gegend, nun auch der Roman ›Wildlife‹. Daß sie seit kurzem hier in New Orleans ein Haus besitzen, das mehr als hundert Jahre alt ist, erfüllt die Fords mit Stolz. Sie wollen es selbst dann nicht verkaufen, wenn Kristina, die als Landschaftsgestalterin arbeitet, bald woanders ihre Zelte aufschlägt. Der Ehemann wird ihr folgen: Schreiben könne er überall. Daß sie keine Kinder haben, war sein Wunsch. Nach seiner Meinung verträgt sich das nicht miteinander: Romane schreiben und Kinder großziehen.

Das Thema Sexualität spielt in jedem seiner Romane und fast

allen Erzählungen eine wesentliche Rolle, doch anders als bei
vielen seiner amerikanischen Kollegen werden, ohne daß Ford
prüde wirkt, Liebesszenen eher dezent beschrieben. Hat er eine
Idee, warum Sexualität und Ehebruch so beherrschende Sujets
der amerikanischen Literatur geworden sind? »Ich habe nicht
nur eine Idee«, sagt er mit rhetorischer Verve, »ich weiß es!«
Seine Erklärung: Amerika sei als streng protestantisches Land
gegründet worden. Hinter dem Thema Ehebruch stehe das
wichtigere Thema Familie. »In einem Land, das in der Art und
Weise besiedelt worden ist wie das unsere, nämlich durch Familien, war der Zusammenhalt der Familie der Inbegriff von Zivilisation angesichts eines sonst nicht bewohnbaren, grenzenlosen,
unregierten Kontinents. Müßig zu sagen, daß unter diesen Umständen alles, was die Familie bedroht, nicht nur für die Kinder,
sondern auch für die Erwachsenen eine höchst dramatische Angelegenheit ist – so dramatisch wie das Auftauchen der Indianer
über den Hügeln, so dramatisch wie für Böll der Weltkrieg, so
dramatisch wie für Hesse das Vordringen des Unbewußten ins
Bewußte. Für Amerikaner ist das größte Drama immer noch die
Anpassungsfähigkeit beziehungsweise die fehlgeschlagene Anpassungsfähigkeit der Familie.«

Wir sitzen mittlerweile wieder im Haus aus dem Jahr 1875.
Wenn er an einem Buch arbeite, sagt Ford, bleibe er jeden Tag
dran, morgens zwei Stunden, nachmittags zwei bis drei Stunden,
auch sonntags, an Weihnachten und Neujahr. Aber er schirme
sich nicht völlig von der Außenwelt ab. »Wenn ich möchte, daß
meine Literatur eng am Leben bleibt, dann kann ich mich aus
diesem Leben nicht einfach zurückziehen!« Daß er in Deutschland rasch sein Publikum gefunden hat, freut Richard Ford. Bescheiden nimmt er an, das habe wohl damit zu tun, daß er so ge-
ballt und gleich von zwei Verlagshäusern präsentiert worden sei
(1989 erschien bei Rowohlt nicht nur der ›Sportreporter‹, sondern auch der Roman ›Verdammtes Glück‹ und, bei S. Fischer,
der Band ›Rock Springs‹).

Bescheiden? Sein Kollege Raymond Carver hat einmal gesagt,
daß Ford »Satz für Satz« der beste Schriftsteller sei, der heute in
diesem Land arbeite. Mit solcher Hymne konfrontiert zu werden, macht den Belobigten nicht im geringsten verlegen: »Da

Richard Ford, 1991 auf dem Balkon seines Hauses in New Orleans

hatte Ray einen besonders klaren Augenblick!« Als Ford vor einiger Zeit in einer Universität den für amerikanische Schriftsteller wohl unvermeidlichen Kurs »Creative Writing« gab, hat er den Studenten gesagt: »Die Welt braucht euch nicht! Niemand wartet auf euch! Also muß jeder Schriftsteller selbst die Bedingungen dafür schaffen, daß er gebraucht wird. Das Buch, das man schreibt, muß notwendig sein.« Enttäuscht war er, als er vor kurzem an die 300 amerikanische Erzählungen für eine Anthologie mit den besten Geschichten des Jahres zu lesen hatte. Nur wenige seien wirklich gut gewesen. Vorgeherrscht habe realistische Prosa, wie er sie selbst auch pflegt. »Die realistische Erzählweise gibt es seit 150 Jahren, und sie wird wohl weiterbestehen: Weil sie soviel zu bieten hat.« Aber gerade deswegen: eine gute Geschichte zu schreiben sei das Schwerste und es gelinge nur selten.

Der Roman, an dem er arbeitet, soll ›The Independence Day‹ heißen, am Unabhängigkeitstag wird er auch spielen: am 4. Juli 1991. Frank Bascombe, der Sportreporter, wird, so plant es Ford, seinen mittlerweile vierzehnjährigen Sohn Paul zu sich einladen und mit ihm den Tag verbringen: Eine gemeinsame Basis soll geschaffen werden, für die Zukunft, auch wenn sie sich am Ende wieder trennen. »Die Frage des Romans wird sein: Wie macht man sich selbst unabhängig, ohne völlig isoliert zu werden? Wie kann man seinen Sohn auf das Leben so vorbereiten, daß er unabhängig wird und einen dennoch liebt?« Der Sportreporter zehn Jahre später (der gleichnamige Roman spielt zu Beginn der achtziger Jahre) – Ford erklärt: »Alles was ich beim Schreiben tue ist, einer Stimme zu folgen. Das ist die Herausforderung: Hat diese Stimme einem noch mehr zu erzählen als beim ersten Mal?« Wenn er neugierig in eine Szene hineingehe und zusehe, wie die Dinge und Dialoge sich entwickeln – das sei das eigentlich Aufregende am Schriftstellerdasein. Er wisse vorher nicht, was dabei herauskommt. Er hoffe, daß etwas dabei herauskommt, was er vorher nicht wußte.

Der Golfkrieg wird in dem Buch eine Rolle spielen. Ford hat eine ausgesprochen kritische Haltung zu diesem Krieg, zur amerikanischen Politik überhaupt. Man müsse den Staat Israel schützen, keine Frage. Aber der Golfkrieg hat nach seiner Meinung

vor allem einen Zweck gehabt: »Wir machten uns Sorgen wegen
all dieser Waffen, die wir angehäuft hatten und die vielleicht gar
nicht funktionieren würden und wegen denen wir die Sozialpro-
gramme zusammengestrichen und unser Land ruiniert haben.
Dann war da noch das Gefühl, daß die Nation keine rechte Aufgabe in der Welt hatte. Was gibt es da Besseres als so einen netten
kleinen Krieg und Sieg – um wieder ein Gefühl für die Bedeutung
der Nation zu erhalten?« Richard Ford artikuliert die Wörter
präzise, vor allem die Endsilben – als würde er vor Publikum
oder im Rundfunk reden. Seine Konzentration läßt auch nach
mehreren Stunden nicht nach. Es ist schon Abend, als wir die
Unterhaltung abbrechen; es hätte so weitergehen können.

Warum hat er sich während des Krieges oder später nie öffentlich geäußert? So frage ich in der Tür. Das sei doch ganz sinnlos,
sagt er, man predige nur den Ohren derer, die es ohnehin schon
wissen. »Niemand in diesem Land kümmert sich einen Dreck
um das, was ein Romancier denkt.« Resignation? »Politisch ja,
absolut.« Wenn man davon ausgehe, daß man jeden Tag nur eine
bestimmte Zeit für die Arbeit habe, dann gebe es für ihn Besseres
zu tun, als Artikel zu schreiben. Außerdem habe ihn niemand
aufgefordert. Könnte er mit dem Schreiben ganz aufhören wie
Frank, der Sportreporter? »Aber sicher! Das einzige Problem:
Ich wüßte nicht so recht, was ich sonst Sinnvolles machen
könnte, sinnvoll auch für andere. Das wird mit dem Alter
schlimmer. Freilich war ich niemals so entmutigt wie Frank.«

Abschied des Reporters: Tritt man aus dem Haus, sieht man
durch die Häuserzeilen den Schornstein eines Schiffes leuchten.
Es sind nur ein paar Schritte hinunter zum Mississippi. Am Ufer
des Flusses ziehen Gesprächsfetzen durch den Kopf, hallen die
Worte nach. Hat der Schriftsteller etwas von sich preisgegeben?
Oder hat er sich noch einmal – wie in den Romanen und Erzählungen – hinter seinen Sätzen verborgen? Geheimnisvoll heißt es
im ›Sportreporter‹: »Ich weiß, daß man träumend durch ein im
übrigen gutes Leben gehen kann, ohne jemals aufzuwachen. Fast
hätte ich das getan.« Die Schiffe, die Kaianlagen, die Promenade,
das gegenüberliegende Ufer. Wer aus einer Hafenstadt kommt,
fühlt sich in jeder anderen Hafenstadt ein wenig zu Hause. Oder
ist es die trancehafte Müdigkeit nach dem vielen Zuhören? Längs

des Flusses fährt eine alte Straßenbahn aus den zwanziger Jahren. Für Touristen. Das Fahrgeld: ein Dollar.

Ford ist niemand, der sich zu autobiographischen Entblößungen hinreißen läßt. Je länger man ihm zuhört, desto deutlicher spürt man: Er möchte unberührbar bleiben, darin seinen Figuren gleich, die erzählen, um sich zu tarnen – mal wortkarg wie die vielen jugendlichen Helden und anderen Ausreißer in seinen Erzählungen, mal wortgewaltig wie der Sportreporter. Das einzige, vor dem man sich hüten müsse, hat er noch schnell vor der Tür gesagt, sei es, den Zugang zu den Büchern dadurch zu verstellen, daß der Autor als Person zu wichtig werde. »Das macht nicht immer viel her und ergibt nicht unbedingt die besten Porträts, aber man kann nur ehrlich sein. Ich weiß bis heute nicht, was das ist: eine interessante Person…« Er bleibe lieber unerkannt, Interviews gebe er nur in der Hoffnung, damit seinen Büchern zu dienen. Ganz am Schluß sagt er: »Deine Bücher sind die denkbar beste Erscheinungsform von dir. Sie stellen das unbeschränkt und rückhaltlos Beste dar, was du machen kannst. Alles, was du später und sonst vorbringst und tust, ist dagegen zweitrangig und nachgeordnet. Leute, die wundervolle Interviews geben und dabei interessanter wirken als ihre Bücher, die tun mir leid!«

Nur noch das Artistische

Max Frisch

Frankfurt am Main, 30. August 1981

»Sie werden sehen«, sagt Max Frisch, »meine Biographie ist nicht sehr ergiebig.« Es existieren einige autobiographische Texte, gelegentlich hat er in einem Interview aus seinem Leben erzählt. Doch es gibt große Lücken: »Es hat sich jetzt bei der Archiv-Sache gezeigt: Ich habe nie etwas gesammelt. Es ist wenig da, auch an Bildern. Ich bin oft umgezogen.« In Zürich, erklärt er dazu, während wir im Haus Siegfried Unselds, seines Verlegers, sitzen, werde gerade ein Max-Frisch-Archiv aufgebaut. In der literaturwissenschaftlichen Abteilung der ETH, der Eidgenössischen Technischen Hochschule, an der er vor mehr als vierzig Jahren Architektur studiert hat, sammelt man die Dokumente zu Leben und Werk.

Frisch, im Mai 70 Jahre alt geworden, erlebt die Stabilität seines Ruhms. Zu Popularität brachte er es schon vor bald drei Jahrzehnten, nicht gleich mit den ersten Veröffentlichungen, doch früh genug, um den Erfolg als Rückenstärkung zu erleben. Nun erweist sich, daß das kein Saisonerfolg gewesen ist. Es wundert ihn, daß seine Ansichten über Liebe und Ehe »auch für junge Leute interessant sind, nicht nur für Germanisten«. Und er sagt: »Das ist natürlich etwas Schönes, diese Leserpräsenz.« Er spricht nüchtern über seine Popularität, nicht eigentlich bescheiden, durchaus selbstbewußt: es sind eben Fakten. Wozu Versteck spielen? Und doch zeigt sich mit jedem Wort, daß Frisch nicht zu den Selbstgefälligen gehört. Was er geleistet hat, ist schwer errungen. Darauf ist er vielleicht ein wenig stolz: es ausgehalten zu haben. Erfolg? »Der nimmt den Zweifel nicht weg.«

Seine Theaterstücke ›Biedermann und die Brandstifter‹ und ›Andorra‹ zählen zu den meistgespielten deutschsprachigen

Dramen dieses Jahrhunderts. Sein Prosawerk – Romane, Tagebücher und Erzählungen – wird gelesen und diskutiert. ›Stiller‹,
›Homo faber‹ und ›Mein Name sei Gantenbein‹ haben nicht nur
beim Publikum, sondern auch in der Forschung nachhaltig Resonanz gefunden. Die Interpretationen und Dissertationen sind
schon zu Lebzeiten des Autors kaum noch zu überblicken. Er
hat wenig Verächter, aber viele Bewunderer, ja Freunde gefunden. Was fühlt er, wenn er heute zurückschaut? Welches Verhältnis hat er zu seinen Werken?

»Zum Teil bin ich mit ihnen gewiß nicht glücklich. Aber sie
sind wenigstens da. Man hat eine Spur, gar nicht einmal für die
Nachwelt. Man hat sich daran gewöhnt. Wenn ich mir vorstelle,
es wäre nichts davon vorhanden: Da wäre schon ein großes
Loch.« Und er setzt hinzu: »Bisweilen leistet man sich das Gefühl, das alles sei belästigend…« Er behält die Pfeife beim Reden
zumeist im Mund, nur manchmal hält er sie für ein paar Augen-
blicke in der Hand: als gestisches Mittel. Auch dann ist er schwer
zu verstehen, er öffnet die Lippen kaum, spricht leise – dabei
nicht zögernd: Er weiß, worauf es ihm ankommt.

Läßt sich eine Person beschreiben? Max Frisch hat sich mit
dieser Frage zeitlebens befaßt: Seine literarischen Figuren geben
davon Zeugnis. Zu Anfang der sechziger Jahre, in der Zeit, als
der ›Gantenbein‹-Roman entstand, hat er sich auch dazu theoretisch geäußert. Die Person sei eine Summe von Möglichkeiten,
resümierte er damals seine Überlegungen, »eine nicht unbe-
schränkte Summe, aber eine Summe, die über die Biographie
hinausgeht«. Das tatsächlich gelebte Leben, so läßt sich das wohl
verstehen, macht immer nur einen Teil des Menschen aus: Das,
was sonst alles aus ihm hätte werden können, gehört ebenfalls zu
ihm. Mehr noch: Das, was jemand für seine Vita hält, ist lediglich
eine nachträgliche Interpretation, aus Bruchstücken der Erinnerung zusammengesetzt. Auch mit Fakten läßt sich spielen: Sie
lassen sich je nach Laune montieren, können heute dies, morgen
jenes beweisen. Oder, wie er 1960 schrieb: »Jeder Mensch erfindet sich eine Geschichte, die er dann, oft unter gewaltigen Opfern, für sein Leben hält, oder eine Reihe von Geschichten, die
sich mit Ortsnamen und Daten durchaus belegen lassen, so daß
an ihrer Wirklichkeit nicht zu zweifeln ist.«

Max Frisch, 1981 vor seinem Haus in Berzona

Zwanzig Jahre danach trotzdem die Frage, ob es nicht auch für ihn ein gutes, vielleicht sogar behagliches Gefühl bei der Rückschau gebe. »Behaglich? Gar nicht. Aber das Gefühl, daß ich sehr viele Schutzengel hatte. Es war ein äußerlich banales Leben. Sehr viel Verzweigungen, Spannungen. Oft das Gefühl des Aufgebens: das Leben aufgeben oder die Arbeit, das Gefühl: was ich mache, hat keinen Sinn. Also das Gegenteil von einem Behagen. Vieles kam zur richtigen Zeit: ein Stipendium nach Amerika, die Begegnung mit Peter Suhrkamp. Aber wenn man zurückschaut, so denke ich: Was da alles hätte schieflaufen können...« Seine Rede ist jetzt zutraulich, zwischendurch lacht er auch einmal kurz auf. Seine Augen werden durch die Brillengläser vergrößert.

»Neulich traf ich mit einem alten Mann zusammen«, er stockt kurz, »der war sogar noch älter als ich«, sagt er dann wie in Klammern, »ein Musiker, der nach Erfahrungen befragt wurde in einer kleinen Runde. Plötzlich sagte er: ›Ich habe drei Bücher geschrieben, lesen Sie die!‹ Und ich versteh ihn – das habe ich nun schon alles einmal gesagt, soll ich das nochmals sagen? Das Veröffentlichte kann belastend sein. Bei jedem Gespräch, bei jedem Vortrag rechnet man im Grunde doch damit, daß man nicht ganz von vorn anfangen muß.« Daraus klingt nicht nur die Befürchtung, sich zu wiederholen, sondern auch ein Stück Genugtuung darüber, daß einige Grundsätze formuliert, festgehalten sind.

Das heißt nicht, daß er nun zur Ruhe gekommen ist. »Ich muß arbeiten«, sagt er an diesem Tag im August. »Nicht, damit ein neues Buch da ist, sondern damit ich durchhalte. Wenn ich nicht arbeiten kann, ist es schwierig. Das nimmt zu. Das hat natürlich damit zu tun, daß verschiedene Vergnügungen nicht mehr so verlockend sind: Reisen etwa.« Könnte er sich vorstellen, eine Autobiographie zu schreiben? »Nein, das würde mich nicht interessieren. Weil mein Leben nicht interessant ist.«

Überlingen am Bodensee, 12. März 1982

Max Frisch verbringt hier einige Zeit, um sich in einer Klinik untersuchen zu lassen. Das Manuskript zum ›Blaubart‹ ist abgeschlossen, das Buch noch nicht erschienen. Der Titel, erzählt er, während wir am See eine Gaststätte suchen, sei ihm erst spät eingefallen und eine »infame Irreführung«. Es ist ein regnerischer Tag, ungemütlich, das bewegte Wasser grau und endlos. Wie ist er auf die Blaubart-Legende gestoßen? »Früher habe ich mal daran gedacht, ein Stück daraus zu machen. Aber ich finde eigentlich: Es ist kein sehr gutes Märchen. Es hat zu wenig Ambivalenzen.« In einer Gaststätte finden wir einen Tisch in der Ecke mit Blick auf den See; es gibt in dieser Jahreszeit nicht viele Gäste. Frisch schaut aus dem Fenster und sagt: »Freigesprochen mangels Beweis: Wie lebt man damit? Das sind wir alle!« Gibt es also autobiographische Züge in der Erzählung? »Das Autobiographische daran ist, daß ich – christlich erzogen, nicht gläubig – Schuldgefühle habe, aber nicht weiß, worin die Schuld besteht.« Und wie seiner Figur Schaad gehe es ihm auch in einem anderen Punkt: Er könne nicht einfach auswandern, viele müßten das falsch verstehen. Er studiert die Speisekarte. Mehr als solche inhaltlichen Fragen, sagt er dabei, interessiere ihn heute das Problem der Erzähltechnik. »Das fasziniert mich mehr und mehr: wie weit man gehen kann mit dem Aussparen.«

Max Frisch ist guter Dinge, offener als bei unserer ersten Begegnung. Er spricht, scheint es, gern; wenn auch bedächtig, mit Pausen. Die Montageform sei für ihn sehr wichtig geworden. Während der Entstehung des ›Blaubart‹ habe er die Manuskriptblätter an eine große Wand geheftet – »eine phantastische Sache«. Es ergeben sich Verbindungen, auf die er anders nicht kommen würde. Während des Essens sagt er plötzlich: »Man ist im Alter ungeheuer bedroht von der Langeweile – nicht weil man nicht Menschen genug um sich hat, sondern: Langeweile vor sich selbst.« Noch einmal so etwas wie ›Montauk‹ zu schreiben, wäre für ihn eine Tortur. Er habe danach etwas ganz anderes machen müssen. »Die letzten drei Erzählungen haben nur eins gemeinsam: daß sie in der Erprobung der mir möglichen Darstellungsweisen weiter gehen als die Arbeiten vorher.«

›Montauk‹ war eigentlich als Abschluß geplant – »ein Vermächtnis«, so sagt er. »Ich dachte, das sei das letzte Buch. Ich wollte alles noch einmal überschauen. Ich fühlte mich dabei sehr lebendig. Ich habe kürzlich in einem Interview erklärt, daß ich ›Montauk‹ im Sommer 1974 in einer Gemütsverfassung der Versöhnlichkeit und Angstfreiheit geschrieben habe. Es gelang mir, sechzig Jahre meines Lebens zu akzeptieren, einschließlich der Fehler: ohne mich oder die anderen zu richten und ohne klein beizugeben. Es war eine Zeit ohne Angst. Die Angst ist später wiedergekommen.« Würde er ›Montauk‹ heute anders schreiben? »Ja. Wenn ich es wiederlese, kommt mir zuviel verschleiert vor, unnötig verschleiert. Es ist viel zuwenig direkt.« In ›Montauk‹ wird einmal die Mutter zitiert: »Du solltest nicht immer über Frauen schreiben, denn du verstehst sie nicht.« Sie war damals Mitte Achtzig, der Sohn Mitte Fünfzig. Hat es ihn getroffen? »Das war von ihr ein ärgerliches Urteil, ohne Witz oder Ironie, nachdem sie den ›Gantenbein‹ gelesen hatte. Das hat mich erstaunt.« Er greift zu seinem Glas Wein. »Das war schon seltsam. Sie selbst hatte in jungen Jahren recht emanzipiert gelebt, als Gouvernante in Rußland.« Von ihrem Leben als Frau habe er im Grunde keine Ahnung.

Nach einer Weile sagt er: »Mit ›Montauk‹ habe ich bewußt Brücken hinter mir abgebrochen. Ich kann nicht mehr mit einem verschleierten autobiographischen Roman kommen. Stellen Sie sich vor: Der Mann in ›Montauk‹ wäre nicht Schweizer, sondern Däne, hätte früher nicht Architektur studiert, sondern Ingenieurwesen, und er wäre jetzt nicht Schriftsteller, sondern filmmaker... dieser ganze shit! Auch wenn nur ein Bruchteil von mir in ›Montauk‹ enthalten ist: es war ein point of no return. Danach war eigentlich nur noch das sehr Artistische möglich.«

Ein wenig sorgt er sich um die Aufnahme der neuen Erzählung ›Blaubart‹ bei Kritik und Publikum. »Man wird mir vorwerfen: Das sind sechs Frauen, aber keine Porträts, man kann sie gar nicht unterscheiden!« Das sei genau der Witz, verteidigt er sich in Vorwärtsstrategie. »Daß das alles wegschwimmt und keine dableibt.« Zuerst habe er das Buch sehr viel größer im Sinn gehabt. Der Prozeß um eine ermordete Frau hat ein Vorbild in der Wirklichkeit. Anfang Februar 1980 wurde vom Geschworenen-

gericht in Zürich ein Mann namens Hans Keller von der Mordanklage freigesprochen. Frisch hat von den 68 Stunden des Pro-
zesses nur drei versäumt. »Es war schon so, daß die Geschwore-
nen gesagt haben: Der Frisch ist heute eine Stunde zu spät
gekommen.« Er war von Anfang an fasziniert und machte sich
Notizen. »Diese Einvernahmen waren zum Teil ungeheuer komisch.« Vieles davon ist im ›Blaubart‹-Buch wiederzufinden.

Hat Frisch eine Erklärung für seine bisherigen Erfolge? Er zögert, sagt dann: »Vielleicht so: die meisten Sachen, die ich gemacht habe, sind verbunden mit einer eigenen Betroffenheit.«
Da stehen wir längst wieder auf der Promenade. Max Frisch setzt
sich die Mütze auf, verabschiedet sich und läuft gegen den regne-
rischen Seewind an.

Zürich: Café Odeon, 9. August 1982

Am Limmatquai ist die Straße aufgerissen: eine große Baustelle.
Frühstück in Frischs altem Stammcafé aus der Nachkriegszeit
(falls man in der Schweiz überhaupt so sagen darf). Ohne ihn: er
ist dieser Tage in Amerika. Im Café Odeon und Café de la Terrasse hat er einst große Teile seines ersten Tagebuchs skizziert.
›Odeon‹ – so heißen heute wieder die Bistros neuen Typs.

Das ›Tagebuch 1946–1949‹ ist voll berückender Naivität. Was
Frisch sah, notierte er unbeeindruckt davon, was andere schon
gesagt hatten. Ein Reisebuch: über das Reisen und als Begleiter
für unterwegs. Wie er den Dom von Siena beschreibt (mitsamt
dem Größenwahn-Fragment der geplanten Erweiterung): das ist
schlicht und doch genau, das Wesentliche raffend, ohne Scheu
geschrieben, aus Kunstführern referierend und eigene Betrach-
tungen bekennend. Nur in Paris, 1948, paßte er: da wollte er einmal nicht mit anderen Beschreibungen konkurrieren. Dort beschrieb er lieber sich selbst: die erste autobiographische Notiz
auf Wunsch des damaligen Schweizer Verlegers. Frisch war
Mitte Dreißig, Architekt und Schriftsteller. Er ist schon als junger Mann ein Reisender gewesen. Als sei er einem Bildungsroman des achtzehnten oder neunzehnten Jahrhunderts entsprungen, machte er sich – finanziell ungesichert – auf, um etwas von

der Welt zu sehen. Dieses Fieber ist über Jahrzehnte hin nicht er-
loschen. Die Weltläufigkeit, die seinen Romanen gelegentlich als
mondän verübelt wurde, ist nicht angelesen, sondern erschaut:
Frisch kennt die Plätze, die er beschreibt. Die Städteporträts
(etwa das von New York im ›Stiller‹) und Landschaftsschilde-
rungen gehören zu den Höhepunkten seiner literarischen Arbeit. Wichtiger aber noch als solch konkreter Niederschlag der
Nestflucht ist wohl der Gewinn einer neuen Perspektive auf die
eigenen Beengtheiten, die des Schweizers und Europäers, ein
Gewinn, der sich bis in die Erzählhaltung hinein bemerkbar
macht. Daß die Welt sich für die Literatur von Frisch interessiert, hat auch damit zu tun, daß Frisch sich von Anfang an für
die Welt interessierte.

Zürich: Schwimmbad Letzigraben, 9. August 1982

Das Bad ist kaum besucht. Gerade erst bricht die Sonne durch.
Der Mann an der Kasse weiß, daß Max Frisch der Architekt dieser Anlage ist. In einem Ordner findet er Sonderdrucke einer Ar-
chitekturzeitschrift aus der Zeit der Eröffnung. Was an den Fotos aus dem Jahr 1949 auffällt: wie man posierte (vier Figuren auf
dem Sprungturm, ein Mann auf zehn Meter, zwei Frauen auf
fünf Meter, eine auf drei Meter – niemand dabei, der aussieht, als
wollte er springen). Bikinis gab es schon, das Unterteil bis über
den Bauchnabel. Was sich seitdem am stärksten verändert hat:
Die Bäume sind gewachsen (und eine Frau sitzt mit bloßem
Oberkörper auf der Wiese). Eine Luftaufnahme von damals
zeigt das Revier kahl und der Sonne preisgegeben. Trotzdem:
Brecht, der Frisch gut kannte und die Anlage noch im Bau sah,
sprach damals in seinem Arbeitsjournal gewiß nicht ohne Absicht von einem »schwimmpark«. Der Herausgeber des Journals
hat daraus später korrigierend »schwimmbad« gemacht, weil er
einen Schreibfehler vermutete.

Im Restaurant lese ich in dem geliehenen Sonderdruck: »Der
Stadtrat genehmigte am 5. Januar 1942 ein Raumprogramm und
ermächtigte den Vorstand des Bauamts II, einen allgemeinen ar-
chitektonischen Wettbewerb zur Erlangung von Entwürfen

durchzuführen. Aus dem Wettbewerb, woran sich 82 Architekten beteiligten, ist das Projekt von Max Frisch, dipl. Architekt, S.I.A., Zürich, mit dem ersten Preis hervorgegangen. Entsprechend den Empfehlungen des Preisgerichts wurde der erste Preisträger mit der weiteren Projektierung beauftragt. Der Stadtrat genehmigte im Juni 1944 das generelle Projekt und den detaillierten Vorschlag. Mit dem Bau konnte aber noch nicht begonnen werden, teils aus kriegswirtschaftlichen Gründen. Das revidierte Projekt wurde im Februar 1946 vom Gemeinderat und im Mai des gleichen Jahres vom Volk genehmigt. Mangel an Zement und an Arbeitskosten (das Projekt war seinerzeit für die Arbeitsbeschaffung nach der Demobilisation vorgesehen) verzögerten den Bau weiterhin; in Anbetracht der herrschenden Wohnungsnot mußte der Bau von Siedlungen als dringlicher betrachtet werden. Erst der Monat August 1947 brachte den Baubeginn, der Juni 1949 die Vollendung.« (›Schweizerische Bauzeitung‹, Nr. 12/1950 vom 25. 3. 1950)

Ein Eintrag von Frisch in seinem Tagebuch aus dem Jahr 1947: »Ich denke wieder an die Herren vom Trust, die ihren Zement nicht liefern wollen für unser Volksbad. Die Industrie, der sie sich verwaltungsrätlich verbunden fühlen, hat zur Zeit so dringende Bauten, um ihre Gewinne unterzubringen. Die Industrie, sagen sie, könne den Bau einer solchen Anlage jetzt nicht gutheißen. Wer hat gutzuheißen? Das Volk hat abgestimmt. Ihr unverfrorener Vorschlag: die Stadt könne ja ausländischen Zement beziehen, der zwar teurer ist, aber ebenfalls nur durch diesen Trust erhältlich.«

Frisch hat sich nach 1945 oft in die Politik gemischt und seine Meinung öffentlich vertreten. Dabei hat er sich nie von einer politischen Partei einspannen lassen, und sein Engagement war von Selbstzweifeln nicht frei. Seine Skrupel benannte er. Er hat seine Literatur zu keiner Zeit in den Dienst der Politik gestellt. Aber es gibt bei ihm auch keine strikte Trennung zwischen Werk und öffentlichem Auftritt. Vielmehr ist die fragende und tastende Haltung, die seine Literatur kennzeichnet, auch der Gestus seiner Reden, Kommentare und Wortmeldungen. Er verkündet keine Gewißheiten. Seine Ansprachen sind Musterfälle undemagogischer und undogmatischer Rhetorik, selber Literatur. Auf verschiedenen Ebenen, nicht selten mit wechselnden Erzählhaltungen, umkreisen sie ein Problem und geben sich kaum jemals mit einer einfachen Lösung zufrieden.

Zürich, 24. September 1982

Mit Max Frisch im Max-Frisch-Archiv der Technischen Hochschule: Von dem jungen Germanisten, der hier halbtags beschäftigt ist und Ordnung in das Material bringt, läßt er sich ein neues Karteisystem zeigen. Es muß ein merkwürdiges Gefühl für ihn sein, sich in diesen zwei Räumen aufzuhalten, die in Briefen, Rezensionen und Büchern einen Teil seines Lebens bewahren. Deutlich zu spüren ist: es macht ihm auch Vergnügen. Ein großer Kasten enthält das Fotomaterial, darunter das einzige Familienalbum. Später, als wir zum Auto gehen, betont er, wie froh er sei, daß das Material hier nun gesichtet und zusammengehalten werde. »Ich bin nicht der Typ zum Sammeln.«

Wir fahren am Café Odeon vorbei. Hier hat er sein erstes Tagebuch begonnen? »Ja«, sagt er, »früher war das viel größer. Aber sie mußten eine Boutique da reinsetzen. Als ob Zürich noch viele intakte Bauten hätte.« Er ist ein guter Beifahrer. Man kann sich auf das rechtzeitige Anweisen verlassen (»Hier fahren Sie jetzt rechts. Nehmen Sie dann die linke Spur!«), auch mitten aus der Unterhaltung heraus. Die Mittagszeit ist vorbei. Wir suchen ein Lokal, doch viele Küchen haben schon geschlossen. Wir gehen zu Fuß, unermüdlich die Gäßchen der Innenstadt auf und ab. Schließlich finden wir einen Platz an der Eßbar des ›Mövenpick‹. Wir reden über Freundschaften und wie schwer es ist, sie am Leben zu erhalten. Das Beispiel Dürrenmatt: »Müssen wir uns nur bei Begräbnissen sehen?« Den Espresso trinken wir im ›James-Joyce-Pub‹: Frisch kennt sich aus in Zürich. Im Werk des Iren weniger: er gesteht es offen ein und beklagt seine Lesefaulheit. Dabei arbeite er nicht mehr soviel, die Arbeit fehle ihm auch nicht mehr so wie noch vor kurzer Zeit.

Zurück fahren wir mit der Straßenbahn. Der Bürger in seiner Heimatstadt: Frisch holt ein Fahrschein-Heft aus seiner braunen Kordjacke hervor, schiebt zwei Tickets zum Entwerten in den

Max Frisch, 1982 in Zürich

Automaten. Es klappt nicht gleich. Frisch muß die Fahrkarte umdrehen, dann klingelt die Maschine. Niemand erkennt ihn, kaum ein Zürcher würde ihn wohl hier in der Straßenbahn vermuten. Für viele ist er der Millionär, der seiner Heimat den Rükken gekehrt hat. Er erzählt eine Episode, die sich während der vergangenen Fußball-Weltmeisterschaft zugetragen hat. Ein Mann sprach ihn auf der Straße an und lud ihn zum Bier ein. Er wollte von Frisch persönlich hören, ob er wirklich den Untergang der Schweiz herbeisehne.

In der Wohnung, die Frisch vorübergehend bewohnt, in der Stockerstraße, ist der Verkehrslärm nicht zu überhören. Hat er jemals bereut, den Architekturberuf 1955 aufgegeben zu haben? »Ich habe es nie bereut. Ich habe das damals ganz scharf abgebrochen und mich auf Reisen nicht mehr um Architektur gekümmert. Jetzt habe ich in letzter Zeit mal wieder ein paar Skizzen gemacht. Das mache ich furchtbar gern.« Er hat die Zeit als Architekt niemals für vergeudet gehalten. »Was wichtig daran ist: daß man zwölf Jahre lang einen nichtliterarischen Beruf ausgeübt hat, daß man einmal nicht Beobachter war.« Es hätte auch ein anderer Beruf sein können, sagt er. Für die Arbeit an Theaterstücken habe ihm die berufliche Erfahrung übrigens nie geholfen: der Aufbau eines Dramas unterliege ganz anderen Gesetzen. Zuletzt hatte im Jahr 1979 ein Theaterstück von Frisch Premiere: ›Triptychon‹. Ist die Liebe zum Theater vorbei? »Es ist kein produktiver Weg mehr«, sagt er. »Das ist für mich eine Sackgasse.« Und wie denkt er heute über seine großen Erfolge auf der Bühne in den fünfziger und sechziger Jahren? Er komme mit dem ›Stiller‹ besser zurecht als mit den Stücken aus dieser Zeit. »Ich habe zur Prosa ein besseres Verhältnis.«

Das ›Tagebuch 1946–1949‹ wird sicher einmal zu jenen Werken Frischs zählen, die aus unserer Gegenwart überdauern. Vor mehr als dreißig Jahren ist es erschienen: gewiß seiner Entstehungszeit verhaftet, doch nicht in ihr befangen. Zeitgenossenschaft mit Kraft zur Distanz: die Anlässe sind verblaßt, das, was sie im Geist der Epoche auslösten, ist hier aufbewahrt. Der Leser erhält ein einzigartiges Bild vom Europa der Nachkriegsjahre. »Das erste Tagebuch sah damals aus wie Journalismus. Das wußte man ja alles. Inzwischen ist es ein historisches Buch geworden.« Auch für ihn: »Merkwürdig, wie rasch das weggeht, wie man das vergißt. Wenn man es nicht aufgeschrieben hätte! Ich wüßte zum Beispiel kaum mehr, wie die Stimmung in Deutschland war vor der Währungsreform: eine sanfte, nicht marktschreierische Euphorie. Oder die Trümmerweiber in Berlin! Kürzlich sprach ich einmal vor jungen Leuten Ihres Alters. Ich hatte das Gefühl: denen könnte ich genausogut vom römischen Limes erzählen.«

Blättert er oft nach in seinen Büchern? Frisch zieht an seiner Pfeife, die ihn langsam einqualmt. »Das ergibt sich bei Übersetzungen oder wenn ich in einem Essay ein Zitat finde. Nicht so, daß ich mich einlese oder gar ein ganzes Buch lese. Aber ich denke, es wäre trotzdem schwer, mir ein fremdes Zitat als eigenes unterzuschmuggeln. Man hat einen starken Riecher für das, was man geschrieben hat.« Mehrmals kommt er auf das Massaker von Beirut zu sprechen. Es gebe heute eine ganz andere Präsenz der Ereignisse. Als er sein erstes Tagebuch schrieb, gab es noch so etwas wie die »Würde des Melders«. Die sei dahin: »Wer hat noch das Gefühl, daß ihm ein Auftrag gegeben ist? Wenn Sie es nicht beschreiben, tut es ein anderer.« Der Dom von Siena: »Ja, das war damals noch möglich, weil man nach vielen Jahren erstmals wieder nach Italien kam. Man ging hin und verglich es mit dem, was Burckhardt geschrieben hat.« Der Gedanke, für die Nachwelt zu schreiben, könne heute wohl kein Motor mehr sein. »Keiner weiß, ob es die späteren Generationen noch gibt, für die man sich anstrengen soll.«

Zürich, 9. Oktober 1984

Sieben Ehefrauen hat er gehabt, doch umgebracht hat er keine. Der moderne Blaubart wird von der Mordanklage freigesprochen: Er hat sich von seinen Damen nur scheiden lassen. Und die eine, die erwürgt worden ist, hat nicht er umgebracht. Trotzdem wird der Held aus Max Frischs Erzählung ›Blaubart‹ ein unbestimmtes Gefühl der Schuld nicht los. »Freispruch mangels Beweis – wie lebt einer damit?« So lautet die zentrale Frage. Nun also auch im Fernsehen: Der polnische Regisseur Krysztof Za-

nussi hat die Erzählung im Auftrag des Westdeutschen Rund-
funks verfilmt.

Eine Vorführung vorab im kleinen Kreis in der Stadelhofer-
straße, wo Frisch jetzt wohnt: Der Regisseur und einige Literaturkritiker sind dabei. Anschließend soll es ein Gespräch geben,
einen privaten Meinungsaustausch. Max Frisch hat sich der Verfilmung sehr angenommen, er war auch bei den Dreharbeiten
häufig dabei (einmal ist er kurz im Film zu sehen). Es ist die erste
Umsetzung eines epischen Stoffes von Frisch; des öfteren hat es
Regisseure zwar gereizt, Romane wie ›Stiller‹ oder ›Homo faber‹
in Bilder zu übersetzen, am Ende aber ist die Realisation immer
gescheitert*.

Frisch ist voller Erwartung. Der Film von Zanussi bleibt, wie
sich zeigt, nah an der Vorlage – und das gereicht ihm nicht zum
Vorteil. Er ist artifiziell und einigermaßen langweilig. Die Ablehnung hier im Raum ist fast einhellig. Frisch ist überrascht,
nicht verärgert. Er bleibt zunächst stumm, hört sich geduldig
und aufmerksam die Einwände an. Schließlich verteidigt er zögernd den Regisseur: »Er hat freie Hand gehabt, das bereue ich
nicht.« Er, Frisch, habe einer ruhigen Verfilmung zugestimmt,
einem Kammerspiel, er habe keinen Krimi gewünscht; dafür
gebe es genug andere Vorlagen. Er wollte auch keinen zu großen
Einfluß nehmen: »Ich selbst kann kein Drehbuch schreiben – allenfalls so ein Büchlein, also Literatur.«

Ein befangener Abend; viel Distanz zwischen dem Gastgeber
und den geladenen Kritikern, aber auch zwischen dem Schriftsteller und dem Regisseur, der sich wohl deutlichere Worte der
Verteidigung gewünscht hätte. Rechte Herzlichkeit will nicht
aufkommen. Frisch wirkt, trotz Freizeithemd und Kordhose,
ein wenig fremd in den Räumen dieser modernen Penthouse-
Wohnung, die sich über zwei Stockwerke erstreckt. Die Stadtwohnung in New York hat er vor kurzem verkauft, Reisen ist
ihm nicht mehr so wichtig, vielleicht auch zu beschwerlich geworden. Nun lebt er wieder ganz in Zürich – das Landhaus im

* Inzwischen hat Volker Schlöndorff ›Homo faber‹ verfilmt; die erste Vorführung fand im Beisein von Max Frisch am 20. 1. 1991 in Zürich statt, wenige
Wochen vor dessen Tod.

Tessin bleibt ihm als Ausweichort. Allerdings: wie ein Heimge-
kehrter wirkt er nicht an diesem Abend, eher wie ein ewig Ruhe-
loser. Nicht enttäuscht, ein wenig melancholisch schüttelt er seinen Gästen zum Abschied die Hände.

Frankfurt am Main, 23. April 1986

Bilder von Max Frisch: ›Gespräche im Alter‹, Videoaufzeich-
nungen – aus Anlaß des 75. Geburtstags im Mai dieses Jahres sollen sie im Fernsehen zu sehen sein. Eine Pressevorführung, zu
der Frisch persönlich nach Frankfurt gekommen ist. »Ich wollte
mich schon auch einmal erleben«, wird er später auf Fragen antworten. »Schön, wenn man sich selbst hört, selber sieht. Man
lernt eine Person anders kennen, wenn man beobachtet, wie sie
spricht, wie sie stockt, wo sie verkrampft ist, wo sie leicht wird.«
Das von ihm Geschriebene werde im Grunde vorausgesetzt, er
berufe sich darauf. »Man kann schon den Anspruch erheben, daß
zurückgeschaut wird. Ich rechne mit einem Kredit.«

Zwei Männer treten aus dem Haus. Es ist ein altes Bauernhaus
in einem Tessiner Tal, aus grobem Stein, hochaufgereckt, ein
Haus mit Charakter. Vor zwanzig Jahren habe er es gekauft, sagt
Max Frisch auf dem Bildschirm. In der Zwischenzeit habe er es
gelegentlich sich selbst überlassen. »Ich bin froh drum, einen
Wohnsitz zu haben, einen Wohnsitz, der wenigstens die Geschichte von zwanzig Jahren hat.« Oft habe er die Orte gewech-
selt in seinem Leben.

Max Frisch, Erzähler. Er erzählt einem Freund, einem gut
zwanzig Jahre Jüngeren. Man sitzt zusammen im Garten, im
Wohnzimmer. Als er gefragt wird, seit wann er Altern bewußt
erlebe, steht Frisch hinter einem Sessel, blickt auf den Gesprächspartner wie aus weiter Ferne. Das sei natürlich eine be-
drängende Frage, sagt er. »Das fängt in unserer Kindheit sehr,
sehr früh an.« Max Frisch: einer, der von sich spricht – und doch
nicht nur von sich. Schon ist ein Beispiel zur Hand: Dem Kind
fiel eine Pfeife ins Wasser. Die Mutter versuchte zu trösten, ver-
sprach eine neue. »Aber es mußte diese sein!« Erstes Gefühl des
Unwiederbringlichen. Schon als Kind sei das spürbar, fährt er

fort, an den Jahreszeiten, am Weihnachtsfest: »die Todesrichtung, das Gefälle auf einen Tod hin«. Er spricht elegisch, ruhig, monologisch – doch nicht ohne Schwung, nicht ohne Lust.

Frisch gibt nicht vor, die laufende Kamera zu übersehen. Einmal fragt er in die Runde, wie alt denn die anderen eigentlich seien: der Gesprächspartner (den man nur bisweilen im Bild sieht), der Mann hinter der Kamera und der Tontechniker (die man gar nicht zu Gesicht bekommt)?

Frisch versucht das Einsamkeitsgefühl im Alter zu erklären, das – zumindest bei ihm – nicht von einem Mangel an Begegnungen herrühre, sondern: »Ich habe nicht mehr viele, die gemeinsame Erinnerungsträger sind.« Er zählt Verlorene auf: Ingeborg Bachmann, Brecht, Peter Suhrkamp, Peter Weiss, Uwe Johnson und andere. Die Stärke der Erinnerung an weit Zurückliegendes nehme zu. Erschreckend seien die Einbußen an Kurzzeitgedächtnis, gerade beim Schreiben oder Denken. Assoziationen, Bezüge – das eine Wort habe man noch im Kopf, »das andere hast du schon nicht mehr«, sagt Frisch. »So kommt es dahin, daß du nicht mehr wirklich denken und nicht mehr wirklich schreiben kannst.« Er spricht offen über die »Sorge mit der männlichen Potenz«, doch sei das keine Sache allein des Alters, er erinnert sich daran, die ersten Impotenzerfahrungen Mitte Dreißig gemacht zu haben, als Vater von drei Kindern. Über die Todesvorstellung: »Ich wünsche mir einen leichten Tod, einen nicht allzu schmerzvollen und zugleich sehr bewußten Tod – ich möchte solange wie möglich dabeisein… Nicht einfach ein Abdämmern!«

Philippe Pilliod heißt der Mann, der diese Gespräche in Gang gesetzt hat. Er kennt Frisch seit dreißig Jahren und hat mehrere Bücher von ihm ins Französische übersetzt. Im Sommer 1985 und Anfang dieses Jahres entstanden die Aufnahmen. Zwanzig Stunden des Gedankenaustauschs wurden auf einem Videoband festgehalten, danach haben Frisch und Pilliod in gemeinsamer Arbeit sechs Stunden ausgewählt, die ihnen für eine Sendung geeignet schienen.

Pilliod liest ihm eine Passage aus dem Roman ›Stiller‹ vor: »Man will sich selbst ein Fremder sein… Wir haben die Sprache, um stumm zu werden. Wer schweigt, ist nicht stumm. Wer schweigt, hat nicht einmal eine Ahnung, wer er nicht ist.« Das habe er nicht mehr in Erinnerung gehabt, sagt Frisch darauf. »Da ist eigentlich sehr viel von dem schon gesagt, was ich später dann, befragt nach den Antrieben fürs Schreiben, mühselig wieder gesagt habe. Ich wußte nicht, daß ich das hätte billig bei mir selber beziehen können.« Das ist die stillschweigende Voraussetzung dieses Gesprächs: daß es sich nicht um ein Resümee handeln kann, schon gar nicht um eine Korrektur, ein letztes Wort, eine Summe. Eine Person ist zu besichtigen. Ihr Beruf: Schriftsteller.

Auch Irrtümer sind zu hören. »Du weißt, ich habe in einem Tagebuch, als ich ungefähr siebzig war, präventiv über das Alter geschrieben, als etwas, vor dem man sich fürchtet.« Tatsächlich war das im zweiten Tagebuch, Max Frisch war sechzig Jahre alt. Fünfzehn Jahre ist das her, was er dann auch im Anschluß richtig sagt: Damals habe er den »zärtlich-zynischen« Versuch gemacht, das Alter von sich zu schieben. »Halte ich nicht für gut«, er schüttelt verneinend den Kopf, »wenn ich es heute sehe mit fünfzehn Jahren mehr Erfahrung.«

Er steht hinter seinem Sessel, die Arme auf die Lehne gestützt. »Etwas Entscheidendes ist:... »– es folgt eine lange Pause, Frisch horcht in sich hinein, der Körper fällt ein wenig zusammen, strafft sich dann, eine weitausholende Armbewegung – »Wie bleibst du lebendig? Ich glaube, daß mich das sehr früh beschäftigt hat, nicht erst als alter Mann. Wie bleibst du lebendig, das heißt: Wie vermeidest du Erstarrung, Versteinerung, Wiederholung...? Es mündet hinaus in die Angst vor der Repetition.« Die Angst vor Wiederholung, darüber war zuletzt etwas zu lesen in der autobiographischen Erzählung ›Montauk‹, dort in englischer Sprache: »My greatest fear: repetition.«

Gespräche im Alter – nicht nur über das Alter: Mit Vehemenz und nicht nachlassender Leidenschaft ist auch der politische Beobachter Frisch präsent. Bis vor zwei Jahren habe er in New York gelebt, und er sehe eine große Gefahr. Er spricht von faschistischen Tendenzen in Kalifornien. »Das ist nicht Amerika! Das ist der Westen, der gegen den Osten rebelliert.« Die Amerikaner seien nicht gewöhnt, kritisiert zu werden. Er bringt Beispiele, berichtet von Begegnungen. »Das ist nicht Antiamerikanismus«, sagt er über seine Position, »das ist nur das Gegenteil von der für mich ekelerregenden Unterwürfigkeit, die wir hier

haben, immer noch – und mehr und mehr. Daß hier immer noch
alles geglaubt wird, auch Lügen!« Ein Amerikaner habe das formuliert, was Frisch drüben auch beobachtet habe: »Den Auf-
stand der Reichen gegen die Armen.« Ein Linker, sagt er, das sei
heute ein Schmähwort – jedenfalls in der Schweiz. »Die Aufklä-
rung, unser Anliegen, ist wieder einmal verabschiedet worden –
bis auf weiteres!« Was links sei? »Ein Denken, das den Machtha-
bern unangenehm ist, weil es ihre Geschäfte durchleuchtet.«
Vorsichtig, zögernd, tastend äußert er sich gegenüber Pilliod
auch über Israel, »eine wahnsinnig schwere Sache«. Er weiß,
seine Kritik kann mißverstanden werden. »Versuchen wir es einmal. Ich gebe dir auch wieder ein Beispiel.« Oder über die Begegnungen mit Helmut Schmidt, die gemeinsame China-Reise, das
Gespräch im Kanzlerbungalow mit Böll und Lenz an seiner
Seite: zur Zeit der Schleyer-Entführung. Während das entführte
Flugzeug in Mogadishu stand, fand Schmidt immer wieder Gelegenheit, das Gespräch mit den Schriftstellern fortzusetzen. »Das
hat mir sehr viel Eindruck gemacht.«

Immer wieder natürlich: die Literatur. Ihm scheint, daß seine
Prosa nach ›Montauk‹, vor allem die Erzählung ›Der Mensch erscheint im Holozän‹, in die Nähe des Gedichts rücke. »Es war
immer ein großer Wunsch, einmal ein Gedicht zu schreiben, ein
Gedicht, das hält. Das hat sich nicht erfüllt, und ich glaube auch
nicht, daß es sich noch erfüllt.« In der Prosa habe sich die Ten-
denz gezeigt, auf den Kommentar zu verzichten. »Ich gehörte
lange Zeit zu den Autoren, die immer noch sagen, was ihnen
dazu einfällt.« Jetzt komme seine Stellungnahme nur noch in der
Montage zum Ausdruck: wie Dinge zueinandergesetzt seien.

›Gespräche im Alter‹ – was macht dieses Interview, das eigentlich keins ist, so faszinierend? Vielleicht gerade die äußerste Zurückhaltung des Fragenden: Der Eindruck des Monologs ist
über weite Passagen beherrschend. Es ist aber noch mehr: auch
dieser Film ist, wie die späte Prosa, sorgsam komponiert. Es
wechseln die Themen, die Plätze, die Proportionen. So wird jeder Eindruck von Monotonie vermieden. Nicht nur, daß die
›Gespräche im Alter‹ in kleine Kapitel unterteilt sind, auch innerhalb der Kapitel gibt es Sequenzen, Rhythmen, raffinierte
Abblenden. Tatsächlich hat das Gespräch, dieser lange Mono-

Max Frisch, 1982 während des Gesprächs in seiner Zürcher Wohnung

log, am Ende etwas von einem Frisch-Werk. Kein Ersatz für das geschriebene Wort, gewiß nicht, aber missen möchte man diese Inszenierung des Theaterstücks »Max Frisch« nicht.

Manchmal spürt man in den ›Gesprächen im Alter‹ deutlich, wie Frisch die Regie in die Hand nimmt: »Was du mich so langsam fragen willst«, sagt er zu seinem Freund. Am Ende noch einmal: die Todesvorstellung. An Seelenwanderung glaube er nicht. Da hält er es mit Epikur, sieht die Seele in Atome zerfallen und keine Ewigkeit für eine Ich-Seele: »Mit dem Tod ist es aus mit der Person.« Wie er sich verantworten würde vor dem Letzten Gericht? »Da komme ich nicht mehr als Person an. Das gibt es nicht. Das Gericht findet statt, solange da ein Atem ist. Nachher gibt es nichts zu krönen, nichts zu verteidigen – und keine Strafe. Die Strafe ist abgelebt.« Gesprochene Frisch-Prosa.

Werde er etwas hinterlassen auf dieser Welt? Da müßte er jeden Tag eine andere Antwort geben, sagt er. »Habe ich Liebe
hinterlassen? Habe ich Beunruhigung hinterlassen? Es ist merkwürdig, daß ich mich eigentlich gar nicht frage, ob ich etwas hin-
terlasse.« Was ihn beschäftigt: Ob er jetzt eine Funktion habe
oder nicht. Einige Bücher, darauf der Name, meint er, würden
bleiben, eine Weile... »Das kümmert mich dann eigentlich
nicht.« Ob er verstanden worden sei? »Ja, ich glaube, zu einem
großen Teil.« Jünger habe er keine, aber es gebe welche, die Unruhe übernommen hätten, das Sich-selbst-Befragen, das heiße
schon: verstanden werden. Und er sagt noch einmal: »Ja.«

Nach der Vorführung des TV-Gesprächs erklärt Frisch den
Journalisten, er sei froh, diesen Film gemacht zu haben. Die Aufnahmen hätten ihn sehr angestrengt. Auf die Frage, ob man nicht
energischer hätte auswählen müssen: »Wenn man sich schon zeigen will, als Person, kann man sich nicht als Blütenlese zeigen.«
Über das Alter werde wenig geschrieben, auch er selbst habe sich
nur sporadisch dazu geäußert. »Das Alter ist dann doch gekommen.« Schreiben? Eine klare Antwort: »Ich habe im Moment
nicht den Wunsch, es zu tun.« Er hat sich auch dagegen entschieden, eine Abschrift des Fernsehgesprächs drucken zu lassen.
Dann müßte er es überarbeiten – und dann würde das auch wieder ein Buch. »Abgesehen von der Manie, alles noch einmal anders zu machen.« Nein, sagt er bestimmt: »Es ist jetzt halt ein
Videofilm. Lassen wir es dabei.«

Bilder von Max Frisch: und wo wird die Person greifbar? In
den Büchern, den Gesprächen, den Filmen? Was bleibt zurück
an den Orten, die einer bewohnt, beschrieben, bebaut hat? Nähe
und Distanz: Frisch auf dem Bildschirm, Frisch in der autobiographischen Erzählung ›Montauk‹, Frisch in Zürich, in Frankfurt, am Bodensee. Ein paar Begegnungen innerhalb von fünf
Jahren, zwischen dem 70. und 75. Geburtstag – ein kleiner Aus-
schnitt nur: Annäherungen an ein Schriftstellerleben.

»Ein guter Teil dessen, was wir erleben«, schrieb Max Frisch
vor vielen Jahren, »spielt sich in unserer Fiktion ab, das heißt,
daß das wenige, was faktisch wird, nennen wir's Biographie, die
immer etwas Zufälliges bleibt, zwar nicht irrelevant ist, aber
höchst fragmentarisch, verständlich nur als Ausläufer einer fikti-

ven Existenz.« Und was wäre die Person? »Geben Sie jemand die Chance zu fabulieren«, war 1964 seine Antwort auf die selbst gestellte Frage (in der kleinen Skizze ›Ich schreibe für Leser‹), »seine Erfindungen erscheinen vorerst beliebig, je länger wir ihm zuhören, um so erkennbarer wird das Erlebnismuster, das er umschreibt, und zwar unbewußt, denn er selbst kennt es nicht, bevor er fabuliert.«

Keine Sehnsucht wird jemals gestillt

Joseph Heller

East Hampton, Long Island, 6. August 1983

Das Hellersche Anwesen ist bescheiden: ein kleines zweistöckiges Holzhaus mit einem Nebengebäude, ein Garten mit Swimmingpool, von hohen Bäumen abgeschirmt, zwischen zwei Bäumen eine Hängematte. Der Himmel ist makellos blau, Joseph Heller sitzt in Shorts auf der Veranda, der Oberkörper ist braungebrannt. Ein Sunnyboy: seine Augen funkeln, sein Lächeln ist überwältigend. Weiße Locken umrahmen ein rundes Gesicht, das von einem kräftigen Kinn betont wird: An der Spitze mildert ein Grübchen den Eindruck von Härte. Er wirkt nicht wie einer, der sich gerade von einer schweren Krankheit erholt. »Ich sehe gut aus, das weiß ich«, sagt er, bevor man ihm ein Kompliment machen kann. »Ich habe immer noch Schwierigkeiten, Treppe zu steigen. Ich werde schnell müde. Meine Muskeln gehorchen mir nicht, besonders die Mundmuskeln. Länger als eine Stunde können wir uns nicht unterhalten!«

Ende 1981 war Heller an einem Guillain-Barré-Syndrom erkrankt, einer Nervenkrankheit, die zu Muskellähmung am ganzen Körper führen kann. Die Krankheit hängt mit einer Schwächung des Immunsystems zusammen, über die Ursachen ist sich die Medizin nicht im klaren. »Mehr als dreihundert Seiten meines neuen Romans waren damals in Reinschrift fertig, die restlichen zweihundert ließ ich mir ins Krankenhaus bringen, mit der Absicht, sie dort zu korrigieren. Ich bin vorher nie krank gewesen. Ich dachte, ich wäre in ein oder zwei Wochen wieder gesund. Doch nach ein paar Tagen konnte ich nicht einmal mehr den Bleistift halten.« Das besserte sich erst nach Monaten. Das Manuskript des vierten Romans ist jetzt, im Sommer 1983, noch nicht abgeschlossen. »Als ich vor einem Jahr aus dem Krankenhaus kam, habe ich das Manuskript von vorn bis hinten gelesen. Ich hatte fast alles vergessen. Ich kannte noch den Zusammenhang, aber nicht mehr den Rhythmus, die Worte. Ich habe dann alles noch einmal abgeschrieben, und dabei wurde es mir wieder vertraut. Ich freute mich, daß schon soviel da war. Es gefiel mir, was ich las. Und ich war froh, daß ich daran weiterarbeiten konnte.« Kann er etwas über das neue Werk sagen? »Ich könnte Ihnen nicht einmal viel über die Bücher erzählen, die ich schon veröffentlicht habe. Entweder schreibe ich nur Romane, die man nicht beschreiben kann, oder mir liegt das nicht besonders.«

Wenigstens zwei seiner Romane haben heute schon Literaturgeschichte gemacht. Man wird sie dereinst zu den Klassikern dieses Jahrhunderts zählen: den Erstling ›Catch 22‹, 1961 erschienen (in Deutschland drei Jahre später, zunächst unter dem Titel ›Der IKS-Haken‹ – dann, nach dem Filmerfolg, unter dem Originaltitel), und den zweiten Roman ›Something happened‹, der 1974 herauskam (bei uns 1975 als ›Was geschah mit Slocum‹?). Heller zählt zu den erfolgreichsten Schriftstellern Amerikas: ›Catch 22‹ tauchte zwar nie in den Bestsellerlisten auf, ist aber bis heute mehr als zehnmillionenmal verkauft worden (in Deutschland immerhin knapp hunderttausendmal), ›Something happened‹ wurde auf Anhieb ein Erfolg, ebenso der Roman danach: ›Good as Gold‹ (›Gut wie Gold‹).

»Ich wollte immer schon Schriftsteller werden – so wie andere Kinder Feuerwehrmänner oder Polizisten«, sagt Heller. »Ich habe in der Schule gute Aufsätze geschrieben, besonders wenn ich meiner Phantasie freien Lauf ließ: ›Ein Tag am Strand‹. Woher das kam, weiß ich nicht. Sigmund Freud würde es wissen.« Geboren wurde er am 1. Mai 1923 in Brooklyn. Seine Eltern, Isaac und Lena Heller, waren jüdische Einwanderer aus Rußland. Der Vater starb früh, als der Sohn gerade fünf Jahre alt war. Joseph Heller lebte auf Coney Island bis zu seinem neunzehnten Lebensjahr. Dann, 1942, wurde er eingezogen: zur Air Force. Er kam nach Korsika und flog als Bomberpilot sechzig Einsätze. Nach seiner Rückkehr, 1945, heiratete er und veröffentlichte seine erste Geschichte in einem Magazin. Während des Studiums, das er 1950 abschloß, schrieb und publizierte er weiter. Gesammelt hat er die Erzählungen nicht. Er ging in die Werbung,

Joseph Heller, 1983 während des Gesprächs auf Long Island

gab das Schreiben vorerst auf, nutzte seine Begabung für Werbetexte. »Alle Amerikaner meines Alters publizierten Bücher, und sie waren viel besser als ich: Truman Capote, Gore Vidal, James Jones. Norman Mailer war fünfundzwanzig, als er ›Die Nackten und die Toten‹ schrieb. Ich las viel und fühlte, daß ich für einen Roman noch nicht reif war.«

Erst mit dreißig machte er sich an die Arbeit. Eine langwierige Arbeit: Heller war achtunddreißig, als 1961 sein erster Roman herauskam. ›Catch 22‹ wurde zunächst kaum wahrgenommen. In der ›New York Times Book Review‹ erschien eine kleine einspaltige Rezension, in der das Buch so beschrieben wurde: »Eine Porträtgalerie, eine Ansammlung von Anekdoten, einige davon wunderbar, eine Reihung von Einzelszenen, einige davon gut kombiniert, eine Serie von Beschreibungen, ja, aber das Buch ist kein Roman.« Ein konventionell erzählter Roman ist es zweifellos nicht. Es gibt keine sinnvolle Handlung, es gibt keine sinnvoll handelnden Figuren. Es kann das alles nicht geben, denn der Roman handelt vom Krieg.

Und die Erkenntnis dieses Romans lautet, daß jene, die den Krieg normal finden, verrückt sein müssen, und daß jene, die als verrückt eingestuft werden, weil sie den Krieg nicht ertragen, die einzig Normalen sind. Und weil sie so normal sind, schreibt der Stabsarzt sie prompt wieder flugtauglich. Man versuche, ihn umzubringen, behauptet der amerikanische Bomberpilot Yossarian: »Yossarian hatte Beweise, denn Personen, die er nicht kannte, schossen jedesmal auf ihn mit Kanonen, wenn er in die Luft aufstieg, um Bomben auf sie fallen zu lassen, und es war durchaus nicht komisch.«

Nein, komisch ist es nicht. Und Heller vermag den Leser zugleich zu erheitern und zu erschrecken. Was sind all die realistischen Szenen vom Morden und Sterben in anderen Antikriegsbüchern gegen diese Schelmengeschichte, die den Krieg nicht als Katastrophe vorführt, sondern als etwas, das ihn viel fürchterlicher erscheinen läßt: als Schwachsinn. Und ›Catch 22‹ führt auch vor, bis in die Form hinein, was das Wesen der Figuren ist: Austauschbarkeit. Hier kann es keine Helden, keine Charaktere geben: Es finden sich Masken, Funktionsträger und Verrückte (normale Verrückte und verrückte Normale). Es gibt keine

Handlung, keinen Zusammenhang, tatsächlich nur eine »Reihung von Einzelszenen«, die aber – bei genauem Hinsehen – ein untergründiges, fast musikalisches Bauprinzip erkennen lassen. Es gibt Motive, die ineinandergreifen und sich kreisend ablösen. Am Ende steht die Flucht. Yossarians beharrliche Weigerung, sich der Maschinerie unterzuordnen, läßt einen Hauch von Individualität in diese Welt eindringen. Daß der Held – der es deswegen eben doch ist – sich ausgerechnet nach Schweden absetzen will, mußte in den sechziger und mehr noch in den siebziger Jahren fast prophetisch wirken. ›Catch 22‹ ist ein Roman über den Zweiten Weltkrieg, doch aktuelle Anspielungen, bewußt gesetzte Anachronismen machen deutlich, daß es sich hier um mehr als – wahnwitzige – Geschichtsschreibung handelt.

»Als ich mit dem Roman begann«, sagt Heller, »steckten wir im Korea-Krieg, und als das Buch herauskam, gab es fast einen Krieg mit Rußland wegen der Berliner Mauer. Ich wollte darüber schreiben, was es heißt, in den fünfziger Jahren zu leben, also konnte ich kein realistisches Buch über den Zweiten Weltkrieg schreiben.« Die Wirkungsgeschichte von ›Catch 22‹ ist nicht denkbar ohne den Vietnam-Krieg. Mike Nichols verfilmte den Roman 1970, und Buch und Film wurden sprichwörtlich, weil sie mitten in die Wunde der Gegenwart trafen. In einem Selbstkommentar schrieb Heller 1979: »Ich weiß, daß viele Leute in Vietnam Exemplare herumgetragen haben, aber ich glaube nicht, daß es ihre Handlungen beeinflußt hat. Es hat nur ihre Meinung bestärkt: ›Dies ist verrückt! Ich weiß nicht, warum wir hier sind. Und wir sollten besser unsere Vorgesetzten im Auge behalten, denn sie können uns ebenso gefährlich werden wie die Leute da draußen.‹ Das stellte sich als richtig heraus.«

Heller war inzwischen Universitätslehrer geworden. Er engagierte sich in Vorträgen gegen den Vietnam-Krieg. Zwölf Jahre lang schrieb er an seinem zweiten Roman: ›Something happened‹. Es wurde ein Meisterwerk, eines der großen Schlüsselwerke unserer Epoche, ein literarisches Kompendium des Alltagslebens in der westlichen Zivilisation – am Ende vielleicht bedeutender noch als ›Catch 22‹. Mitte der siebziger Jahre erschien dieses Buch, in Amerika wurde es sogar ein Bestseller, in Deutschland dagegen nur wenig beachtet (knapp fünfzigtausend

Exemplare sind in zehn Jahren verkauft worden). ›Something happened‹, behauptet der Titel: Etwas ist geschehen. In Wirklichkeit ist im Leben des Romanhelden zunächst gar nichts geschehen, nichts Außergewöhnliches jedenfalls – weshalb auch der deutsche Titel ›Was geschah mit Slocum?‹ irreführend ist.

Bob Slocum zieht Zwischenbilanz: Er ist erwachsen geworden, ohne recht zu wissen wie, er ist Ehemann, hat drei Kinder und die Chance, innerhalb der Versicherungsfirma, die ihn beschäftigt, vom kleinen Abteilungsleiter ins mittlere Management aufzusteigen. Die Tragödie aus ›Catch 22‹ findet ihre Fortsetzung: im amerikanischen Alltag macht sich einer vergebens auf die Suche nach Individualität. Wer ist Bob Slocum? Heller stattet ihn mit den Merkmalen des Erfolgs aus. Slocum steht nicht etwa auf der Schattenseite des Lebens. Er weiß, wie man Karriere macht. Er hat Chancen bei Frauen. Er kann sich gut verkaufen. Er kleidet sich richtig. Der Romanheld Slocum hätte das Zeug für eine triviale Aufsteiger- und Erfolgsgeschichte. Doch bei Heller hält er einen Monolog, der eine andere Sprache spricht. Wenn er seinen Gehaltsscheck in den Händen hält, fällt Slocums Blick zwanghaft auf den Hinweis, dieser Scheck dürfe weder gefaltet, gelocht, geknickt, geheftet oder sonstwie beschädigt werden. Die Verlockung, dagegen zu verstoßen, ist groß. Was würde passieren? Slocum macht sich keine Illusionen: »Ich weiß, was passieren würde: nichts. Nichts würde passieren. Und dieses Wissen ist niederdrückend. (...) Ich meine, für jemand wie mich ist es nahezu unmöglich, noch aufzubegehren und damit etwas Bleibendes auszurichten. Die Macht, Unordnung zu stiften, die ich als Kind besaß, habe ich verloren, ich kann meine Umgebung nicht mehr verändern, noch merklich aufstören.«

Slocum ist keinesfalls ein Mann ohne Eigenschaften, er ist eine lebendige Figur. Seine Irritationen, die ihn im Alltag begleiten, seine Besessenheiten und Defekte, machen die Identitätslosigkeit nur um so deutlicher. Wenn er mit Kollegen spricht, neigt er dazu, deren Gesten und Tonfall zu übernehmen (eine panische Vorstellung Slocums ist es, längere Zeit mit einem Stotterer zu tun zu haben). Selbst seine Handschrift hat er sich ausgeborgt, ein Kollege aus früheren Jahren hatte das Hobby, Handschriften zu entwerfen. Slocums Ängste sind Jedermann-Ängste: jene vor

Kündigung, vor Beerdigungen, vor Krankenhäusern, vor verschlossenen Türen (wenn man draußen davorsteht). Sein Monolog ist Verschleierung und Enttarnung in einem. Es ist ein forscher Ton, hinter dem sich Verletzlichkeit verbirgt. Auf fast fünfhundert Seiten kreist dieser Mann nur um sich, zeigt sich in der ganzen geheimen Niedertracht, der der Mensch fähig ist. Er sieht nur sich, und er sieht sich doch nicht. Er kann sich nicht erfassen. Dem Leser setzen sich Slocums kreisende Phantasien, Erinnerungen, Neurosen zum Bild einer erbärmlichen Existenz zusammen. Wohl selten ist die Schattenseite menschlicher Psyche unerbittlicher ausgeleuchtet worden als in diesem Roman. Und doch: Slocum, der leidenschaftslose Verführer, der sexuelle Freibeuter, der skrupellose Kollege, der heimliche Rassist, der unbeherrschte Vater, der gedankenlose Ehemann, der ehrgeizige Aufsteiger, der angepaßte Held, der seelenlose Jedermann, dieser Slocum wird bei Heller nicht verteufelt. Das Kunststück des Romans ist es, diesen Miesling sowohl in seiner Erbärmlichkeit als auch Erbarmungswürdigkeit zu zeigen. ›Was geschah mit Slocum?‹ ist ein Buch, das den Leser nicht so einfach davonkommen läßt. Wer Mut hat, schaue in diesen Spiegel. Doch wehe dem, der nicht ein Stück von sich selbst darin erkennt: Der hätte sich schon gegen alles Lebendige in sich gewappnet.

»Wenn ich mich zwischen meinen drei Romanen entscheiden sollte«, sagte Heller vor seinem Haus auf Long Island, »dann würde ich ›Something happened‹ den Vorzug geben. Es war bisher mein schwierigstes Buch. Bei den anderen beiden fiel es mir leicht, den Leser zum Lachen zu bringen. In diesem Fall mußte ich das Interesse des Lesers ohne solche Angebote wecken und festhalten. Es ist ein umfangreiches Buch, und es passiert fast nichts darin.« Heller redet lebhaft; was er an Konsonanten verschluckt, macht er mit Gestik und Mimik wieder wett. Manchmal fährt er sich mit der Hand über seinen freien Oberkörper. Er ist selbstsicher auf eine unerschütterliche Weise: Er mag sich. Und er setzt – zu Recht – voraus: Andere werden seinem Charme erliegen. Natürlich ist er stolz auf seinen Erfolg, er, der Junge aus Brooklyn. Vor allem aber spürt man eine tiefe Freude darüber, daß das Leben für ihn weitergeht und er anscheinend aus dem Schlimmsten heraus ist.

Hat er Freud gelesen? »O ja. Als ich an ›Something happened‹ schrieb, habe ich damit begonnen, Bücher von Freud zu lesen, auch Bücher über Wahnsinn und Schizophrenie. Nicht gleich zu Beginn, aber später. Ich spürte, daß das zu meiner Figur paßte: zu ihrer schizoiden Welterfahrung. Und ich konnte einige Ideen verwenden, Träume, Symbole. Auch als Schriftsteller hat mich Freud beeindruckt: wie er Sätze baut!« Verbunden fühlt er sich Franz Kafka. Mit einer Unbeschwertheit, die hierzulande kein Autor zuwege brächte, sagt Heller: »Alles, was es bei Kafka gibt, ist auch in meinen Büchern präsent. Ich benutze dieselben neurotischen Elemente.« Er mache Anleihen bei anderen Schriftstellern, gesteht er freimütig. »Ich mag James Joyce besonders, ich beneide ihn vor allem wegen seiner Erzählungen. Sein Sprachgebrauch ist so überwältigend exakt. Als ich an der Universität Kurse in ›Kreativem Schreiben‹ abhielt, habe ich den Studenten gezeigt, daß er niemals ein ›literarisches‹ Wort verwendet hat, jedes Wort ist ganz gewöhnlich, und selten hat er ein Wort mit mehr als drei Silben benutzt.« Andere Lieblingsautoren sind Faulkner und Melville. Heller nennt auch Heinrich Böll – dessen Roman ›Billard um halbzehn‹ habe ihm gefallen.

Es sei ihm nie möglich gewesen, ein Thema zu wählen, sagt Heller. Zu allen Romanen sei er auf dieselbe Art gekommen: »Ich sitze herum, mache nichts, plötzlich beginnt es in mir zu arbeiten, Sätze bilden sich, bestimmte Dinge spielen sich ab.« Er beginne niemals mit der Niederschrift, bevor er das Buch nicht vollständig im Kopf habe – »und viele Notizen auf kleinen Karten, die ich mit mir herumtrage«. Manchmal benutzt er auch ein Aufnahmegerät. Wichtig ist der erste Satz: »Der Eröffnungssatz von ›Catch 22‹ kam mir so, wie er da steht. Den Schlüsselsatz von ›Something happened‹ habe ich irgendwo im zweiten Kapitel verwendet.« Er arbeite langsam, betont er. Drei Romane (den entstehenden nicht mitgezählt), ein Theaterstück, eine Dramatisierung von ›Catch 22‹ – das ist bisher alles, was er geschrieben hat: »That's my whole body of work.« Er lacht. »Mit John Updike verglichen, ist das nicht gerade viel.«

Nach dem großen und (im Gegensatz zu ›Catch 22‹) raschen Erfolg von ›Something happened‹ konnte Heller sich Mitte der siebziger Jahre ganz dem Schreiben widmen: Der Vater von zwei

Kindern hatte nun endlich die finanzielle Sicherheit, um auf die
Lehrtätigkeit zu verzichten – von gelegentlichen Auftritten an
der Universität abgesehen, die ihm immer noch Spaß machen.
Der dritte Roman entstand in weniger als fünf Jahren: ›Gut wie
Gold.‹ Das Buch, das 1979 in Amerika erschien, erinnert an Arbeiten von Philip Roth. Die Geschichte wird chronologisch erzählt, sie besteht vorwiegend aus Dialogen und ist Hellers erste
Darstellung des jüdischen Milieus (Slocum – ist erklärtermaßen
kein Jude). Der Literaturwissenschaftler Bruce Gold will etwas
über »jüdische Selbsterfahrung« schreiben. Doch was? Man darf
in den folgenden Gedanken des Romanhelden auch autobiographische Bezüge vermuten: »Wann habe ich mich je als Jude gefühlt? Ich glaube, ich habe nie einen waschechten Antisemiten
getroffen. In Coney Island gab es überhaupt nur Juden. Daß ich
einer bin, habe ich erst als Erwachsener gemerkt. Man könnte
auch sagen, ich dachte, alle Leute sind Juden, und das kommt
aufs selbe raus. Schön, am anderen Ende von Coney Island gab es
Italiener, und bei uns in der Nähe auch welche, deren Kinder mit
uns zur Schule gingen. Das waren die Ausnahmen. Und Iren mit
deutschen Zunamen, die bei uns im Block wohnten. Die paar
Kinder von Italienern und Skandinaviern in meiner Klasse hatten
an jüdischen Festtagen Unterricht und sahen aus, als fühlten sie
sich deshalb benachteiligt. Die habe ich bedauert, denn ich hielt
sie für die Minderheit. Manche Iren hatten übrigens einen Hund,
was bei Juden damals nicht üblich war, und im Hinterhof hielten
sie Hühner. Auch in der Hauptschule hatte ich nur mit jüdischen
Kindern Umgang, und die Lehrer waren wohl allesamt Juden.
Im College das gleiche. Erst in Wisconsin, beim Sommerkurs,
fand ich mich plötzlich unter lauter Nichtjuden, und das war
nicht im mindesten unerfreulich, sondern bloß anders. Auf der
Columbia-Universität fühlte ich mich dann wieder ganz hei-
misch.«

Doch statt sein Buch zu schreiben, zieht es Gold nach Washington. Dort, wo Kissinger reüssiert, will auch er Karriere machen. Staunend verfolgt er, wie das funktioniert, was den Leuten
draußen als »Politik machen« verkauft wird. Heller zerstört hier
den dritten amerikanischen Traum. War es im ersten Buch der
Missionsgedanke, im zweiten der Traum vom Karriereglück, so

ist es hier der Mythos geistiger Führung. Heller hat dazu vor allem die Zeitungen studiert. Die politische Phrase – nicht nur amerikanischer Herkunft – wird dabei so überzeugend entlarvt, daß die ›New York Times Book Review‹ diesmal uneingeschränkt lobte. Der Roman sei wichtiger für das Verständnis der Regierung als eine ganze Bibliothek mit Papieren des Präsidenten. Ein Kabinettstück ist ›Gut wie Gold‹ ganz zweifellos – mit Hellers »Satire von Krieg und Frieden« (wie ein deutscher Kritiker einmal das Gespann ›Catch 22‹ und ›Something happened‹ trefflich genannt hat) kann sich der Roman freilich nicht messen.

Joseph Heller lebte bis Ende der siebziger Jahre mit seiner Familie in Manhattan. Das neue Jahrzehnt begann für ihn nicht gut. Er und seine Frau trennten sich 1980 nach fünfunddreißigjähriger Ehe. Ein Jahr später, im Dezember 1981, wurde Heller ins Mount-Sinai-Krankenhaus von New York eingeliefert. Nach der Entlassung, im Sommer 1982, zog er in das Haus, vor dem wir sitzen (seine Frau beanspruchte die Stadtwohnung für sich), er wurde von Kollegen, Freunden und seinem Bruder umsorgt – und von Valerie, der Krankenschwester, die jetzt kritische Blicke vom Pool herüberwirft. Die Stunde für unser Gespräch ist abgelaufen.

»Wenn ich auf meine drei Romane zurückblicke und den kommenden betrachte, so ist das Gemeinsame: Sie alle enthalten Elemente des Phantastischen. Nur wenig darin ist wörtlich zu nehmen. Der traditionelle Autor hat ein stillschweigendes Übereinkommen mit seinem Leser: Beide wissen, daß alles nicht wahr ist, was im Roman steht, doch beim Lesen schiebt man das dann beiseite und glaubt daran, daß das alles wirklich passiert ist und passiert. Ich versuche in allen meinen Büchern, diese Illusion gründlich zu zerstören. In ›Catch 22‹ bieten die ersten sechzig bis achtzig Seiten nichts als Verwirrung. Der Leser kann das nicht ernst nehmen. In ›Something happened‹ entsteht der unrealistische Charakter durch psychologische Verzerrung. Bei ›Good as Gold‹ erkannte jeder, daß die realistischen Bezüge verfremdet sind. Und in dem Buch, an dem ich jetzt arbeite, ist es ähnlich. Es handelt sich um eine alte Geschichte, die vor langer Zeit spielt, trotzdem gibt es Bezüge zur Gegenwart. Niemand wird glauben, daß sich das damals so abgespielt hat, man erkennt: Das kann nur heute passieren. Doch schreibe ich nicht einfach Parodie oder Satire. Wenn ich den Leser innerlich bewegen möchte, so soll er auch bewegt sein. Wenn ein Kind krank wird, soll er sich Sorgen machen. Die wenigen Seiten, auf denen ich ernst bin, soll der Leser auch so verstehen. Sonst nehme ich nichts besonders ernst: weder die Regierung noch die Religion, nicht einmal mein Buch.« Er lacht. »Aber natürlich auch nicht das Buch von irgend jemand anderem!«

Frankfurt am Main, 11. März 1985

Der ›Frankfurter Hof‹ hat zu Ehren des amerikanischen Gastes geflaggt. Im Restaurant sagt Joseph Heller: »Als ich das sah, habe ich mich sofort gefragt: Wer ist da? Doch hoffentlich nicht Kissinger?« Ihn beeindruckt die Frankfurter Aufmerksamkeit einem ausländischen Schriftsteller gegenüber, und bereitwillig läßt er sich dazu bewegen, »Grüne Soße« zu bestellen, als er erfährt, daß das Goethes Leibspeise gewesen sei. »Müssen Sie einen seriösen Bericht über mich machen?« Er nimmt die Brille ab, mit der er die Speisekarte studiert hat. »Sonst könnten Sie schreiben: David liegt im Bett, ist schwach und wird von einer schönen Jungfrau gepflegt, und: als ich mit dem Buch begann, wußte ich noch nicht, daß ich zwei Jahre später selbst im Bett liegen würde, schwach, umgeben von zehn Jungfrauen. Eine davon habe ich bei mir. Sie ist keine Krankenschwester mehr, aber immer noch Jungfrau.« Er freut sich diebisch und lacht. Ob ich das nicht verwenden wolle? »If you can use it, use it!« Valerie Humphries, seine schlanke, schwarzhaarige Lebensgefährtin, sitzt daneben und tut so, als habe sie nichts gehört. Beide machen eine Tour durch Europa, durch jene Länder, in denen jetzt Übersetzungen von ›God knows‹ erschienen sind. Das gehört für Heller zum Job, und man sieht, daß es ihm Spaß macht. Ein Wunder ist es gleichwohl: daß er sich diesen Strapazen unterziehen kann.

Ein alter Mann liegt auf seinem Lager, matt, vom Leben erschöpft. Eine schöne junge Frau ist um ihn, doch sie kann bestenfalls sein Herz, nicht aber seinen Körper wärmen. Der Mann ist David: jener König David, der Stammvater der Juden, von dem das Alte Testament erzählt. David hadert mit Gott, er hat das Gefühl, daß seine Gebete nicht mehr erhört werden, vielleicht niemals erhört worden sind: Er hätte ebensogut Selbstgespräche halten können, glaubt er. Nicht einmal die Frau, die er liebt, will noch etwas von ihm wissen, jene Bath-Seba, deren Mann er einst in die vorderste Schlachtlinie stellen ließ, um sich seiner zu entledigen. Nun ist die einst so Leidenschaftliche in die Jahre gekommen und nur noch daran interessiert, ihren Sohn Salomon Nachfolger des Königs werden zu lassen. Entrüstet fragt sie den zögernden David: »Willst du etwa das Königreich dafür strafen, daß ich mich weigere, in meinem Alter Schweinereien mit dir zu machen?« Er antwortet: »Was heißt da Schweinereien? Früher hast du anders darüber gedacht.« Darauf Bath-Seba: »Ich habe das immer für Schweinereien gehalten, deshalb haben wir ja auch soviel Spaß daran gehabt, du Einfaltspinsel. Wie naiv die Männer doch sind!«

Einfaltspinsel sind Joseph Hellers Romanhelden allesamt, mögen sie auch zu den Intellektuellen zählen wie Bruce Gold und nun David, der sich selbst dazu rechnet. Auch sind diese Helden nicht gerade sympathisch – weder der erfolgreiche Manager Bob Slocum noch der Bomberpilot Yossarian. Und doch kriecht der Leser ihnen unter die Haut, weil Heller es so will. Der Romancier hat es nicht nötig, schlichte Identifikationsangebote zu machen. Er kann sich darauf verlassen, daß derjenige, der seine Romane betritt, gefangen wird. Vier Bücher hat er bis heute veröffentlicht – in einem Vierteljahrhundert.

Während Heller die »Grüße Soße« probiert und voller Neid auf den anderen Teller mit dem Lachsschnitzel schielt, erzählt er noch einiges über seinen vierten Roman, der 1984 in Amerika und gerade auch bei uns erschienen ist. Der Satz, der ihm als erster im Kopf herumgespukt habe, sei Davids Ausruf gewesen: »Ich glaube, meine Geschichte ist die beste in der Bibel.« Der steht nun irgendwo auf der vierten Seite. »Dann las ich bestimmte Bücher der Bibel: die ersten fünf Bücher Moses, die zwei Bücher Samuel, die Sprüche und das Hohelied Salomos.« Besonders gefiel ihm die Entdeckung, daß David als erster Herrscher einen Harem besaß. Er fertigte Exzerpte an. Die meisten hat er später verwendet, manche paßten dann doch nicht in den

Roman. »Was ich mit den Zitaten aus der King-James-Bibel in Amerika erreichen wollte: daß die Leser auf Formulierungen stoßen, die sie schon einmal gehört haben, von denen sie aber nicht genau wissen, ob sie aus der Bibel oder von Shakespeare stammen oder ob es nur Redewendungen sind.« Daß dieser Effekt in der deutschen Übersetzung durch die Luther-Zitate auch erreicht ist, kann er sich vorstellen. Was er gern wissen will: ob hierzulande auch die Shakespeare-Verse bekannt genug sind, um Anspielungen zu erkennen.

Hellers Roman ›Weiß Gott‹ knüpft formal an die beiden ersten Werke an. Wenig Handlung: David liegt auf dem Sterbelager und läßt sein Leben vor sich abspulen, streitet sich mit seiner Lieblingsfrau und gibt ihr am Ende nach, ohne daß sie ihm noch einmal die Gunst der Liebe gewährt. Ihr Sohn Salomo wird neuer König werden. Bibelzitat und Blasphemie, Mord und Melancholie: der Romancier schlägt grelle Blitze aus seiner Begabung für Witz und Sarkasmus. Und es ist zugleich ein überaus elegisches Buch geworden, eine Endzeitvision, die zu den mythischen Wurzeln menschlicher Zivilisation zurückkehrt und dabei den eigenen Anfängen mißtraut. Davids Erzählsituation ist dem Beginn des ersten Buchs der Könige getreulich nachgestellt. Heller durchsetzt den Stoff mit Anachronismen, Unglaubwürdigkeiten, Bosheiten. So läßt er den alten König auf seinem Lager räsonieren:

»An dem Tag, da ich Goliath tötete, bedrängten mich keine Gedanken an Frauen oder einen Harem. Noch war ich nicht Gegenstand von Neid und Mißtrauen oder Feindschaft, Furcht kannte ich nicht, es beunruhigte mich nicht der Schatten von Gefahr, der sich mir näherte wie die Lanzenspitzen eines Schicksalsengels, dem man nicht ausweichen kann, keine Vorahnung von bevorstehendem Elend. Wer hätte damals gedacht, daß ein König wie ich eines Tages von Hämorrhoiden oder einer vergrößerten Prostata geplagt werden könnte, oder daß jemand, der das Leben so kraftvoll und unter so guten Vorzeichen begann, dereinst fast täglich unter Anfällen von Angst und Niedergeschlagenheit leiden würde? Wer will das schon? Wer mag das ertragen? Überkommt mich das Frösteln, schlagen meine Zähne wohl hundertmal in der Minute gegeneinander. Herangerückt sind die

Jahre, in denen nichts mehr mich freut und kein heftiger Wunsch sich mehr in mir regt.«

Der Roman ›Weiß Gott‹ ist – wie die ersten beiden Romane – einem Musikstück ähnlich: kreisend, rondoartig. Kann der Verfasser das bestätigen? »Ich würde nie sagen, daß ich einem Rondo oder einer Fuge nacheifere. Und zwar aus zwei Gründen: Erstens klingt es sehr anmaßend; zweitens habe ich nicht Musik studiert und also nur eine vage Vorstellung von einem Rondo oder einer Fuge. Aber wenn Sie so fragen: Tatsächlich stelle ich mir beim Schreiben vor, eine Art Rondo oder Fuge zu schreiben.«

Hat er eigentlich von Stefan Heyms Roman ›Der König David Bericht‹ gehört? »Als ich zu der Überzeugung gekommen war, ich könnte einen guten, lustigen und wichtigen Roman über König David schreiben, wollte ich zunächst sichergehen, daß dieses Buch nicht schon jemand geschrieben hat. Ich habe den Katalog der New Yorker Bibliothek studiert. Ich stellte erfreut fest, daß es weniger Bücher über David gibt, als ich gedacht hatte. Eines davon ist Heyms Roman, und ich habe ihn gelesen.«

Das Reden macht Joseph Heller kaum noch Mühe. Auch beim Essen spricht er weiter, neckt seine Partnerin. »Für Valerie bin ich nur so lange interessant gewesen, wie ich ein Krüppel war.« Dann wieder ernsthaft: »Ich schreibe jetzt ein Buch über meine Krankheit. Valerie wird darin eine Rolle spielen.« Ein Freund, Speed Vogel, der ihn während der schlimmen Zeit versorgt hat, schreibt auch einige Abschnitte. Das Buch soll im Sommer fertig werden und Anfang 1986 in Amerika erscheinen: ›No Laughing Matter‹* ist der Arbeitstitel. »Es ist das erste Mal, daß ich eine Geschichte schreibe, die nicht fiktiv ist. Ich muß ein anderes Vokabular verwenden. Ich rette mich, indem ich witzig zu sein versuche.«

In ›Weiß Gott‹ läßt Heller David sagen: »Die Vergangenheit ist nur von Wert, wenn die Gegenwart angenehm ist.« Nichts scheitere schlimmer als der Erfolg, ist die paradoxe Lehre des biblischen Königs. »Nach all meinen persönlichen Triumphen

---

* Eine deutsche Ausgabe kam ebenfalls noch 1986 heraus: ›Überhaupt nicht komisch‹.

finde ich es unerhört deprimierend, daß wir heranwachsen und
traurig werden müssen, daß wir altern, schwach werden, zu ge-
gebener Zeit für dauernd unsere Wohnung unter der Erde beziehen, daß auch die goldenen Jünglinge und Mädchen allesamt zu
Staub werden wie Kaminfeuer.« Resümee des Romans: »Keine
Sehnsucht wird jemals gestillt.«

East Hampton, Long Island, 19. August 1994

›Catch-22‹ ist längst zu einem Begriff der amerikanischen Um-
gangssprache geworden (von Langenscheidts Handwörterbuch
Englisch/Deutsch mit »gemeiner Trick« übersetzt). Seit 33 Jahren ist das Wort nun in der Welt, seit Hellers erster Roman mit
diesem Titel erschien, das Werk eines bis dahin völlig unbekannten Autors. Keiner der späteren Romane konnte an diesen Welterfolg heranreichen, und oft mußte sich sein Schöpfer die Bemerkung anhören, er habe nie wieder ein so gutes Buch geschrieben.
Er pflegt dann zu antworten: »Irgend jemand sonst?«

Joseph Heller ist 71 Jahre alt. Und nun hat er es gewagt, an sein
ruhmreiches Debüt anzuknüpfen. Für die Garantiesumme von
einer Million Dollar (ein anderer Verlag bot ihm noch ein paar
Millionen mehr) hat Heller eine Fortsetzung geschrieben, die im
Oktober nahezu gleichzeitig in Amerika, England und Deutschland auf den Markt kommen soll. ›Closing time‹ wird der Roman
heißen, der als ›Catch-22 Plus‹, ›Catch-23‹ oder gar ›Catch-Up‹
schon seit gut einem Jahr durch die amerikanische Presse geistert. Der deutsche Titel lautet schlicht ›Endzeit‹.

Heller wohnt immer noch in seiner bescheidenen ehemaligen
Sommerresidenz. Sein Haar ist schlohweiß. Von der schlimmen
Erkrankung ist ihm eine leichte Geh- und Sprechstörung zu-
rückgeblieben. »Wenn Sie meinen Mund genau beobachten«,
sagt er, »dann sehen Sie, daß meine Oberlippe steif ist und ich bestimmte Laute nicht formen kann, bei denen ich die Lippen
schließen muß, wie etwa bei ›moon‹.« Aber das alles stört ihn
nicht, und er erzählt begeistert von seinem neuen Roman: »Das
war das schwierigste Buch, an das ich mich je herangetraut habe.
Das war harte Arbeit. Und mittendrin habe ich meinen Kindern

Joseph Heller, 1994 am Strand von East Hampton

oft genug gesagt, ich hätte mit so etwas in meinem Alter gar nicht mehr beginnen dürfen. Wenn das Buch erscheint, werde ich 72 Jahre alt sein, nein, noch 71, aber auch das ist viel zu alt.« Mehr als fünf Jahre brauchte er zum Schreiben.

Immer noch hat er, der Junge aus Brooklyn, etwas unwiderstehlich Lausbubenhaftes an sich. ›Endzeit‹ ist auch der Roman einer Kindheit, seiner Kindheit auf Coney Island. Es hat Heller Vergnügen gemacht, mit der eigenen Biographie zu spielen. Autobiographisch sei der Roman deswegen nicht, sagt er. Er habe seine Erfahrungen auf mindestens zwei männliche Helden verteilt.

›Endzeit‹ ist nicht allein Rückblick, sondern mehr noch schrilles Gegenwartspanorama, Panoptikum und Totentanz in einem, mit grellen Effekten und mancher Effekthascherei: Yossarian und seine Mannschaft aus ›Catch-22‹ sind um Jahrzehnte gealtert, sie stehen am Ende ihrer Tage – die in diesem Fall mit den letzten Tagen der Menschheit zusammenfallen. Nicht alle Leser von ›Catch-22‹ werden daran ihre Freude haben: Yossarian, der Soldat, der einst nackt im Baum saß, weil in seinem Flugzeug ein Besatzungsmitglied verblutet war, ist nun ein zynischer Geschäftsmann geworden, der der Regierung ein nutzloses Bombenflugzeug aufschwatzt, die Hochzeit des Jahres im New Yorker Bus-Terminal ausrichtet und sich in eine Krankenschwester verliebt. Neue Figuren treten hinzu, die meisten bleiben blaß.

Schon vor dem offiziellen Erscheinungstermin hat es in den USA neben sachlichen Vorberichten erste kritische, ja ablehnende Stimmen gegeben. In ›Publischers Weekly‹ war von einer »großen Enttäuschung« die Rede: »Sieht man vom gelegentlichen Aufblitzen des alten Witzes und Feuers ab, ist das ein müder, mutloser und entmutigender Roman.« In der Zeitschrift ›Kirkus‹ hieß es, Heller habe eine Fortsetzung zu einem Roman geschrieben, »der keine Fortsetzung brauchte«. Man hätte ihm einen Gefallen getan, so das Blatt, wenn er aufgehalten worden wäre.

Liegt es daran, daß die Helden alt und müde geworden sind? »Sie müssen verstehen, daß ich aus dem Alter raus bin, wo man Abenteurer und Bilderstürmer überzeugend findet«, sagt Heller ganz unbeirrt. »Es gibt keine Umstürzler mehr. Die Zeiten sind überhaupt vorbei, wo solche Charaktere zu überzeugen vermochten. Dieses Land hat derzeit keine außergewöhnlichen Leute zu bieten – und mit außergewöhnlich meine ich Figuren wie Yossarian aus ›Catch-22‹. Sie würden heute nicht mehr überzeugend und sympathisch wirken. Yossarian ist nun ein alter Mann, wie ich es bin, auch wenn ich nicht so aussehe und mich nicht so fühle…« Altersmilde? Es fällt auf, daß in ›Endzeit‹ selbst die Institution der Ehe gut wegkommt. »Stimmt, das ist etwas Neues für mich. Man liest ja nur selten einen amerikanischen Roman, in dem die Ehe ein dauerhaftes und angenehmes Ereignis ist. So etwas ist kein Stoff für Dramen. In meinem Roman werden zwei Ehen geschlossen und nicht verächtlich gemacht.«

Erinnert er sich noch daran, wie er in seinem Roman ›Was geschah mit Slocum?‹ von Scheidungen geschwärmt hat? »Daß ich wirklich heiraten wollte, habe ich mehr als einmal bezweifelt«, hieß es damals, »nie aber, daß ich geschieden sein wollte.« Ja, diese Stelle lese er immer noch gern vor, sagt Heller, »wenn ich ein Publikum habe, das damit etwas anfangen kann«. Er selbst wurde 1984, zehn Jahre nach Erscheinen von ›Something happened‹, von seiner ersten Frau geschieden. Dieser Roman spielte im Prozeß sogar eine Rolle. Die Einblicke in die männliche Seele und ihre Abgründe schienen dem Anwalt seiner Ehefrau so überzeugend zu sein, daß ein Zitat daraus den Verfasser als Ehefeind überführen sollte. Doch der belesene Richter wollte das nicht gelten lassen: »Geht man von der Annahme aus, daß alle Autoren sich der Dinge schuldig gemacht haben, die sie beschreiben, hätte man Shakespeare schon in seiner Jugend mehrfach zum Tode verurteilen müssen, und zwar wegen Mordes, Vergewaltigung und anderer Delikte.«

Heute sagt Heller über diese Ehe: »Sie war besser als die meisten. Ich war 35 Jahre mit meiner ersten Frau verheiratet, bevor alles auseinanderbrach. Es entstand irgendwann das fürchterliche Gefühl, daß es unvermeidlich war. Ich habe meine Frau nicht wegen einer anderen verlassen, und sie hat mich nicht verlassen. Wenn Sie sie heute fragen würden, warum wir uns haben scheiden lassen, würde sie wohl dasselbe sagen wie ich: Keine Ahnung, warum. Sie konnte einfach nicht länger mit mir leben. Ich glaube, es hatte mit der veränderten Rolle der Frau in diesem Land zu tun. Wir waren viel hier draußen und kamen oft mit unabhängigen, erfolgreichen Frauen zusammen. Sie hatte das Gefühl, etwas zu versäumen. Wie viele Frauen ihrer Generation wurde sie einfach zur falschen Zeit geboren. Zu heiraten und gleichzeitig arbeiten zu gehen, das wäre ihr unanständig vorgekommen. Wir haben ein Jahr getrennt gelebt. Es war wohl das einsamste Jahr meines Lebens. Ich habe nie gern allein gelebt.« Am Ende dieses Jahres wurde Heller krank. Er glaubt, daß der Streß sein Immunsystem geschädigt hat. »Aber für mich kam auch ein Happy End. Ich lernte Valerie kennen. Sie war meine Pflegerin.« Heute sind sie verheiratet.

»Ist das nicht ein echter Catch-22?« fragt eine der schrägen Figuren im Roman ›Endzeit‹, ein verblödeter Vizepräsident, der am Ende auf den falschen Knopf drückt und so die atomare Vernichtung auslöst. Derweil sitzt ein Alter ego des Autors im Flugzeug nach Australien, bei Mahler-Klängen und Thomas-Mann-Lektüre. »Ich habe viel Thomas Mann gelesen während der Arbeit am Roman«, sagt Heller. »Ich lese gern Romane, wenn ich an einem Roman arbeite. Ich will fremden Einfluß. Ich will einen Wortschatz erlangen, der mir sonst nicht entspricht.« Die Erzählung ›Tod in Venedig‹ hat er sich zum wiederholten Mal vorgenommen – auch die anderen Erzählungen und den ›Zauberberg‹. Den Roman ›Doktor Faustus‹ dagegen zum ersten Mal. Und dieses Werk ist ihm besonders wichtig geworden, nicht zuletzt wegen des verwandten Themas.

Eine Referenz des Amerikaners an den deutschen Schriftsteller: In Hellers ›Endzeit‹ taucht der Held aus Manns Endzeit-Roman auf, der Komponist Adrian Leverkühn. Sogar ein Musikstück von ihm wird – reizvolles Spiel der Fiktion – bei Heller noch einmal aufgeführt. »Die Figur war ergiebig für meinen eigenen Roman, weil das Hauptwerk von Leverkühn den Titel ›Die Apokalypse‹ trägt. Das Stück wird bei Thomas Mann nur einmal aufgeführt, dann nie wieder. Es ist zu entsetzlich. Leverkühns Werk wird von Thomas Mann als Vorwegnahme des Endes aller Zivilisation beschrieben – ein Schritt vor der Apokalypse und dem Untergang. Das ist die Ironie der Geschichte, eine

Ironie, wie ich sie mag: Wenn die Zivilisation am weitesten fortgeschritten ist, nähert sie sich der Grenze zum brutalsten und
umfassenden Untergang.«

Ist ›Endzeit‹ für ihn auch eine Art Schlußstein des eigenen
Werkes? So hat er sich kürzlich in einem Interview geäußert.
Doch jetzt sagt er: »Unsinn. Schon deshalb nicht, weil ich sonst
gar nichts mit meiner Zeit anzufangen wüßte.« Es könne sein,
daß ›Endzeit‹ die erste Phase seiner Karriere als Romancier beendet. »Mit diesem Buch habe ich gewissermaßen zu Ende gebracht, was ich mit ›Catch 22‹ begonnen hatte. Ich gedenke noch
zwanzig Jahre zu leben. Wenn mein Alter zur Sprache kommt,
klappt den Leuten jedes Mal der Unterkiefer runter. Mir geht es
gut, ich fühle mich gut. Mein Kopf ist auch in Ordnung. Um den
Bauch herum könnte es etwas weniger sein.«

Dann zieht er sich die gelbe Öljacke an, um für den Fototermin am Strand von East Hampton gerüstet zu sein. Es sind um
diese Jahreszeit kaum noch Menschen dort. Joseph Heller weist
auf die blaue Abfalltonne. »Recycle« steht drauf. Das sei doch
ein passendes Motiv, sagt er. Und er lacht fröhlich, ganz in seinem Element. Er mag sich. Wer sollte ihn da nicht mögen? Vielleicht aber verdeckt er auch nur die alte Furcht. »Hoffentlich erlebe ich nicht«, ist in seinem großartigen Roman ›Was geschah
mit Slocum?‹ zu lesen, »daß mein wirkliches Ich zum Vorschein
kommt.«

Ringen, nicht nur um Worte

John Irving

East Hampton, Long Island, 4. August 1983

So sieht kein Schriftsteller aus. Er steht da, als wäre er der Leibwächter. Es ist aber John Irving, Romancier und Familienvater, ein Mann Anfang Vierzig, mit bloßem Oberkörper, knappen Shorts. Er sagt: »Guten Tag!« Er sagt es auf deutsch, ebenso: »Wollen Sie etwas trinken?« Er verbringt seinen Urlaub hier auf Long Island, in der Nähe von Southampton.

Was da knallrot auf dem Rasen vor dem Haus liegt, ist kein Landeplatz für Helikopter, sondern eine Ringermatte. Seit Hemingway hat es in Amerika eine solche Mischung aus Geist und Sportsgeist bei einem Schriftsteller nicht mehr gegeben. John Irving ist in den Vereinigten Staaten ein Star, das ›Time‹-Magazin brachte seinen Kopf auf dem Titelbild. In Europa ist er noch kaum bekannt. Wir stellen uns einen Dichter anders vor. Irving ist ein Ringer. So schreibt er auch – mit geschickt und überfallartig ansetzenden Griffen, mal die Welt von oben, mal von unten betrachtend, beweglich, taktisch, die Reaktionen des Gegenübers präzise kalkulierend, eben noch sanft zurückweichend, im nächsten Augenblick kraftvoll zupackend. Er vermag den Leser aufs Kreuz zu legen, aber er hilft ihm auch freundlich wieder auf. Denn Irving hat nicht nur Muskeln, er hat auch einen Kopf. So sind seine Romane zwar wahre Energiebündel, doch voller Subtilität und Ironie, voller literarischer Anspielungen und elegischer Momente. Und immer sind sie eins: urkomisch.

»I speak Restaurant-Deutsch«, sagt John Irving, der das Gespräch am liebsten ganz auf deutsch führen würde. Er spricht besser, als für eine Bestellung im Restaurant nötig wäre. Er fährt jedes Jahr für zwei Wochen mit den beiden Söhnen zum Skifahren in die Schweiz, doch es ist geraume Zeit her, daß er sich für eine längere Weile in Österreich aufhielt: Anfang und Ende der sechziger Jahre. Er lebte, alles in allem, gut vier Jahre in Wien. Und Wien spielt in allen fünf bisher erschienenen Romanen eine Rolle. Irgendwie schaffen es Irvings Helden immer, wenigstens einen Abstecher dorthin zu machen. Der Debütroman ›Setting Free the Bears‹* spielt sogar ausnahmslos in Wien und Umgebung. »Früher fiel mir das Schreiben schwerer als das Ringen, heute ist es umgekehrt. Ich hatte mit meinem älteren Sohn eine Hundertdollarwette, ob ich ihn an meinem vierzigsten Geburtstag noch auf die Matte legen könnte.«

Gesiegt hat der Sohn. »Er steht heute national an siebter Stelle in seiner Altersgruppe.« Der Vater begann das Ringen im Alter von fünfzehn, und er war bis vor zehn Jahren im Wettbewerb. Sechsmal hat er sich (oder wurde ihm) das Nasenbein gebrochen, nun fehlt es ganz. »Meine Mutter sagt, ich hätte nur noch einen Knopf im Gesicht«, erzählt John Irving munter. »Ich hatte einmal eine hübsche Nase. Die Matten waren damals noch nicht so weich wie heute.« Er hat einen guten Kopf. Die Blessuren an der Nase fallen nicht auf, wohl aber die dunklen Augen, die braun wirken, in Wirklichkeit eine Mischung aus Grau, Grün und Blau sind. Das volle dunkle Haar changiert an vielen Stellen ins Graue. Ein Mann, von dem jedermann annimmt, daß er auf Frauen wirke. Das ist ein anderes Thema; es läßt sich angesichts der Romane nicht umgehen. Doch zunächst war John Irving neunzehn Jahre alt, und er wußte, was er werden wollte: Ringer und Romancier. Das eine konnte man trainieren, das andere war ein Vabanquespiel. Irving war Mitte Dreißig, als sich mit dem vierten Roman das Wunder ereignete. ›Garp und wie er die Welt sah‹ erschien 1978 in den Vereinigten Staaten. Waren bei den ersten drei Romanen die Kritiker sicher (im Lob) und die Leser zurückhaltend, so war es nun umgekehrt. Bis heute sind von ›Garp‹ fast vier Millionen Exemplare verkauft worden – das ist auch in Amerika nicht alltäglich. Der fünfte Roman, ›Das Hotel New Hampshire‹, 1981 erschienen (ein Jahr später in deutscher Sprache), folgt auf dem Fuße: Für die Taschenbuchrechte wurden 2,3 Millionen Dollar bezahlt. Beide Romane sind verfilmt worden.

---

* Der Roman erschien bei uns 1985 unter dem Titel ›Laßt die Bären los!‹

John Irving, 1989 in Deutschland

Geboren wurde Irving 1942 in Exeter, im Staate New Hampshire. Er verbrachte die Kindheit und Jugend in Neuengland. »Es ist keine besonders interessante Geschichte«, sagt er, nun doch auf englisch. »Ich war das älteste von vier Kindern, mein Vater war Lehrer, Spezialist für russische Geschichte. Während des Sommers arbeitete ich auf einer Apfelplantage. Mir gefiel es auf dem Land, in der Nähe des Ozeans.« Er las viel, vor allem Dickens, das machte ihm Lust, selbst zu schreiben. Mit siebzehn verfaßte er die ersten Gedichte, als er zwanzig war, veröffentlichte eine größere Zeitschrift eine Geschichte von ihm. Er ging auf die Universität, um schnell selbst unterrichten zu können: Das schien ihm eine gute Voraussetzung fürs Schreiben. Er studierte englische Literatur, wechselte die Universitäten häufig. Dann dachte er, es sei gut, eine fremde Umgebung auf sich wirken zu lassen. Wien schien ihm fremdartig genug. Er belegte einen Deutschkurs in Harvard und zog 1963 gen Europa, obgleich er kurz zuvor noch seine spätere Frau Shyla kennengelernt hatte, die er nun zurücklassen mußte. In Wien saß er in Kneipen und im Zoo, schrieb Briefe in die Heimat und viele Notizhefte voll. Besonders nachhaltig beeindruckte ihn ein Mann mit einem dressierten Bären. Heute sagt er: »Jahrelang haben Amerikaner Europa als einen Platz benutzt, um sich selbst zu entdecken. Das hat besonders Tradition unter amerikanischen Schriftstellern. Man fährt nach Europa und denkt über die eigene Kindheit nach.« Im Roman ›Hotel New Hampshire‹ habe er solche Amerikaner parodiert. »Die Familie fährt nach Wien und bewegt sich niemals nach draußen. Sie bringen ihr Hotel mit. Das ist ein Symbol dafür, wie sich Amerikaner in Europa bewegen.«

Er glaubt, es besser gemacht zu haben. Er kehrte mit einem Romanplan und vielen Schauplätzen im Kopf zurück. An der Universität von Iowa beteiligte er sich an einem Schriftsteller-Workshop, heiratete Shyla, wurde Vater und schrieb die Geschichte von Hannes und Siggi, die mit dem Motorrad, einer britischen Royal Enfield, die Gegend um Wien unsicher machen und den Plan verfolgen, die Tiere aus dem Zoo zu befreien. Doch der Roman ›Setting Free the Bears‹, 1968 erschienen, fand wenig Anklang beim amerikanischen Publikum. Die Familie zog nach Vermont, Irving suchte und fand eine Stelle als Lehrer. Später unterrichtete er auch an der Universität. Zwölf Jahre lang, bis 1979, verdiente er sich so sein Brot. Denn auch der zweite und dritte Roman, ›The Water-Method Man‹ und ›The 158-Pound Marriage‹, 1972 und 1974 erschienen*, fanden zunächst kein großes Publikum.

Erst ›Garp‹, die Geschichte eines Schriftstellers, der mit Macht berühmt werden will, machte Irving tatsächlich berühmt. Was bedeutet ihm der Erfolg? »Ich bin ängstlich, wenn ich auf der Straße erkannt werde. Aber darüber will ich mich nicht beklagen.« Wirklich unangenehm ist ihm das, was die englische Sprache kurz und knapp mit »hate mail«, bezeichnet, also Post, in der Unbekannte Ärger, Haß und Bedrohlicheres loslassen. »Man wird zur Zielscheibe für Verrückte«, sagt Irving. »Erfolg bedeutet zweierlei: Zum einen kann man schreiben, ohne andere Dinge tun zu müssen. Wenn ein Roman läuft, kann man sich acht oder neun Stunden am Tag damit beschäftigen. Zum anderen kann man es sich leisten, nicht zu schreiben. Wenn ein Roman nicht läuft, muß man ihn nicht künstlich vorantreiben. Geld bedeutet in beiden Fällen: Zeit. Meine Eltern waren beunruhigt, als ich damals nicht mehr unterrichten wollte. Sie dachten, ich würde nicht genug verdienen. Aber sie wußten, daß ein Leben als Schriftsteller immer mein Ziel war.«

Mit dem Roman ›Garp‹ ist John Irving das verblüffende Kunststück gelungen, nicht nur die eigene literarische Entwicklung zu parodieren, nicht nur Vergangenheit und Gegenwart zu umspielen, sondern auch die Zukunft vorwegzunehmen: die des Romans und des Autors. ›Garp und wie er die Welt sah‹ ist ein umstrittenes und erfolgreiches Buch geworden, nicht anders als der fiktive Roman ›Bensenhaver und wie er die Welt sah‹, dessen erstes Kapitel scheibchenweise in die Handlung hineingeschnitten wird. Und T. S. Garp, der Schriftsteller, der seinem Verleger sagt: »Ich wäre lieber reich und über das hinaus, was Idioten ›seriös‹ nennen«, ist ein Alter ego von Irving. Freilich: autobiographisch ist der Roman deswegen nicht. Die realen Fakten wandeln sich in der Parodie. Auch das wird in ›Garp und wie er die

---

* Der dritte Roman Irvings erschien 1986 in deutscher Übersetzung: ›Eine Mittelgewichts-Ehe‹, der zweite drei Jahre später: ›Die wilde Geschichte vom Wassertrinker‹.

Welt sah< gezeigt: wie ein Schriftsteller Erlebnisse umbaut in Fiktion. Nach der Überzeugung von T. S. Garp ist der Roman »ein Platz zum Speichern – all der wichtigen Dinge, die ein Romancier im Leben nicht benutzen kann«. So ähnlich erklärt es John Irving: »Ich wollte zeigen, auf welche Weise sich die Phantasie Nahrung sucht. Garps Schreiben ist nicht autobiographisch. Natürlich hätte er >Pension Grillparzer< nicht geschrieben, wenn ihn seine Mutter nicht mit nach Wien genommen hätte, und er hätte das Ende nicht geschrieben, wo alle sterben, wenn die Prostituierte nicht gestorben wäre. Aber er hat nicht über die Prostituierte geschrieben. Und als sein Sohn stirbt, schreibt er ein Stück voller Gewalttätigkeit, aber er schreibt nicht über den Sohn. Mich interessiert das: wie die Phantasie mit dem Stoff der Realität umgeht, wie sie ihn übersetzt.«

Den Roman zu beschreiben, fällt schwer. Dabei ist er chronologisch erzählt, beginnt kurz vor der Zeugung und Geburt Garps und endet einige Zeit nach dessen gewaltsamem Tod: Garp wird von einer Feministin erschossen, gerade dreiunddreißig Jahre alt. Kurz vorher ist einer seiner Söhne ums Leben gekommen – bei einem Autounfall, der sinnigerweise dadurch entsteht, daß sich Garps Ehefrau zu spät von ihrem Liebhaber trennt. Dieses Gemisch aus Spekulation und wuchernder Phantasie, aus Slapstick und Tragik, bestimmt den Ton. Vergewaltigung, politischer Mord, alltäglicher Tod: Ein an sich harmloser Entwicklungs- und Künstlerroman läuft aus dem Ruder. Ist das »Sex and crime«? Ist das noch Literatur?

Aber ja. Alpträume, über die gesprochen wird (und nicht hinter vorgehaltener Hand), verlieren etwas von ihrem Schrecken. Irvings Schreiben ist ein Reflex: Es setzt Ängste um. Doch geschieht das nicht, um wieder Angst zu machen, nicht um des vordergründigen Effekts willen, sondern um sich der Angst zu entledigen. Und entscheidend ist, wie da erzählt wird. In der Dosierung des Schocks, in der Aussparung, im Arrangement zeigt sich die Menschenfreundlichkeit des Erzählers – und in einem Humor, der bisweilen in Weisheit übergeht. Schreibt er über seine Ängste, um ihnen zu entkommen? »Ein Freund hat kürzlich gesagt, ich schreibe über das, was mich ängstigt, um mich zu läutern. Unsere Ängste und Träume sind so real wie das, was uns tatsächlich zustößt. Wenn man Kinder hat, muß ihnen nichts Schlimmes passieren, aber man kann nicht Kinder haben, ohne sich jeden Tag vorzustellen, was passieren könnte. Und diese Furcht ist ebenso lebendig, realistisch und scharf wie das tägliche Leben. Wenn man nicht über Angst schreibt, schreibt man nicht aufrichtig über das, was es heißt, heute Kinder zu haben.«

Erklären lassen sich Verkaufserfolge im Grunde nicht. Vor allem lassen sie sich nicht voraussagen. Daß der Roman ›Garp‹ den Weg des in ihm beschriebenen Bestsellers selbst gehen würde, zeichnete sich nach dem Erscheinen im Jahr 1978 noch lange nicht ab. Das Buch verkaufte sich gut, nicht überragend. Eine Rakete wurde ›Garp‹ als Taschenbuch. Irvings Agent hatte eine hohe Vorauszahlung herausgehandelt, und so mußte der Taschenbuchverlag Geld in die Werbung stecken, um auf seine Rechnung zu kommen. Marktgesetze. Rundfunkspots, Plakate, ganzseitige Anzeigen ließen ›Garp‹ zum Begriff werden. Stirnbänder, T-Shirts, Hüte mit dem Satz: »Ich glaube an Garp« gehörten zur zweiten Welle. So läßt sich der Erfolgsweg immerhin veranschaulichen – doch wäre er eben nicht mit jedem Buch möglich gewesen.

›Das Hotel New Hampshire‹ hatte es danach leicht. Der Boden war bereitet, zumal sich beide Romane in ihrer Machart ähneln. »Geschwister« nennt sie Irving. Wieder Wien, wieder Bären (ein echter und ein vermeintlicher diesmal), wieder ein Motorrad. Und wieder eine Familie im Mittelpunkt: Erst in diesem Roman wird deutlich, welche wichtige Rolle Kinder bei Irving spielen. ›Das Hotel New Hampshire‹ wird aus ihrer Perspektive erzählt. Der Ich-Erzähler John (1942 zur Welt gekommen wie sein Autor) ist zwar schon fast vierzig, als er seinen Bericht beginnt, doch geistig ist er im Alter von fünfzehn stehengeblieben – damals mußte er die Vergewaltigung seiner Schwester Franny mitansehen. Im übrigen ist der Erzählton fast kollektiv: Die vier Geschwister fallen John ins Wort, werden zitiert und korrigieren einander. Die fünf setzen die Welt und die Erinnerungen nach ihrem Willen zusammen. Es ist eine grausige und doch harmonische Welt: wie gehabt. Auch in diesem Roman läßt sich die Handlung in wenigen Worten umreißen, ohne daß damit viel über das Buch gesagt ist: Der Vater, ein weltfremder Harvard-

Absolvent, hat sich in den Kopf gesetzt, die Familie als Hotelier zu ernähren. Nichts, was ihm weniger läge: Drei Hotels mit dem Namen ›New Hampshire‹ gibt es in dem Roman, das erste in jenem Staat, dessen Namen sie alle drei tragen, das zweite in einer Wiener Seitenstraße, das dritte im Staate Maine. Gäste, jedenfalls solche, die man so bezeichnen möchte, gibt es fast nie. Das Hotel als literarischer Topos, als Symbol und Mikrokosmos, wird von Irving ad absurdum geführt. Er dreht den Spieß um: Was den Kindern der Familie Berry Schutz geben soll, wird für sie zum Alptraum – und doch bleibt ein Rest von Geborgenheit über allen seelischen und realen Trümmern. Kindheit ist nicht mehr möglich, lautet die Botschaft des Romans, und zugleich versucht er plausibel zu machen: Sie ist das Beste, was wir haben.

Es sind moderne Geschichten, die Irving erzählt. Er erzählt sie mit den Mitteln des traditionellen Romans, und doch hätte vor fünfzig, hundert Jahren weder ›Garp‹ noch ›Das Hotel New Hampshire‹ so entstehen können. Das Erzähltempo und die Zitate aus der mörderischen Realität nehmen es mit jeder Fernsehsendung auf – so als müßten auch im Roman neuerdings die ersten Seiten über die Einschaltquote entscheiden. John Irving sieht sich als Autor in einer Konkurrenzsituation: »Ich bin immer wieder überrascht, daß junge Leute überhaupt noch lesen. Es scheint mir, daß sie vom Fernsehen und von Filmen vergiftet werden. In diesem Land hat man doch jede Möglichkeit, nicht zu denken und nicht zu lesen.« So naiv die Perspektive seiner Figuren mitunter wirkt, John Irving ist kein naiver Erzähler. Einmal läßt er seinen Namensvetter John aus dem Roman ›Hotel New Hampshire‹ in Wien im Café sitzen, im Hawelka, wo sonst. Er trinkt »Kaffee mit Schlagobers« (so heißt es auch in der amerikanischen Ausgabe) und lauscht hinüber zum Nachbartisch. Dort klärt ein Bärtiger seine Freundin über das Ende der gegenständlichen Kunst auf: »Und als er zum Roman überwechselte, hielt ich es für das Beste, zu zahlen und zu gehen. Mein Kellner hatte aber zu tun, und so mußte ich mir die Geschichte vom Tod der Handlung und der ausgeformten Charaktere anhören. Unter die vielen Tode, die der Mann schilderte, reihte er auch den Tod des Mitgefühls ein. Als ich zu spüren begann, wie das Mitgefühl in mir abstarb, kam endlich mein Kellner.«

Mitgefühl mit seinen Figuren hat Irving gewiß: Er begleitet sie mit Bangen auf ihrer Berg- und Talfahrt. Das ist es wohl, was die amerikanische Literatur am ehesten von der deutschen abhebt: ihr Interesse an Figuren, an »ausgeformten Charakteren«. Gleichwohl vermeiden die besseren Autoren geschickt das Klischee, umgehen die Tautologien des Trivialen. Irvings Romane sind zwar mit herkömmlichen Mitteln erzählt, aber alles andere als konventionell: Sie leben aus der Spannung zwischen kräftigen Figuren und aberwitzigen Handlungsverläufen.

»Die wesentlichen Bestandteile eines Romans«, sagt Irving, »sind eine gut erzählte Handlung und klare, entwickelte Charaktere, die wachsen können. Und wenn man diese beiden Dinge vergißt, wie viele zeitgenössische Romanciers es tun, dann verfehlt man die Form. Große Schriftsteller schreiben nicht experimentell. Das macht man am Beginn. Aber eines Tages erkennt man, daß es nicht darauf ankommt, sich auf jeden Fall abheben zu wollen und Handstände zu machen. Man muß es einfach gut machen, so gut man kann. Dann ist es nicht länger von Bedeutung, mit Tricks und Stunts zu arbeiten. Und ein Großteil der Gegenwartsliteratur besteht aus Tricks und Stunts – um zu verbergen, daß die Story nicht gut genug ist und die Charaktere nicht entwickelt sind.« Er hält einen Augenblick inne, wie um zu prüfen, ob seine Philippika gegen das literarische Experiment auch nicht etwa auf schieres Unverständnis stößt. »Ich will Ihnen sagen, wer ein großer Romancier des zwanzigsten Jahrhunderts ist: Freud. Ich interessiere mich nicht für Psychoanalyse und Psychotherapie, viele mögen Jung heute für bedeutender halten, ich weiß das nicht. Aber Freud war ein großer Romancier. Er erzählte wunderbare Geschichten, und er entwickelte wunderbare Charaktere.«

Das ist für Irving mehr als ein Aperçu, mehr als das Echo auf ein Leseerlebnis aus frühen Wiener Tagen. Im ›Hampshire‹-Roman wird Freud gleich mehrfach gehuldigt. Da gibt es zunächst einen Österreicher dieses Namens (der freilich keine Ähnlichkeit mit dem berühmten Freud aufzuweisen hat). Als der bei einer Bombenexplosion ums Leben kommt, wird gleichzeitig Vater Berry ums Augenlicht gebracht. Fortan wechseln die Kinder sich darin ab, dem Erblindeten »den ganzen Freud« vorzulesen (nun ist der echte gemeint), vor allem aber ›Die Traumdeutung‹. Auch das ist ein Hinweis. Die Romane ›Garp‹ und ›Hotel New Hampshire‹ folgen der wirren Logik der Träume. Doch kann man sie lesen, ohne das gleich wahrzunehmen. Erst wenn man die Bücher zuklappt, spürt man, daß sie sich der Erinnerung zu entziehen beginnen wie am Morgen das Traumbild der vergangenen Nacht. Was ist eigentlich passiert? Wie folgte das eine auf das andere? Was wollten die Figuren? Man beginnt, neu zu lesen: Und tatsächlich, man liest wieder ganz neu, nur langsam kommt die Erinnerung. Eine sonderbare Erfahrung.

Wenn Irving liest, bevorzugt er Autoren des neunzehnten Jahrhunderts: immer wieder Dickens, die großen Russen, auch Flaubert. Gnade vor seinen Augen finden Joseph Conrad, F. Scott Fitzgerald und Thomas Mann. Hemingway nicht. Sein großes Vorbild ist ein deutscher Schriftsteller, den er für den größten lebenden Romancier hält: Günter Grass. Die ›Blechtrommel‹ wird im ›Hotel New Hampshire‹ beim Namen genannt und liebevoll parodiert. Dem Zwerg Oskar gesellt sich hier Lilly hinzu, die einfach nicht mehr wächst (und später darüber einen Bestseller schreibt). Auch eine Wiener Prostituierte ist wohl ein Gruß an den glaszersingenden Blechtrommler: Sie »türkt« ihren Orgasmus so lautstark, daß das Gerücht geht, eine Brücke sei davon eingestürzt. Am Ende zeigt sich, daß gar nichts getürkt war, aber das ist eine zu lange Geschichte, als daß sie hier referiert werden könnte.

Grass ist auch Vorbild, was das politische Engagement anbelangt. Irving kennt ihn persönlich und stimmt mit ihm in vielem überein. »Es gibt in Amerika keinen Politiker, der einen Schriftsteller für sich arbeiten ließe«, sagt er achselzuckend. Gäbe es eine Gestalt wie Willy Brandt, würde er gern Reden verfassen. »Es ist unmöglich, ein Grass in den Vereinigten Staaten zu sein«, ruft er deutsch aus. Das Ansehen der Intellektuellen sei in Amerika nicht gut. Wieder auf deutsch: »Wir sind immer gegen!« Dann wechselt er atemberaubend zwischen den Sprachen hin und her. »If you live here, es ist unmöglich zu wissen, wo man beginnen kann.« Er erläutert das dann doch wieder in englischer Sprache: »Wenn man in Deutschland lebt und all die Raketenbasen vor Augen hat, ist es leicht zu erkennen, was wir dort drüben falsch machen. Hier gibt es einfach zu viele Probleme. Und man verliert seine Glaubwürdigkeit, wenn man sich überall einmischt.«

Irving hat bisher nur Romane veröffentlicht, politische Aufsätze gibt es von ihm nicht. Gelegentlich bespricht er ein Buch in der ›New York Times‹, aber nur, »wenn es mir gefällt, sonst schicke ich es an die Redaktion zurück«. Gern liest er öffentlich aus seinen Arbeiten vor: wenn sie noch nicht gedruckt vorliegen. »Es ist nur sinnvoll für mich, solange ich noch etwas daran ändern kann. Wenn etwas schon veröffentlicht ist, komme ich mir beim Lesen wie ein Schauspieler vor. Das mag ich nicht.« Zu Hause liest er oft den Kindern aus entstehenden Werken vor. Das Urteil von Jugendlichen findet er interessant. »Sie sind noch nicht so festgelegt, was gut und was schlecht ist.«

Als Romancier spricht Irving eine offene Sprache. Worüber man bei Tisch nicht redet, kommt bei ihm deutlich aufs Tapet. Lieber ein derbes Wort als schamhaftes Schweigen. Doch das alles hat nicht den Charakter des Provokativen: Es gehört wie selbstverständlich in die Welt des Romans, weil derlei nun einmal in der Welt ist. Im ›Hotel New Hampshire‹ reißen die Kinder Zoten, und die Eltern kämpfen machtlos dagegen an. Freilich liegt über allem ein Hauch von Tristesse. Die Kinder reden schon über die Liebe, als sie noch nichts von ihr verstehen, und ob die Erwachsenen, wenn sie sich lieben, wissen, was sie eigentlich tun, ist bei Irving nicht sicher. Überhaupt verwischt sich – gerade im ›Hotel New Hampshire‹ – der Unterschied zwischen Kindheit und der Erwachsenenwelt. Der Roman liest sich wie eine bestechende Illustration zu den Thesen des amerikanischen Pädagogen Neil Postman über ›Das Verschwinden der Kindheit‹ (dieses Buch erschien ein Jahr nach dem Roman). Postman sammelte Indizien für die »Angleichung von Kindern und Erwachsenen in Geschmack und Stil« und kam zu überraschenden Befunden. Auch »Zahlen über Alkoholismus, Drogenkonsum, sexuelle Aktivitäten, Kriminalität« seien solche Indizien, »die auf ein Verblassen des Unterschieds zwischen Kindheit und Erwachsenenalter schließen lassen«, ist Postmans feste Überzeugung. Die grelle Atmosphäre der Irvingschen Romane hat viel von Märchen und Alpträumen, sie ist doch von dieser Welt.

Es gibt auch die heile Welt bei ihm. Läßt man sich von den Wirren, die ausgiebig geschildert werden, von Inzest, Ehebruch, Vergewaltigung und Prostitution nicht blenden, so kommt am Ende ein fast rührendes Loblied auf Ehe und Familie dabei heraus: glaubwürdiger als in Romanen, die nur die heile Welt zeigen. Sowohl der Hotelier Win Berry als auch der Schriftsteller T. S. Garp finden die Partnerinnen fürs Leben. Über Garps Ehe heißt es: »So hatten sie beide Glück. Viele Paare leben zusammen und entdecken, daß sie sich nicht lieben; manche Paare merken es nie. Andere heiraten, und es fällt ihnen in den unpassendsten Augenblicken ihres Lebens auf. Was Garp und Helen betraf, so kannten sie einander kaum, aber sie hatten ihre Intuition – und sie verliebten sich auf ihre eigensinnige, bewußte Art irgendwann nach der Hochzeit ineinander.« In dem Roman ›The 158-Pound Marriage‹ geht es zwar um den wechselseitigen, auch einmal gemeinschaftlichen Ehebruch zweier Ehepaare, doch auch hier finden sich Szenen ehelicher Harmonie. Eins der Paare hat nachts im Bett eine Diskussion über die psychischen Folgen der Untreue. Schließlich schweigen beide. Es heißt dann: »Und zusammen erlangten wir jene erfahrene Ruhe, eine Art von Weisheit, wie man sie nur nach einer Reihe von Jahren in einer guten Ehe lernen kann. Wir gaben beide vor zu schlafen, bis wir es wirklich taten.« Lakonischer läßt sich das, was die Ehe ausmacht, wohl nicht ausdrücken. Und was den Inzest angeht, so handelt es sich im ›Hotel New Hampshire‹ um eine richtige Liebesgeschichte zwischen dem Ich-Erzähler John und seiner Schwester Franny, eine Geschichte, die sich schon auf den ersten Seiten ankündigt. Als es schließlich soweit ist, lesen wir nur: »Es ist ungehörig, zu schildern, wie man mit der eigenen Schwester ins Bett geht. Genügt es, wenn ich sage, daß es ›überragend‹ wurde und noch besser?«

Seiten vorher war zu lesen: »Eines zumindest ist schrecklich mit Liebenden – mit richtigen Liebenden, meine ich: mit Leuten, die ineinander verliebt sind. Selbst wenn es ihnen elend geht und wenn sie einander zu trösten versuchen, selbst dann noch genießen sie jede körperliche Berührung als einen sexuellen Reiz; selbst wenn sie mehr oder weniger in Trauer sind, können sie sexuell erregt werden. Franny und ich hätten nicht mehr länger eng umschlungen auf der Treppe sitzen können: es war unmöglich, einander irgendwie zu berühren und nicht alles berühren zu wollen.« Jede Art von Liebe findet sich in den Romanen von Irving, und jede Form von Tod gibt es. Zumeist wird am Schluß resümiert, wie die Helden sterben und sterben werden, selbst Nebenfiguren erfahren die Ehre eines individuellen Endes. Die zwei großen, die zwei einzigen Themen der Literatur halten diese Romane zusammen: Tod und Liebe. Auf die Frage, welcher seiner Romane ihm selbst der liebste sei, zögert John Irving nicht mit der Antwort: »Man liebt seine Romane wie Kinder. Sie sind ein Stück Leben. Andere können den einen oder anderen bevorzugen, die Eltern können das nicht.«

Der jüngste Sohn Brendan kommt mit einem Spielgefährten ins Zimmer. Sehr freundlich, liebevoll, bittet ihn der Vater, ihm ein Bier zu besorgen. Stört Irving die Familie beim Schreiben? »Nein, gar nicht. Wenn das Wetter schön ist, sitze ich mit der Maschine im Garten, sonst im Haus. Ich höre die Kinder gern.« Sein Büro sei sein Heim, sagt er, »my office is always my home«. Er steht in der Regel früh auf (»aber ich mache keine Religion daraus«), zwischen sechs und acht Uhr. Er nimmt sich immer wieder vor, nur bis zum Mittag zu schreiben; aber oft läuft es dann so gut, daß er weiterschreibt. »Wenn ich aufhören könnte, wäre es besser: auch fürs Schreiben.« Am Wochenende pausiert er – wenn die Kinder da sind.

»Kommen Sie, ich zeige Ihnen ein Bild von meinem Sohn Colin.« Er steht auf, sucht ein Fotoalbum. Das Bild zeigt den älteren Sohn, der schon studiert, im Ringkampf. »Was mich fasziniert an diesem Bild, sind nicht die Muskeln. Es sind die Augen. Schauen Sie, man sieht, daß er sich freut.« Ist auch John Irving noch als Ringer aktiv?« Sie meinen, wegen der Matte draußen? Nein, die ist nur zum Spiel. Ich mache Jogging und spiele Tennis.« Er holt noch schnell einige deutsche Rezensionen, in denen er Wörter unterstrichen hat, die er nicht versteht. Dann sagt er: »Beim Ringen habe ich viel über Disziplin gelernt, was mir als Schriftsteller genützt hat. Man muß kleine Schritte machen, hart arbeiten, und man erhält eine Belohnung vielleicht drei Jahre später. Was mir am Sport gefällt, ist nicht das Körperliche, es ist die Konzentration: daß man sich einer Sache ganz widmet.«

Eine ganze Sprache, ein ganzes Leben

Ernst Jandl

Wien, 14. Dezember 1982

Das Haus steht im vierten Bezirk, ein graues Mietshaus, siebzig Jahre alt. Die Straße heißt Wohllebengasse. Durch das vordere Treppenhaus geht es hindurch, auf den Hinterhof hinaus. Dort wieder eine Haustür: zur zweiten Stiege. Abgetretene Steinstufen, an der Tür im zweiten Stock ein Pappschild, darauf in Großbuchstaben: »JANDL«. Er öffnet die Tür. Ein kleiner, gedrungener Mann mit Brille und sehr kurzen Haaren: Ernst Jandl, 57 Jahre alt, begrüßt den Besucher mit sonorer Stimme, erkundigt sich nach Flug und Hotel, nimmt den Mantel ab, ein höflicher Gastgeber. »Ich wohne hier allein, Sie müssen entschuldigen!« Was eigentlich, bleibt unklar.

Der Flur enthält nur die Garderobe, an der Wand ein Jandl-Gedicht auf einem Plakat. Auch im Arbeitszimmer keine Spuren von Wiener Gemütlichkeit. Die Möbel hat Jandl – eine schelmische Geste – in seinem Theaterstück ›Aus der Fremde‹ verewigt. Im Zimmer steht tatsächlich jener »stillose Warenhausschreibtisch mit schwenkbarer Lampe, Laden an beiden Seiten, übersät mit Büchern, Briefen, Mappen, Zetteln«, und davor »ein Schreibmaschinentischchen gleicher Bauart, kleiner, mit Schreibmaschine und schwenkbarer Lampe«, selbst die beiden Stehlampen neben der Couch gibt es: »runde schwarze Bodenplatte, vertikaler Chromstab, ca. 150 cm hoch, daran zwei mützenförmige schwenkbare Leuchtkörper«. Jandl hat sein Arbeitszimmer in einer Regieanweisung aufgehoben.

Zunächst gehen wir in das Stammcafé an der Ecke, ein paar Häuser weiter: eine kleine Konditorei mit altmodisch ausladenden Schaufenstern. Jandl, der viele Jahre als Lehrer gearbeitet hat, ist hier der »Herr Professor«. Zur Bedienung sagt er: »Der

junge Mann ist mein Gast, geben Sie ihm eine Wiener Speziali-
tät.« Er selbst dürfe nicht, wegen des Gewichts. Er nimmt dann
doch ein kleines Stück mit Pflaumen. »Und zwei Melange, bitte
schön«, ruft er. So heißt hier der Kaffee mit viel Milch – ein kulti-
viertes Land.

»Ich habe schon als Kind Gedichte gemacht«, erzählt er. »Das
Vorbild war meine Mutter. Abends nach dem Essen las mein Vater manchmal ihre Gedichte und Geschichten vor. Für uns Kinder war das ein großes Vergnügen. Wir verlangten danach.« Er
war der Älteste, er wurde am 1. August 1925 in Wien geboren.
Später kamen zwei Brüder. Der Vater war bei einer Bank beschäftigt und muß für die literarische Arbeit der Frau viel Verständnis aufgebracht haben. »Er nahm die Sachen mit ins Büro
und tippte sie in freien Stunden ab.« Es seien erbauliche Alltags-
geschichten gewesen.

»Mach den Mund auf!« sagten die Eltern dem Kind – so hat sich
Ernst Jandl in einer autobiographischen Notiz erinnert: »nicht
wenn ich essen sollte, sondern um mich das deutliche Sprechen
zu lehren«. Er hat es gründlich gelernt. Wer außer ihm könnte eigene Verse so vortragen: herausschreien, flüstern, zelebrieren,
stottern, zerdehnen, zerhacken, ausspucken, liebkosen? Jandl
macht den Mund längst weit auf – damit die anderen Augen und
Ohren aufsperren. Der Mann mit der leicht gebeugten Haltung,
der bei öffentlichen Lesungen die Bücher aus einer alten Akten-
mappe holt und sorgfältig vor sich aufbaut, kleine Zettel zwischen den Seiten (er stellt für jeden Auftritt die Mischung neu zusammen), der bescheidene Herr wird im Nu zum Beherrscher
des Raums und des Publikums – sowie er die ersten Texte gesprochen hat. Er stellt seine Leseabende mittlerweile wie Kon-
zerte zusammen, und er mischt wie ein guter Musiker jene Hits
und Evergreens darunter, die die Zuhörer wie selbstverständlich
erwarten: »lichtung«, oder »etüde in f«, »falamaleikum« oder
»fünfter sein«, »schtzngrmm« und natürlich »ottos mops«.

Der Erfolg Jandls gehört zu jenen Einzelfällen der Literaturgeschichte, die in großen Abständen auftauchen: Ein Schriftsteller erkämpft sich die Aufmerksamkeit für seine Spielart der
Kunst, obgleich sie anfangs verhöhnt und zurückgewiesen wird.
Wie Brecht sein episches Theater, so hat Jandl mit persönlichem

Einsatz und dem Begleitschutz von kluger Theorie und Selbst-analyse seine Sache durchgekämpft. Der Vergleich mit Brecht mag verwundern – er ist keineswegs abwegig. Schon heute läßt sich Ernst Jandl zu den wenigen wichtigen Lyrikern deutscher Sprache in diesem Jahrhundert zählen – und was er auf dem Ge-biet des Dramas noch leisten wird, bleibt abzuwarten; die ersten Schritte Richtung Bühne sind kaum minder bemerkenswert als seine Gedichte.

Vorerst berichtet er, hier im Wiener Café, einiges aus seiner Kindheit. »Meine Mutter lebte in der Überzeugung, daß die Fa-milie das Wertvollste des Menschen sei«, sagt Jandl und trinkt seine Melange. Er lebt ohne Familie. Warum? »Ich kann das ja nicht bis in die letzten Wurzeln ergründen«, sagt er auswei-chend. Im übrigen sei seine Familie am Ende zerfallen. In den dreißiger Jahren gab es große wirtschaftliche Schwierigkeiten, die Mutter wurde krank und starb 1940, keine vierzig Jahre alt. Der älteste Sohn war damals noch nicht einmal fünfzehn.

Nach dem Abitur mußte er unter die Soldaten, das war 1943. Anfang 1945 ergab sich sein Trupp den Amerikanern. In Eng-land verbrachte Jandl zehn Monate Gefangenschaft, was für ihn trotz des Stacheldrahts eine Befreiung war. Er kam in Kontakt mit der Sprache, mit der englischen Literatur. Also studierte er – im März 1946 war er wieder in der Heimatstadt – Deutsch und Englisch. Schnell, schon 1949, machte er die Prüfung für das Lehramt an höheren Schulen, 1950 promovierte er (über die No-vellen Arthur Schnitzlers). Jahrzehntelang arbeitete er im Schul-dienst, von dem er seit kurzem beurlaubt ist.

Wien als Ort der Sprachskepsis, der Sprachanalyse, des Sprachspiels hat Tradition. Jandl hat Hugo Ball, Schwitters, Stramm und vor allem die Amerikanerin Gertrude Stein (von der er auch ein Buch übersetzte) als wichtige Vorbilder genannt. Zur ›Wiener Gruppe‹ hat er eigentlich nie gehört, wohl aber sich von ihren Mitgliedern anregen lassen und in »wütendem Wetteifern« – besonders mit H. C. Artmann und Gerhard Rühm – geschrie-ben: in produktiver Konkurrenz. Doch das war später. Die er-sten Gedichte Jandls erschienen 1952 in einer Zeitschrift, der er-ste Gedichtband ›Andere Augen‹ 1956: Von jener Poesie, für die sich in den sechziger Jahren der Begriff Konkrete Lyrik einbür-

gerte, war das alles noch weit entfernt – und fand trotzdem kein
Echo. »Ein Schlag ins Wasser«, sagt Jandl und ruft nach der Bedienung. Er bezahlt Kaffee und Kuchen. Wir werden freundlich
verabschiedet. Jandl geht langsam. »Hier in dieser Straße kaufe
ich auch ein. Ich brauche nicht viel«, sagt er. Sonst sagt er, wenn
er nicht gefragt wird, wenig.

Mitte der fünfziger Jahre begann er zu experimentieren. Ver-
bissen verfolgte er seinen neuen Weg. Freunde warnten ihn: »Du
bist begabt, aber mit diesem Zeug machst du dich kaputt.« Der
Redakteur einer Jugendzeitschrift, der eines der avantgardisti-
schen Gebilde druckte, wurde entlassen. Ein Lektor, dem Jandl
Proben zeigte, äußerte: »Man kann heute ja vieles als Gedicht bezeichnen. Aber das doch wohl nicht.« Anfang der sechziger
Jahre faßte Jandl Mut, klemmte seine Manuskripte unter den
Arm und fuhr in den Sommerferien quer durch die Bundesrepublik. Er heimste Absagen ein, dann – endlich – doch noch die Zu-
sage für einen Gedichtband mit kleiner Auflage.

›Laut und Luise‹ erschien 1966, zehn Jahre nach dem ersten
Band, zunächst nur von wenigen wahrgenommen: Das Buch besteht aus Sprechgedichten, deren gedruckte Fassung sich wie
eine Partitur zum beabsichtigten Ergebnis verhält, und aus visuellen Texten, die allein auf dem Papier ihre Wirkung entfalten –
daher ›Laut und Luise‹ (dies auch als Gruß an die Mutter, die
Luise hieß). Wie sollte ein mit experimenteller Dichtung nicht
vertrauter Leser hinter der Konsonantenhäufung »schtzngrmm«
den Schützengraben ausmachen, den das Gedicht dann – unter
ausschließlicher Verwendung dieser neun verschiedenen Buchstaben – lautmalerisch vergegenwärtigen? Auch geübtere Leser
mußten sich erst einhören und einlesen. Einmal ist es der kalku-
lierte Austausch zweier Buchstaben (R und L), der die lapidare
Behauptung, man könne rechts und links nicht verwechseln,
spielerisch in ihr Gegenteil verkehrt: »werch ein illtum!« Dann
wieder – in der Geschichte von Otto und seinem Mops – die dem
Kinderlied angenäherte Reihung eines Vokals. In dem visuellen
Gedicht ›die zeit vergeht‹ wird das Wort »lustig« in seine Silben
zerlegt: in der Häufung versinnbildlicht die zweite Silbe die Aussage des Titels (»tigtigtig«), während zugleich die Behauptung,
daß unsere Zeit auf Erden lustig vergehe, unter dem Silbenberg

begraben wird. Jandls Gedichte sind Meditationstexte: Wer sich auf sie einläßt, kann leicht ins Grübeln kommen.

Im Jahr 1968 erschien die erste von Jandl besprochene Schallplatte, und langsam wurde nicht nur die Stimme dieses eigenwilligen Lyrikers vernehmbar, sondern auch seine enorme literarische Spannbreite sichtbar. Zu welcher poetischen Richtung er zu zählen ist? Auf diese Frage könne er nicht antworten, schrieb Ernst Jandl in jenen Jahren, es sei denn, man nehme nach Belieben »zu keiner« oder »zu meiner« als seine Antwort. Die Gedichtbände ›Sprechblasen‹ (1968), ›der künstliche baum‹ (1970), ›dingfest‹ (1973), ›serienfuss‹ und ›für alle‹ (beide 1974) demonstrierten diese Vielseitigkeit – und den gemeinsamen Nenner: Stets sind Jandls Gedichte, ob experimentell oder (eher) konventionell ausgerichtet, auf die knappste Formel gebracht, aufs äußerste konzentriert und reduziert.

Doch kaum hatten die Leser sich eingehört, war Jandl schon wieder ein Stück weiter. In dem 1978 veröffentlichten Gedichtband ›die bearbeitung der mütze‹ überraschte er mit Beispielen einer »heruntergekommenen« Sprache, der er verblüffende Effekte entlockt. Es ist ein poetisches Naivstellen, das – wie der Sprachwitz – an Urängste rührt. Auch das erste größere Theaterstück Jandls brachte gebrochenes Deutsch auf die Bühne: ›Die Humanisten‹ ist der in doppelter Hinsicht treffende Titel. Es gehörte zu diesem Stück, schrieb Jandl 1976 anläßlich der Grazer Uraufführung, »daß es die Zuschauer aus dem Theater entläßt, ins Nicht-Theater der Welt, und mühsam sollen sie dort ihr eigenes Sprechen wiederfinden«.

»Kennen Sie es?« fragt er mich nun. Wir sitzen wieder in seinem Arbeitszimmer. Schon ist er nebenan, holt eine Zeitschrift, in der das Stück abgedruckt ist. »Ich lese Ihnen den Anfang vor!« Er rezitiert. Ein verwandelter Jandl: Jetzt ist er ganz bei sich. ›Die Humanisten‹ entpuppen sich schon in diesen wenigen Dialogen als ein politisches und brisantes Stück, dessen Effekt im Vortrag besonders deutlich wird:

ich sein mein sprach
mein deutsch sprach
mein schön deutsch sprach

du wundern mein schön deutsch sprach?
sein sprach von goethen
grillparzern stiftern
sein sprach von nabeln
küßdiehandke
nicht sprach von häusselwand
sein sprach von bühnen
sein bühnendeutschen
sein von burgentheatern
nicht sprach von häusselwand
mein sprach sein *ein loben*
immer wenn sprechen ich loben den sprach
mein sprach sein ein loben
du sein gut sprechen
du haben denkenkraft
du wortengewalt
ich sein ein professor
was du sein?
ich sein ein kunstler
was du sein?
ich sein ein universitäten professor
was du sein?
ich sein ein groß kunstler

Drei Jahre nach dem Bühnenerstling hatte in Graz das Stück
›Aus der Fremde‹ Premiere, eine »Sprechoper in 7 Szenen«, inzwischen von mehr als zwanzig Bühnen nachgespielt. Ein wahr-
haft verblüffender Erfolg: Denn dieses Worttheater handelt von
nichts als einem Schriftstellerleben – und das in indirekter Rede.
Nach dem »falschen« Deutsch nun also »feinstes« Deutsch:
Konjunktiv. Für das Schreiben von Literatur mit autobiographischen Zügen gelte nicht die Voraussetzung, hat Jandl zu seinem
Stück vorsorglich angemerkt, »daß der Schreiber ein Bewußtsein
von einer bestimmten Wichtigkeit seines eigenen Lebens hat«.
   Als wir auf dieses Theaterstück zu sprechen kommen,
schmunzelt er. Das zu schreiben, sagt er, habe ihm Spaß gemacht, der überraschende Bühnenerfolg auch; es gibt sogar
Übersetzungen. Natürlich ist ›Aus der Fremde‹ alles andere als

ein herkömmliches Drama. Die drei Figuren reden nicht nur im Konjunktiv, sondern von sich in der dritten Person. Läßt einer ein Brot fallen, heißt es: »ob die abgebrochene hälfte / immer mit der bestrichenen seite / zu boden fallen müsse«. Was zunächst wie ein reiner Sprechtext aussieht, erweist sich als ein Stück, das die Bühne geradezu erfordert. Aus der Gleichzeitigkeit von Handlung und Kommentar erwächst abgründige Komik. Ein Schriftsteller und eine Schriftstellerin leben in getrennten Wohnungen – sind aber in verschlungener Weise aufeinander angewiesen. »Ein Stück mit autobiographischen Zügen«, bestätigt Jandl ohne Scheu. Als »Darstellung einer Depression, die einen etwa fünfzigjährigen Schriftsteller nahezu vollständig isoliert«, hat er es im Begleittext kommentiert.

Jandls Lebensgefährtin heißt Friederike Mayröcker. Ihr Ebenbild tritt – ohne Namen – in ›Aus der Fremde‹ auf. Auf der Bühne die Darstellung einer vertraulichen Distanz: Man zeigt einander die Manuskripte und führt doch ein Eigenleben. So auch in Wirklichkeit? Ernst Jandl und Friederike Mayröcker kennen sich seit Anfang der fünfziger Jahre. Daß sich beide als literarische Persönlichkeiten entfalten konnten – »das war wohl nur so möglich«, sagt Jandl. »Es spielt eine wichtige Rolle für die Produktion, daß man in zwei getrennten Wohnungen lebt.« Und die Kritik am Text des anderen geht ohne Spannungen ab? »Ja, das funktioniert ohne Schwierigkeiten.«

Jandl hat eine Flasche Mineralwasser neben sich, einen Bogen Papier vor sich (einmal notiert er eine Idee, die ihm während des Gesprächs kommt: etwas über die Gedichte seiner Mutter zu schreiben). Er raucht viel. Wenn eine Frage offenbleibt, geht er ins Nebenzimmer, schafft Belege herbei. Was er ist, hat er schriftlich. Sonst, suggeriert er, ist er nichts: Aus diesem Nichts macht er seine Literatur, dieses Nichts hat er mit den anderen Menschen gemein. Er schrieb über sich: »Die Unscheinbarkeit der eigenen Person und Existenz verbindet den Autor mit nahezu allen gleichzeitig Lebenden. Das macht ihn sicher, verstanden zu werden, gerade auch dann, wenn er sich selbst, seine dürftige Rolle jetzt, die kläglichen Reste seiner Vergangenheit und sein Beharren auf der Unmöglichkeit von Zukunft in seine Gedichte mit aufnimmt.«

die morgenfeier, 8. sept. 1977

für friederike mayröcker

einen fliegen finden ich in betten
ach, der morgen sein so schön erglüht
wollten sich zu menschens wärmen retten
sein aber kommen unter ein schlafwalzen
finden auf den linnen ich kein flecken
losgerissen nur ein zartes bein
und die andern beinen und die flügeln
fest an diesen schwarzen dings gepreßt
der sich nichts mehr um sich selbst bemüht
ach, der morgen sein so schön erglüht

ernst jandl

Ernst Jandl, 1982 in seiner Wiener Wohnung

Diese Worte begleiten den 1980 erschienenen Gedichtband ›der gelbe hund‹. Zweihundert Gedichte sind darin enthalten, in knapp zwei Jahren entstanden: Ergebnis kontinuierlicher Arbeit. Protokoll einer wachsenden Verfinsterung – lyrische Lebensbegleitung. Der Klamauk ist diesen Versen ausgetrieben, häufig kreisen sie um sich selbst, mit lapidaren Formulierungen von nahezu klassischer Kargheit: »die heißen hände hacken / aus der schreibmaschine zeil um zeil / auch diese hier und andre noch / die sämtlich angst berichten«.

Sieht er die Chance der Literatur heute pessimistisch? Er horcht in sich hinein, vergräbt seinen Kopf ein paar Sekunden in der Hand, sagt dann mit Nachdruck: »Nein, überhaupt nicht pessimistisch. Ich glaube nicht, daß neue Medien der Literatur etwas anhaben können. Sie können die Literatur verändern, und das ist gut. Literatur soll reagieren, wenn sie lebendig bleiben will. Das Fernsehen kann ihr nicht schaden.« Er spricht langsam. »Das Ziel, Gedichte zu schreiben, würde ich nicht aufgeben. Ich kann mir dazu keine Alternative vorstellen. Wenn ich schon dazu verdammt bin, hier als Mensch zu vegetieren, dann möchte ich mich aktiv mit Kunst beschäftigen. Ich wär genausogern ein Maler oder ein guter Tenorsaxophonist.«

Eines der jüngeren Gedichte heißt »begegnen«, es hat nur vier Zeilen: »ich begegne menschen / die ich nicht gekannt habe / die meisten bleiben menschen / die ich nicht kenne«. Jandl faßt sein Leben – und er erfaßt sich – schreibend: »ich will nicht aufhören / in die dämmerung hinein zu schreiben / zeilen die zerfallen / und zeilen die hängenbleiben / eine kleine weile«. Er, der als experimenteller Dichter bekannt wurde, hat die engen Grenzen des reinen Sprachspiels längst verlassen. Immer offener, in einer Natürlichkeit, die durch äußerste Künstlichkeit hindurchgegangen ist, sprechen seine Verse vom Alltag, von Vergänglichkeit, Eros, Liebe und Tod. Auch von der Politik und immer wieder von der Arbeit: dem Schreiben. Er versteht es, sich selbst als Thema zuzulassen, mit jener Weisheit, die das Autobiographische erträglich, ja spannend macht.

Die Zeit der Etüden ist vorbei, das muntere Sprachspiel einer wachsenden Verdüsterung gewichen: Das Leben verliert sich ins Schreiben, aber nur so ist es für einen wie Ernst Jandl zu gewinnen. Was geschrieben ist, ist gelebt. Er testet seine, unsere Existenz unerbittlich dort, wo sie aufgehoben, aber auch erstarrt ist: in der Sprache. Hier erspürt er die Risse, den Druck, die möglichen Katastrophen: und hält grimassierend seine Verse dagegen. Und siehe, sie tragen: auf ein Wort, für den Augenblick eines Gedichts, für die Dauer eines Theaterabends.

Eines der neueren Gedichte heißt ›inhalt‹, und es könnte wohl ein Motto für Jandls Werk sein:

> um ein gedicht zu machen
> habe ich nichts
>
> eine ganze sprache
> ein ganzes leben
> ein ganzes denken
> ein ganzes erinnern
>
> um ein gedicht zu machen
> habe ich nichts

Er würde gern noch ein Stück für das Theater schreiben, sagt er. »Und einen guten Kriminalroman oder ein paar detective stories. Das würde mir ungeheuer Vergnügen machen.« Da stehen wir schon im Flur. Er hilft in den Mantel, froh, das Gespräch hinter sich zu haben. Er mache derlei nicht besonders gern, sagt er zum Abschied. Und zum Trost: Jetzt sei er aber sehr froh über die Begegnung. Ernst Jandl – einen besseren Namen hätte der Sprachartist nicht für sich erfinden können. Das Schwere und das Leichte: beides ist in diesem Manne unauflösbar vermengt.

Winter in Wien. Dunkelheit ist hereingebrochen. Gleichzeitigkeit des Lebens: eine alte Frau frierend vor dem Stephansdom, ein Liebespaar in einem Luxusrestaurant, Zeitungsleser im Café Hawelka. Melancholie einer Stadt, Jandls Stadt: »Hier war ich ein Kind«, heißt es in einem Stadtporträt, das er geschrieben hat. »Wie schnell das geht. Das Kind ist weg, ganz weg. Ich bin hier, ganz hier. Ganz in Wien, ganz in der Stadt Wien. Einst bin ich nicht mehr hier. Dann bin ich im Grab, wie der und der und der und die und die und die. Es drückt auf mein Herz.«

Lauter Romane im Kopf

Wolfgang Koeppen

München, 12. September 1980

Vergessen ist er nicht. Er weiß das, und es tut ihm gut. Wolfgang Koeppen, geboren am 23. Juni 1906 im pommerschen Greifswald, deutscher Schriftsteller, einst auch Seemann (auf zwei Fahrten), Student (ohne Ziel), Dramaturg, Redakteur und Drehbuchautor, ist ein Liebhaber der Metropolen: Berlin (jenes, »das war, bevor Hitler kam«), Rom, New York, nun München – dort wohnt er als überzeugter Städter mit seiner Frau Marion und einem Hund. Jedoch: bekannt, das ist er ebensowenig. Nicht in seiner Umgebung, wo er ohne Freunde lebt, nicht beim Publikum, das seine Bücher seit Jahrzehnten wenig beachtet.

Koeppen ist zwischen den Epochen verlorengegangen. Sein Start – er war noch jung, 28 Jahre alt – kam zu spät. Sein zweiter Anlauf, als er nicht mehr zu den Jüngsten zählte, Mitte Vierzig, kam zu früh. Nämlich so: 1934, als sein Debütroman ›Eine unglückliche Liebe‹ herauskam, war die Luft in Deutschland nicht mehr danach, daß ein Mann wie Koeppen frei atmen und sich entfalten konnte; 1951, als er mit ›Tauben im Gras‹ einen neuen Anfang suchte, war die junge Republik noch nicht so weit, daß sie schon Kritik vertragen mochte. Und Dinge, die man für obszön hielt, hatten nach damaliger Auffassung in der Literatur nichts verloren. Acht Jahre später war ein Roman von Günter Grass zwar immer noch für einen Skandal gut, doch führte der Ruf der Pornographie die ›Blechtrommel‹ immerhin zu einem Publikumserfolg. Ihn, Koeppen, hat das nicht verbittert. Im Jahr 1962, als er den Büchner-Preis entgegennahm, sah er seine Rolle so: »Ich bin kein Mann des geselligen Mittelpunktes. Ich bin ein Zuschauer, ein stiller Wahrnehmer, ein Schweiger, ein Beobachter, ich scheue die Menge nicht, aber ich genieße gern die Einsamkeit in der Menge, und dann gehe ich in mein Zimmer, an meinen Tisch und schreibe oder versuche es wenigstens.« Das gilt im Herbst 1980 unverändert. Nur ist er mittlerweile unter den Eingeweihten fast sakrosankt geworden: Er gilt als einer der besten Stilisten und wichtigsten Romanciers der deutschen Nachkriegsliteratur, längst unangefochten. Er weiß auch das. Und so vermengt sich in reizvoller Weise die Würde des Umworbenen mit der Unbeholfenheit des Eremiten in seinem Blick, in seiner Körperhaltung. »Sie hätten den Fahrstuhl nehmen können«, sagt er zur Begrüßung. Er steht vor der Wohnungstür, ein wenig vorgebeugt, die Augen zugekniffen, aber sonst ganz unverkrampft, einladend, als sei er froh über jede Ablenkung.

Widenmayerstraße, dritter Stock, Aufgang durch ein schönes Treppenhaus, mit schwarzem Marmor abgesetzt, vier Zimmer, alle zur Straße gelegen, die sehr befahren ist, ein weiter Blick ins Isartal. »Ja, dies ist die begehrteste Gegend für Zweckentfremdung«, sagt er. Anwaltskanzleien und Büros fressen sich in die Wohnviertel. Seit Jahren lebt er in der Angst vor einer vernichtenden Mieterhöhung. Koeppens Arbeitszimmer erinnert an den Raum seiner Phantasiegestalt Keetenheuve, des Bundestagsabgeordneten aus Koeppens zweitem Roman der fünfziger Jahre, aus dem 1953 erschienenen ›Treibhaus‹: »Bücher lagen aufgeschlagen herum. Schriften lagen herum. Ein Tisch war mit Papieren bedeckt, mit Skizzen, mit Entwürfen..., mit angefangenen Aufsätzen, mit liegengelassenen Briefen. Keetenheuves Leben war ein Entwurf.« Literatur und Wirklichkeit sind bei Koeppen unauflösbar verschlungen. Sein Leben gleicht der elegischen Prosa, die er schreibt: wendeltreppengleich, fugen- und pausenlos in einer unendlichen Bewegung.

Seit Jahren wiederholen sich die Geschichten, die über ihn im Umlauf sind, die er selbst erzählt: Er, der seit 1954 keinen Roman mehr geschrieben hat (damals erschien ›Der Tod in Rom‹, der Abschluß seiner Trilogie über die jungen Jahre der Bundesrepublik), steht immer wieder einmal kurz vor der Fertigstellung eines neuen Werkes, bedauert, daß es zur Buchmesse nicht mehr fertig geworden sei, er hat Pläne, Projekte, immer wieder kehrt er erzählend in das Berlin der zwanziger und beginnenden drei-

ßiger Jahre zurück, das sein verlorenes Paradies ist, deutet die
Härte der folgenden Jahre an, über die er gern noch eine Autobiographie schreiben möchte. »Ich hoffe, es stört Sie nicht, daß
so viel auf dem Boden herumliegt«, sagt er. »Das ist eine Ange-
wohnheit aus den Tagen, als ich Redakteur beim ›Berliner Börsen-Courier‹ war. Damals ließ man alles fallen, und am nächsten
Morgen hatten die Putzfrauen es weggeräumt.« Er sitzt auf einem alten Sofa, etwas zusammengekauert, die Hände gefaltet.
Hellblaues Hemd und rote Socken signalisieren, daß er das modische Ton-in-Ton-Diktat nicht kennt oder überlegen ignoriert.

Er war gern Journalist. Aber er wollte immer »freier Schriftsteller« werden und »umfangreiche Romane« schreiben. In letzter Zeit denkt er oft, daß er eigentlich auch gern Arzt geworden
wäre. »Aber diese Verbindung von beiden Berufen wie bei Döblin und Benn ist heute wohl gar nicht mehr möglich. Die Medizin
ist eine zeitraubende Tätigkeit.« Ein Arzt hat ihn kürzlich vor
dem Nachlassen seiner Sehkraft gewarnt. Er nimmt nun Tropfen, und der Doktor ist zufrieden. Nicht mehr sehen können –
»eine fürchterliche Vorstellung«. Ohne Bücher kann Koeppen
sich ein Leben nicht vorstellen. Seit langem schon hat er »merkwürdige Gewohnheiten« in der Nacht: zwei Stunden schlafen,
zwei Stunden lesen, zwei Stunden schlafen. »Dabei fühle ich
mich durchaus wohl. Wenn ich kein Buch am Bett hätte, würde
ich mir das Telefonbuch holen, um darin zu lesen.« Sein Zimmer
ist bis unter die Decke mit Lesestoff gefüllt, eine große Malerlei-
ter steht in der Ecke. Telefon, drei Schreibmaschinen, Fernseher
sind auf den Raum verteilt.

»Ja, das Alter«, sagt er dann. Er lehnt sich auf der Couch zurück, legt sich ein Kissen zurecht. »Die Zeit rast. Ich möchte
noch so viel tun. Ich habe noch einige Geschichten, Romane, die
ich erzählen will. Aber der Zeitdruck, diese Angst hindert mich
wieder.« Er spricht langsam, bedächtig, doch mit Eifer. Man
spürt, daß er gern erzählt; auch von sich. Nur kurz fixiert er sein
Gegenüber, meistens schaut er vorbei. In einem seiner letzten
kürzeren Texte hat Koeppen seine Lage, die nun schon lange anhält, mit kurzen Worten zusammengefaßt, ohne direkt von sich
zu sprechen: »Was macht der neue Roman, wann bekommen wir
ihn? Fragen an Goethe, Fragen an Gottfried Keller, Fragen an

Wolfgang Koeppen, 1985 in seiner Münchener Wohnung

Robert Musil. Ungeduld oder Langmut der Verleger. Wo bleibt der zweite Band? Sorge um Vorschüsse; sie sind vor der Hausbank nicht zu verantworten. Ein verlorenes Konto, rote Zahlen im Hauptbuch, der Steuerberater rät zur Abschreibung. Der Schriftsteller mußte essen. Er brauchte Geld für die Miete.«

Ende der fünfziger, Anfang der sechziger Jahre veröffentlichte Koeppen drei Sammlungen mit Reiseberichten, die er für den Rundfunk geschrieben hatte. Diese Bücher (vor allem ›Nach Rußland und anderswohin‹) wurden von der Kritik – anders als zuvor die kritischen Romane – nahezu einhellig gelobt; 1972 erschien ein kleiner Sammelband mit Vor- und Nachkriegsprosa (›Romanisches Café‹), 1976 kam als Überraschung ein Prosastück über die Jugend in einer Kleinstadt heraus, ein Fragment aus der ansonsten verschwiegenen Werkstatt des damals siebzigjährigen Autors. Nebenbei ein großer Erfolg: nicht nur bei der Literaturkritik, sondern auch beim Publikum. ›Jugend‹ ist ein Werk von hoher Artistik, das denjenigen in den Bann schlägt, der sich nicht an handfeste Informationen klammern will, sondern sich einem Sprachfluß zu überlassen bereit ist.

Er sei jetzt kurz davor, sagt er, einen kleineren Roman zu beenden. Der spiele wieder in Bonn wie einst ›Das Treibhaus‹. Der Roman werde etwa hundertzwanzig Seiten umfassen. »Kein sehr optimistisches Buch, aber auch kein schimpfendes Buch. Es fehlen noch dreißig Seiten. Ich wäre längst fertig, wenn es nicht Störungen gäbe, die mit der literarischen Produktion gar nichts zu tun haben.« Koeppen setzt sich wieder auf. Während er spricht, sind seine Hände in Bewegung. Er stützt sie unter sein Kinn, er legt sie zwischen den Knien zusammen, so daß sich die Fingerspitzen berühren, Beweglichkeit, die nicht nervös ist. »Der Zwang, vom Schreiben leben zu müssen, ist etwas Furchtbares. Ich muß immer wieder andere Dinge schreiben, als ich eigentlich will, um Geld zu verdienen. Ich habe weder Pension noch Rente.« Er streicht mit den Händen über seine Haare, die weniger werden. Ein wuchtiger runder Kopf, von einer neuzeitlichen Hornbrille betont, schmale Lippen, breiter Mund, ein leichtes Doppelkinn: alt sieht er nicht aus, keine Falten, keine verhärteten Gesichtszüge. Er spricht deutlich, auch wenn er ein wenig mundfaul ist und die Zähne kaum auseinanderbringt.

»Ich habe ständig Einfälle für Romane. Die sind skizziert in einem Satz oder eingefangen in einer Schreibmaschinenseite.« Neben privaten Unzuträglichkeiten, über die er nicht sprechen möchte, ist es wohl auch diese Vielzahl von Möglichkeiten, die ihn hemmt. Das sei früher schon so gewesen: »Wenn ich an einem Buch geschrieben habe, hat mich stets bedrängt, daß ich ein anderes Buch schreiben wollte. Wenn ich ein Buch fertig hatte, dann kam kein Glücksgefühl, sondern eine Depression mit dem Gedanken: Jetzt müßte ich mich eigentlich hinsetzen und es neu schreiben.« Seine Romane hat er damals schnell geschrieben. Liest er manchmal in ihnen? Nein, niemals – bis auf eine Ausnahme. Kürzlich bat ihn ein Rundfunksender, doch einmal etwas aus seinem zweiten, in Holland geschriebenen Roman ›Die Mauer schwankt‹ vorzutragen, der 1935 in Deutschland erschienen und nach dem Krieg auf Wunsch des Autors nicht wiederaufgelegt worden ist. Dazu mußte er das Buch wieder hernehmen. »Das fand ich dann eigentlich recht gut.« Er lacht verlegen. Der Roman kommt jetzt in einer italienischen Übersetzung heraus und soll auch hierzulande irgendwann wieder erhältlich sein – aber erst nachdem etwas Neues von Koeppen da ist.*

Er erklärt, warum er bis zum erneuten Lesen ein schlechtes Verhältnis zu diesem, seinem umfangreichsten Roman hatte: nicht weil das Buch in irgendeiner Weise mit den Nazi-Machthabern paktiert habe, »ganz und gar nicht«, sondern weil es so, wie es geworden ist, nur unter den hoffnungslosen Bedingungen entstanden sei, die damals für einen jungen Autor herrschten. Er fühlt sich als Opfer des Dritten Reiches: Mit seinem ersten Buch, der ›Unglücklichen Liebe‹, war ihm der Durchbruch gelungen. Es hatte 1934 bei der Kritik, soweit sie noch ein offenes Wort riskierte, beste Aufnahme gefunden. Der Roman liest sich auch heute noch wie eine ganz gegenwärtige Liebes- und Unglücksgeschichte.

In seinem ersten Buch nach dem Krieg, in ›Tauben im Gras‹, taucht ein Schriftsteller auf, dem Koeppen eigenes Schicksal mitgegeben hat: »Philipps kleiner Ruf, der erste Versuch, sein erstes

---

* Das Buch wurde 1983 wiederaufgelegt – ohne daß zuvor oder seitdem ein neuer Roman von Koeppen erschienen wäre.

Buch war im Lautsprecherbrüllen und im Waffenlärm unterge-
gangen, war von den Schreien der Mörder und Gemordeten
übertönt worden, und Philipp war wie gelähmt, und seine
Stimme war wie erstickt.«

Lange Zeit hatte er die Absicht, sein Problemkind ›Die Mauer
schwankt‹ irgendwann einmal zu ergänzen: die Entstehungsbe-
dingungen mit aufzunehmen, die Situation des jungen Autors in
seinem Exil in Den Haag zu beschreiben. Das will er nun nicht
mehr machen. »Das Buch braucht es nicht«, sagt er heute.

Später ist er aus Holland wieder nach Deutschland zurückgekehrt. Um nicht Soldat werden zu müssen, tauchte er unter. Hitler wollte er nicht dienen. Als die Amerikaner kamen, wankte er
»halb verhungert aus einem Keller« und nahm mit Erstaunen zur
Kenntnis, daß um ihn herum »lauter Antinazis« gelebt haben
wollten, die ganze Zeit. Diese Erlebnisse haben ihn – »Ich halte
mich für einen Sozialisten« – nachhaltig geprägt, seit langem hat
er den Plan, sie zu beschreiben.

Die Romanfigur Keetenheuve aus dem ›Treibhaus‹, eher So-
zialdemokrat als Sozialist, ein Abgeordneter, der die sich ab-
zeichnende Restauration mit Argwohn betrachtet, ist nicht weniger ein zweites Ich als der Schriftsteller Philipp. Keetenheuve,
stolz darauf, »nie eine Uniform getragen zu haben«, kein »vierter
Mann beim Skat und kein Biertrinker« zu sein, schließt sich aus,
ganz wie damals und heute sein Schöpfer. Koeppen freut sich,
wenn man ihm bestätigt, daß der Roman noch aktuell ist. »Da ist
viel Prophetisches drin«, glaubt er auch. Das geht bis in verblüffende Details: Keetenheuve etwa erwartet nicht, daß seine Partei
in absehbarer Zeit eine regierungsfähige Mehrheit erringen
werde – doch vielleicht würde eines Tages »eine große Koali-
tion« regieren. Geschrieben 1953. Anstoß erregte Koeppen damals nicht nur mit politischen Einsichten, sondern auch mit für
die Zeit wenig sittsamen Ansichten. Meint er, daß man heute in
sexuellen Dingen wirklich freier geworden ist? Ja, das glaubt er.
»Es hat Änderungen gegeben, die ich begrüße. Das, was man
eine unglückliche Liebe nennen kann, ist selten geworden. Alles
hat sich etwas versachlicht unter jungen Leuten. Damals war
man gebunden an ein Mädchen, einfach weil es nein sagte. Hätte
es nicht nein gesagt, wäre es vorbei gewesen: ein Erlebnis, viel-

leicht schön, vielleicht enttäuschend. So aber konnte es zu einer Liebesbindung werden, die mehr quälte als gab.« Er kommt mit jüngeren Menschen gut zurecht, sagt Koeppen. »Ich unterhalte mich gern mit ihnen. Da gibt es keine Kontaktschwierigkeiten.« Er wippt mit seiner Fußspitze auf und nieder, gibt einen imaginären, langsamen Takt an. Im übrigen sei er der geborene Junggeselle. »Daß ich verheiratet bin, ist eine mir geschehene Perversität.« Hätte er nicht gern Kinder, mit denen er sprechen könnte, die ihm unter die Arme greifen könnten? Er verzieht schmerzhaft das Gesicht. »Nein, nein! Wenn Sie dann noch sagen: unter die Arme greifen – das ist eine ganz schreckliche Vorstellung. Daß mir plötzlich ein Sohn gegenübersitzen könnte, so wie Sie mir jetzt gegenübersitzen, undenkbar!« Er stößt ein sonores, freundliches Lachen aus. Und fügt rasch hinzu: Mit den Kindern anderer Eltern spreche er sehr gern. Und Freunde? Bekannte hier in München? Kaum, sagte er. »Das hat sich eigentlich gegen meinen Willen ergeben, daß ich hier etwas wie ein Eremit lebe.« Er bedauert, daß es die Künstlercafés wie einst in Berlin nirgendwo mehr gibt: Dort konnte man einander zwanglos begegnen. Im Nebenzimmer bellt der Hund. Muß er raus? »Ja, dringend«, sagt Wolfgang Koeppen. »Wenn ich mit meinem Hund eine halbe Stunde durch die Anlagen hier gehe, dann habe ich manchmal einen Roman bis zum Ende im Kopf. Ich will, ich kann auch.«

Unheilige Lieben und andere Strapazen

Joyce Carol Oates

Princeton, New Jersey, 7. August 1983

Amerika, du hast es besser – glaubte vor gut hundertfünfzig Jahren Goethe: »Hast keine verfallenen Schlösser.« Er schrieb: »Den Vereinigten Staaten« lyrisch ins Stammbuch: »Und wenn nun eure Kinder dichten, / Bewahre sie ein gut Geschick / Vor Ritter-, Räuber- und Gespenstergeschichten.« Es hat nichts genützt. Was man nicht hat, begehrt man um so mehr. Joyce Carol Oates zum Beispiel: In ihrem Roman ›Bellefleur‹, der 1980 in Amerika, zwei Jahre später in Deutschland erschienen ist, gibt es nicht nur ein Schloß, das am Ende zerstört wird, sondern auch Gespenstergeschichten zuhauf. Und der Roman ›A Bloodsmoor Romance‹, 1982 herausgekommen*, steht diesem Schauerepos in nichts nach.

»Wir Schriftsteller existieren eigentlich nur in unseren Texten«, sagt sie. »Das heißt: wenn Sie die Person treffen, so ist die Person gewöhnlich umgänglich und freundlich, sie spricht auf einem ganz anderen Niveau.« Da sitzt Joyce Carol Oates, die Person. Läßt sich bei ihr etwas über die Schriftstellerin Oates erfahren? Sie schrieb auf einer Postkarte: Ja, ein Gespräch sei ihr recht, doch es dürfe nicht länger als anderthalb, höchstens zwei Stunden dauern. Gäste aus Deutschland empfängt sie gern: Sie liebt die deutsche Literatur, kennt das Land und ein wenig – vielleicht mehr, als sie zugibt – die Sprache. Es ist ein heißer Sommernachmittag, im Garten hinter dem Haus, ist es schattig. Der Eistee ist schon zubereitet, ganz perfekt wie im Restaurant: viel Eis, eine Scheibe Zitrone, ein Strohhalm. Das Haus, das sie zusammen mit ihrem Mann Raymond Smith bewohnt (zwei Kat-

---

* Deutsche Fassung 1987 unter dem Titel ›Die Schwestern von Bloodsmoor‹.

zen gehen ein und aus, schlafen aber im Freien), liegt etwas außerhalb von Princeton, inmitten eines Villenviertels der unauf-
fälligen Art. »Nehmen Sie ein Taxi«, war der gute Rat am Telefon. Das Grundstück grenzt direkt an den Wald. Nun wartet sie
auf Fragen, sehr aufmerksam, konzentriert. Sie ist schlank, doch
wirkt sie alles andere als zerbrechlich: energiegeladen. Sie schaut
aus Augen, die in dem schmalen, feinen Gesicht groß wirken, sie
schaut freundlich und ein wenig spöttisch.

Princeton, zwei bis drei Autostunden südlich von New York,
ein kleines Städtchen im Staat New Jersey, ist bekannt durch die
Universität. Joyce Carol Oates wohnt nicht zufällig hier. Denn
sie schreibt nicht nur (Romane, Gedichte, Theaterstücke, Erzählungen, Essays, Kritiken), sie lehrt auch Literatur und »kreatives
Schreiben«. Sie unterrichtet im kleinen Kreis – zum Gelderwerb
braucht sie die Universität nicht mehr. Und doch ist diese Arbeit
mehr als ein Hobby. Sie erzwingt die Unterbrechung der eigenen
Arbeit: Man muß den Schreibtisch verlassen, aus dem Haus gehen, Menschen treffen, kann für kurze Zeit vom eigenen Schreiben absehen (obgleich die Studenten gewiß vordringlich deswegen kommen) – und kann sich mit dem Interessantesten beschäftigen, was es neben der eigenen Literatur gibt: die Literatur der
anderen. Glaubt sie, daß den Studenten mit den Schreibsemina-
ren wirklich gedient wird? Werden nicht falsche Erwartungen
geweckt? »Meine Studenten finden schnell heraus, daß Schreiben mit viel Arbeit zu tun hat«, sagt sie, leise und nachdrücklich.
»Manche erkennen, daß sie zwar keine Schriftsteller, aber bessere Leser werden können.« Einige ihrer Studenten haben später
Romane geschrieben. Sie spricht mit Begeisterung von ihren
Schülern. Sie arbeite gern mit jungen Leuten zusammen: »It's
very enjoyable.«

Sie lebt für die Literatur, in der Literatur. Die eigene und die
fremde Schrift, die Zeichen, die Welt der Fiktionen: das ist die
Behausung, in der sie sich mit schlafwandlerischer Sicherheit bewegt. Sie hält Literaturkurse, um sich intensiv mit den Romanen
anderer Autoren auseinandersetzen zu können, sie schreibt Essays und Kritiken, um der Gegenwartsliteratur auf der Spur zu
bleiben, und wenn sie nicht aus dem einen oder dem anderen
Grund liest, dann liest sie für sich allein, liest ihre Lieblingsauto-

Joyce Carol Oates, 1983 in ihrem Haus in Princeton

ren wieder und wieder (zur Zeit Thomas Hardy, James Joyce, Thomas Mann und Kafka). »Ich liebe es zu lesen. Ich lese die ganze Zeit – wenn ich nicht schreibe.« Hilft denn die Kenntnis der literarischen Theorien und Traditionen beim Schreiben? »Nein, man kann noch soviel wissen: die eigene Stimme kommt aus einem anderen Teil der Psyche, dem Unbewußten. Wenn das nicht so wäre, müßten ja alle Literaturprofessoren wunderbare Autoren sein!« Ist es ein Unterschied, ob sie an einem Roman sitzt oder ein Buch rezensiert? »Oh, unbedingt. Ein Roman ist ein vollständiges Eintauchen, er erfordert jeweils einen eigenen Ton und verlangt höchste Konzentration. Beim Schreiben eines Artikels oder Aufsatzes ist meine Stimme nicht weit vom Gespräch des Alltags oder vom Dozieren entfernt.«

Joyce Carol Oates ist Mitte Vierzig und blickt heute schon auf

ein Œuvre zurück, das dem normalen Sterblichen für mehrere
Leben gut wäre. Bald vierzig Bücher hat sie verfaßt: ein Dutzend
Erzählungsbände, mehr als ein Dutzend Romane, eine Handvoll
Gedichtbände, dazu Theaterstücke und einige literaturtheoretische Bücher (nur ein Bruchteil davon ist bisher auf deutsch zu-
gänglich). Ins Gehege kommt sie sich nicht mit den verschiedenen Anforderungen, die sie an sich stellt. Das Geheimnis ihrer
fast unglaublichen Arbeitsleistung lautet banal: Fleiß, Disziplin,
tägliche Überwindung. Sie ist schon so oft danach gefragt worden, daß sie auf die Frage erst gar nicht wartet. Von sich aus sagt
sie: »Ich arbeite die ganze Zeit. Deshalb sieht es so aus, als hätte
ich sehr viel gemacht.« Sie gehe nach einem genauen Plan vor,
»sehr streng, sehr formal«. Die Flucht vor Schwierigkeiten beim
Romanschreiben in andere Beschäftigungen, diese Drückeber-
gerei der mit sich selbst weniger strengen Autoren kennt Joyce
Carol Oates nicht. »Heutzutage scheint es als eine Art Schrullig-
keit zu gelten, wenn ein Schriftsteller tatsächlich schreibt. Jemand hat gesagt, daß John Updike so häufig Bücher publiziere
wie John O'Hara. Das ist eine Einstellung, die ich nicht verstehen kann. Jedes Buch von Updike ist ein glückliches Ereignis. Je
mehr davon, desto besser. Wenn irgendein Kritiker meint, er sei
des Updike müde, dann soll er doch auf den nächsten Updike-
Roman verzichten und ihn vor allem nicht rezensieren.«
   Eine ihrer Romanfiguren empfindet Genugtuung darüber,
»daß sie irgendwohin mußte, daß sie von Kollegen oder Studenten erwartet wurde, daß sie aufstehen und sich anziehen und sich
präsentabel herrichten mußte«. Diese Birgit aus dem Roman
›Unholy Loves‹* ist eine junge Romanschriftstellerin und Dozentin, ein Alter ego. »Sie wünschte sich so sehnlich, den Roman
zu Ende zu bringen«, heißt es von Birgit: »Das Lehren konnte
zur Sucht werden, und das galt ebenso für die Geschäftigkeit, die
Wichtigtuerei, die Überbewertung von Kleinigkeiten, die für das
akademische Leben charakteristisch sind.« Das gilt allerdings
nicht für Joyce Carol Oates: Die Romane der Rastlosen aus
Princeton werden zu Ende gebracht, koste es, was es wolle – an
Kraft und Konzentration. Einbußen an Qualität duldet sie nicht.

---

* Der Roman erschien 1984 in deutscher Sprache: ›Unheilige Liebe‹.

Solche Produktivität begegnet der Skepsis der weniger Fleißigen, die sich das nur mit oberflächlicher Arbeitsweise erklären können (und damit eigene Trägheit gern entschuldigen) – das weiß Joyce Carol Oates. Und sie kann dem nur immer wieder entgegenhalten, daß leben für sie nichts anderes heißt als: arbeiten. Sie steht früh auf, schläft nie länger als sechs bis sieben Stunden (»acht sind einfach zuviel«) und arbeitet vor allem am Vormittag, bisweilen auch noch am späten Nachmittag. »Manchmal sitze ich auch nur da und sinne vor mich hin. Denn bevor ich schreibe, muß ich den Bauplan im Kopf haben.« Entwürfe schreibt sie mit der Hand, alles andere mit der Maschine. Sie schreibt viel neu – »bis zu fünfzehnmal, Seite für Seite«. Gewöhnlich hat sie bei einem fertigen Text das Sechsfache an Revisionen und Fehlläufen. Was sie an Papier verbraucht, sei fürchterlich – bei manchen Romanen seien es mehrere tausend Seiten. Sie hält ihre flache Hand einen halben Meter über den Boden der Veranda: »Und das ist nur das, was nicht verwendet wird!«

Bastelt da womöglich jemand zu Lebzeiten an seiner Legende? Überprüfen läßt sich das alles nicht; man müßte schon in ihren Schubladen nachschauen, wo sie einen Teil der Manuskripte aufbewahrt. Viele Schriftsteller haben von sich behauptet, tagtäglich am Schreibtisch zu sitzen – oft war es, wie sich später herausstellte, nur der fromme Wunsch! Und doch: Ihr, Joyce Carol Oates, nimmt man diese Arbeitshaltung ab, die sie fast entschuldigend vorträgt: So ist es nun einmal, ich kann nichts dafür! Da sind ja auch ihre Bücher, die tatsächlich nur selten Anzeichen von Flüchtigkeit verraten. Quält sie dieser Hang und Zwang zur Perfektion? »Nein, es ist doch ein interessanter Prozeß. Ich mag das gern. Wenn man einen Abschnitt endlich für abgeschlossen hält, glaubt man: Noch einmal bringt nichts! Und es wird doch besser.« Sie findet es faszinierend, etwas immer wieder zu tun – »to do things over and over«. Sie hat damit Erfolg errungen. Die amerikanische Kritik zählt sie zu den wichtigsten Gegenwartsautoren, und seit ihrem Roman ›Bellefleur‹ muß sie sich auch um die Resonanz beim Publikum nicht mehr sorgen. In Deutschland wird sie vor allem als Autorin von Erzählungen geschätzt (aber auch die Romane ›Jene‹, ›Ein Garten irdischer Freuden‹ und ›Im Dickicht der Kindheit‹ wurden gepriesen).

Was bedeutet ihr der Erfolg? »Das ist schwer zu beantworten. Ich komme mit dem Mißerfolg besser zurecht. Die meisten Menschen sind mit Fehlschlägen und dem Mißlingen vertrauter: Man muß besser werden! Schriftsteller kennen sowieso eher Selbstzweifel und Verzagen. Wenn ich ein Kapitel fertig habe, sage ich nie: das ist gelungen, sondern: das könnte in Ordnung sein!« Und die Routine? Wird es nicht mit jedem Roman einfacher? »Nein, ganz und gar nicht. Ich weiß nicht, woran das liegt. Aber es wird nicht einfacher. Mein Gefühl beim Beginn einer neuen Arbeit ist immer: Ich schaff's nicht!« Sie habe kürzlich einen Aufsatz zum Thema Mißerfolg verfaßt, erzählt sie. Er ist in ihrem gerade publizierten Essayband ›The Profane Art‹ enthalten. Sie springt gleich auf, ruft mir zu: »just relax«, und ist verschwunden. Die Nachmittagssonne wirft längere Schatten, es hat sich etwas abgekühlt. Dann ist Joyce Carol Oates wieder da, eine Widmung hat sie schon in das Buch geschrieben. ›Notes on Failure‹ heißt der Aufsatz, er beginnt so: »Wenn Schreiben das Lebensgefühl beschleunigt wie das Verliebtsein, wie eine unglückliche Liebe, so nicht deshalb, weil man darauf vertraut, daß man erfolgreich sein wird, sondern weil man äußerst schmerzhaft und beständig an die Sterblichkeit gemahnt wird.« An anderer Stelle steht: »Immer wieder wird man gefragt, ob das Schreiben im Lauf der Zeit leichter fällt, und die Antwort ist offensichtlich: Nichts wird einfacher im Lauf der Zeit, nicht einmal der Lauf der Zeit.« Da spricht die Schriftstellerin Oates, die ausgefeilt hat, was die Person Oates im Gespräch nur umreißen kann. »Wir verlieben uns in bestimmte Kunstwerke«, liest man, »wie wir uns in bestimmte Menschen verlieben: aus nicht besonders einsichtigen Gründen.«

Ist das nicht eine Bankrotterklärung als Kritikerin, als Theoretikerin? »Ach, wissen Sie, alles ist so subjektiv. Wer ein linker Kritiker ist, wird dazu neigen, bestimmte literarische Werke nicht zu mögen – und umgekehrt.« Man dürfte das nicht so eng sehen, sagt sie: »It has to be taken with a grain of salt, as we say.« Sie weiß sogar, daß es für diesen Ausdruck in der deutschen Sprache, die sie studiert hat, aber ungern spricht, keine wörtliche Entsprechung gibt: »Cum grano salis«, so müssen wir uns lateinisch behelfen. In ihren Essaybänden sammelt sie die längeren, die analytischen Kritiken, nicht die Zeitungsrezensionen. Sie schreibt etwa zehn Buchbesprechungen im Jahr: am liebsten über Bücher, die ihr gefallen und deren Verfasser sie achtet. »Gerade heute morgen habe ich beschlossen, der ›New York Times‹ ein Buch zurückzusenden. Es ist kein bedeutender Roman, und er stammt von einer Anfängerin. Da möchte ich nichts Negatives schreiben.« Liest sie Rezensionen ihrer Bücher? Nur das, sagt sie, was ihr von Leuten zugeschickt wird, die ihr wichtig seien. »Es wird Sie überraschen: Seit 1963 gibt es schätzungsweise zehn-, vielleicht sogar zwanzigtausend Besprechungen meiner Bücher, allein in Amerika.«

Damals, 1963, erschien das erste Buch, ein Band mit Kurzgeschichten; sie selbst war Anfang Zwanzig und schon Dozentin für englische Sprache an der Universität von Detroit. Geboren wurde Joyce Carol Oates am 16. Juni 1938 in dem ländlichen Ort Lockport im Staat New York. Es waren einfache Verhältnisse, die sie später in Romanen geschildert hat: in ›A Garden of Earthly Delights‹, 1966 veröffentlicht (vier Jahre später als ihr erster deutscher Titel: ›Ein Garten irdischer Freuden‹), vor allem in dem zehn Jahre später erschienenen ›Childwold‹ (in deutscher Übersetzung 1983: ›Im Dickicht der Kindheit‹). Sie hat auch früh geheiratet, Anfang der sechziger Jahre, den Mann, der noch heute an ihrer Seite ist und mit dem zusammen sie 1967 nach Kanada zog. An der Windsor-Universität in Ontario erhielt sie eine Assistentenstelle. Drei Jahre später kam die erste größere Anerkennung als Schriftstellerin: Der 1969 publizierte Roman ›Them‹ (in Deutschland 1975: ›Jene‹) wurde mit dem »National Book Award« ausgezeichnet.

Sie erzählt gern aus ihrer Kindheit. Sie hatte Geschwister, begann früh zu lesen, hat schon im Kindesalter geschrieben, »eigentlich immer, solange ich denken kann«. Der Großvater hatte eine große Farm, die Eltern lasen und lesen viel, »es sind sehr nette Leute«, stolz auf die Tochter, die erste aus der Familie, die das College besuchte und dann gleich zur Schriftstellerin wurde. »So wurde sie also zur ›Dichterin‹« – heißt es in der Erzählung ›Träume‹ aus dem Geschichtenband ›Crossing the Border‹, Mitte der siebziger Jahre herausgekommen (als ›Grenzüberschreitungen‹ bei uns 1978) – »und die Menschen achteten sie, da sie nun endlich ihre zögernde Sanftheit einordnen konnten, dieses Stocken, wenn sie sprach – es war immer intelligent, was sie sagte – alles das, was von ihrer Furcht herrührte, was die anderen aber als Zeichen ihrer dichterischen Empfindsamkeit verstanden.«

Joyce Carol Oates selbst spricht keineswegs stockend, sondern mit Zäsuren, mit sinnvollen Pausen; sie kann Gedanken beenden, ohne immer noch einen Nebensatz anzuhängen wie mancher, der Stille im Gespräch nicht erträgt. Sie hat eine hohe, leicht eintönige Stimme, die dabei der Festigkeit nicht entbehrt. Einmal hebt sie auch ernsthaft den Zeigefinger: Die Pädagogin wird spürbar, hilfreich, nicht unangenehm. Sie kehrt nicht die Empfindsame, Verletzliche heraus, sondern die Lebenstüchtige, die Geschäftige. Aber sie bedeutet dem Gast auch: Es ist nur eine Pause, eine Ausnahmesituation. »Der Tag heute ist als Arbeitstag ohnehin abgeschrieben. Wir sind am Abend noch bei Freunden eingeladen.«

Seit einigen Jahren lebt das Ehepaar Smith nun in Princeton. Hier wollen sie beide gern bleiben. Raymond Smith arbeitet als Verleger, Herausgeber und Kritiker, doch die Manuskripte seiner Frau bekommt nur der Agent zu lesen; der Ehemann kennt bisher erst zwei Romane von ihr (sagt sie). Joyce Carol Oates möchte die Ehe, über die sie fast wie von einem Mythos spricht, nicht mit schriftstellerischen Alltagssorgen belasten. Das Haus, in dem beide wohnen, ist ein quadratischer Pavillon, mittendrin ein kleiner Lichthof, alles sehr hell, sehr offen. Draußen, an der Hauswand, lehnen zwei Fahrräder (jeden Tag fährt das Ehepaar in der Regel zwei Stunden durch die Landschaft). Im Wohnzimmer steht ein weißer Flügel.

»Der Roman ist die schwierigste Form für jeden, der es gut machen will«, sagt sie. »Ich kenne einige Lyriker und schreibe auch selbst Gedichte; viele Lyriker können ein paar gute Gedichte schreiben. Wenn man hart arbeitet, kommt vielleicht ein gutes Gedicht dabei heraus – aber einen guten Roman zu schreiben, nein, das ist nicht leicht. Jeder Roman hat seinen eigenen Stil, er muß eine eigene Reinheit erreichen und eine eigene Sprache. Das Schreiben des einen Romans verschafft mir keinerlei Zugang zu einem anderen mit einer anderen Stimme. Es geht darum, diese Stimme zu finden, was ein wenig mystisch klingt; keiner weiß, was das eigentlich ist. Sie ist so etwas wie der Anschlag eines Pianisten; manchmal kann man einen Pianisten erkennen, wenn man ihn nur spielen hört. Es gibt einen bestimmten Anschlag, eine Art zu spielen; aber es zu beschreiben ist schwer.«

Joyce Carol Oates hat sich nie theoretisch über Musik geäußert; aber sie kennt sich aus. Die Musik ist in ihren Romanen mehr als einmal Inbegriff der Kunst. Eine ihrer Romanfiguren, der junge Komponist und Pianist Alexis Kessler, wird (in dem Roman ›Unholy Loves‹) so beschrieben:

»Alexis hörte seine Musik, als gehöre sie irgendwie nicht mehr zu ihm, ein Wunder, das unter seinen Fingerspitzen entsteht, und dennoch von ihm losgelöst, nicht von ihm befleckt ist. Er ist – soviel weiß er – nicht der Mensch, der er einmal hatte sein wollen. Irgend etwas in seinem Leben – das spürt er in Augenblicken wie diesem, da er tief in seine Musik versunken ist – stimmt nicht: etwas stimmt nicht. Aber was...? Warum...? Wie...? Er weiß es, er weiß es genau. Er kann es nicht sagen. Wortlose Klänge stürmen auf ihn ein. Die Musik entspringt seinem Inneren, strömt durch ihn hindurch, benützt ihn, um geboren zu werden, und es spielt keine Rolle, daß er Alexis Kessler ist – mit einem Makel behaftet, gescheitert, alternd, vom Schicksal gezeichnet, gehässig, kindisch, verschuldet – vor allen Dingen verschuldet – es spielt keine Rolle, wer er ist: nur die Musik zählt. Das ist sein Triumph. Doch die Musik vergeht so schnell!«

Spielt sie selbst Klavier? »Ich mag Chopin. Chopin und Beethoven. Und Mozart. Und Bach. Das ist meine Entspannung. Wenn ich ziemlich viel gearbeitet habe, dann belohne ich mich mit Klavierspielen. Ich erlaube mir das nicht zu oft, es bringt zu viel Spaß. Ich halte nicht viel von Belohnung, wenn man sie sich nicht wirklich verdient hat. Ich bin sehr puritanisch veranlagt. Wenn ich an einem Roman schreibe, muß ich dabeibleiben. Mein Mann würde Ihnen sagen, daß ich die ganze Zeit arbeite. Wenn es nicht gut läuft, wenn ich nichts vollbracht habe, gehe ich tatsächlich nicht ins Bett – das mag dann vier oder vierzehn Stunden dauern. Ich kann sehr hartnäckig sein. Aber das kommt nicht all-

Joyce Carol Oates, 1983 in ihrem Haus in Princeton

zuoft vor. Ich kann einfach nicht aufgeben, ich gebe nie auf, ich finde nicht, daß ich aufgeben sollte. Von Freunden höre ich, daß sie sich einen Tag freinehmen und schwimmen gehen. Ich bin dickköpfig und sage: Nein! Ich will davon jetzt nicht weg! Und dann haut es eventuell hin. Ich stell mir das so vor, als müßte ich eine lange Straße entlang gehen. Und dann ist ein Hindernis im Weg. Man kann zurückgehen, man kann drumherum gehen oder dagegen anrennen. Ich gehe einfach immer voran. Deshalb gebe ich niemals einen Roman auf.«

Aus dem Frage- und Antwortspiel ist ein anregendes Gespräch geworden. Sie erzählt von sich aus, was ihr wichtig scheint. Ein Sportflugzeug dreht hoch am Himmel eine Runde und übertönt für Minuten die Vögel im Wald, der unmittelbar neben dem Grundstück beginnt; ein kleiner Teich bildet die Grenze. »Ich versuche, mich beim Schreiben nicht zu wiederholen«, sagte Joyce Carol Oates. »Das Experiment, das Stilistische interessiert mich.« Nicht nur der Umfang, auch der Reichtum an Stilen und Sujets kennzeichnet ihr Werk. Was für viele Schriftsteller gilt, daß sich nämlich durch ihre Bücher ein roter Faden zieht, daß ein wiederkehrendes Motiv bestimmend ist, gilt für Joyce Carol Oates nicht, vor allem nicht für ihre Romane. Sprache, Inhalt, Ambiente, soziale Herkunft der Figuren, Ort und Zeit der Handlung: das alles wechselt von Buch zu Buch. Der Leser hat sich im Grunde jedes Werk neu zu erobern, er findet keine Geborgenheit im bekannten Erzählton oder im vertrauten Thema. Die Politik kann im Mittelpunkt stehen wie in dem 1981 erschienenen Roman ›Angel of Light‹ oder die Religion wie in dem 1979 veröffentlichten Roman ›Son of the Morning‹; es kann ein knapper Roman in Monologen sein oder eine mehrhundertseitige Familiensaga, ein Schauerepos nach allen Regeln der Gruselkunst; die Handlung kann unter Slumbewohnern von Detroit spielen oder in der Welt der Universität, auf öden Parties der intellektuellen Mittelschicht.

Bei dieser Breite von Formen und Themen ist es kein Wunder, daß man direkte autobiographische Anklänge vergeblich sucht. Ein ernsthafter Schriftsteller müsse alle Aspekte einer Gesellschaft berücksichtigen, nicht nur die einer (seiner) Klasse, ist die Überzeugung von Joyce Carol Oates – ein zumindest in der Literatur des ausgehenden zwanzigsten Jahrhunderts fast schon exotischer Gesichtspunkt. Der Roman, der wohl am meisten von ihrer eigenen sozialen Umgebung preisgibt, ist ›Unholy Loves‹, 1979 erschienen. Darin ist alles enthalten, was auch ihr Leben ausmacht: die kleine Universitätsstadt mit den Figuren, die sich durchs Leben bewegen wie durch die Bücher, die sie einmal geschrieben haben oder erst schreiben wollen und nicht können: »Irgend etwas war mit ihnen vorgegangen. Etwas sehr Trauriges muß mit ihnen vorgegangen sein. Auf dem Höhepunkt ihrer Karriere waren die meisten von ihnen einfach stehengeblieben. Hatten aufgehört, viel zu lesen, hatten aufgehört zu denken, aufgehört, Dinge zu publizieren, die über Routinearbeiten von rein akademischem Interesse hinausgingen.«

Es gibt ein paar Ausnahmen in dieser kleinen Welt des Geistes und Kleingeistes: den alten Lyriker, der als Gast der Universität auf den Parties herumgereicht wird, den ehrgeizigen Literaturwissenschaftler, der über ihn eine maßstabsetzende Arbeit schreiben will (es bleibt ein Traum), den jungen Komponisten und schließlich Birgit, die zögerliche Romanautorin. Sie beobachtet die Welt um sich herum mit fremdem Blick:

»Ehen, denkt Birgit bitter, die ganze Welt besteht aus Ehen. Natürlich bezeichneten sich alle als emanzipiert; und so lebten sie dann ein paar Jahre lang mit ihrer ›Freiheit‹. Das war Mitte der siebziger Jahre. Eine Zeitlang war es ein wunderbares Gefühl, ein vortreffliches Gefühl, warum in aller Welt hatte man das nicht schon früher entdeckt? Aber ein paar Jahre darauf war das Gefühl schon nicht mehr ganz so wunderbar; in aller Stille bildeten sich allmählich wieder Paare, neue Paare, neue Kombinationen, Überraschungen. Einer nach dem anderen banden sich die Leute nun wieder an einen Partner. Nahmen wieder Zuflucht beieinander.«

Die Liebe, das Verhältnis der Geschlechter – das ist ein großes Thema der Joyce Carol Oates und, eingepaßt in die sozialen Bedingungen ihrer Figuren, am Ende vielleicht doch so etwas wie ein Urstrom in allen Texten: Erotik, Betrug, Leiden und Leidenschaft, manchmal Mord und Totschlag, Brutalität und Vergewaltigung, gelegentlich Übersinnliches. Diese Autorin, die zurückgezogen nur ihrem Werk lebt, kennt sich aus in der Hexenküche der Liebesraserei und sexuellen Exaltationen – übrigens nicht nur aus der Sicht der Frau: Auch das ist eine Besonderheit der Oates, daß sie die Gefühlswelt eines Mannes ebenso plausibel machen kann wie die weiblicher Figuren. Was im Kopf eines Liebenden vorgeht, der die Geliebte nicht in den Rausch der Lust mitzuziehen vermag, das ist über Seiten im Roman ›Jene‹ nachzulesen.

»Jede Romanze ist am Anfang einfach«, heißt es in einer der Erzählungen aus dem Band ›Grenzüberschreitungen‹. In ihren Erzählungen findet die Autorin wohl am ehesten einen gleichbleibenden Ton; dort ist wahrscheinlich auch am meisten über sie selbst zu erfahren. Das mag der Grund sein, warum Joyce Carol Oates – selbst im romanseligen Deutschland – mit ihren Kurzgeschichten so nachdrücklich Erfolg hat. Die Stationen ihres Lebens, ihre Reisen: sie sind in den Erzählungen wiederzufinden. Nach ihrem Deutschlandbesuch im Jahr 1980 sind auch Geschichten über Berlin, über die Mauer, entstanden.*

»Die Filme von Werner Herzog gefallen mir«, sagt Joyce Carol Oates. Überhaupt liebe sie das europäische Kino; amerikanische Filme dagegen schaut sie sich nicht an, auch Fernsehen guckt sie nie. Hat sie Angst, daß es irgendwann einmal keine Leser mehr geben wird? »Nein, ich empfinde mich ohnehin als sehr literarische Autorin mit einer kleinen Leserschaft. Die Lesenden waren doch immer nur eine Minderheit, das ist heute nicht anders als im neunzehnten Jahrhundert. Was dagegen damals viel gelesen wurde, entsprach ja dem, was die Leute heute im Fernsehen gucken.«

Ist es für sie schwer, einen Roman zu beenden? »Es ist immer schwer, etwas abzuschließen«, sagt sie. »Das ist ein Gefühl von Verlust. Viele Autoren bekommen Depressionen, wenn sie ein Buch endgültig überarbeitet und abgeschickt haben.« Sie hat da wenig Mühe. Depressionen kennt sie nicht. »Ich trinke auch nicht und rauche nicht. Das ist Verschwendung von Geld und Energie und beeinträchtigt die Gesundheit!« Sie belohnt sich auch nicht (mit dem Pianospiel), bevor sie es sich nicht verdient

---

* Mittlerweile nachzulesen in dem Band ›Last Days‹, 1984 erschienen (›Letzte Tage‹, 1986).

hat. »Morgen früh zum Beispiel habe ich vor, ein Romankapitel abzuschließen, das mir viel Mühe gemacht hat. Ich werde früh zu Bett gehen und zeitig aufstehen. Die erste Stunde am Schreibtisch, die ist immer furchtbar! Ich glaube, morgen wird ein schlimmer Tag, ich fühle das.« Sie macht eine Pause, lacht kurz auf, das einzige Mal. »Manchmal bin ich ein bißchen sehr streng mit mir.«

Hamburg, 26. August 1987

Womit beginnt das Gespräch – nachdem man sich gegenseitig versichert hat, wie sehr man sich über das Wiedersehen freue? Mit dem Wetter. Joyce Carol Oates betrachtet aus dem Fenster ihrer Suite die geschlossene Wolkendecke über der Hamburger Außenalster, und sie sagt: »Hier ist es wenigstens nicht so heiß wie daheim in Princeton. Man müßte gut arbeiten können!«

Mittlerweile sind es achtzehn Romane geworden; gerade ist in den Vereinigten Staaten ›You Must Remember This‹ erschienen. »Ja, das stimmt«, sagt sie, »achtzehn.« Nicht mitgezählt jenes Buch, das sie jüngst unter anderem Namen in einem fremden Verlag veröffentlicht hat. Joyce Carol Oates zieht die Stirn kraus. »Ich rede nicht gern darüber«, sagt sie. Das sei ein ganz unbedeutender Roman, ein Stück Spannungsliteratur, mit der linken Hand geschrieben. Leider sei ihr Pseudonym gelüftet worden, was sie sehr bedauert. Das habe es doch in der Literaturgeschichte immer wieder gegeben, daß man sich ein Pseudonym zulege, wenn man sich auf einem anderen Feld als dem üblichen betätige. Nein, dieses Buch wird nicht mitgezählt.

Wohl aber ihr erstes Sachbuch: ›On Boxing‹. Es wird 1988 in deutscher Sprache erscheinen. Ausgerechnet: sie, die schmale, fast schmächtige Frau mit der großen, das Gesicht dominierenden Brille – und der Boxsport! »Als ich mich auf meinen letzten Roman vorbereitete, der die frühen fünfziger Jahre behandelt, kümmerte ich mich besonders um die Populärkultur. 1950 spielte Boxen in den Vereinigten Staaten eine große Rolle – heute interessiert man sich noch dafür, aber es steht nicht mehr im Zentrum. Ich sah mir Filme und Aufzeichnungen an. Ein Redakteur, der ›New York Times‹ erfuhr davon und fragte mich, ob ich etwas darüber schreiben wolle.« Daraus wurde ein Zeitungsbeitrag, der viel Beachtung fand. Es kamen Briefe, und ein Verleger bat sie, ein Buch zu schreiben. Es wurde ihr immer wichtiger, diese Facette der amerikanischen Geschichte zu verstehen, die »mit Einwanderern zu tun hat und ihrer Chance, dem Getto zu entkommen«.

Ihr Vater hatte sie als Kind mit zu Boxveranstaltungen genommen, einer seiner Freunde war ein Boxer. Doch später, während ihres Studiums, verlor sie jedes Interesse daran. Das kam erst über den Umweg der schriftstellerischen Arbeit wieder. ›You Must Remember This‹, der Roman über die McCarthy-Ära, enthält einiges zum Thema Boxen – und natürlich jenes Sachbuch, das schon vor dem Roman erschienen ist. In der ›New York Times Book Review‹ hieß es im März dieses Jahres, ›On Boxing‹ sei besser als sein Gegenstand. Stimmt die Autorin dem zu? »Nein«, sie lacht. »Ich bewundere die Boxer sehr. Sie haben ein schweres Leben. Ich respektiere den Mut, die Disziplin; man kommt nicht umhin, Sympathie für Männer aufzubringen, die sich in eine Art Arena zwingen lassen, damit sie zu ihrer eigenen Identität kommen und ihrem Getto entfliehen. Das ist sehr traurig. Ich glaube, hier in Europa finden sich keine Bevölkerungsgruppen, die so arm sind wie bei uns – und ohne jede Hoffnung!«

Seit gut einem Jahr besitzt sie einen Schreibcomputer. Kann sie damit noch mehr, noch schneller schreiben? Der »word processor« werde von ihr erst am Ende eines langen Arbeitsgangs eingesetzt, sagt sie. »Ich fange immer mit der Hand an, das ist meine Gewohnheit.« Dann kommt die Schreibmaschine, erst für die saubere Fassung setzt sie sich an den Computer – und verbringt dort mehr Zeit mit der Reinschrift als früher: »Es ist alles so einfach zu verändern und umzubauen.« Im übrigen habe sie keine Eile, ein Werk zu beenden. »Mein Vergnügen ist das Schreiben, ich liebe die Sprache, ich arbeite langsam.« Die Arbeit an dem Roman ›Die Schwestern von Bloodsmoor‹, der gerade eben in deutscher Sprache erschienen ist und aus dem sie in einigen deutschen Städten lesen will, hat ihr besonders viel Spaß gemacht, weil es da so viele unterschiedliche Elemente zu verbinden gab. Sie hatte Strukturpläne an der Wand mit den Namen der

Figuren und historischen Daten. Die Schnittpunkte des erfundenen Lebens mit den realen politischen Ereignissen findet sie aufregend. Überhaupt gefällt ihr das Experiment mit »genre fiction«, wie es die Amerikaner nennen, das Spiel mit den Trivial-
formen des Erzählens. Sie möchte die in den Vereinigten Staaten
sehr erfolgreiche Trilogie (›Bellefleur‹, ›A Bloodsmoor Romance‹ und ›Mysteries of Winterthurn‹) gern fortsetzen. Man
könne wunderbar die historischen Fakten benutzen: in experimenteller, nicht realistischer Form. »Ich glaube, der historische
Roman wird durch einen strikten Realismus eher behindert.«

Fragt sie sich gelegentlich, ob Literatur überhaupt eine Zukunft hat? »Sie ist die einzige Möglichkeit, in die Subjektivität eines anderen Menschen einzudringen. Im Kino bleiben die Figuren Objekte des Betrachters.« Sie stellt anhaltendes Interesse am
Schreiben und Lesen fest. Immer noch unterrichtet sie »Creative
Writing« an der Universität von Princeton. »Die Studenten nehmen die Sache sehr ernst, sind fleißig, sie wollen Romane schreiben. Und einer überraschend großen Zahl gelingt es auch auf die
eine oder andere Weise.« Ein New Yorker Verleger hat soeben
den Roman eines 22 Jahre alten Schülers von ihr angenommen.
Die jungen Autoren hätten eine ganz andere Sichtweise und neue
Probleme als John Updike oder sie: Homosexualität und Aids
seien dominierende Themen.

Sie nimmt einen Schluck Mineralwasser. »Ich habe gerade ein
Buch von Christa Wolf gelesen«, erzählt sie. Sie findet ›Kein Ort.
Nirgends‹ interessant wegen der Verwendung von Briefen. Be-
geistert hat sie Peter Handkes Tagebuch: »Eine eigenartige
Sichtweise. Aber ich spürte sofort eine starke Identifikation.«
Vielleicht werde sie anläßlich der nächsten amerikanischen
Handke-Ausgabe einmal etwas über diesen Autor schreiben. An
Günter Grass bewundert sie den Ehrgeiz und die Energie. Skep-
tischer äußert sie sich über seine Auftritte in den Vereinigten
Staaten. Zu Unrecht, findet sie, beklage sich Grass über das man-
gelnde politische Engagement der dortigen Schriftsteller. Sie vermutet, daß er die Bücher der zeitgenössischen Autoren gar nicht
kennt. Robert Stone oder Saul Bellow etwa seien doch politisch
ernst zu nehmende Schriftsteller! Auch sie selbst hält sich für
eine politisch schreibende und denkende Autorin: Ihr Engage-

ment finde sich in den Büchern, es sei indirekt. »Es hat doch keinen Sinn, Ronald Reagan zu besuchen und mit ihm zu reden. Er
würde sich das anhören, nicken – und kaum wäre man aus dem
Zimmer, hätte er alles schon wieder vergessen.«

Da schreibt sie doch lieber Bücher: Romane, die alle Tonlagen
ausprobieren, von Haß und Leidenschaft handeln, in Hütten
und Schlössern spielen, quer durch die sozialen Klassen und die
Zeiten streifen, ein Kosmos an Realität und Phantasie. Die Dichtung sei sinnlos, sagt Birgit in dem Roman ›Unheilige Liebe‹,
»aber herrlich in ihrer Sinnlosigkeit: wie die menschliche Kultur,
wie die Liebe, wie das Abenteuer des menschlichen Lebens
selbst. Ein Risiko, das eingegangen sein will. Ein Risiko, das wieder und wieder eingegangen sein will, solange wir leben.«

Die Geheimnisse der Männer
Philip Roth

Das Buch galt als Skandal, man fand es vulgär, obszön, unflätig. Und es wurde gekauft. In dieser Form, mit dieser Frechheit war über Sexualität selbst im Lande Henry Millers noch nicht gesprochen worden. Wer die brillante Erzähltechnik nicht zu schätzen wußte, der konnte doch die derben Wörter verstehen. Der Roman ›Portnoy's Complaint‹ erschien 1969 und stieß den Verfasser, der damals Mitte Dreißig und längst ein angesehener Schriftsteller war, unvermittelt ins Rampenlicht. Auf einen Schlag wurde er berühmt und reich. In Amerika wurden in wenigen Monaten eine halbe Million gebundene Exemplare und mehr als drei Millionen Taschenbücher abgesetzt. Doch der Autor hatte mit ›Portnoys Beschwerden‹ (das englische »complaint« bedeutet sowohl Klage wie Krankheit) auch seine Mühen. »Die Leute sprachen mich auf der Straße an«, erzählt Philip Roth, »im Bus, im Restaurant, einfach überall. Das waren sehr unterschiedliche Begegnungen, auch erfreuliche. Aber es hörte nicht mehr auf. Es wurde lästig.« Heute passiert ihm das nicht mehr. Er lebt zurückgezogen in einer ländlichen Gegend im Nordwesten von Connecticut. Es ist schwer, überhaupt an ihn heranzukommen, selbst am Telefon. Seit dem »großen Ereignis«, wie Roth die Wende in seiner Laufbahn nennt, hat er einen Auftragsdienst zwischen sich und die Mitwelt geschaltet. Man muß die Nummer hinterlassen und hoffen, daß er sie im Laufe des Tages abfragt und zurückruft.

»Philip Roth hier«, meldete sich am Abend vor unserem Treffen eine angenehm virile Stimme am Telefon. »Das Haus finden Sie allein nicht. Wir müssen uns irgendwo treffen.« Er beschrieb eine Straßenkreuzung: Kirche, Drugstore, Telefon. »Dort hole ich Sie morgen um vierzehn Uhr ab.« Er kommt pünktlich in einem alten Mercedes, steigt gutgelaunt aus, ein großer jungenhafter Mann, schlank und sportlich. Er holt noch schnell die Zeitung und fährt voraus, eine unwegsame Strecke durch Wälder und Wiesen, kaum einmal ein Haus am Wegesrand. Versteckt auch das Rothsche Anwesen: ein schönes Farmhaus aus dem Jahr 1790, auf einem riesigen waldgesäumten Grundstück. »Sie brauchen den Wagen nicht abzuschließen.« Er lacht: »Hier gibt es sonst keine Menschen, hier kommt niemand her.« Ob ich schon gegessen hätte? Er läuft voraus in die Küche, holt Brot und Butter aus dem Kühlschrank, auf dessen Tür der Umschlagentwurf für den neuen Roman hängt: ›The Anatomy Lesson‹. Später sitzt Roth auf einem Liegestuhl in seinem Arbeitszimmer, das sich in einem Nebengebäude befindet. Alle Fenster sind mit Fliegengitter versehen, sogar die Terrasse ist damit überspannt (und, draußen im Garten, der Swimmingpool – ein regelrechter Drahtkäfig). »Hätte ich eine naturwissenschaftliche Begabung gehabt, wäre ich Arzt geworden. Es ist ein besseres Leben. Gerade für einen Schriftsteller wäre es besser, Arzt zu sein als Schriftsteller! Darum geht es auch in meinem neuen Buch. Zuckerman will keine Romane mehr schreiben, sondern Arzt werden. Er hat allerdings keinen Erfolg damit.«

Nathan Zuckerman ist der Held aus den Romanen ›Der Ghostwriter‹, ›Zuckermans Befreiung‹ und nun ›The Anatomy Lesson‹ (noch nicht auf Deutsch erschienen).* Drei Stationen aus einem Schriftstellerleben: der Anfänger besucht einen hochgeschätzten alten Kollegen; der Erfolgreiche muß mit den Folgen seiner Prominenz fertig werden; schließlich die Krise. Das alles spielt sich in knapp zwanzig Jahren ab. »Es hat mich sechs Jahre gekostet, diese drei Bücher zu schreiben. Es gab keinerlei Unterbrechung. Nun ist die Trilogie fertig. Ich werde etwas anderes machen, weiß aber noch nicht was.« Dieser schöpferischen Pause verdankt sich auch das Zustandekommen unseres Gesprächs. Hat er nicht manchmal Angst, es könnte ihm nichts Neues mehr einfallen? »Doch, sogar gerade jetzt, wo wir hier sit-

---

* Der Roman ›Die Anatomiestunde‹, der dritte Band der Trilogie, kam bei uns 1986 zusammen mit einem 1985 abgeschlossenen Epilog ›Die Prager Orgie‹ heraus.

zen. Zum Glück kenne ich diese Situation: es hat allerdings noch nie länger als einen Monat gedauert. Es ist ja ganz schön, mal keinen Druck zu haben. Ich sage mir: Mach dir keine Sorgen, genieß die Tage, entspanne dich.«

Roth redet lebhaft, mit viel Kraft in der Stimme, klar und deutlich. Er nimmt Rücksicht auf den ausländischen Gast, fragt gelegentlich, ob man auch folgen könne: »D'you follow me?« Er spricht ein leicht verständliches Englisch. Seit 1977 lebt er in jedem Jahr für ein paar Monate in der Nähe von London, im Haus seiner Lebensgefährtin Claire Bloom, der englischen Schauspielerin. Er schreibt auch dort im selben Arbeitsrhythmus. Es gibt den gleichen Stuhl, den gleichen Tisch, die gleiche Schreibmaschine, »nur andere Bäume, wenn man aus dem Fenster blickt«. Es sei gerade für die amerikanischen Autoren eine wichtige Frage, wo man am besten schreiben könne. »Das ist schwer zu lösen, vielleicht unlösbar. Von 1962 bis 1970 habe ich in New York gelebt. Ein problematischer Ort für einen Schriftsteller. Ich bin froh, daß ich in dieser Zeit nicht hier draußen gewesen bin, ich hätte viel versäumt. Dabei habe ich schon damals den ganzen Tag geschrieben und nachts gelesen, ich kämpfte dauernd gegen Ablenkungen und Versuchungen an.« Er macht eine Pause. »Möglich, daß ich seither auch einiges versäumt habe. Man weiß das nie.«

Das also ist der Mann, der in Amerika eine Legende, in Europa immerhin ein Gerücht ist, der Mann, der die intimsten männlichen Besessenheiten und Irrungen ausplauderte, der all die sexuellen Männerphantasien beichtete – in Romanen, die für weibliche Leser verboten gehörten: Frauen können danach keine Illusionen mehr haben. ›Portnoys Beschwerden‹ war nur der – freilich unübertroffene – Anfang, in den siebziger Jahren folgten die Romane ›Die Brust‹, ›My Life as a Man‹ (bisher nicht auf Deutsch publiziert)* und ›Professor der Begierde‹. Im Zentrum stehen jüdische Intellektuelle, die sich ihr – wie sie meinen – verkorkstes Leben von der Seele reden. Sie sprechen von der Übermacht der Mutter, von eigenen Unzulänglichkeiten, gemischt

---

* Die deutsche Fassung – ›Mein Leben als Mann‹ – wurde erst 1991 endlich veröffentlicht.

Philip Roth, 1983 in London

mit Allmachtsphantasien, von der Sehnsucht nach den Frauen, die sie nicht haben, und der Unzufriedenheit mit jenen, die sie haben.

Da also sitzt Philip Roth. Ein freundlicher, geistreicher, unterhaltsamer Gesprächspartner: er macht den Eindruck eines souveränen Menschen, der in sich ruht, der seine Lebensform gefunden hat. Er blickt aus dunklen Augen durch eine goldgefaßte Brille, seine schwarzen Haare haben sich über der Stirn ein wenig gelichtet, doch im Zusammenspiel mit den buschigen Augenbrauen wirkt sein Kopf wie modelliert. Wenn er lächelt, wünscht man sich Roth als großen Bruder. Daß er schon über fünfzig ist, kann man sich nur schwer vorstellen. Eher möchte man ihn für den braven Sohn halten, der es irgendwo im Lande gerade zum Rechtsanwalt gebracht hat, ein Alexander Portnoy, der lieber dem Psychoanalytiker als der eigenen Mutter sagt: »Jawohl, so anständig bin ich, Momma. Ich kann nicht rauchen, kaum trinken, Rauschgift fällt flach, ich pumpe niemanden an und spiele nicht Karten, kann keine Unwahrheiten sagen, ohne daß mir der Schweiß ausbricht, als passierte ich soeben den Äquator.« Würde der Romancier, Rummel und Ruhm bedenkend, ein Buch wie ›Portnoys Beschwerden‹ noch einmal schreiben, wenn er die Wahl hätte? Roth lacht laut auf, ein sattes, genüßliches Schnaufen. »Gewiß, ich glaube eigentlich schon. Doch, doch. Ich habe das Buch seit zehn Jahren nicht mehr in der Hand gehabt. Ich weiß nicht, ob es überhaupt gut ist.«

Roth wurde am 19. März 1933 in Newark geboren, einer Stadt in der Nähe von New York. Newark ist sein Bezugspunkt, auch viele seiner Figuren sind dort geboren (manche im selben Jahr wie er). »Lassen Sie mich die Stadt Newark ein wenig beschreiben«, sagt er. »Das Newark von heute hat überhaupt keine Ähnlichkeit mit dem Newark, in dem ich aufgewachsen bin. Heute ist das eine furchtbare, wüste, schmutzige Stadt, eine Stadt der Schwarzen mit der wohl höchsten Kriminalitätsrate im Land, der größten Kindersterblichkeits- und Tuberkulosequote. Die Stadt begann Ende der fünfziger Jahre zu verfallen. In den sechziger Jahren dann sind die Weißen geflohen, mit ihnen verschwanden die Geschäfte. Für die Stadt gab es keine Steuereinnahmen mehr. Es kam zu Rassenunruhen. Als Martin Luther

King erschossen wurde, wurde ein Teil der Stadt in Brand gesetzt, ein großer Teil der verbliebenen Geschäfte wurde niedergebrannt. Die Stadt hat sich davon nie erholt. Sie ist ein Alptraum. Doch: als ich dort aufwuchs, war Newark eine mittelgroße Industriestadt, eine Hafen- und Fabrikstadt. Voll mit Leben. Genau das Gegenteil von dem, was es heute ist. Wie viele Städte bestand Newark damals aus vielen ethnischen Enklaven. Das war wie ein kleines Europa. Es gab Grenzen, es war auch klar, daß es Grenzstreitigkeiten geben könnte. Zwischen 1880 und 1910 kamen die Leute aus Europa. Hier waren die Iren, hier die Deutschen, hier die Juden, hier die Italiener, und hier die Neger, wie man sie damals nannte, eine ganz kleine Gruppe. Und hier waren die Amerikaner, aber ich verstand nie, wer die eigentlich waren. Das war richtig ein kleiner Völkerbund. Ich wuchs im jüdischen Teil auf, wo achtundneunzig Prozent der Leute Juden waren. Achtundneunzig Prozent der Highschool-Schüler waren Juden, achtundneunzig Prozent der Lehrer, die Geschäftsleute waren wahrscheinlich alle Juden, bis auf den Schuster, der war vielleicht Italiener, ja, ich glaube, der war Italiener. Alle, die ich kannte, waren Juden. Das war sehr bequem. Es war kein bißchen bedrückend, nie wäre ich auf den Gedanken gekommen, in einem Getto zu leben. Ich glaubte, so zu leben wie die Mehrzahl der Amerikaner. Das war das amerikanische Muster: die Leute, die einen vergleichbaren Hintergrund hatten, lebten in Nachbarschaft. Meine Eltern wurden in Amerika geboren, sie sind Kinder von Einwanderern. Sie waren beide sehr amerikanisch und trotzdem stark jüdisch. Man kommt also aus zwei verschiedenen Kulturkreisen, was gut ist. Das ist nicht unbedingt ein Konflikt, aber es paßt nicht völlig zusammen. Das stellt Spannung her, stellt Reibung her, stellt Interesse her, stellt am Ende die Konflikte her, und es stellt die Entschlossenheit her, die Konflikte zu lösen. Als Kind habe ich das nicht so gespürt. Ich habe kein Problem gespürt, allenfalls die zwei Kulturen. In einem gewissen Sinn müßte ich sogar von drei Kulturen sprechen, meine Großeltern hatten diesen jiddischen Hintergrund. Sie brachten Osteuropa in unser Haus. Das war sehr vage und unbestimmt, und ich war nicht besonders daran interessiert. Sie sprachen Jiddisch, das verstand ich nicht.«

Und welche Kindheits- und Jugenderinnerungen verbinden sich mit Amerika, dem Leben dort? Wie wurde auf seine Herkunft reagiert? »Der amerikanische Aspekt der Schule wurde verstärkt durch den Umstand, daß der Krieg im Gange war. Ich war acht Jahre alt, als der Krieg hier 1941 begann. Das ist ein schöner Brocken in der eigenen Kindheit. Das sind die Jahre, in denen man am leichtesten zu beeindrucken ist. Es war eine starke Erfahrung, denn alles Amerikanische wurde verherrlicht: Wir mußten den Krieg gewinnen! Unsere Jungs kämpften da drüben! Die amerikanische Fahne, die amerikanische Lebensform, die amerikanischen Werte... Wie ich es einmal in einem Essay ausgedrückt habe: Wir sind wahrscheinlich die am stärksten indoktrinierte Generation kleiner amerikanischer Patrioten, die es jemals gegeben hat. Dann kam ich auf ein College, das überhaupt nicht meinen Hintergrund hatte: ein kleines College im ländlichen Pennsylvania. Die meisten Studenten waren Christen, das College selbst war nicht religiös gebunden. Zum erstenmal in meinem Leben kam ich mit einer Mehrheit von Nichtjuden in Kontakt. Es machte mir nicht viel aus, ich war darauf vorbereitet. Auf Antisemitismus bin ich nie gestoßen. Es ist gut möglich, daß hinter meinem Rücken geredet wurde; doch niemals ins Gesicht, nie hat jemand etwas gesagt.«

Wer seine Bücher kennt, weiß, daß die jüdische Herkunft ihn mehr beschäftigt, als es im Gespräch anklingt. Auf dem College entstand der Wunsch zu schreiben. Roth ließ den Plan, Jura zu studieren, fallen und widmete sich der Literatur, er schrieb Geschichten, gab ein kleines Magazin heraus und erhielt später in Chicago, wohin ihn ein Stipendium führte, die Lehrbefähigung. Viele Jahre hat er an der Universität unterrichtet. Kafka und Tschechow sind die beiden Autoren, die ihm im Leben am meisten bedeutet haben. »Ich dachte, ich geh aufs College und werde Rechtsanwalt. Das macht man gewöhnlich, wenn man sich gut ausdrücken kann, aber nicht naturwissenschaftlich begabt ist. Wenn man naturwissenschaftlich begabt ist, wird man Arzt.«

Philip Roth hat bisher nur Prosa veröffentlicht, keine Gedichte, kein Theaterstück. Er schreibt auch – im Gegensatz zu John Updike oder Joyce Carol Oates – kaum über andere Autoren oder Bücher, allenfalls, wie er erzählt, in Form von persönlichen Briefen. Es gibt ein Bändchen, das 1975 eine Bilanz zog, nach acht Romanen und Prosabänden: ›Reading Myself and Others‹, eine Sammlung von Interviews, Selbstkommentaren und Rezensionen. Das erste Buch erschien vor fast fünfundzwanzig Jahren, Roth war damals Mitte Zwanzig: ›Goodbye, Columbus‹ enthielt einen Kurzroman und Erzählungen. Der Autor errang damit auf Anhieb eine der höchsten Auszeichnungen, die in den Vereinigten Staaten vergeben werden, den ›National Book Award‹. Drei Jahre danach, 1962, erschien der Roman ›Anderer Leute Sorgen‹, die Fleißarbeit des jungen Autors, ein Werk von mehr als sechshundert Seiten, ein unterhaltsames Stück Literatur, angefüllt mit hinreißenden Dialogen. Der Roman spielt in Roths damaliger Welt, im Universitätsmilieu. Intellektuelle Männer und ihr Verhältnis zu Frauen: das immer wiederkehrende Thema findet hier eine erste, noch brave, doch schon bravouröse Darstellung. In dem Roman ›Lucy Nelson‹ (›When She Was Good‹, 1967) wagte es Roth, sich in die Gedanken- und Gefühlswelt einer Frau einzuleben. »Das würde ich gern noch einmal machen«, sagt er. »Das zu schreiben, war die Hölle, aber schließlich habe ich's in den Griff gekriegt. Das hängt davon ab, wie gut man eine Frau kennt.«

Einmal hat er sich literarisch zur Politik geäußert, mit einer Satire über Nixon. ›Unsere Gang‹ heißt das Buch, Anfang der siebziger Jahre erschienen. Hat es eine Wirkung gehabt? »Aber natürlich«, Roth lacht, »Nixon ist nicht mehr Präsident! Im Ernst: Ich glaube nicht, daß so ein Angriff irgendwelche Folgen hat. Ich hatte Spaß daran, es zu schreiben. Einige Zeitungen weigerten sich damals, das Buch zu besprechen. Man fand es skandalös, sich in dieser Art über den Präsidenten lustig zu machen. Vielen gefiel es.« Man sei in Amerika nicht besonders interessiert zu hören, was Schriftsteller zur Politik zu sagen haben. Der öffentliche Auftritt sei unüblich. »Sie haben doch ein berühmtes Beispiel: Grass. Und Böll ja auch. Das hat bei uns keine Tradition. Daß bei mir das Telefon klingelt und ein Senator mich um meine Meinung bittet: unvorstellbar. Ich würde vor Schreck umfallen.« Könnte er sich vorstellen, auch über Reagan etwas ähnliches wie über Nixon zu schreiben? »Das würde ich gern. Aber was wäre

zu schreiben? Dieser Mann ist ein Skandal. Nixon war wenigstens ein bißchen interessant, er war ein Schurke und ein Psycho-
path, aber er hatte wenigstens einiges Geschick, einige Qualifi-
kationen. Er war einmal Richter. Dagegen Reagan: In ganz
Amerika gibt es keinen Geschäftsmann, der ihm für eine Woche
seinen Laden anvertrauen würde.« Roth fährt mit dem Finger in
die Luft, überbietet sich in Charakterisierungen. »Reagan ist das
absolute Nichts. Er kann nicht reden, er kann nicht argumentieren, er kann auf kein Argument eingehen, er weiß überhaupt
nicht, was ein Argument ist! Er hat keinerlei geschichtliche
Kenntnisse, er kann keine Sprachen, er kann nicht einmal richtig
Englisch. Es ist ein Skandal.«

Den amerikanischen Autoren der mittleren Generation fehlt
der Glaube an politische Einflußnahme. Mag es damit zusammenhängen, daß sie ihre gesellschaftskritische Kraft so stark darauf richten, die Rissigkeit der Fassade von Sitte und Moral im
Alltagsleben aufzuzeigen? Der Umbruch der Wertvorstellungen
etwa auf dem Gebiet der Sexualität hat in der europäischen, ge-
schweige der deutschen Literatur nicht annähernd soviel Nach-
hall gefunden wie in der amerikanischen. Wer in Romanen auch
einen Spiegel der Zeit sucht, muß auf Autoren wie Roth, John
Updike, Erica Jong zurückgreifen. Der Roman ›Portnoys Beschwerden‹ ist ein Schlüsselwerk der Wende zwischen den sechziger und siebziger Jahren.

Das Buch hat mit Pornographie allenfalls das Vokabular
gemeinsam. Es ist ein ausgeklügeltes Kunstwerk, in dem, seltsam
genug, erstmals der Monolog eines Mannes auf der psychia-
trischen Couch literarisch umgesetzt wird – nicht ohne eine
spitzfindige Schlußwendung. Es stellt sich heraus, daß die
Lebensbeichte von Alexander Portnoy eine Art Ouvertüre ist,
die Analyse soll erst noch folgen, sie ist kein Stoff für einen Roman. Doch auch so gibt Portnoy Einblick genug in sein Leben.
Er will wissen: »Warum also bin ich allein geblieben und habe
keine Kinder?« Zwischen Verzagtheit und Trotz schwankt er
hin und her: »Laß das Erröten, fort mit der Scham, du bist nicht
mehr Mutters schlimmer kleiner Junge! Wenn es um den Trieb
geht, ist ein Mann in den Dreißigern niemand anderem Rechen-
schaft schuldig als sich selbst! Das ist es ja, was das Erwachsen-

sein so reizvoll macht! Du willst etwas haben? Nimm es dir!«
Hilfloser Appell an sich selbst. Die jüdische Mutter, eine
Glucke, verfolgt ihn bis ins Mannesalter, immer noch erinnert er
sich der wilden Masturbationsakte der Jugendjahre: seine Form
der Abgrenzung. Zum Analytiker sagt er: »Ich war jetzt lange
genug ein netter jüdischer Junge, der in der Öffentlichkeit seinen
Eltern Ehre macht, während er im geheimen daliegt und wichst!
Lange genug!« Daß Roth als Nestbeschmutzer gebrandmarkt
wurde, daß man ihm Antisemitismus vorwarf, verwundert nicht
– und geht doch an der Sache vorbei. Was hier in einer zugespitzten und krassen Form vorgeführt wird, führt über das geschilderte Milieu weit hinaus. Werde erwachsen, aber bleibe das
brave Kind! Die uneinlösbare Forderung der Mutter an den
Sohn, die seelische Pein, die hinfort für das Mannesleben daraus
erwächst und am Ende die Frauen ebenso trifft, als Partnerinnen
der unsicheren und verunsicherten Kandidaten, das alles ist
symptomatisch. Roth holt die Beispiele dort, wo er sich aus-
kennt: Das macht seine Darstellung so umwerfend, so umwerfend komisch und so umwerfend präzise.

Roths Helden sind hervorragende Wissenschaftler, sie kennen
sich aus in der Literatur, nur ihr Leben bekommen sie nicht in
den Griff. David Kepesh, der ›Professor der Begierde‹, hat eine
Dissertation über die romantische Desillusionierung bei Tschechow geschrieben, doch über sich und seine Partnerin Helen
weiß er nur: »Die Monate vergehen, und wir bleiben zusammen,
überlegen, ob ein Kind uns aus dieser vielleicht tödlichen Pattsi-
tuation herausholen könnte... oder etwa ein Antiquitätenladen
für Helen... oder eine psychotherapeutische Behandlung von
uns beiden. Immer und immer wieder müssen wir von anderen
hören, was für ein umwerfend ›attraktives‹ Paar wir sind: gutge-
kleidet, weitgereist, intelligent, freizügig, zusammen ein Ein-
kommen von zwölftausend Dollar im Jahr... und das Leben ist
einfach gräßlich.«

Und Lonoff, der alte Schriftsteller, den Zuckerman im
›Ghostwriter‹ als Vorbild verehrt und besucht? Er berichtet dem
Jungen von den vergeblichen Versuchen seiner Frau, ihn wenigstens am Sonntag zu einem Spaziergang zu überreden, und von
seinem beharrlichen Widerstand: »Sie gibt auf, und wir gehen

nach Hause. Und daheim – was unterscheidet dort den Sonntag vom Donnerstag? Ich setze mich wieder an meine kleine Olivetti, halte wieder nach Sätzen Ausschau und kremple sie um.« Ist Lonoff als Warnung gedacht? Ein Schriftsteller, wie er nicht werden möchte?

Philip Roth lacht lauthals, verschluckt sich, lacht wie ertappt. »Vielleicht ist es längst zu spät«, sagt er unvermittelt ernst. »Lonoff leidet an seiner Isolation, seinem Solipsismus. Ich ziehe es vor, nicht so zu werden.« Dann fügt er schwankend hinzu: »Wenn man an einem Platz wie diesem die ganze Zeit lebt: Was wird mit einem passieren? Was könnte passieren? Lonoff? Es gibt ein schlimmeres Los.« Er schweigt einen Augenblick. »Wenn man Glück hat, trifft man als junger Autor so einen alten Schriftsteller. Für den Jungen ist das spannend, für den Alten unterhaltsam. Ich habe meinen Zuckerman noch nicht gefunden...« Er sieht sich also doch in der Rolle von Lonoff, nicht so sehr von Zuckerman in diesem Fall. Roth hat seine Erfahrungen und Zukunftsvisionen geschickt verteilt. Die Trilogie ist ein Vexierbild des Lebens als Schriftsteller. Dann redet er wieder über Zuckerman – und sich? »Nathan Zuckerman wollte ein richtiger Schriftsteller werden, und er ist zum Showstar geworden. Er wollte wie Lonoff werden. Und wer ist Lonoff? Lonoff ist Flaubert. Statt dessen wurde er Sammy Davis jr. Das ist doch ulkig, nicht wahr?«

Was also ist mit Zuckerman? Wie autobiographisch ist Roths Romanwerk? »Es enthält Teile meiner Erfahrung. Aber die Figuren kommen mir wie Erfindungen vor. Natürlich: genommen aus den Erfahrungen, die ich hatte, ganz gewiß. Aber dermaßen übertragen und verändert, daß sie für mich aufhören, meinem eigenen Leben zu ähneln. Für mich ist Zuckerman jemand anders. Wenn ich von Zuckerman spreche, denke ich nicht an mich selbst. Andere tun das vielleicht. Ich denke: Was würde Zuckerman machen? Ich denke nicht: Was würde Roth machen? Mich interessiert mehr, was Zuckerman macht, als das, was ich mache.« Würde er also widersprechen, wenn Kritiker Zuckermans fiktiven Bestseller ›Carnovsky‹ mit ›Portnoys Beschwerden‹ gleichsetzen? »Nein, das ist schon in Ordnung. Die Erfahrung kenne ich und hatte ich. Ich bin allerdings nicht in der Lage, eine präzise Wiedergabe der Wirklichkeit zu geben. Wenn ich Maler wäre, würde ich auch keine Reproduktion der Wirklichkeit liefern, sondern eine impressionistische Wiedergabe. Was mir genau passierte, ist völlig uninteressant. Tausende von Dingen sind mir zugestoßen, viele, die sich gegenseitig aufheben. Aber was ist die Richtung der Erfahrung, was ist interessant daran – und was kann ich daraus machen?«

Er steht auf, er müsse sich nun für eine Stunde zurückziehen. Er hat für eine Sonderausgabe von ›The Anatomy Lesson‹ fünfundzwanzigtausend Autogramme auf ebenso viele Seiten zu schreiben, die später eingebunden werden sollen. Tausend am Tag sind sein Pensum, fünfhundert habe er am Morgen schon geschafft. Philip Roth ist einer, der sich an den Stundenplan hält. Im Stehen sagt er: »Dies ist das erste Mal seit ungefähr achtzehn Jahren, daß ich seit mehr als einem Monat nicht an einem Buch arbeite. Wenn ich schreibe, habe ich für nichts anderes Zeit. Ich hätte nicht einmal Zeit für Sie zu einem Gespräch. Ich muß dranbleiben. Ich scheine dann kaum zu leben, ich brauche kein Leben, ich habe diese Sache«, sagt er, »I have this thing!«

Anderthalb Stunden später sitzen wir im Restaurant von ›The Hopkins Inn‹ mit Blick auf den kleinen Waramaug-See zum »early dinner«. Claire Bloom und ein befreundeter Bildhauer sind dabei. »Sieht es hier nicht aus wie in der Schweiz?« fragt sie. Roth wird freundlich bedient, man weiß, daß er der Schriftsteller ist. Kennen die Leute auch seine Bücher? »Ich glaube nicht, es ist wohl auch besser so«, sagt er. Beim Essen kommt das Gespräch auf Scheidungen. »Ich liebe jede Hochzeit in meinem Haus«, sagt Roth, »solange ich nichts damit zu tun habe.« So verhindere man Scheidungen. Alle lachen, auch seine Gefährtin, mit der er seit sieben Jahren zusammen ist. Er war einmal verheiratet, kinderlos, seine Frau starb nach einem Unfall. Im Mercedes fahren wir durch Wiesen zum Kino nach Bantam, an einer Schafherde vorbei, einem Hügel hoch, hinter uns der See in der Abendsonne. Der Film heißt ›Tender Mercies‹, ein australischer Regisseur hat ihn gedreht. Philip Roth im Kino: Man könnte denken, Leben mache ihm Spaß, er sei ledig aller Sorgen und Pflichten. Er ist es nur für den Augenblick. Irgendwann auf der Rückfahrt sagt er: »Ich liebe es, mit einem Buch fertig zu werden. In den letzten

Wochen gibt es ein Triumphgefühl, wenn man merkt, daß man es im Griff hat, nur noch besser machen kann – es gibt nichts auf der Welt, was dem gleichkommt.«

»Let the others write the books«, heißt es in ›The Anatomy Lesson‹: Sollen doch die anderen die Bücher schreiben. Das mag für Zuckerman gelten. Philip Roth wird nicht davon lassen. Er könnte es gar nicht.

New York, 8. März 1991

Der Schriftsteller als Vampir: Er beutet nicht nur seine eigene Biographie aus, er saugt auch Freunden und engsten Vertrauten den Lebensstoff aus den Adern. Er braucht diesen Stoff für seine Romane. Philip ist so einer. Er hört den Gesprächen anderer Menschen nur zu, um gute Vorlagen für seine Dialoge zu erhalten. Er schläft sogar mit der Frau des Freundes – um sich ihr Vertrauen zu erschleichen und ihre Geschichte zu erfahren. Er ist unersättlich. Das glaubt jedenfalls sein Freund Ivan. Der wirft dem Schriftsteller vor, es mit Ivans Frau Olina getrieben zu haben. Und nicht nur das. »Andere Männer hören geduldig zu, als Teil der Verführung, die zum Fick führt«, behauptet der Betrogene. »Deshalb reden Männer normalerweise mit Frauen – um mit ihnen ins Bett zu gehen.« Doch im Fall von Philip: »Du gehst mit ihnen ins Bett, um mit ihnen zu reden.« Philip ist in den Augen Ivans nichts als ein »treuloser Bastard«, den im Bett einzig der »erzählerische Impuls« fasziniere. »Und all das, das muß ich dir einmal sagen, zeigt nicht nur deine Grenzen als Freund, sondern auch als Romancier.« Ivans Fazit: »Dich treibt nicht der Eros – dich treibt überhaupt nichts. Außer dieser knabenhaften Neugier.«

Starke Worte. Wer wagt es, den Romancier Philip dermaßen zu demaskieren? Niemand anderes als ein Romancier namens Philip, Philip Roth. Denn das alles steht in einem neuen Buch von ihm, das ausdrücklich als Roman gekennzeichnet ist: ›Deception. A Novel.‹ Täuschung, wie der Titel sagt, ist dieser Roman wie jedes Werk der Fiktion, doch Täuschung ist auch sein Thema – und der Ehebruch, was vielleicht nur ein anderes Wort dafür ist. Alles ist hier Täuschung: Roth bewegt seine Hütchen immer etwas schneller als mit bloßem Auge wahrnehmbar. Wer glaubt, er habe ihn, er habe ausgemacht, unter welchem Hütchen sich die Wahrheit versteckt, der findet nichts darunter. Dann hebt Roth das Hütchen nebenan hoch – und siehe da: die puren Tatsachen. Oder doch nicht?

Hotel ›Algonquin‹, Kaffeestunde. Philip Roth, vor wenigen Tagen 58 Jahre alt geworden, lebt seit 1987 wieder ganz in Amerika, zusammen mit Claire Bloom, die er im vergangenen Jahr geheiratet hat. Er wohnt nun abwechselnd in seinem Haus in Connecticut und einem Apartment in New York. Und er unterrichtet auch wieder: »Creative Writing« wie früher – nun nicht mehr an exklusiven Universitäten, sondern am Hunter College, hier in New York. Er mag seine Studenten. »Sie kommen mit der Subway – die Klasse *ist* die Subway. Mit anderen Worten: Sie sind nicht ängstlich. Und sie sind gut.« Das ›Algonquin‹ als Ort für ein Gespräch war sein Vorschlag. »Ich glaube, ich war seit mehr als zwanzig Jahren nicht hier«, sagt er und setzt sich ganz an die Wand, an eine Stelle, von der aus die altertümliche Hotellobby gut zu überblicken ist. »Es kommt mir nicht mehr ganz so attraktiv vor wie damals. Es war irgendwie gemütlicher. Es sieht alles etwas schäbig aus.«

Er dagegen sieht immer noch jung und jungenhaft aus, und er ist fleißig wie eh und je. Die Anfang der achtziger Jahre veröffentlichte Zuckerman-Trilogie (›Der Ghost Writer‹, ›Die Anatomiestunde‹, ›Zuckermans Befreiung‹) hat er 1985 mit einem kleinen frechen Epilog gekrönt: mit der ›Prager Orgie‹ (deutsch 1986). Doch auch danach ließ ihm sein Alter ego Nathan Zuckerman keine Ruhe: Ein Jahr später erschien ›Gegenleben‹ (deutsch 1988). In diesem Roman, einem Bravourstück, schickt Roth seine Figuren durch das Labyrinth eines virtuosen Fiktionsspiels, faszinierend ausgeklügelt. Und bei aller Experimentierlust höchst unterhaltsam: Das Buch ist eines der besten von Roth. Kurz danach begann der emsige Autor damit, einen neuen Prosazyklus zu ersinnen und das Spiel von Maskierung und Demaskierung auf eine höhere Stufe zu heben: 1988 veröffentlichte er als erstes eine regelrechte Autobiographie, genauer die »Autobiographie eines Schriftstellers«: ›The Facts. A Novelist's Auto-

Philip Roth, 1991 während des Gesprächs in New York

biography‹ (unter dem Titel ›Die Tatsachen‹ wird das Buch in diesem Frühjahr auch in Deutschland herauskommen).

Seither sind – in Amerika – zwei weitere Bände gefolgt, ein Roman und eine »wahre Geschichte«: ›Deception. A Novel‹ (1990) und gerade eben ›Patrimony. A True Story‹. An einem vierten Band, über den er noch nicht reden möchte, arbeitet Roth seit einiger Zeit.* »Wenn diese vier Bände einmal alle da sein

* ›Operation Shylock. A Confession‹ kam in Amerika 1993 heraus; die vier Bände werden äußerlich vor allem durch die eigenwilligen Gattungsbezeichnungen zusammengehalten, die für Roth jeweils zum Titel zählen. In den deutschen Ausgaben ist der Zusammenhang nicht so erkennbar, die vier Bände erschienen zudem in einer abweichenden Reihenfolge: Nach den ›Tatsachen‹ (1991) wurde 1992 zunächst das Buch über den Vater unter dem Titel ›Mein Leben als Sohn‹, im Jahr darauf der Roman ›Täuschung‹, schließlich 1994 ›Operation Shylock. Ein Bekenntnis‹ veröffentlicht.

werden«, sagt er, »werden sie zusammen meine Autobiographie bilden. Auch die Fiktion ist Teil meiner Autobiographie.« Es werde, so hofft er, eine »sonderbare« Autobiographie. In der Tat, schon die ersten drei Bände zeigen: Ein konventionelles Memoirenwerk, in dem Band für Band eine Lebensgeschichte entfaltet wird, ist das nicht. Nur schwer läßt sich eine Identität zwischen dem Philip Roth der ›Tatsachen‹ und jenem Philip behaupten, der in ›Deception‹ sein erotisches Unwesen treibt – wobei es freilich zu einfach wäre, den einen für den wahren, den anderen für einen nur erfundenen zu halten. Der Schriftsteller Philip im Roman jedenfalls spricht gewiß auch im Sinne seines Erfinders Roth: »Ich schreibe Fiktion, und man sagt mir, es sei Autobiographie, ich schreibe eine Autobiographie, und man sagt mir, es sei Fiktion, und da ich folglich so schwer von Begriff bin, sollen die anderen entscheiden, was es nun ist oder nicht ist.«

Die verschiedenen Ebenen und Identitätsverwirrungen können beim Leser schon einen leichten Schwindel hervorrufen – zumal auch Zuckerman wieder mit von der Partie ist. Der mischt sich am Ende des ersten Bandes (›Die Tatsachen‹) ein und schreibt einen Brief an seinen Schöpfer. Er rät davon ab, die Autobiographie überhaupt zu veröffentlichen: »Nein, das ist nicht das Gebiet, auf dem Sie interessant sind. Wenn man Fiktion schreibt, kann man einfach viel wahrheitsgetreuer sein.« Übrigens hat Zuckerman nicht ganz unrecht: Die Darstellung der eigenen Lebensgeschichte mit den Erinnerungen an die behütete Kindheit, das Studium, die literarischen Anfänge sind Roth ungewöhnlich trocken geraten. Roth hört das nicht gern, er teilt Zuckermans Kritik nicht – behauptet er: »Natürlich nicht. Ich war in dem Buch so aufrichtig, wie es mir möglich war. Alle scheinen zu meinen, daß Zuckermans Ablehnung in Ordnung ist – ich nicht.« Aber Zuckermans Einwände sind auch seine, müssen es sein – denn er hat sie formuliert. Haben vielleicht beide auf ihre Art recht, der Selbstbiograph und sein Kritiker? »Ja, beide sind Roth, beide haben recht und unrecht, im gleichen Ausmaß.«

Doch auch Roth erkennt, daß ›Die Tatsachen‹ erst durch den Auftritt Zuckermans, durch die eingebaute Selbstkritik ihre eigentliche Qualität gewinnen, durch die Idee, »ins Buch selbst eine Art Kampfansage gegen dieses Buch aufzunehmen«, wie er es formuliert. »Der Rahmen macht das Ganze interessant«, sagt Roth. »Und das Argumentieren mit sich selbst, die Dialektik, gehört zu meiner Autobiographie, zu meiner intellektuellen Biographie überhaupt, das gehört zum Wesen meiner Arbeit und meines Lebens.« Darum sei er mit der Struktur dieses Buches sehr zufrieden. »Ich bin der Ansicht, daß der Inhalt in der Struktur liegt.«

Auch im kleinen Roman ›Deception‹, der ausschließlich aus Dialogen besteht, die man sich als Bettgeflüster vorstellen kann, genauer: als prä- oder postkoitale Gespräche, taucht Zuckerman in einem der Gespräche auf – und wird zu Grabe getragen. Sogar ein fiktiver Biograph des fiktiven Dichters wird in einem Gedankenspiel bemüht. Er soll den mit 44 Jahren gestorbenen Schriftsteller Zuckerman mit einer Lebensbeschreibung unter dem Titel ›Improvisations on a Self‹ ehren. »Was ihn interessiert, ist die wahnwitzige Mehrdeutigkeit dieses ›Ich‹«, heißt es im Roman über den Biographen und sein Objekt. Schluß mit Zuckerman? Wer weiß.

Roth, der Meister in der Kunst der Verdrehung, der Verspiegelung, der Errichtung verschachtelter Welten, hat die Schraube noch einmal angezogen. Schwer die Übersicht zu behalten und zu unterscheiden, wo bei ihm oben und unten ist, wo die Fakten beginnen und die Fiktionen enden. Immer wieder untergraben Roth und sein Roman-Ich Philip die Gewißheiten. Auch die Anschuldigungen des Freundes Ivan, so erfährt der Leser zwischendurch, seien frei erfunden. Das erklärt der Schriftsteller Philip jedenfalls seiner Ehefrau, als sie die Aufzeichnungen ihres offensichtlich ehebrecherischen Mannes findet. Alles erfunden, will er ihr weismachen. Weder habe er mit Olina geschlafen, noch habe ihn Ivan je dessen bezichtigt: »Es macht die Anklage irgendwie pikanter, wenn ich mich selbst beschmutze.« Ein Karussell der Täuschungen, zugleich – als ganzes – ein erkenntnistheoretisches Spiel von großer Grazie.

Warum ausgerechnet der eigene Vorname für die Romanfigur? »Ja, warum habe ich ihn Philip genannt?« überlegt Roth. Dann sagt er: »Von Marianne Moore, der Lyrikerin, gibt es die wunderschöne Formulierung von den ›realen Kröten in imaginären Gärten‹. Und das ist dieser Philip: eine reale Kröte in einem Garten der Phantasie. Das alles ist Bestandteil der autobiographischen Leinwand. Verstehen Sie?« Und er fügt hinzu: »Die Leute denken ohnehin ständig, daß ich nur über mich schreibe. Also habe ich es ein wenig auf die Spitze getrieben.«

Und warum nennt er ›Patrimony‹, die Erinnerungen an seinen Vater, dann eine »wahre Geschichte«? »Weil es genau das ist«, gibt Roth zurück. Dann räumt er ein: »Natürlich, jede Geschichte ist ein Artefakt. Aber hier ist nichts erfunden. Es hat nur eine Auswahl stattgefunden.« Ein ergreifendes Vaterporträt (und zugleich ein faszinierendes Selbstbildnis als Sohn) ist dabei herausgekommen, eine Hommage an den einfühlsamen Mann, der 1989 an einem Hirntumor gestorben ist. ›Patrimony‹ ist der Höhepunkt im autobiographischen Zyklus. Schon im ersten Band ›Die Tatsachen‹ gibt es eine Passage, in der Roth ein durch die Vaterfiguren in seinen Romanen provoziertes Mißverständnis ausräumt, der eigene Vater habe ihn als »Nestbeschmutzer« verdammt. Im Gegenteil: »Mein Vater konnte, wenn gegen mich Vorwürfe mangelnder jüdischer Loyalität erhoben wurden, so streitbar sein, wie er es in späteren Jahren werden sollte, wenn irgend jemand es wagte, auch nur einen einzigen Aspekt israelischer Politik in Zweifel zu ziehen.«

Schließlich die Frage: Warum überhaupt der Schritt auf autobiographisches Terrain? In dem Buch ›Tatsachen‹ gibt es nur Andeutungen, von einem Zusammenbruch im Frühjahr 1987 und von einer »tiefen Depression« ist die Rede, und es heißt: »Um wiederzuerlangen, was ich verloren hatte, mußte ich zum Moment des Ursprungs zurückkehren.« Was war das für eine Geschichte? »Warten Sie auf den vierten Band der Autobiographie!« antwortet Roth knapp.* Er fragte sich heute, ob es richtig war, die ›Tatsachen‹ zu veröffentlichen. Kürzlich hat er den Band noch einmal zur Hand genommen. »Wie es so kommt: Ein Exemplar des Buches lag herum, und ich habe es an einem Abend durchgelesen. Danach fühlte ich mich schrecklich ungeschützt.

---

* Roth hatte drei Monate lang das Schlafmittel »Halcion« eingenommen, das bei ihm zu Halluzinationen und Nervenzusammenbrüchen führte – so wird in ›Operation Shylock‹ enthüllt.

Ich fragte mich selbst: Warum hast du das gemacht?« Nach einer kleinen Pause sagt er: »Nun, zum Glück habe ich es einfach gemacht. Zum Glück für mich. Nicht für sonst jemand.« Es sei eine Lektion, die er bei Faulkner gelernt hat: Man müsse sein Bestes geben und es dann rasch veröffentlichen. Anders als Kafka: Der sei auf seinen Sachen hockengeblieben »wie eine Henne auf ihren Eiern«. Das sei ein Fehler. »Besser ist es, die Sachen zur Welt zu bringen. Weg damit!«

Demnächst will er wieder nach Prag fahren, in jene Stadt, die ihm vor allem Kafkas wegen wichtig geworden ist. Nach Deutschland zieht es ihn nicht: »Es scheint nie zu meinen literarischen Reiseplänen gepaßt zu haben.« Mit großem Interesse nimmt er zur Kenntnis, daß in Deutschland eine ungekürzte Fassung von Kafkas Tagebüchern erschienen ist. »Es sollte auch bei uns eine vollständige Ausgabe geben«, sagte Roth begeistert. »Bis heute haben viele nicht kapiert, daß auch das Tagebuch eines der großen Werke Kafkas ist, eines der großen literarischen Werke des Jahrhunderts.« Er habe gerade mit seinen Studenten Kafkas ›Prozeß‹ behandelt und sie auf die außerordentlich erotisierte Atmosphäre in diesem Roman aufmerksam gemacht. »Darüber ist, soweit ich weiß, noch nie richtig geschrieben worden. Wir haben das Kapitel ›Der Prügler‹ durchgenommen. Ich habe meinen Studenten gesagt: ›Stellt euch einmal vor, ihr wüßtet nicht, woher das stammt, wer die Figuren sind, stellt euch vor, ihr würdet das in einem Pornomagazin lesen! Würde man das nicht für reine Pornographie halten?‹«

Er drängt zur Eile. Hier ist man in New York, das Gespräch für ihn ein Termin unter vielen – anders als draußen auf dem Land. Vielleicht liegt es auch einfach daran, daß er mitten im Schreiben steckt. Der vierte Band der Autobiographie werde umfangreicher ausfallen als die ersten drei Bücher, sagt er. »Ich benötige vielleicht noch anderthalb Jahre. Wenn das vorbei ist – keine Ahnung, was ich dann machen werde. Mag sein, daß ich nie wieder etwas schreibe. Ganz im Ernst! Warum nicht?« Hätte er denn keine Probleme damit? Die Antwort kommt schnell und präzise: »Probleme? Ich habe Probleme mit dem Schreiben.«

Philip Roth hat in mehr als dreißig Jahren als Erzähler einen Kosmos durchmessen – und ist dabei immer wieder auf sich selbst gestoßen. Doch jedesmal ist aus der Begegnung von Wahrheit und Dichtung etwas anderes, eine immer raffiniertere Form von Vermischung geworden, am Ende – vielleicht auch für ihn selbst – nur noch schwer auseinanderzuhalten. In seinem Roman ›Deception‹ läßt er eine Figur sagen: »Ja. Da hast du das Leben. Immer ein bißchen an der Fiktion vorbei.«

Verhältnisse gebären Figuren

Gerold Späth

Campiglia Marittima, 26. und 27. August 1980

Wenn er mit Beppe spricht, dem Tischler, den alle in der kleinen Stadt wegen seiner alten Möbel verspotteten, bis die Ausländer kamen und sie ihm für immer mehr Geld abkauften, wenn er dem Dorfschneider die Hand schüttelt, der im Krieg hier den Widerstand gegen die Deutschen organisiert hat, oder mit dem Klempner klönt, dann scheint Gerold Späth dazuzugehören. Hier, in Campiglia Marittima, kennt man einander. »Es ist nicht leicht, an die Leute heranzukommen«, sagt Späth jedoch, als wir in einer Bar am Marktplatz sitzen. »Es dauert lange, bis man Einblick in die Lebensgeschichte erhält. Man darf das nicht erzwingen wollen.«

Campiglia Marittima: ein Ort mit zweitausend Einwohnern, abseits der italienischen Touristenwege, ein kleines Städtchen, das von Neubauten umstellt ist, aber seinen historischen Kern bewahren konnte. Es liegt – seinem Beinamen »Marittima« zum Trotz – etwas entfernt vom Meer in den Bergen, inmitten toskanischer Hügel. Der nächste Ort heißt San Vincenzo, ein Badeort, auch nicht eben prominent. Von Pisa aus fährt man gut zwei Stunden.

Ein Schweizer Autor in italienischer Idylle. Seine Romanfiguren heißen Unschlecht, Hasslocher oder Balzapf und sind helvetisch bis auf die Knochen. Ihr Schöpfer ist schwer einzuordnen: Er spricht einwandfreies Hochdeutsch mit leichtem Schweizer Tonfall, der sich in der Satzmelodie und der Behäbigkeit verrät. Späth ist von hanseatischer Klarheit, gepaart mit eidgenössischer Verläßlichkeit und romanischer Lebensfreundlichkeit. Die dunklen Haare und der sauber ausrasierte Schnauzbart wollen ihn fast südländisch erscheinen lassen, doch die blonden Augen-

brauen sprechen für eine nördlichere Herkunft. Die Familie
Späth ist seit 1917 in der Schweiz eingebürgert. Die Vorfahren
stammen aus der Oberpfalz und aus Schwaben. Gerold Späth,
der seine Romane abwechselnd seiner Frau Anita und den beiden
Kindern (der neunjährigen Salome, dem fünfzehnjährigen Veit)
widmet, ist von Haus aus Kaufmann. Statt das Orgelbauen zu erlernen wie sein Bruder, der heute in Rapperswil die väterliche
Firma leitet, durchlief er eine kaufmännische Ausbildung. »Es
sollte auch einer da sein, der die Orgeln verkauft.« Er spricht nun
mehrere Sprachen: das gehört in der Schweiz zu den Vorausset-
zungen eines guten Geschäftsmanns.

Doch er hat dann nur ein Jahr im Betrieb gearbeitet. »Man
kann nicht zwei Sachen verbinden, die sehr aufwendig sind.«
Mittlerweile, 1970, war der erste Roman erschienen: ›Unschlecht‹, ein Schelmenroman mit deftigen Szenen. Konkurren-
ten aus der Gilde der Orgelbauer gingen daraufhin – wie Späth es
ausdrückt – »mit Stellen aus dem Buch hausieren«. Plötzlich gab
es für die Späthschen Orgelbauer in der sittenstrengen Umgebung vom Zürcher See keine Aufträge mehr. »Das war eine Art
Sippenhaft«, sagt Gerold Späth. »Aber meine Familie hat wunderbar zu mir gehalten.« Trotzdem gab diese Heimtücke der
Konkurrenz den letzten Ausschlag, sich ganz auf die Schriftstellerei zu verlegen. Hat er denn nicht daran gedacht, lieber das
Schreiben zu lassen? »Niemals.«

In ›Unschlecht‹ stellt er den Rapperswilern nicht gerade das
beste Zeugnis aus: Brave Bürger, voran der Pfarrer und die Politiker, versuchen den armen Tölpel Unschlecht um seine Erbschaft zu bringen. Bei diesem Roman hatte Späth zum erstenmal
das Gefühl (und zwar schon während der Niederschrift), seinen
Ton gefunden zu haben. Vorher hatte er drei Romane für die
Schublade geschrieben. »Das waren so Einübungen.« Späth ist
ein vielseitiger Mann. Die großen abstrakten Bilder an den Wänden seines Arbeitszimmers hat er selber gemalt. An der literarischen Provokation, gemünzt auf seine Geburtsstadt Rapperswil,
liegt ihm nicht. In späteren Büchern hat er die Ortsnamen fin-
giert. »Läppische Auseinandersetzungen mit Flachköpfen sind
mir zu dumm«, sagt er. Schriftsteller seien unbequem, es bedürfe
nicht solch vordergründiger Provokationen. Das erzählerische

Gerold Späth, 1980 in Italien

Gerold Späth, 1980 in Italien

Temperament, das man aus seinen Büchern kennt, erfährt erst, wer etwas länger mit ihm zusammen ist. Kleine Fältchen in den Augenwinkeln lassen etwas von der Schalkhaftigkeit ahnen, die er seinen Phantasiegestalten mit auf den Weg gegeben hat. Daß Gerold Späth, ein begeisterter Angler, auch zupacken kann, zeigt sich, als am Abend, nach einem Restaurantbesuch, ein gewaltiger Gewittersturzbach die italienische Landstraße im Nu zur Falle für unsere Autos werden läßt. Ohne zu zögern, watet der Dichter bis zur Hüfte in den braunen Fluten, um uns nicht in den Graben treiben zu lassen.

Zuletzt lebte die Familie Späth sechs Monate in Berlin, nun geht es für ein Jahr nach Rom: In beiden Fällen sind Stipendien das Motiv. Das Ferienhaus in der Toskana, ein paar Autominuten von Campiglia Marittima entfernt, auf einer Anhöhe gelegen, dem Monte Pattoni, ist zur Zeit die eigentliche Heimstatt. Späth hat es schon vor Jahren als Ferienhaus gekauft. Auf Stipendien und Preise ist Gerold Späth angewiesen. Obwohl er sich in den zehn Jahren seit Erscheinen des Romans ›Unschlecht‹ als einer der produktivsten Autoren deutscher Sprache erwiesen hat, kann er von den Büchern allein nicht leben. Fünf Romane sind es bisher – davon nur einer mit weniger als vierhundert Seiten. Von Erzählungen und Hörspielen ganz abgesehen. Während Späth in der Schweiz schnell Beachtung gefunden hat, beginnt man ihn in der Bundesrepublik erst richtig wahrzunehmen, seit er im vergangenen Jahr als erster den von Günter Grass gestifteten Alfred-Döblin-Preis erhielt. Diese Auszeichnung ist ihm wegen ihres Aufmerksamkeitswertes besonders lieb. Und wohl auch, weil sie seine Nähe zu Grass unterstreicht, auf die er gar nicht ungern angesprochen wird. Zufall oder nicht (Horoskopgläubige dürfen aufmerken) – Gerold Späth ist am selben Tag wie Grass geboren, freilich zwölf Jahre später: am 16. Oktober 1939. Und seine literarische Nähe zu den Arbeiten des Preisstifters ist kaum zu übersehen: In den Romanen aus den siebziger Jahren – ›Unschlecht‹, ›Stimmgänge‹ (der Geschichte eines Orgelbauers, der eine Erbschaft erst antreten kann, nachdem er selbst die erste Million zusammen hat) und ›Balzapf‹ (einer Familienchronik, die vier Generationen umfaßt) – findet sich die gleiche neubarocke Sprachwucht, die Alltag und Mythos zu einer staunenswerten Melange verrührt. Doch als Nachahmer muß Späth sich deshalb nicht vorkommen. Er hat es aus dem Mund des Meisters persönlich: »Meine Epigonen kenne ich. Du gehörst nicht dazu.« Er ist übrigens nicht einmal ein guter Kenner des Werkes von Grass, wie er einerseits gern, andrerseits etwas beschämt gesteht: ein paar Kapitel ›Blechtrommel‹, kürzlich erst die beiden neuesten Bücher des befreundeten Kollegen, damit hat es sich. Ähnlich geht es ihm mit Grimmelshausen: dessen ›Simplicissimus‹ hat er nie vollständig gelesen, immer wieder nur ein paar Abschnitte. Genauso ›Don Quijote‹. Vollständig kennt er an geistesverwandten Klassikern den ›Ulenspiegel‹ von Charles de Coster und Laurence Sternes ›Tristram Shandy‹.

Läßt sich heute überhaupt noch ein Schelmenroman schreiben? Die scheinbar lustigen Abenteuer der naiven Helden spielen bei Grimmelshausen immerhin vor dem Hintergrund des Dreißigjährigen Krieges und bei Grass vor dem des Zweiten Weltkriegs. »Man kann doch nicht immer warten, bis wieder ein Krieg vorbei ist, um einen solchen Roman zu schreiben«, antwortet Späth. »Ich bin der Meinung: wir haben einen permanenten Krieg. Das kann man doch zeigen: das gegenseitige Halsabschneiden. Die Haie schaffen es, die anderen nicht.« Als Späth 1970 die literarische Bühne betrat, stand sein Schreiben quer zum modischen Trend. Ende der sechziger Jahre war viel vom angeblichen »Tod der Literatur« die Rede, Geschichtenerzählen und Phantasie, Fiktion und Imagination wurden verächtlich abgetan; Texte sollten politische Wirkung erzielen. Hat er sich bewußt davon absetzen wollen? Nein, sagt er, er habe sich um all das nicht gekümmert. »Ich renne der eben entstandenen Literatur nicht nach. Das würde mich interessieren, wenn ich selbst nicht schriebe.« Im übrigen sei die angeblich so politische Literatur absolut folgenlos geblieben. Daß seine Romane als harmlos eingestuft werden könnten, glaubt der Schriftsteller Späth nicht: Er habe doch die Reaktionen gespürt. Die Leute hätten sich wiedererkannt. Und darum gehe es in der Literatur: Menschen betroffen zu machen. Er hört es nicht gern, wenn man den Gegenwartsbezug in seinen ersten Romanen für wenig ausgebildet hält. »Wenn jemand sagt, die Gegenwart kommt darin zu kurz, dann ist das eben seine Gegenwart, nicht meine.« Seine Erfahrungen habe er in Rapperswil gemacht: »Wahrscheinlich hinkt dieses Kaff etwas hinterher.«

Bei seinem dritten und bisher kürzesten Roman ›Die heile Hölle‹ (1974) hat Späth erstmals auf die Form des Schelmenromans verzichtet: Vier Mitglieder einer Bürgersfamilie entfliehen ihrem Alltag. Für seinen neuen, in diesem Frühjahr erschienenen Roman ›Commedia‹ fand Späth ein ganz eigenes formales Gewand. Für das Manuskript dieses Buches, das ursprünglich ›Mein Clan‹ heißen sollte (der Titel war jedoch durch einen Kriminalroman besetzt), erhielt er den Döblin-Preis.

»Die Figuren dieses Buches sind erfunden: Ähnlichkeiten mit lebenden oder verstorbenen Personen sind zufällig.« Wie oft hat man derlei schon gelesen – und überlesen? In diesem Fall ist der Hinweis berechtigt: Mehr als zweihundert Personen tauchen allein im ersten Teil (›Die Menschen‹) auf, in der zweiten Hälfte des Romans (›Das Museum‹) noch um einige vermehrt. Doch nicht die Menge der Zutaten macht hier den einmaligen Literaturfall, sondern die Kunst der Zubereitung. Jede dieser – exakt 203 – Figuren erhält das Wort zu einer knappen Selbstdarstellung, kaum einmal länger als eine Druckseite. Die Frage, auf die sie geantwortet haben könnten, erfährt man nicht. Aus den Antworten läßt sie sich in etwa erschließen: »Gibt es ein Fazit Ihrer Lebenserfahrung?« könnte sie lauten. Oder auch: »Gibt es ein Schlüsselerlebnis?« Vielleicht auch nur: »Wie sehen Sie sich?« Die fingierten Antworten setzen sich nicht zu einem Mosaik zusammen. Jeder bleibt für sich: Selbst gelegentliche Verbindungen dieser Menschen untereinander (hier und da gibt es ein Liebes- oder Ehepaar) hinterlassen durchaus nicht den Eindruck von Zusammengehörigkeit, nicht einmal eines Zusammenhangs. Deutlicher läßt sich Isolation kaum darstellen. »Der Mensch ist ein Egoist«, sagt einer der Befragten, die alle nur mit ihren Namen gekennzeichnet sind, »und wäre er's nicht, wäre er nicht.« Die Befragung ist Fiktion. Das sind keine Tonbandprotokolle, sondern präzise erfundene und subtil aufeinander abgestimmte Miniaturporträts: von Geschäftsführern und Größenwahnsinnigen, Müttern und Kriegsteilnehmern, Idioten und Pennern, Kranken und Reichen, Zufriedenen und Verschreckten.

Macht schon dieser erste Teil des Romans den Eindruck eines

so lebendigen wie erschreckenden Panoptikums, so hält die zweite Hälfte noch eine Steigerung bereit: Durch ein imaginäres Museum mit absonderlichen Gegenständen wird eine Gruppe Allerweltstouristen zu einem schlimmen Ende geführt. Angst und Tod geistern durch diesen eigenwilligen Roman, der dennoch jeder Wehleidigkeit abhold ist. In barocker Fülle und barockem Sinn verkündet er: Die Erde ist ein Jammertal. Das hält die beiden Teile, ›Die Menschen‹ und ›Das Museum‹, zusammen. Sonst gibt es nur vage Verbindungen von Motiven, auch keinerlei personelle Überschneidungen. Der Bau des Romans besteht aus zwei gravitätischen Blöcken, die so postiert sind, daß man den einen nicht ohne Beschädigung des anderen entfernen könnte. Über den Entstehungsprozeß dieses Duos gibt Späth folgende Auskunft: »Die Figuren im ersten Teil haben mich oft nicht losgelassen, einzelne verfolgten mich geradezu. Um da herauszukommen, habe ich dann am zweiten Teil gearbeitet, bis ich mir eine neue Person vornehmen konnte.«

Der gemeinsame Baßton ist die Klage über die Vergänglichkeit alles Lebendigen, über die Flüchtigkeit des Augenblicks. »Ich möchte wissen, wievielmal ich dieselben Wolken gesehen und dasselbe Wasser getrunken habe.« So lauten die letzten Worte des letzten Befragten: Das Leben wird verschüttet unter der Wiederkehr des Ewiggleichen. Eine Frau, Hannelore Spieß-Goldener mit Namen, Mitte Vierzig, mit vier Kindern (»auch schon wieder verheiratet«), hat in ihrer Erinnerung ein einziges glanzvolles Erlebnis bewahrt – das war »am Schlußtag meiner Lehrzeit«, am Anfang ihres Erwachsenenlebens also. »Sonst? Nicht viel. Man wird langsam alt, weiß Gott. Das Leben ist ein flinkes Wiesel, und man erwischt es nicht.« Solche Lebensphilosophie setzt Späth vorsichtig ein, und er geht dabei nicht über den Horizont der Figuren hinaus, die er sprechen läßt. Einmal kommt ein Alter ego des Autors zu Wort: ein Fischer. Späth vertraut ihm eine Lebensklugheit an, die auch für das literarische Schreiben Bedeutung hat: »Man muß ein Maß und ein Gespür haben für die Wirbel und Strömungen unter dem Kahnboden. Da ist viel los, wir haben keine Ahnung. Man muß wissen, daß das Leben hier zu kurz ist, um es mit kapitalen Fängen garnieren zu wollen und mit Prahlen zu vertrödeln.«

Späth schreibt Rollenprosa, also aus den Figuren heraus: so, wie sie auf Grund ihrer Bildung, Erfahrung und Intelligenz reden könnten. Allerdings versucht er nicht, künstlich einen Originalton-Effekt zu erzielen: Die Menschen, die hier vorgestellt werden, stottern nicht, sie versprechen sich auch nicht. Es ist nicht in jedem Fall eindeutig zu bestimmen, ob eine Antwort als mündliche oder schriftliche zu verstehen ist. Wo es die Glaubwürdigkeit zuläßt, greift Späth jedenfalls gern zu gewähltem Vokabular und bildkräftiger Formulierung. Zum Beispiel bei Heidi Blöchlinger: »Eine Decke von Angst liegt über der Welt wie ein schmutziger aschiger rußiger Schnee. In allem, was gedacht oder angefaßt oder gemacht wird, ist Angst. Die meisten Gegenstände in der Welt sind nicht aus irgendeinem Stoff, sondern aus Angst. Auch die Ideen sind aus Angst. Auch der Zwilling Dummheit.« Daß die Geschöpfe der Phantasie des Autors entsprungen sind und nicht von der Tonbandspule kommen, deutet Späth mit einem kleinen Kniff an: Mehrmals läßt er Tote zu Wort kommen. Einer, Franz Vogt, ist mit siebzehn zur Fremdenlegion gegangen. »Im dritten Algerienjahr in einem Nest, etwa 30 km südlich von Affreville, erwischte mich ein Blindgänger, der kein Blindgänger mehr war, als ich ihn entschärfen wollte.« So lapidar ist das formuliert und leicht zu überlesen. Ein anderer, Eddy Himpel, ist da deutlicher. Der abgestürzte Bergsteiger ruft den Lebenden ein wütendes Memento mori nach: »Verdammt noch mal, was hätte ich aus meinem Leben gemacht! Anderes als die unzähligen Jammerer und Stöhner, die Schlappbäuche und Hinterkriecher. Sie wissen nicht, was Leben ist und wie unwiederbringlich einmalig das Leben ist.«

Die Monaden dieses einzigartigen Menschen-Museums ergänzen sich nicht und stoßen kaum aneinander, aber sie summieren sich doch zu einer melancholisch gedämpften Hymne auf die Vielfalt menschlichen Lebens. Die ›Commedia‹ bietet das Stenogramm eines Kosmos, jede dieser Geschichten ließe sich weitererzählen. Doch eine menschliche Komödie, wie Balzac sie in all ihren Verwicklungen und Zusammenhängen zeigte, würde auch dann nicht daraus werden: Der Blick von oben fehlt. Späth weiß nicht mehr als seine Figuren. Er durchschaut die Welt so wenig wie sie; allenfalls ein bißchen mehr, weil zum Schreiben der Spaß an der Schöpfung gehört. Aber selbst der Schöpfer ist heute nicht mehr Herr über seine Kreaturen.

Die Idee zu dieser Porträt-Reihung ist Späth gekommen, als er einmal über das Schicksal der zahlreichen Nebenfiguren in seinen Romanen nachsann. »Die haben doch ein ziemlich mißliches Dasein«, sagt er. »Ich stellte fest, daß die Nebenfiguren sich eigentlich nie richtig ausdrücken können. Und dann habe ich eben versucht, diese Figuren so reden zu lassen, wie sie sind.« Doch dabei sei es nicht geblieben. Neue Personen traten hinzu, verdrängten die alten. Am Ende waren nur noch etwa zwanzig Veteranen im Rennen. So Pankraz Buchser, eine Figur aus dem Roman ›Unschlecht‹, ein Mann, der die Geschichte nun endlich einmal aus seiner Sicht erzählen kann, oder Oskar Kayser, der schon in den ›Stimmgängen‹ zu Grabe getragen wurde und nun noch einmal das Wort erhält, oder der alte Kammerjäger Siegfried Krauter, über den im ›Balzapf‹ nachzulesen ist, daß er »seit über sechs Jahren dauernd stockbesoffen im Sterben« liege, und der noch ganz munter erklärt: »Ich habe beispielsweise immer gewußt, daß ich ganz allmählich am Saufen draufgehen und eines Tages am Suff sterben werde.« Auch Karl Greith, der polyglotte und zeitüberbrückende Alt-Redacteur, ist eine Figur aus jenem Roman, ihm war dort das letzte Wort gestattet. Die Mehrzahl des ›Commedia‹-Personals hingegen taucht in diesem Roman erstmals auf. Noch während des Schreibens war Späth selbst gelegentlich überrascht, »was für Figuren da drin waren«. Er erinnert sich: »Nach einem Jahr kannte ich einige gar nicht mehr.« Wie schafft es ein einzelner, in so vielen Köpfen zu denken? »Man muß zuhören und sich umsehen. Meine Figuren sind da angesiedelt, wo ich mich am besten auskenne. Ich kenne die Verhältnisse, und Verhältnisse gebären Figuren.« Gerade der ›Menschen‹-Teil macht aus Späths fünftem Roman ein literarisches Werk von Rang. Es wird ein Muster erprobt, das so nicht zu wiederholen ist: die Verweigerung des großen Gesellschaftspanoramas durch dessen Zerstückelung. Gerold Späth zeigt mit all diesen Miniatur-Porträts, wieviel er zu überschauen und zu durchblicken vermag. Den Zusammenhang jedoch, den so viele Leser sich wünschen, will er nicht mehr herstellen.

Unvermittelt steht er auf und holt ein Taschenbuch aus seinem

Bücherschrank. »Das habe ich auf einem Ramschtisch gefunden, als ich mittendrin im ersten Teil der ›Commedia‹ war.« Ein Buch, das 1916 erschienen ist, Edgar Lee Masters' ›Die Toten von Spoon River‹: die auf einem Friedhof Begrabenen erzählen in kurzen Texten aus ihrem Leben. »Es hat mir schon gefallen, da einen Kumpel zu haben«, sagt Späth. Er gesteht freimütig, eine Idee übernommen zu haben: Das alphabetische Namensverzeichnis der fiktiven Figuren findet sich schon bei Masters. Von Späths Vita findet sich in diesem und in anderen Romanen kaum eine Spur. Auch damit liegt er abseits vom Zeitgeschmack, der doch die Bilanz der privaten Existenz so schätzt.

Am Abend sitzen wir auf der Terrasse, die Füße auf eine niedere Steinbrüstung gestützt. »Man kann sich hier gut entspannen und Kräfte sammeln.« Der Hausherr zeigt hinunter in die Ebene. »Dort unten hatte es früher Sümpfe«, sagt er – und diese Wendung gehört zu den wenigen sprachlichen Eigenheiten, die den Schweizer auch ohne den Tonfall verraten. In weiter Entfernung fahren die Autos ohne Unterlaß, auch nachts. Dort zieht sich die »Aurelia« durchs Land, die historische Straße, noch heute Nationalroute Nummer eins. Bisweilen weht der Wind Motorengeräusch herauf, von Fahrzeugen, die längst entschwunden sind. Die Etrusker mußten schon mit den Sümpfen an dieser Stelle kämpfen, später die Römer. Ein Ausblick in eine andere, entrückte Welt: Am Horizont glänzt das Meer in der Abendsonne. Dort kann man im Winter, bei klarer Sicht, Inseln des Toskanischen Archipels sehen: Elba und Montecristo. Rechts im Bild ragt der Schlot eines Kraftwerks auf: ein neuer Bau, in dem mit Öl Strom erzeugt wird. Auf diese Entfernung wirkt die Anlage wie ein Spielzeug. »Man wollte noch ein Atomkraftwerk dazustellen«, sagt Späth. »Aber die örtlichen Politiker haben die Pläne abschmettern können.» Die toskanische Landschaft wirkt an dieser Stelle wie aufgebrochen und auseinandergefaltet, ist nicht mehr der künstlich-natürliche Garten. Nur im Vordergrund, zu Füßen des Betrachters, gibt sie sich wie im Bilderbuch: Der Blick wird von Hügeln mit Ölbäumen und Pinien aufgehalten und beruhigt, bevor er sich in der Weite der Ebene verlieren kann. Gerold Späth sitzt ganz entspannt da und schaut in die Ferne.

Wie fühlt man sich als hauptberuflicher Autor? »Als Vorstellung finde ich das etwas makaber, ewig Bücher schreiben zu müssen. Ich denke, daß ich vielleicht einmal etwas ganz anders machen werde.« Ihm, der da so nüchtern über seine Arbeit spricht, nimmt man auch ab, daß er sie mit großer Ernsthaftigkeit betreibt. »Zur Ehrlichkeit des Schriftstellers gehört, nur zu schreiben, was man schreiben muß.«

Er will in nächster Zukunft nicht so sehr ans Veröffentlichen denken, sondern einiges sich ansammeln lassen. »Jetzt werde ich nur noch kurze Bücher schreiben«, verspricht er. Er sagt das alles ohne Pose, vielleicht auch, weil er vom Erfolg bisher nicht verwöhnt worden ist. »Das sind Faxen, wenn sich jemand hinstellt und sich als Schriftsteller aufspielt«, sagt Gerold Späth in den ausgehenden Tag hinein. »Dann hat er nicht begriffen, was Schreiben ist: ein ziemlich einsames Geschäft.«

Bunt geht es zu bei ihm. Bizarre Gestalten, verrückte Geschichten, wildes Durcheinander: Leben, wie es das Leben nur selten zu bieten hat. Kobolde, Schelmen bevölkern seine Romane, auch eine schöne Frau ist dabei, die die Männer so vereinnahmt, daß nichts mehr von ihnen übrigbleibt. Absonderliche Lebensläufe werden mit hoher Sprachkraft und großer Phantasie vor uns ausgebreitet. Doch wie bei allen großen Erzählern verbirgt sich auch bei ihm hinter den funkelnden Fassaden der puren Einbildungskraft, hinter den lebenssatten Luftschlössern nichts anderes als Furcht und Schrecken. In einem Roman steht: »Daß man das Leben verhöhnen solle, auslachen, beschimpfen, rühmen, preisen, loben, verfluchen und besingen, ist wahr und ein schöner Spruch, nur: am Schluß hat's dich doch. Man verdammt und bejubelt eigentlich immer die allmächtige Lebensfurcht Tod.«

Schreiben ist eine Séance

Botho Strauß

West-Berlin, 14. Februar 1980

Er ist viel ungezwungener als erwartet. Botho Strauß berichtet, daß er bis vor kurzem noch mit einer Frau und einem Mann diese Vier-Zimmer-Wohnung geteilt habe. Nun lebt er allein hier. »Ich bin froh, daß ich die Wohnung behalten habe. Etwas groß ist sie natürlich.« Es klingt, als sei er eine Erklärung schuldig: fast zweihundert Altbau-Quadratmeter für eine Person!

In einem frühen Gedicht heißt es: »Sind wir nicht der Kern der Entzweiung, / der herrschende Abschied, innige Trennung?« Strauß ist ein Beobachter. Er hält auf Abstand, um genauer fixieren zu können. Die Aufzeichnungen in den Notizbüchern auf dem Schreibtisch dürften für mehrere Bücher reichen. Strauß hält darin fest, was er unterwegs sieht und hört – bei Begegnungen und Gesprächen. Er erklärt das so: »Es gibt beim Beobachten Kleinigkeiten, die man plötzlich erwischt – so wie man manchmal das Unbewußte erwischen kann. Anderes dagegen, vielleicht ganz Realistisches, erreicht man überhaupt nicht. Das fällt einfach durch die Maschen.«

Gerade ist ein neuer Prosaband erschienen: ›Rumor‹, was soviel heißt wie: Lärm, Unruhe; »veraltet, aber noch mundartlich«, sagt der Duden. Die Erzählung zuvor, ›Die Widmung‹, 1977 erschienen, fand als Darstellung eines Falles von vergeblicher Liebe und genossener Vergeblichkeit auch beim Publikum Anklang – nicht nur bei der Kritik, deren liebstes Kind der Autor schon eine ganze Weile ist. Allerdings: Der eigentliche Wundermann, der Vielgepriesene und auch mitunter Verlachte, das ist der Theaterautor Strauß, ist der Verfasser der Theaterstücke ›Die Hypochonder‹ (1972), ›Bekannte Gesichter, gemischte Gefühle‹ (1974), ›Trilogie des Wiedersehens‹ (1976) und – mit wachsendem Erfolg auf deutschen und ausländischen Bühnen – ›Groß und klein‹ (1977); das ist der Erfinder nervöser, traurig-anmutiger Frauen- und lachhafter, doch nie lächerlicher, in ihren Geschäftigkeiten kreisender Männerfiguren, ist der Ausgrübler sanft und elegisch ineinander übergehender Szenen aus einer Wirklichkeit, die unsere ist und bei diesem Autor doch nicht einfach ihr Abbild, sondern eine sensible, hier überscharfe, dort eher verschwommene und undurchsichtige Antwort findet: Eine schimärenhafte Zwillingsgeburt unserer Welt entsteht da auf der Bühne, Zerrspiegel und Vexierbild.

Nicht nur das Arbeitszimmer, die ganze Wohnung könnte einem Bühnenbild der Schaubühne am Halleschen Ufer entstammen. Große, helle Räume, ohne Teppiche, ohne Gardinen, sparsam, eigentlich gar nicht möbliert. Mit dem Namen dieses Theaters und seines international gerühmten Leiters Peter Stein ist der Name Botho Strauß untrennbar verknüpft. Dies war die Bühne seiner dramaturgischen Lehrjahre und der Schauplatz seiner ersten großen Theatererfolge. Nach fünf Semestern Studium, einer nicht fertiggestellten Doktorarbeit (Arbeitstitel: ›Thomas Mann und das Theater‹), nach drei Jahren als Theaterkritiker und Redakteur wurde Strauß 1970 nach Berlin geholt: Die Neugründung der Schaubühne stand bevor.

Als Dramaturg bearbeitete er unter anderem Gorkis ›Sommergäste‹ und schrieb später auch das Drehbuch für die Filmfassung. »Am Anfang war ich dort ja niemand«, erzählt er, »trotzdem wurde mein Wort berücksichtigt. Das war produktiv und hat Mut gemacht. So habe ich begonnen, selber Stücke zu schreiben – als Dramaturg durch das Absitzen von Hunderten von Probenstunden.« Geschrieben hatte er schon vorher, ausschließlich Prosa. Versuche, etwas davon zu veröffentlichen, schlugen anfangs fehl: Zeitschriften wie ›Akzente‹ schickten seine Arbeiten wieder zurück.

Eigentlich wollte er Schauspieler werden. Er hat auch als Student auf Laienbühnen gespielt. Dann las er Adorno – und alles wurde ihm suspekt. Die Lektüre lähmte ihm die Glieder: Plötzlich hatte er Angst vor dem öffentlichen Auftritt. Diese Scheu hat Botho Strauß bis heute nicht überwunden. Unter den deutschen Autoren ist er der geheimnisvollste und zurückhaltendste. Er

Botho Strauß, 1980 in der Berliner Keithstraße

haßt Lesetourneen, verabscheut Fernsehkameras und redet am liebsten, wenn überhaupt, unter vier Augen. Selbst eine Reise nach China, das er gern besucht hätte, hat er jüngst abgesagt, als er erfuhr, daß er dort nicht einfach als Tourist, sondern als deutscher Autor auftreten sollte.

Narzißmus – dieses Etikett fällt an ihm ab. Nur in der konsequenten Vermeidung jeder eitlen Haltung schimmert noch eine Ahnung davon durch. Die eigenen Bücher schaut er nicht mehr an. Er bringt es gerade noch fertig, auf den Fahnen Korrektur zu lesen. Den von vielen Kollegen überlieferten verzückten Blick auf das erste Exemplar gebe es bei ihm nicht, sagt er. »Peinlich« ist ein Ausdruck, den er mehrfach im Zusammenhang mit seinen literarischen Produkten verwendet. Auch die eigenen Theaterstücke schaut er sich nicht an, allenfalls während der Proben. Als er doch einmal eine Aufführung von ›Groß und klein‹ besuchte, einer Schauspielerin zuliebe, die die Lotte spielte, habe er mit eingezogenem Kopf dagesessen und die Hände vor das Gesicht gehalten – zumal als er merkte, daß auf dem Programmheft sein Porträt abgebildet war. Er macht die Schutzgeste vor, und fast fällt ihm seine randlose Brille mit den leicht grüngefärbten, achteckigen Gläsern von der Nase. Er lacht ein helles, jungenhaftes Lachen.

Verliert sich die Lust am Schreiben, wenn er mit Menschen zusammen ist? »Ja. Es ist eindeutig zu spüren, daß das eine Frage der Druckverhältnisse ist. Als ich ›Groß und klein‹ konzipierte, war ich allein in einem Haus in Italien und sprach wirklich vierzehn Tage mit niemandem. Und entsprechend viele Aufzeichnungen wurden gemacht. Wenn ich dagegen lange mit jemandem gesprochen habe, wird es mir ganz linkisch mit dem Schreiben. Es fehlt dann die Konzentration, die das Schreiben eines Satzes erfordert.«

Er könne sich auch schwer auf mehr als einen Menschen zur Zeit konzentrieren, sagt Strauß. »Es gibt ja Menschen, die ein forensisches Talent haben. Sie sind in ihrer Intelligenz besser und klarer, wenn sie vor Menschen sprechen. Ich gehöre extrem zur anderen Sorte.« Dahinter stehen frühe Erfahrungen, die wohl auch mit der Motivation zum Schreiben zu tun haben: Er habe »ganz markante Momente« des Ausgeschlossenwerdens erlebt.

Der Turnunterricht in der Schule: »Bei jeder Korbball-Mannschaft wurde ich immer als Zugabe verteilt.« Noch heute falle es ihm schwer, in bestimmten Konstellationen mit Menschen zusammenzusein – selbst mit vertrauten. »Da tauchen plötzlich ganz andere Machtverhältnisse auf, ganz andere Beurteilungen, eine ganz andere Intelligenz ist gefordert.« Er sei während seiner Zeit bei der Schaubühne nicht in der Lage gewesen, vor fünfzehn Leuten zu reden, »die ich alle gut kannte«. Er habe nur noch Stereotypen von sich gegeben. »Wenn mich heute jemand einlädt zu einem Roundtable-Gespräch, dann läuft es mir noch kalt den Rücken herunter. Inzwischen kann ich das mit Bestimmtheit ablehnen. Ich denke jedesmal: Eigentlich ist das die Pflicht eines Schriftstellers, da hinzugehen. Aber ich kann mich nicht öffentlich um eine Sache schlagen. Das ist mein ganz persönliches Defizit. Wie gesagt: Bei der Schaubühne habe ich regelrecht eine gruppendynamische Eindampfung meines Verstands erlebt.«

Ist das aber nicht zugleich mit einem Rückzug vor der verwirrenden Vielfältigkeit des Lebendigen verbunden? Macht er sich die Menschen dadurch begreifbar, daß er sich ihnen entzieht und sie ungestört nachzeichnet? »Sie meinen, daß man mit jedem Schreibschritt etwas ausgrenzt, selektiert und sich von der Komplexität der Wahrheit entfernt?« fragt er zurück und bestätigt dann: Jede »Form« sei eine Art von Selektion und Rasterbildung, die »gnadenlos bestimmte Dinge ausscheidet, die in der amorphen Lebendigkeit noch da sind«. Zugleich eröffne sich dem Schriftsteller aber auf Grund der Beengung die Möglichkeit, Entdeckungen zu machen, die in der amorphen Lebendigkeit nicht zu finden seien. »Wenn das mit allen Hilfsmitteln, die man hat, gelingt, mit Halluzination, tiefer Nachdenklichkeit – dann hat man eine gewisse Genugtuung, eine gewisse.«

Es sei schwieriger geworden, verglichen mit dem 19. Jahrhundert, einen Menschen in einer Handlung oder einem Konflikt zu definieren, sagt er. Gegenfrage: Ist das nicht auch ein literaturtheoretisches Klischee? Schriftstellern wie Fontane oder Thomas Mann ist doch der Blick für das Komplexe des Menschen nicht abgegangen? Gewiß nicht, meint er: »Es wäre vermessen, derartiges zu sagen.« Er hält es aber für gegeben, daß die introspektiven Möglichkeiten nach der Psychoanalyse anders gelagert sind als noch für den Autor der ›Madame Bovary‹: »Wir haben diesen komplizierten Kosmos der Begriffe dazubekommen. Wer sich je mit Seelenkunde beschäftigt hat, dem gerät das beobachtete Leben in einen anderen Zusammenhang.«

Das heißt nicht, daß Strauß etwa Anhänger der Psychoanalyse ist: »Das ist keine Doktrin für mich, das werden Sie auch nicht so verstehen.« Freuds Schriften allerdings sind ihm wichtig gewesen: zur Analyse menschlichen Verhaltens und seiner Hintergründe. Psychoanalyse »als Hilfe im Privatleben« befremdet ihn eher: »Ich habe so etwas noch nie gemacht – aber mir kommt das unheimlich schmalspurig vor, wenn man das Geheimnis der Welt nur in der eigenen Kindheit sucht oder überhaupt in der eigenen Biographie.«

Die »totale Verfallenheit an das eigene Ich« lehnt er auch als literarisches Konzept ab – »wenn man glaubt, in diesem kleinen Wörtchen stecke die ganze Welt: Da wird mir ganz schwummerig, wenn ich mir das vorstelle. Dieser unverhohlene Narzißmus!« Es versperre den Weg zu einer symbolischen Arbeit. Was hat man darunter zu verstehen? Er könne das auch schwer definieren, sagt Strauß. »An meinem neuen Buch hat mich interessiert: Was bedeutet Alter? Was bedeutet es, wenn sich ein alter Mann über eine junge Frau beugt?« Vielleicht helfe das Wörtchen »archaisch« weiter. Er findet es spannend, etwas auf einfache, grundsätzliche Haltungen zu reduzieren. Scheut er nicht den Vorwurf des Ahistorischen? »Das, was Permanenz hat, interessiert mich immer mehr. Ich glaube nicht, daß das total ahistorisch ist.« Diesen Vorwurf könne man zum Beispiel Lévi-Strauss nicht machen oder nur sehr begrenzt. Es gebe Dinge, die über Zeiten und Völker hinweg bleiben: das Inzesttabu etwa. »Ich würde auch gern – wenn ich dazu besser in der Lage wäre – das Durchscheinen von Mythologischem im Alltäglichen aufzeigen. Ich habe das immer wieder versucht. Das klingt sehr grobmaschig: Aber da liegt für mich eine tiefe Anziehungskraft. Und ethnographische Bücher haben mich in letzter Zeit auch mehr beschäftigt als andere.«

Trotzdem erschafft er weiter Figuren und stellt sie in konkrete historische Situationen. Kein Problem für ihn: »Figuren für das

Theater zu machen, ist immer eine Strichelung und Andeutung.« Seine Vorstellung beim Schreiben: daß der Schauspieler mit seiner Verkörperung den eigentlichen Rest herstelle. Das funktioniere natürlich bei der Prosa nicht. »Meine Schwierigkeit, Charaktere darzustellen, rührt einfach daher, daß ich keinen Begriff vom Individuum habe – was die bürgerlichen Autoren selbstverständlich noch hatten, auch wenn ihnen dieses Individuum in alle möglichen Einzelheiten zerfiel. Das Wahrnehmen von Menschen ist heute anders: Man geht eher von Strukturen aus. Es interessiert mich nicht, wie eine einzelne Figur beschaffen ist, mich interessiert eher das, was transindividuellen Charakter hat.«

Hat ihn der Erfolg der ›Widmung‹, seine erste breite Wirkung als Prosaautor überrascht? »Überrascht« sei das falsche Wort, sagt er, da er über Wirkung beim Schreiben nicht nachdenke. Er habe aber keinesfalls mit einer Auflage von nun mehr als fünfundzwanzigtausend Exemplaren gerechnet. »Ich kenne mich offenbar zuwenig aus, was im Schwange ist.« Auf die vorsichtige Frage, ob die Liebes- und Schmerzensgeschichte autobiographische Züge trägt, antwortet er nicht ohne ein gewisses Vergnügen: »Erstens habe ich nie mit einer Frau zusammengewohnt, und zweitens ist nie eine von einem Tag auf den anderen verschwunden – wenn, dann bin ich verschwunden.« Als er diese Erzählung schrieb, war er seit längerem mit einer Lehrerin befreundet.

Beruht der Erfolg womöglich auf einem Irrtum? Ist diese Erzählung etwa nicht einer von vielen Texten der »Neuen Subjektivität«, einer unter vielen Berichten vom »Ende der Beziehungen«? »Ich kann nur sagen, es ist genauso phantastisch wie die vorhergehenden Erzählungen: eine Konstruktion, die überhaupt keinen Autobiographismus in sich birgt. Es klingt nur so.«

Es klingt so, weil Strauß es in der Tat verstanden hat, die Geschichte des Buchhändlers Richard Schroubeck, der sich ganz dem Trennungsschmerz hingibt, bis in Einzelheiten glaubwürdig auszukleiden – wenn auch nicht ohne Augenzwinkern. Etwa bei der Erklärung dafür, daß der Mann es sich finanziell leisten kann, sich daheim zu verkriechen und auf die erhoffte Rückkehr der Geliebten zu warten: »Als Hannah ging, verkaufte ich eine Radierung von Beckmann, die mir als Kunstwerk nie sehr viel bedeutet hat. Ich erbte das Blatt vor Jahren und verwahrte es als

Notgroschen in einem Tresor der Bank für Gemeinwirtschaft.
Nun brachte mir das kleine Werk des Expressionisten immerhin
ein bescheidenes Vermögen ein von – Mehrwertsteuer, Versiche-
rungsgebühren usw. abgezogen – DM 24 870.«

So exakt wird man gewöhnlich nicht über die Lebensbedin-
gungen literarischer Helden aufgeklärt. Es ist ein Spiel. Sieht
man genauer hin, entdeckt man, daß die ganze Liebesgeschichte
nichts als eine vage Klammer für mosaikartige Alltagsbeobach-
tungen ist – ein Rahmen. Zugleich ist das Fernbleiben der Frau
nur ein Beispiel für den möglichen Verlust von Menschen. Über
Schroubeck heißt es in der ›Widmung‹, es seien »dieselben
Schmerzen wieder da, die er schon als Kind empfand«. Botho
Strauß sagt zu der Erzählung: »Es ist die Konstruktion eines
Vermissens und nicht eigentlich eine Trennungsstory.« Er überlegt einen Augenblick. »Damals war ich dreißig, einunddreißig.
Da war das Gefühl, in ein Alter zu kommen, wo bestimmte
Schutzhüllen wegfallen, man aber gar nicht weiß, wie es weiter-
geht. Das mit der Frauengeschichte, der Trennungsgeschichte ist
eher ein Akzidenz, das später erst hinzukam. Statt der Frau
könnte es auch ein Elternteil sein.«

Trotzdem wirkt die Geschichte in sich glaubwürdig. Auch das
Essayistische des Textes wird von der Erzählung getragen. »Das
Essayistische ja wohl nur zum Teil«, schränkt Strauß ein. »Es
gibt einige Sachen drin, die Zugaben sind und der Situation nicht
originär entspringen. Warum erzählt der plötzlich von Dante?
Na, das muß schon ein sehr gebildeter Leidender sein!« Der
Held der Erzählung ist doch immerhin Buchhändler? »Ja, Buchhändler! Von denen weiß man, daß sie Dante ganz bestimmt
nicht kennen. Das muß schon ein ausgefallener Buchhändler
sein. Oder Novalis… Oder gar Amiel, den kaum ein Literat in
diesem Lande kennt! Da bricht die Fiktion unentwegt.«

Strauß bringt in seinen Prosawerken auch den Vorgang des
Schreibens zur Sprache (und in den Bühnenstücken tauchen gern
Schriftsteller auf). »Nun läuft die Schrift. Es gibt kein Entkommen mehr.« So beginnt der Hauptteil der ›Widmung‹, beginnt jenes in der Ich-Form gehaltene Protokoll für Hannah, das sie am
Ende nicht einmal lesen wird. Der Held betrachtet sich unter
dem Druck des »Verlassenseins«: »Ich schäme mich, es zu erzäh-

len. Ich schäme mich meiner Handschrift. Sie zeigt mich in voller Geistesblöße. In der Schrift bin ich nackter als angezogen.« Man vermutet wohl nicht falsch, wenn man hier Strauß selbst heraushört. Auch der frühere Prosaband ›Marlenes Schwester‹, 1975 veröffentlicht, enthält im Grunde zwei Trennungsgeschichten: die Titelerzählung und »Theorie der Drohung«. Die zweite Erzählung rückt das Schreiben ins Zentrum, und es heißt an einer Stelle: »Jedermann kann in meinem Geschriebenen lesen über mich, wie die alten Weiber im Kaffeesatz, nur ich nicht.« Wenig später dann geradezu eine Bankrotterklärung des Ich-Erzählers:

»Ich habe nicht einen einzigen selbständigen Satz zuwege gebracht. Ich bin der unbeholfenste Schriftsteller aller Zeiten, ein ahnungsloser Abschreiber, ein Kopist! Was für ein hinterhältiges, gemeines Gedächtnis beherrscht mich! Löscht in mir aus, flüstert mir ein, was immer ihm gefällt. Was für eine böse, böse Maschine! Und ich, ich, diese Null-Person, diese Durchgangsstation aller möglichen Literatur, ich bin einfach nicht lebendig genug, um diese teuflische Maschine zu stürmen und zu zerschlagen.«

So kraß drückt das der Autor, wenn er über sich spricht, nicht aus. Aber es fällt doch auf, daß er immer wieder die Unsicherheit gegenüber den eigenen Produkten betont. Schon zu Tolstois Zeiten, sagt er, sei Literatur durchtränkt gewesen von Traditionen des Schreibens. Das Problem stelle sich einem, der heute schreibe, in noch größerem Ausmaß. Es sei mehr als ein Zitatproblem. »Die Sprache ist ein großes kulturelles Feld, in das man sich versuchsweise hineinbewegt. Wieso arbeite ich stundenlang an einem Satz? Das ist doch nicht mein eigenes subjektives Empfinden von Perfektion! Es muß doch ein tieferes Urbild dieses Satzes geben, das nicht allein aus meiner Subjektivität kommt, sondern von anderswoher: aus der Summe von Literatur, die ich kenne oder die überhaupt existiert.« Vielleicht klinge das ein wenig zu religiös, sagt Strauß. »Aber ich glaube da eben fest dran – sonst hätte ich gar nichts, woran ich glaube: Das ist das große Archiv…«

Also spielt Religion für ihn keine besondere Rolle? »Ich bin auf all das nur gekommen durch die Mythenanalysen von anderen Leuten. In unserer Religion habe ich natürlich eine stärkere Verankerung als in den Mythen der Hopi-Indianer. Ich will wissen: Was an meinem Denken ist religiös bestimmt? Das ist nicht der Wunsch nach Transzendenz, danach, über sich hinauszugehen und Schutz zu suchen. Den hat jeder, diesen Wunsch. Aber deshalb bin ich nicht gleich auf der Suche nach Gott – wie man anläßlich ›Groß und klein‹ geschrieben hat.«

Heideggers Formulierung, daß Fragen die Frömmigkeit des Geistes sei, kommt ihm immer wichtiger vor. Strauß gehört zu der Generation, die unter dem ›Prinzip Hoffnung‹ aufgewachsen ist. »Das Buch habe ich gelesen wie meine Bibel.« Der Optimismus, daß es eine Veränderung zum Besseren geben werde, ist inzwischen gedämpft. »Ich sehe nicht, wie man heute etwas schreiben könnte, dem sich Zukunft prophezeien ließe.« Eine Erzählung wie ›Die Widmung‹ mit ihren eher privaten Erschütterungen lasse sich wohl nicht wiederholen. Zuviel habe sich auch in der Politik verändert. ›Rumor‹, sagt er, »ist etwas, das man verspürt, wenn man aufmerksam lebt, und nicht, wenn man auf seinen Nabel schaut.«

Er hat anderthalb Jahre an dem neuen Buch gearbeitet, vier Fassungen sind entstanden, die ersten mit der Hand geschrieben. Das Ergebnis ist ein Prosatext voller ekstatischer Ausbrüche, eine ungezähmte, ausufernde, gewaltige und zornige Parabel, gespickt mit symbolischen Chiffren, durchsetzt von Ekel und Entsetzen, in bisweilen unerträglicher Weise gehäuft. Für ihn selbst auch ein Versuch und ein Vorschlag, »die Kraft eines Menschen an der Größe seines Verfalls zu ermessen«.

An einer Stelle wird eine Bar in New York beschrieben, wo sich jene treffen, die keinen Spaß am Sex mehr haben, und es heißt: »Der Sexus, der abenteuernde Geist der Enttäuschung, (...) ist keinem den Einsatz mehr wert.« Jahre nach Henry Millers ›Sexus‹ das Ende der Euphorie, eine Kehrtwende? »Das ist eine Konstruktion. In New York gibt es zwar alles, aber ob es nun eine Bar für ›asexuals‹ gibt, das wage ich noch zu bezweifeln. Obgleich: Es gibt Bars für Singles, es gibt Bars für Hundeliebhaber, alles mögliche, warum soll es das nicht geben? Dahinter steht die Behauptung, daß dieser Vitalzweig durch Überforderung oder Überangebot in sich zusammensackt. Ich weiß nicht, ob man das als stichhaltige Bemerkung ansehen sollte oder ob es nicht eher eine provokative Vision ist.« Und er fügt hinzu: »Mit dem Blick auf die Realsphäre kommt man bei dem Buch überhaupt nicht sehr weit. Es ist mehr eine von Figuren befreite Rede, die Figuren manchmal auftauchen und wieder verschwinden läßt. Eine Art Fading: Das kommt und geht wieder, das Motiv des Inzests taucht auf und verschwindet genauso wieder.«

Den Versuch, an den ›Widmungs‹-Erfolg anzuknüpfen, macht Botho Strauß mit ›Rumor‹ gewiß nicht. Nichts geht ihm über die Freiheit, »ein Buch zu schreiben, das garantiert keiner will«. So verwundert es nicht, daß er beim Stichwort Thomas Bernhard einhakt. Über diesen österreichischen Kollegen, unübertroffen im Erfinden düsterer Visionen, sagt er: »Ich fühle mich nicht beeinflußt, aber er hat eine Radikalität, Unerbittlichkeit und Grenzenlosigkeit des Schreibens, die ich als einzige Legitimation ansehe, diesen lächerlichen Job noch zu machen. Das kann nicht davon gesteuert sein, daß ich die Rechte des Lesers berücksichtige.«

Er hat Probleme mit seiner Profession. »Mir kommen schon die aberwitzigsten Überlegungen: ob ich vielleicht noch einen Beruf erlernen oder irgend etwas machen soll, das mich nicht ganz so ausschert – daß man nicht nur schreibt, daß man vor allen Dingen nicht immer nur über die Psychologie dieser Tätigkeit, des Schreibens, nachdenkt. Wenn man die Überzeugung noch hätte, an einem großen Werk zu arbeiten, wenn man diese Verblendung noch hätte, etwas zu tun, was das Jahrzehnt von einem fordert, dann wäre ja alles nicht so schlimm.« Aber er könne sich eigentlich immer nur als Abweichling von der Normalität verstehen und habe da die größten Skrupel.

Er steht auf. »Diese Art von Literatur, die sich um das Alleinsein dreht«, sagt Strauß, »möchte ich auf keinen Fall fortsetzen. Ich weiß allerdings auch nicht, was ich als Nächstes machen soll.« Er schaut aus dem Fenster. »Ich habe leider keine Bleibe auf dem Land wie andere. Jetzt halte ich es nicht mehr lange aus hier. Ich habe nun drei Jahre lang unentwegt geschrieben. Es ist mein inniger Wunsch, hier nicht an der Schreibtischkante zu verrecken – dafür lohnt sich das alles vielleicht doch nicht so.« Er redet ruhig, ab und zu unterstreicht er das Gesagte mit einer Handbewegung. Reden sei für ihn ein zivilisatorischer Akt gegen das Chaos des Inneren. Nach einer Pause fährt er fort: »Das Alleinleben erträgt keiner auf die Dauer. Mir macht das zu schaffen, und ich bin weit davon ab, das zu verherrlichen. Aber meine bisherige Art zu schreiben, erfordert soviel libidinöse Kraft, daß man von keiner Frau erwarten kann, dies auch nur duldend hinzunehmen. Es sei denn, man hat eine Frau, wie Thomas Mann sie hatte. Es geht da schon eine Menge Psychosubstanz ab. Man zerstört die Beziehung, indem man schreibt, und wenn man aufhört, ist schließlich gar nichts mehr da. Das klingt vielleicht etwas simpel: Aber ich würde die Schriftstellerei auch unterbrechen oder auf eine andere Ebene hinlenken, die es noch möglich macht, mich selbst zu retten. Meine Literatur könnte ja vielleicht den Versuch machen, etwas erwachsener zu werden.«

West-Berlin, 15. Februar 1980

»Ich fürchte, ich bin kein Schriftsteller, der Ihnen Eindruck machen könnte, mein Herr« – sagt eine Figur mit Namen Peter in einem seiner Stücke. An seinen Ruhm jedenfalls glaubt Botho Strauß nicht. »An mich kommt nichts davon heran«, sagt er, ganz unkokett.

KaDeWe am Wittenbergplatz. Während wir uns von der Rolltreppe in die Lebensmittelabteilung im sechsten Obergeschoß heben lassen, erzählt er, daß zu seinem Theaterstück ›Groß und klein‹ lediglich zwei Zuschauerbriefe kamen. Nach seiner Meinung wird der Name des Autors durch die Präsenz der Inszenierung und der Schauspieler ausgelöscht. »Also existiere ich als Autor doch gar nicht.« Hier jedenfalls, im Kaufhaus des Westens, erkennt ihn niemand.

Das KaDeWe, in dem Strauß einmal die Woche, meist am Montag, Lebensmittel kauft (er braucht nur wenig, er ißt jeden Abend im Restaurant), taucht in seinen Stücken und Texten bisher nicht auf. Die Etage mit ihren gut fünftausend Quadratmetern ist eine gewaltige Inszenierung der Wirklichkeit, eine jener »Einbildungen der Realität«, wie sie in dem Theaterstück ›Trilogie des Wiedersehens‹ auftauchen. ›Kapitalistischer Realismus‹

heißt dort eine Bilderausstellung. Beim erstenmal sei er auch überwältigt gewesen, sagt Strauß. Inzwischen bewegt er sich mit der Sicherheit des Stammkunden durch die unüberschaubare Menge von Ständen und Theken. »Obgleich ich unablässig schreibe oder mir unablässig vorstelle, ich schriebe«, läßt er seinen Schriftsteller auf der Bühne sagen, »bin ich, zu meinem Bedauern, weit entfernt von dem, was Sie einen Stilisten und Menschenkenner nennen.«

Während wir in einer Schlange stehen, um uns einen Imbiß mitzunehmen, kann ich ihn einmal in Ruhe betrachten, den Mann, der mit seinen fünfunddreißig Jahren auf dem besten Wege ist, die Kultfigur der kleinen deutschen Literaturwelt zu werden. Von mittelgroßer, schlank-kräftiger Statur, mit kurzen Haaren, bartlosem Gesicht, hat er in seinem wadenlangen Lodenmantel kaum Attribute eines Künstlers. Könnte man die Verkäuferin fragen, so würde sie ihn vermutlich nach einigem Zögern als jungen Universitätsprofessor einordnen. Anmutige Intellektualität spricht aus seinen Gesten und seiner Mimik. Sein Gesicht, nicht schmal, nicht rund, wird von der schönen, gebogenen Nase geprägt. Es ist eins jener Gesichter, die im Profil plötzlich eine überraschende Wandlung erfahren.

Zu zweit einkaufen fällt ihm schwer. Er erklärt das fast entschuldigend, als wolle er auf keinen Fall den Eindruck eines exzentrischen Eigenbrötlers machen. Draußen scheint die Sonne. Zu Fuß sind es nur wenige Minuten zurück bis zur Wohnung. »Ich bin froh, daß der Winter vorbei ist. Es ist wie ein Sieg über den Tod. Ich muß mal wieder raus aus dieser Stadt«, sagt er und hält beim Gehen die rechte Hand im Mantel wie Napoleon.

Auf Gäste ist er kaum eingestellt. Nachdem wir in der Küche den Imbiß verspeist haben, gibt es beinahe eine der in seinen Texten so häufigen Miniaturkatastrophen des Alltags. Wir können uns nicht verständigen, ob es sofort Kaffee geben soll: Jeder will die Entscheidung von der Laune des anderen abhängig machen, und so hält Botho Strauß die leere Kanne schwankend in der Luft. Es dauert eine Weile, bis klargestellt ist, daß wir eigentlich beide Kaffee wollen. Wir ziehen ins Wohnzimmer um. Ich sitze auf einem Zweiersofa an der Wand, er auf einem Stuhl, fünf Meter von mir entfernt, im leeren Raum, vor sich einen Sekretär und ein Regal mit zumeist klassischen Schallplatten: Beethoven, Brahms, Bruckner, Mahler und Wagner.

Als Kind, erzählt er, habe er vor allem Comics gelesen: »›Sigurd‹, ›Tarzan‹ und solche Geschichten. Ich war ein Baby der amerikanischen Kultur.« Der Vater, Autor eines Sachbuchs, war ein Leser Thomas Manns (den er auch gern zitierte). »Es gab ein sehr bedachtes Sprechen. Ich habe keine schlampige Sprache zu Hause gehört. Ich habe mich dem allerdings widersetzt und lange den Mist hochgehalten, der mir gefiel. Es gab ja auch die Klassiker als Comics, ich habe ›Romeo und Julia‹ nicht bei Shakespeare kennengelernt, sondern zunächst mit Sprechblasen.«

Geboren wurde Botho Strauß am 2. Dezember 1944 in Naumburg an der Saale. In Bad Ems ging er zur Schule. Er studierte in Köln und München: Germanistik, daneben Soziologie und Theatergeschichte. »Ganz kurz, fünf Semester, glaube ich. Ich habe dann so etwas wie eine Regieassistenz gemacht: als fünfter Assistent bei August Everding in Recklinghausen.« Damals lernte er auch Henning Rischbieter kennen, den Herausgeber von ›Theater heute‹. Strauß hatte vorher schon Kritiken »für die Schublade« geschrieben. Als er sie vorzeigte, habe Rischbieter »nur schallend gelacht«. Einen Aufsatz über Horváth hat man dann gedruckt. Danach schrieb Strauß regelmäßig Kritiken – nicht gerade leicht verständliche.

»In meiner intellektuellen Erziehung hat halt die dialektische Schule eine große Rolle gespielt«, sagt er. »Man las alles von Benjamin und verschaffte sich mit einem Zitat das entsprechende Fluidum. Aus dieser Schulung bin ich nie herausgetreten und werde da wahrscheinlich auch nie herauskommen. Damals wollte ich immer schicke Essays schreiben. Und entsprechend fielen die Kritiken auch aus…« Er schrieb nur über das, was ihn interessierte. Der Weg in die Praxis sei wohl schon vorgezeichnet gewesen. Ihm habe einfach die Vermittlergabe gefehlt, »die ein Kritiker doch haben muß«.

Seine eigenen Theaterstücke sind Puzzles aus verschiedenen Stimmlagen und Tonfällen, mit unterschiedlichen Graden von Ernsthaftigkeit. Empfindet er das selbst auch so, ist solche Wirkung beabsichtigt? »Ich wünschte, es würde einmal jemand sehen, aus wie vielen Substanzen so ein Stück zusammengesetzt ist. Es gibt Passagen, die von einem höheren literarischen Wollen durchtränkt sind, und andere von absoluter Plattheit. Es gibt komische und es gibt einsame Stellen. Das interessiert mich: das alles zu bündeln! Der Form nach ist das immer Dispersion und Strömung. Aufgegangen ist es mir bei der Inszenierung der ›Sommergäste‹, daß das ein Verfahren für mich sein könnte.«

Aber seine Figuren – noch einmal – lassen doch individuelle Züge erkennen, sind ausgestattet mit einer Biographie? »Natürlich haben die eine Geschichte. Nur: die Flachheit in einem Stück wie ›Trilogie‹ macht quasi die persönliche Biographie überflüssig.« Das Verfahren sei geradezu das einer »Verschleuderung von Biographie«. Heißt das, daß er auch viel mit Zitaten arbeitet? Das werde ihm zwar oft vorgeworfen, antwortet er, doch nur das 1972 uraufgeführte Debütstück ›Die Hypochonder‹ sei »voll von Direktzitaten«, es gebe darin etwa unmittelbare Borges-Anleihen. »Damals durfte man das noch machen, da lebte man im Zeitalter der Collage.«

Wie hält er es mit der Frage, was literarischer Fortschritt, was Avantgarde sei? Jeder müsse seine eigene Radikalität finden, sagt er, nur sie legitimiere das Schreiben. »Puritanischer Avantgardismus« interessiert ihn überhaupt nicht. »Mein Gott, wir haben doch damals, als ich mich mit fünfzehn, sechzehn für Lyrik begeisterte, dauernd diese lächerlichen lettristischen Gedichte gelesen, dieses komische Nach-Dada-Zeug.«

Autoren, die für ihn eine Rolle gespielt haben, sind in erster Linie unter Philosophen und Essayisten zu suchen. Adorno natürlich, besonders schätzt er auch Cioran und Valéry (bis auf dessen Versepik). Strauß nennt zwei literaturtheoretische Schriften, die ihn beeindruckt haben: ›Der Gesang der Sirenen‹ von Maurice Blanchot und ›Poetik des Raumes‹ von Gaston Bachelard. Er ist davon überzeugt, daß Literatur immer mehr eine Angelegenheit von Minderheiten und (in einem wohlverstandenen Sinne) Eliten sein werde. »Das Schreiben darf sich gar nicht danach richten, irgendwie das Wort Öffentlichkeit auf sich zu lenken«, sagt Strauß. »Das ist meines Erachtens schreibverderbend.« Was nicht heißen soll, daß er einer rücksichtslosen Esoterik das Wort rede. Auch würde er es bedauern, wenn der

Schriftsteller als moralische Instanz entfalle – jemanden wie Böll müsse es schon geben: »Gerade er hat mir immer sehr imponiert.« Er selbst interessiere sich mehr für Stilprobleme. Anderes vernachlässige er, »wahrscheinlich sogar auf sträfliche Weise«.

Gibt es für ihn Vorbilder im Sinne einer Vaterfigur? Auch in ›Rumor‹ ist ja von einer Vater-Kind-Beziehung die Rede. »Es gibt eine Generation, zu der auch ich gehöre, die bei ihrem ›geistigen Erwachen‹ eine stark oppositionelle Haltung zu der Gesellschaft der Väter eingenommen hat. Die politischen Aktivitäten hatten zum Ziel, diese Väterherrschaft abzuservieren, besonders eben im Aufbegehren der Studenten. Und das alles ist ja – wie man jedem Feuilleton entnehmen kann – inzwischen auf dem Rückmarsch: Es gibt keine Kraft des Durchsetzens mehr gegen die Vorgeneration.«

In seiner Biographie gab es früh – neben den Eltern – einen Lehrer, dem er sich anvertrauen konnte und von dem er mehr erfuhr, »als mein Horizont damals in der Kleinstadt ausmachen konnte«. Danach gab es Rischbieter, zwanzig Jahre älter als Strauß: »Er hat mich auch geschurigelt, aber ich habe viel gelernt.« Und dann gab es eben Stein. Gern würde er einmal einem alten Mann zuhören, einem älteren Schriftsteller, der Erfahrung hat und eine Autorität für ihn darstellt: so jemandem wie Max Frisch etwa. Es klinge vielleicht ein bißchen komisch, »das von einem Fünfunddreißigjährigen zu hören«, sagt Strauß, aber er habe eben nicht das Gefühl, besonders »erwachsen« geworden zu sein.

Etwas Ähnliches wie die Tagebücher von Frisch würde er gern einmal schreiben. »Wenn das Geflecht so ist, daß es einen noch bekleidet. Dann geht das. Dann kann man auch zwischendurch schreiben: ›Ich traf gestern Herrn Soundso‹.«

Botho Strauß sagt eine ganze Weile gar nichts, schaut in sich hinein, als habe er schon viel zuviel gesagt. Schließlich: »Tja, bin ich mal gespannt, wie das alles so weitergehen soll.« Ein Selbstzitat. In der ›Trilogie des Wiedersehens‹, dem Theaterstück aus dem Jahr 1976, endet eine Szene mit den Worten des Schriftstellers Peter, 26 Jahre alt: »Ich möchte hier nicht leben, dort nicht leben. Es wird immer ortloser, wohin es mich zieht… Oft weiß ich auch einfach nicht, wie es weitergehen soll…«

West-Berlin, 26. Oktober 1986

Nein, immer noch mag er keine Interviews. Nichts, was nach Inquisition schmecken könnte. Ein Gespräch, allenfalls, darauf läßt er sich – mehr als sechs Jahre später – noch einmal ein, ein Gespräch über Literatur. Ein neues Buch ist abgeschlossen. Botho Strauß sagt, er mache sich keine Illusionen, niemand werde sich um dieses Buch reißen. Kaum jemand sei doch so »grundsätzlich abserviert« worden wie er.

Ist das übertriebene Empfindlichkeit? Gewiß, über den Roman ›Der junge Mann‹ (1984) gab es unterschiedliche Meinungen, sein Poem ›Diese Erinnerung an einen, der nur einen Tag zu Gast war‹ (1985) erfuhr überwiegend ablehnende Resonanz, seine Theaterstücke ›Der Park‹ (1983) und ›Die Fremdenführerin‹ (1986) kamen weder bei der Kritik noch beim Publikum übermäßig gut an – gemessen an früheren Erfolgen auf dem Theater. Aber immer noch werden diese Stücke landauf, landab gespielt; das Stück davor, die Farce ›Kalldewey‹ (1981), wurde geradezu ein Bühnenhit. Und immer noch stürzen sich die Kritiker auf seine Texte. Mancher seiner Kollegen wäre froh um nur einen Bruchteil dieser Aufmerksamkeit. Später erzählt Strauß, daß erst vor kurzem ein Fernsehsender ein ausführliches Porträt habe produzieren wollen (er hat es abgelehnt, da ihm Fernsehen verhaßt ist). Auch seien viele Briefe von Lesern zu seinem langen Gedicht gekommen (»Die haben es anders gelesen als die Kritiker«).

Botho Strauß, der nun seit mehr als fünfzehn Jahren in Berlin lebt, 42 Jahre alt, spricht kontinuierlich nur mit wenigen Freunden: Dieter Sturm, Dramaturg bei der Schaubühne, ist einer davon, auch Peter Stein gehört dazu – doch der war lange Zeit nicht in der Stadt. Die Bindung an jene Bühne, in der Strauß einst seine Lehrjahre absolvierte, ist nicht mehr sehr eng. Strauß weiß nicht, ob er das bedauern soll. Er könnte die praktische Arbeit dort jederzeit wiederaufnehmen (Stein hat es ihm angeboten), aber die Zeit als Dramaturg liegt zu weit zurück.

Was also tun, wenn das Manuskript abgeschickt ist und die Fahnen noch nicht da sind? Andere Schriftsteller gehen dann auf Lesetournee oder sie schreiben zwischendurch einen kleinen

Aufsatz, eine Rezension, eine Gelegenheitsarbeit. »Das alles kann ich nicht«, sagt Strauß. »Ich bedauere das sehr.« Er weiß, daß ihm die Scheu, aus eigenen Werken öffentlich zu lesen, als elitäre Haltung verübelt wird. Dabei sei es alles andere als das. Er nennt seine Zurückhaltung sogar eine »tiefe psychopathische Verwirrung, eine Behinderung«. Und warum schreibt er nicht einen Essay, um sich aus der depressiven Phase nach Abschluß eines Werks herauszuholen? Das Essayistische sei für ihn zu sehr mit der literarischen Arbeit verwoben, entgegnet er.

Vor sechs Jahren hat er einmal ein Experiment mit sich gemacht, damals nach Erscheinen des Romans ›Rumor‹ (es war das erste Buch von Strauß, das skeptisch aufgenommen wurde), als er sich in ähnlich ungewisser Lage befand. Für zweieinhalb Monate tauchte er in München als Gärtnergehilfe unter. Er wollte etwas ganz anderes machen, sich nicht ewig nur schreibend und lesend betätigen. Halbtags fuhr er Geranien aus, bepflanzte Balkons in einem Altersheim. Seine Kollegen waren alle erheblich jünger als er, die Kunden irritiert. »Die haben mir immer das höchste Trinkgeld gegeben«, erzählt Strauß. Irgendwann heftete sich sogar die ›Bild‹-Zeitung an seine Fersen. »Damals galt ich noch etwas, nach ›Groß und klein‹.«

Einige Hinweise auf diese Erfahrung finden sich in dem Prosaband ›Paare, Passanten‹, der 1981 erschienen und – neben der Erzählung ›Die Widmung‹ – das erfolgreichste Buch ist. Für den literarischen Weg von Strauß dürfte es einmal eine ähnliche Bedeutung erlangen wie das erste Tagebuch von Max Frisch für dessen Werk. Deutlicher noch als in früheren Prosabänden (literarische Selbstreflexion war immer dabei) umreißt Strauß in diesem brillanten Buch sein schriftstellerisches Credo. Es heißt darin etwa: »Man schreibt einzig im Auftrag der Literatur. Man schreibt unter Aufsicht alles bisher Geschriebenen.« Und Octavio Paz wird mit dem Satz zitiert: »Literatur beginnt, wenn einer sich fragt: wer spricht in mir, wenn ich spreche?«

Ja, sagt Strauß in seiner Wohnung in Berlin, er schreibe, »um das Geschriebene fortzusetzen«. Eine Art Energiesystem. »Es gibt eine Existenzform der Schrift, die ist komplett.« Das Persönliche an seinem Schreiben hält er für ganz sekundär. Er habe im Grunde noch nie eine autobiographische Zeile verfaßt.

Er schreibt jeden Tag. Lesen ist ihm tagsüber nur schwer möglich. Der Vater hat es ihm vorgelebt. Der 54 Jahre Ältere hatte einen streng geregelten Tagesablauf. Er war freiberuflicher Berater der pharmazeutischen Industrie, gab nebenbei eine kleine Zeitschrift heraus und schrieb ein Buch über gesunde Lebensführung. »Er hat seine Tage am Schreibtisch verbracht, solange ich denken kann.«

Er selbst sei »kein Erinnerer«, sagt Botho Strauß, er fühle sich ohne Ort der Herkunft. »Je älter man wird, desto mehr sieht man doch, wie groß die Heimat Schrift ist.« Das hat er ähnlich schon in ›Paare, Passanten‹ formuliert: »Man schreibt aber doch auch, um sich nach und nach eine geistige Heimat zu schaffen, wo man eine natürliche nicht mehr besitzt.« Aber was für eine Heimat ist das? Auf jeden Fall eine abseits der Welt unserer kurzfristigen Vorlieben, Aktualitäten, Maßstäbe. »Es schafft ein tiefes Zuhause und ein tiefes Exil, da in der Sprache zu sein«, heißt es an anderer Stelle in dem Buch.

Dort, in der Sprache, in der Tradition der Literatur, sucht er Boden unter den Füßen: eine Heimstätte. Aber er tut nicht so, als seien ihm die Reaktionen der Zeitgenossen egal. Daß es Leser gibt, die das Buch ›Paare, Passanten‹ verschlungen haben und immer wieder hervorholen, kann er sich kaum vorstellen. »Tatsächlich? Das stärkt mein Selbstbewußtsein. Und das ist nun wirklich nicht groß.« Solche Nachricht beeindrucke ihn »geradezu fahrlässig«. Ist er jetzt ironisch? »Nein, gar nicht. Wenn ich die Zeitung aufblättere, finde ich garantiert etwas Höhnisches über mich.« Das sei wie ein Pawlowscher Reflex: »Wenn ich meinen Namen irgendwo sehe, zucke ich zusammen, denn es gibt eins auf den Nacken!«

Die Verurteilungen der Literaturkritik treffen ihn – aber sie scheinen ihn dennoch auf seinem Weg nicht zu erschüttern. Was er nicht so deutlich sagt, höchstens zwischen den Zeilen: Die gegenwärtige Literaturkritik argumentiert auf einer Ebene, die ihn nicht zu belehren vermag. Der beste Widersacher seiner Texte sei wohl immer noch er selbst. Strauß durchschreitet mutterseelenallein den Kosmos der literarischen Vergangenheit und sucht sich Verbündete, Vorbilder, Ahnen. Achim von Arnim kann das sein, aber auch Francesco Colonna oder Cäsarius von Heisterbach. »Schreiben ist für mich auch eine Art Séance«, sagt Strauß, man trete dabei mit Stimmen und Geistern auf die innigste Weise in Verbindung.

Er lebt in der Welt der Schrift, und er vermag es nicht einzusehen, warum man heute nicht an die ›Vier Quartette‹ von T. S. Eliot anknüpfen dürfen soll. »Gegenwart und Vergangenheit / sind vielleicht in der Zukunft enthalten / und im Gewesenen das Künftige«, heißt es am Anfang dieses Gedichtzyklus, dessen Tonlage Strauß in dem Poem ›Diese Erinnerung‹ aufnimmt.

Zugleich liest Strauß naturkundliche und naturwissenschaftliche Fachliteratur, versucht sich in der aktuellen Gehirnforschung und Mikroelektronik auszukennen. Sein Traum ist eine Verbindung aus all dem. Er hofft auf eine ganz neue Konvergenz zwischen ästhetischem und naturwissenschaftlichem Wahrnehmen. »Was hat Achim von Arnim mit SDI zu tun – das zu fragen, ist für mich ein Antrieb.« Er spekuliert auf einen kleinen Kreis von Lesern, die sich für ähnliches interessieren. Doch er ist inzwischen skeptisch geworden. Es sei wohl so, daß man sich entweder um Literatur oder um Evolutionstheorie kümmere, nicht aber um beides; vielleicht lese einer ›Das Ich und das Gehirn‹ von Popper und Eccles, aber derselbe kenne schon nicht mehr Colonnas ›Traumliebesstreit‹ vom Ende des 15. Jahrhunderts.

Der Roman ›Hypnerotomachia Poliphili‹ des Francesco Colonna mit seinen verschlungenen Pfaden durch Traum- und Architekturwelten hat keinen geringen Anstoß zu der formalen Struktur des ›Jungen Mannes‹ gegeben. Strauß leugnet nicht, auch tief in die Kiste des »romantischen Romanguts« gegriffen zu haben. Dort sei die Vermengung von Bild und Reflexion am weitesten getrieben worden, sagt er. »Aber wer kennt heute schon ›Die Kronenwächter‹ von Achim von Arnim? Wer kennt Tieck? Diese Nach-Wilhelm-Meister-Romane mit ihrem Assoziationsreichtum wälzen einen großen nationalen Stoff immer weiter, freilich anders, als es Fontane gemacht hat.« Bild und Reflexion: das soll die Literatur, die Strauß sich wünscht, zusammenbringen.

Die Klassik interessiert ihn nicht besonders. Wenn man, »wie jeder Schriftsteller, der bei Trost ist«, in Goethe einen Ausgangspunkt suche, dann schwöre man sich deswegen ja nicht auf Klassik ein – »sondern man sagt: Dieser Mann hat uns alles an die Hand gegeben, und nicht nur die hohe Form.« Natürlich habe er vor dem ›Jungen Mann‹ intensiv ›Wilhelm Meisters theatralische Sendung‹ und vor allem die ›Wanderjahre‹ gelesen. »Eine vollständig dispersive Form!« schwärmt Strauß.

Auch der ›Junge Mann‹ ist ein Wanderroman, ein Stationenroman. Strauß hat Leon, den Helden, durch Traumwelten à la Colonna gehen lassen. Gerade bei diesem Buch hofft er – gibt er verstohlen zu – auf zukünftige Leser, vielleicht sogar aus der Gruppe der Physiker und Naturwissenschaftler. Wie das Phänomen Zeit in diesem Roman nicht nur zum Leitmotiv, sondern zur Form geworden ist, das bleibt vorerst noch zu entdecken. Gefreut hat Strauß die Einladung zu einem interdisziplinären Kolloquium nach Venedig. Thema: »Die sterbende Zeit«. Natürlich ist er nicht hingefahren (er hätte dort vor Publikum reden müssen), aber daß man an ihn, den Literaten, gedacht hat, gefällt ihm.

Warum eigentlich schreibt er nicht einfach einen Kommentar zu seinem Roman, eine Art Nachschrift zum ›Jungen Mann‹? Das habe ihm Dieter Sturm auch schon geraten: eine erläuterte, erläuternde Bibliographie. Das sei eigentlich nötig, räumt Strauß ein. Aber wozu? fragt er dann. Das interessiere doch niemanden. »Ja, wenn ich Neugierde verspürt hätte! Aber ich werde doch nicht einem Buch, das sowieso keiner will, noch eine Schublade druntersetzen.« Da müßte er schon das Talent haben, »so herrlich angeben zu können« wie Thomas Mann.

Plötzlich kommt Bewegung in ihn. Botho Strauß erzählt von seinem jüngsten Lese-Erlebnis. Er hat Anfang des Jahres in England gelebt und dort mit dem ›Joseph‹-Roman begonnen. Er hält das Buch für eines der »gewaltigsten literarischen Unternehmen«. Mit großer Begeisterung spricht er davon. Zur Moderne rechne man ja immer nur Autoren wie Proust, Joyce und Faulkner. ›Joseph und seine Brüder‹ sei mindestens auf diese Ebne zu stellen. Mit den anderen Romanen Thomas Manns habe das doch kaum etwas zu tun (selbst der ›Zauberberg‹ sei dagegen »immer noch gesellschaftlich«). »So ein Buch wäre im 19. Jahrhundert nie geschrieben worden, nie. Flaubert bekäme einen Neidanfall, wenn er das lesen könnte!« Wie Thomas Mann das angelesene Wissen zu Erzählstoff gemacht und Emotionalitäten daraus gewonnen habe, das sei ganz unvergleichlich. »Das ist nun wirklich kein Bildungsroman. Rahels Tod ist eine der ergreifendsten Szenen der Weltliteratur.« Der Roman sei auf einem Kairos angelegt, schwärmt Strauß, auf einem Glückspunkt in der Laufbahn dieses Schriftstellers. Auch die Sprache, nicht nur die Geschichte, diene als »Brunnen der Vergangenheit«: »Es gibt, zumal im 20. Jahrhundert, kein Werk, das die deutsche Sprache von so tief heraufholt und zugleich so hoch instrumentiert. An diesem Roman kann man lernen, was Modernität auf ihrem Gipfel ist.« Und man könne das wohl erst von heute her richtig begreifen.

Sonst ist Thomas Mann sein Vorbild nicht. Da kommen aus diesem Jahrhundert schon eher Musil und Broch in Frage. Doch fortzusetzen gebe es – für ihn – hier wie dort nichts; schon gar nicht würde er sich mit den Größen in einem Atemzug nennen wollen. Was aber ist sein Weg? Wo will Botho Strauß hin?

Nach dem Band ›Paare, Passanten‹ hat bei ihm ein Bruch stattgefunden. Ein solches gesellschaftskritisch aufzufassendes Buch »mit seinen Déjà-vus für den Leser« will er nicht mehr schreiben. Die Phänomenologie seiner Umwelt interessiere ihn nicht mehr wie damals; vielleicht seien Blick und Stoff aufgebraucht. Was er beobachtet, verblüfft ihn nicht mehr genug. Das Erscheinungsbild dieser Gesellschaft sei einförmig geworden: »Überall Glätte und Kälte, es lohnt die Beschäftigung nicht.« Und ein Satiriker will er um keinen Preis werden – das sei eine völlig unangemessene Haltung gegenüber dem, was an bewegenden und bedrohlichen Sachen um uns her passiere. »Meine Registriermaschine ist nicht mehr einsetzbar. Ich möchte anderen Schrecken begegnen. Ich muß!«

Paare und Passanten – eine auslaufende Sache: »Die Passanten gehen nach Haus. Andere Leute sind im Aufbruch.« Es sei doch Sache des Chronisten, genau zu registrieren, was an Bewegungen da ist und wo sich andere Denkformen auszubilden beginnen. Er sieht eine neue technische Intelligenz das Ruder in die Hand nehmen. Man müsse doch nur einmal zusehen, wie die Jüngsten mit dem Computer leben. Das sei kein Spiel, jedenfalls nicht nur, das sei vor allem Lust an der Kombinatorik. Nach seiner Meinung wird es zu ganz neuen Bündelungen kommen. »Wir führen doch einen abgekoppelten Diskurs«, sagt er und meint die Intellektuellen, die am liebsten bei dem, was ihnen vertraut ist, verharren wollen. »Sie haben Angst, daß die Lokomotive wieder in Gang kommt.« Die neue Intelligenz habe da keine Bedenken; es sei alles noch schwer zu beurteilen, aber verfolgen müsse man es doch.

Ein Chronist, verbessert er sich, sei er eigentlich nicht, dazu fehle der Abstand, der Überblick. Er sei wohl eher ein Diarist: »Ich habe keine Ahnung über den Verlauf der Zeit, aber ungefähr über den Tag.« Ein ephemerer Beobachter – kein Gesellschaftskritiker?

Strauß hat sein Schreiben einmal auf solche Kritik gegründet, und er glaubt nun nicht mehr, daß das fortzusetzen sei. Das »kritische« Denken, an das sich viele klammern, reiche zur Durchdringung des Gegenwärtigen nicht mehr aus. Man müsse intuitiv vorgehen, nach seiner Meinung auch mystisch – wobei er weiß, zu welchen Mißdeutungen solch ein Bekenntnis führen kann. »Mystik hat eine lange deutsche Tradition«, sagt er. Auch das Wort »Esoterik« gelte es in Schutz zu nehmen, etwa gegen die modische Vereinnahmung durch okkultistische Kreise. »Ich erwarte, daß die Leute noch wissen, wo es herkommt.« Dies alles sei wohl auch der Grund, warum man seine Literatur nicht mehr wolle. »Der Literaturkritiker will die gesellschaftskritische Literatur.«

Besonders vehement reagierte die Kritik im vergangenen Jahr auf das Poem ›Diese Erinnerung‹. Schroffe Töne waren zu hören: Das sei »die Propagandasprache der neuen Mystik«, Strauß wolle »eine Friedhofsruhe des Geistes«, er beabsichtige, »die deutsche Geschichte umzuschreiben«.

Friedhofsruhe des Geistes? Das verblüfft ihn nun doch. Da werde, meint er, seine Absicht ins Gegenteil verkehrt. Er sucht Beweglichkeit, glaubt gerade auf seiten der kritischen Intelligenz Erstarrungen auszumachen. Nur hier in Deutschland könne das, was er schreibt, als Provokation aufgefaßt werden. Von gezielten »Frechheiten« auf seiner Seite spricht er allerdings auch. Er weiß, in was für eine intellektuelle Landschaft seine Verse fallen.

Er ist inzwischen fest davon überzeugt, daß vieles, was sich

»linkskritisch« gibt, eine Zerstörung des Geistes mit anderen Mitteln sei. Er denkt da vor allem an jene Leute, die es sich in den Medien, in ihrer Angestelltenexistenz bequem gemacht haben und immer noch mit denselben Floskeln hantieren (»antifaschistisches Geklapper« nennt es Strauß). Ist er, dessen Leitfiguren einmal Adorno und Benjamin gewesen sind, politisch umgeschwenkt oder enttäuscht? Hat er keine Angst, daß man ihn in die rechte Ecke stellen könnte? Eine Rechte gebe es in Deutschland doch gar nicht, sagt er. Und man werde ihn doch hoffentlich nicht mit der CDU und deren Ideologen in Verbindung bringen. Nein, er sei nicht enttäuscht, aber der Meinung, daß man mit den alten Begriffen nicht mehr vorankomme.

»Wir mußten das doch alles mit uns herumschleppen: erst das marxistische, dann das freudianische und strukturalistische Zeugs.« Mit den »Schulen« sei es vorbei. »Was hat nicht die ›edition suhrkamp‹ für einen Seminarunsinn über uns gegossen!« Es gelte, zum »Parasystematiker« zu werden. Er sieht die Erstarrung, auf der anderen Seite aber auch eine neue Entdeckerfreude, eine »Bewegtheit im Geistigen«. Viele »insulare Gestalten« seien bisher übersehen worden. »Heute liest man ein Stück von Gehlen, morgen eines von Kassner oder Georg Simmel.« Allerdings gebe es keinen Bezugspunkt mehr für die gemeinsame Diskussion. Das empfindet er als Problem. Und dann diese Mißverständnisse! Wenn er sich für Technik auf der Grundlage der Evolutionstheorie interessiere, frage garantiert jemand: Darwin? Der Stärkere überlebt?

Das dringende Problem werde in der Zukunft wohl nicht mehr die Emanzipation gesellschaftlicher Verhaltensweisen sein, glaubt Strauß. Er spricht von »ideologischen Endmoränen«: Der Marxismus und die ihm vorausgehenden eschatologischen Vorstellungen könnten die Prozesse der Gesellschaft nicht mehr erklären. Diese Prozesse seien nicht dialektisch strukturiert, sondern »wahrscheinlich vollkommen anders«. Aus der Richtung dieser Betrachtungsweisen komme nichts Neues mehr. »Das 19. Jahrhundert wird ja vielleicht mit dem 20. nun endlich einmal zu Ende gehen.«

Es habe auch wenig Sinn, das Denken aus Frankreich zu importieren. »Die Leihformen aus dem Französischen sind ja entsetzlich!« Mancher hierzulande könne keinen Text mehr schreiben, ohne daß »eine Bataille-Lacan-Sauce drübergegossen« werde. Kaum habe man sich von Benjamin erholt, müsse man sich diese »Klimmzüge mit den französierenden Dunkelheiten« zumuten. Das helfe überdies auch zur Interpretation seiner Texte nicht weiter. Er sei ein nationaler Schriftsteller.

»Bin ich denn nicht geboren in meinem Vaterland?« – das ist eine Zeile aus dem Poem. Und kurz danach heißt es: »Kein Deutschland gekannt zeit meines Lebens. / Zwei fremde Staaten nur, die mir verboten, / je im Namen eines Volkes der Deutsche zu sein. / Soviel Geschichte, um so zu enden?« Auch wenn das lyrische Ich natürlich nicht mit dem Autor gleichzusetzen ist: Sind das nicht sehr mißverständliche Töne? Will hier jemand womöglich an ältere Geschichte anknüpfen, um eine jüngere auszuklammern?

Strauß hat die neue Diskussion um die Verbrechen Nazi-Deutschlands verfolgt. Keine Frage: Wir hätten die »Hitler-Katastrophe, die große Schuld, die damit zusammenhängt«, auszubaden. Darüber hinwegzureden sei überhaupt nicht möglich. Allerdings müsse man sich dazu geistig bewegen können, »sonst sind wir erstarrt mit diesem Erbe«. Und er sei inzwischen allergisch gegen »rüde Kurzschlüsse« der Art, daß sofort »Heinrich Himmler« geschrien werde, wenn einer »Meister Eckhart« sagt. »Das ist die Fortsetzung der Barbarei mit antifaschistischen Mitteln.«

Er sei – wie andere aus seiner Generation – aufgewachsen unter einem riesigen Schatten. »Ich habe meine Augen aufgeschlagen als zum Bewußtsein kommender Mensch – und habe ein Blutbad vor mir gesehen. Es ließ sich im Grunde nicht begreifen. Also rettete man sich nach links.« Er spricht von einem »Mal«, das man so tief in sich habe, daß alles Denken damit verbunden sei. »Dieses Mal ist auf uns gekommen, nicht auf diejenigen, die es fabriziert haben.« Keine Anklage: Daß die verantwortliche Generation sich in den Wiederaufbau gerettet habe, sei eine quasi biologische Überlebensform gewesen. Den Hohn gegen die »Verdrängungsgesellschaft« habe er nie verstanden (auch darauf gebe es einen Reflex in seinem Gedicht). Eine Gnade der späten Geburt hingegen kann es für ihn nicht geben. »Das gerade nicht!

Dieses Mal ist eingebrannt. Aber es wird mich nicht zur Erstarrung bringen.« Beschöniger à la Kohl und Konsorten machten es schwierig, sich über diese Dinge zu verständigen. Aber es gebe zweifellos »harte Tabus der Linken«, gegen die sich mancher heute mit Provokationen zur Wehr setze. Die Linke (»vom ehemaligen K-Gruppen-Mitglied der Grünen bis zum Chef der Neuen Heimat«) wirke nicht mehr sehr vertrauenswürdig. Die Konzepte seien zu dünn.

Dies alles im vertrauten Zwiegespräch entwickelt, aus dem Stegreif gesprochen, über Stunden – im verkürzenden Zitat muß es apodiktischer klingen als im Stande der dialogischen Unschuld. Botho Strauß redet schnell, fast hastig. Mehrfach entschuldigt er sich dafür. Er sei es einfach nicht gewohnt, sich mündlich zu äußern.

Er steht auf, holt aus dem Nebenzimmer einen Gedichtband. Robinson Jeffers heißt der Autor, ein Amerikaner: Er sei heute ganz unbekannt, zumindest als Lyriker (Jeffers hat antike Dramen übersetzt und bearbeitet). Strauß schwärmt für dessen Naturgedichte (er hat auch, für sich selbst, einige davon übersetzt). Vor allem aber für die Lebensform: »Er hat eine wunderschöne Frau geheiratet, sich in Kalifornien an der Küste ein Turmhaus gebaut und dort völlig einsiedlerhaft gelebt. Ein Einzelgigant!« Ein Traum von Strauß? Nein, Jeffers habe sich völlig den Göttern und der Natur verbunden gefühlt: »durchaus inhuman in seiner Abkehr«. Doch, gewiß, eine schöne Vorstellung sei das schon: »Der Dichter auf der Klippe – hier sitze ich, lausche nur Homer und dem Meer!« Er frage sich gelegentlich, ob man als Schriftsteller nicht ganz frei sein müßte von den Tagesvibrationen, den Zukunftsängsten, den kurzfristigen Aufregungen. Dann fährt er fort: »Man darf nicht doktrinär sein. Die orthodoxen Äußerungen sind immer die falschen.« Man könne auch nicht sagen, wer von Endzeit spreche, sei ein Dummkopf. Fontanes Roman ›Stechlin‹ wäre nicht geschrieben worden ohne eine Endzeit-Vorstellung.

Und der nun schon so oft und hämisch zitierte Satz aus ›Paare, Passanten‹, daß man ohne Dialektik zwar auf Anhieb dümmer denke, es aber trotzdem ohne sie gehen müsse? Würde er ihn immer noch so stehen lassen? »Die Dialektik-Bemerkung in ›Paare,

Passanten‹ wirkt heute auf mich wie ein kleiner spitzer Gegenstand, mit dem man ein rostiges Schloß aufstochert; längst stehen inzwischen alle Pforten offen: Sie hat sich erübrigt. Wenn's je ein Stein des Anstoßes war, so ist er mittlerweile so bemoost, daß er kaum noch von der Ebene unterscheidbar ist – und nur der Gedankenlahmste noch darüber stolpern könnte.«

Jetzt wartet er auf die Fahnen zu seinem neuen Buch, das Anfang 1987 erscheinen soll. Solange er die nicht durchgesehen hat, möchte er auch den Titel nicht nennen.* Er könnte ihn ja noch ändern wollen. Überhaupt möchte er im voraus nicht viel sagen. Die Form des Prosabandes sei entfernt mit der von ›Paare, Passanten‹ verwandt, es gebe wieder einen »running comment«, noch einmal Beobachtungen an Einzelwesen, an Paaren und isolierten Gestalten. Es sei eine Auswahl aus immensen Notizen: Vor einem Jahr hat er (in Genf) mit der Auswahl daraus begonnen. Was danach kommt, weiß er nicht. Ein Theaterstück? Das glaubt er nicht. Man könne auf dem Theater nicht so radikal vorgehen wie in der Prosa. »Ich würde gern wieder etwas probieren. Aber ich bin da zaghaft geworden.« Er sei auch etwas abergläubisch. Daß die Uraufführung des ›Parks‹ durch einen Probeunfall nicht – wie geplant – an der Berliner ›Schaubühne‹ stattfinden konnte, hat ihm zu denken gegeben.

Ihn bedrängt die Frage, ob er damit weitermachen soll, ständig in seinen Texten die eigene literarische Herkunft zu betonen. Hat er Angst vor der Gefahr der Epigonalität? Daran denke er nicht so sehr. Er zitiert ja nicht, er transformiert: Er schreibt es fort. Aber: Sollte es in seinem Alter nicht darum gehen, sich endlich nicht mehr zu verstecken, einen eigenen Fort-Schritt zu machen? Selbstzweifel eines Mannes, der fertig ist mit der einen Arbeit und keine andere in Sicht hat – und der sich fragt, wie die Öffentlichkeit das aufnehmen wird, was da Neues kommt.

---

* Das Prosabuch ›Niemand anderes‹ ist im Frühjahr 1987 erschienen; ein spannungsreiches, wunderbares Werk, das dennoch die Befürchtungen des Autors hinsichtlich des Echos bei der Kritik weitgehend bestätigte.

Berlin, 18. Juni 1993

Der Pfeil? Er darf erst abgeschossen werden, wenn er sich gewissermaßen von allein löst. So gebietet es die Philosophie des Kyudo-Sports. »Niemals schießen *wollen*«, erklärt der Bogenschütze seiner Frau im Theaterstück ›Das Gleichgewicht‹. »Später, wenn du soweit bist, löst sich der Schuß von selbst.«

Schauplatz: Berlin, Sommer und Herbst 1992. Christoph Groth heißt der Mann, ein Wirtschaftswissenschaftler, der ein Jahr lang fort gewesen ist, in Australien. Eine Absicht der weiten Reise: daß die Leidenschaft der Eheleute, »das sinnliche Bedürfen zwischen uns«, sich verjünge. Nun kehrt er zurück, in der Kyudo-Kunst ausgebildet. Innerlich gefestigt, so scheint es. Doch so einfach ist das mit dem Eros und der erhofften »gesteigerten Erwartung« auch wieder nicht – so lehrt, nicht zum ersten Mal, Botho Strauß.

Berlin, Sommer 1993. In der Keithstraße, die bis zum Landwehrkanal führt, wird emsig gebaut. Moderne Bürohäuser »nach internationalem Standard« (Bauplakat) schließen die letzten Lücken zwischen Altbauten, in denen Antiquitätenläden und Galerien geduldet werden. Ein kleiner Friseurladen und die Kneipe ›Der dicke Heinrich‹ halten sich noch neben einem neuzeitlichen ›Man Shop Kino‹ und einem Computerladen, der allerdings auch schon »Räumungsverkauf« plakatiert. Botho Strauß hat hier 17 Jahre lang gewohnt. In seinem neuen Stück setzt er dieser Phase seines Lebens und der Straße ein heimliches Denkmal: Eine der Figuren klagt darüber, einen Ort verlassen zu müssen, »der einen ziemlich unmöglichen Menschen siebzehn Jahre freundlich in seinen Mauern aufnahm«. Mehrere Szenen des ›Gleichgewichts‹ spielen in der imaginären Veltener Straße, die unter anderem die Keithstraße zum Vorbild hat. Die alten Läden müssen, so wird auf der Bühne geklagt, »Gesundheitsshops, Edelboutiquen, Spielhallen« weichen. Die Mieten steigen sprunghaft: nicht das einzige, was in diesem Stück aus dem Gleichgewicht gerät.

Es gefiel dem Dichter schon lange nicht mehr in der Keithstraße Nr. 8. Gegenüber seinem Arbeitszimmer gab es einst in der Häuserfront eine Lücke, die Durchblick erlaubte: bis auf das

Kaufhaus des Westens am Wittenbergplatz. In diesem Zimmer entstanden jene Fotos, die den Dichter im Gegenlicht vor dem Fenster zeigen. Im vergangenen Sommer räumte Strauß die große Altbauwohnung: Er, der Übriggebliebene einer Wohngemeinschaft aus den siebziger Jahren, hatte gar keinen Mietvertrag. Nun wohnt er in der Nähe vom Kurfürstendamm. Und er hat neuerdings ein Haus auf dem Land, anderthalb Autostunden von Berlin entfernt.

»Kyudo ist eine traditionelle japanische Form der Bogenkunst«, erklärt Strauß. Das sei keine große Entdeckung von ihm. »Das gibt es inzwischen bestimmt auch in Hamburg. Übermorgen wird es Volkssport sein. Der Reiz ist, daß sich dabei Zen mit sportlicher Betätigung verbindet.«

Der Schauspieler Martin Benrath, der bei der Uraufführung während der Salzburger Festspiele den Ehemann Groth spielen wird, hat sich seit Wochen in der Kunst des Bogenschießens geübt. Strauß erspart ihm nicht das heikle Hantieren mit Pfeil und Bogen auf offener Bühne. Solche Herausforderung ans Theater reizt ihn. Sowohl Peter Stein, Leiter der Theaterfestspiele 1993, als auch Luc Bondy, Regisseur des Stückes, seien unverzüglich mit Ideen für die Umsetzung jener Szene zur Hand gewesen, in der laut Bühnenanweisung der Schütze mit dem Pfeil seine Ehefrau trifft und verletzt. Kein Wunder: Bondy und Stein sind erfahrene Theaterleute, die seit Jahrzehnten die nicht allein handwerklichen Schwierigkeiten zu schätzen wissen, die in Strauß-Stücken für die Bühnenpraxis verborgen sind. Das Trio ist ein eingespieltes Team – seit gemeinsamen Berliner Schaubühnen-Tagen. Strauß wird nicht nach Salzburg fahren, wo ›Das Gleichgewicht‹ am 26. Juli aufgeführt werden soll. Er ist noch nie in die Premiere eines seiner Stücke gegangen – warum sollte er beim 14. Bühnenwerk eine Ausnahme machen? Der Dichter beim Schlußapplaus im Kreise der Schauspieler, sich verbeugend: unvorstellbar. Botho Strauß haßt und fürchtet jeden öffentlichen Auftritt – wie also erst jetzt, wo er bekannter und umstrittener ist als je zuvor.

Sein Pfeil saß. Niemand anderes hätte ihn besser ins Ziel lenken können. Und er traf so genau, weil Strauß im Grunde nicht schießen wollte. Der ›Fachdienst Germanistik‹ zählte im April

Botho Strauß, 1993

1993 unter dem Titel ›Das anschwellende Echo des Bocksgesangs‹ 22 Reaktionen auf Straußens ›Spiegel‹-Essay vom Februar. Zu früh gezählt. Das Echo schwoll weiter – die Anspielungen, Abwandlungen, Variationen sind längst unüberschaubar geworden. Von »Bockmist« über »bockigen Schwellgesang« und »Schwellungen« bis hin zu »anschwellendem Gelaber« oder »anschwellender Geistesfinsternis« dürfte mittlerweile kaum etwas ausgelassen worden sein. Der Original-Titel ›Anschwellender Bocksgesang‹ ist so schon jetzt, paradox für einen nicht unbedingt volkstümlichen Autor, zum geflügelten Wort geworden.

Nur ein Beispiel dafür, wie Formulierungen, gegen die sich das Sprachgefühl zunächst sperrt, zum Ohrwurm werden können. Anscheinend war ›Bocksgesang‹ nur den wenigsten auf Anhieb als Analogie des Fremdworts »Tragödie« erkennbar. Manche vermeintliche Provokation entsteht eben schon dadurch, daß einer aus einem größeren Sprachgedächtnis schöpft als die meisten der Zeitgenossen. Und mancher von denen glaubt gar noch, als befremdend oder sogar lächerlich empfinden zu müssen, was nicht einmal in seinem passiven Wortschatz vorkommt. Ein anderes Beispiel: Was ist über den »Rechten in der Richte« gehöhnt worden! Dabei ist »Richte« sogar dem Standard-Duden als »gerade Richtung« völlig geläufig und im Strauß-Essay als Wortspiel leicht erkennbar: ein sanfter Hinweis auf den linkischen Unterton im heiligen Begriff »Linke«. Aber wenn ein Dichter sich schon in die Sphäre unserer Zeitungen und Zeitschriften begibt, soll er gefälligst auch reden wie wir alle. Nur: warum soll er dann eigentlich reden?

Seit Heinrich Bölls Frage im ›Spiegel‹ (1972), ob Ulrike Meinhof Gnade oder »freies Geleit« wolle, hat keine Wortmeldung eines deutschen Schriftstellers die Gemüter dermaßen erhitzt. Im Fall Strauß warfen sich die oft genug eher fuchtelnden als funkelnden Entgegnungen nicht nur auf das politisch Mißliebige, sondern auch – manchmal fast grimmiger noch – auf das Stilistische. Die ›Frankfurter Allgemeine‹ begnügte sich in ihrer Reaktion gleich ganz mit einer vernichtend gemeinten Stilkritik, deren tremolierendes Fazit über Strauß und seinen Artikel in seltsamen Mißverhältnis zur grammatikalischen Erbsenzählerei stand: »Es reicht nicht zum Außenseiter, das ist sein Schicksal. Es reicht nicht einmal zu bescheidener Korrektheit, das ist seine Schande.« Für SPD-Kulturmann Peter Glotz war Strauß »ein gefährlicher Wirrkopf« (›Wochenpost‹), und Elke Schmitter meinte (ebenfalls in der ›Wochenpost‹) den Dichter frei nach Karl Valentin ermahnen zu müssen: »Demokratie ist schön. Macht aber viel Arbeit.« Kaum eine Zeitung, die nicht glaubte, ein Urteil abgeben zu müssen. Im Feuilleton der ›Zeit‹ raffte sich der Filmkritiker auf und mokierte sich unter anderem darüber, daß Strauß »just« im ›Spiegel‹, »der medialen Schwatzbude«, zwischen »Boris Becker, Wolfgang Schäuble und den Salmonellenhühnern« gegen die »verschwätzten Zeiten« anpredigte. »Die Mandarine werden nervös«, »Aufgebrachte Hirten«, »Gebeutelte Aufklärer« – so waren dann, in der zweiten Runde, die Reaktionen auf die ersten Diskussionsbeiträge überschrieben. Sogar das ›Neue Deutschland‹ zeigte sich überrascht von der Häme und Einfallslosigkeit, mit der vornehmlich in den alten Bundesländern Strauß für seine Ketzereien abgestraft worden war. Gleich zwei Mal blies das Blatt zur Verteidigung. Schließlich machte auch die ›Zeit‹ eine Kehrtwendung: Eckard Nordhofen schrieb, Strauß habe mit seinem Essay »ein herkulisches Stück inszeniert, ein Stück wie keines zuvor«. Lobendes Fazit: »Mit diesem Text verstellt Botho Strauß den Fluchtweg zurück in die Nachkriegszeit.«

Für Strauß ist der ›Bocksgesang‹ eine abgeschlossene Sache. Er möchte sich dazu nicht mehr äußern. Er zögert sogar, den Aufsatz, zusammen mit anderen essayistischen Arbeiten, in einem Band zu sammeln. Immerhin hat er dem Verlag Matthes & Seitz erlaubt, den leicht erweiterten Essay im Jahrbuch ›Der Pfahl‹ nachzudrucken, »falls ihn dann noch jemand lesen will«. Für ihn ist das ein »journalistischer« Text, wie er ihn sobald gewiß nicht wieder schreiben werde. Nicht wegen der Reaktionen (er behauptet, den größten Teil davon nur aus zweiter Hand zu kennen), sondern weil das nun einmal nicht sein Metier ist. Er müsse wohl zur Kenntnis nehmen, sagt Strauß, daß sein Stil – »ob der nun geschwollen ist oder nicht, wollen wir mal dahingestellt sein lassen« – mit »irgendeiner Art von Selbstzerfurchung« offenbar überhaupt nicht in Vermittlung zu bringen sei. Seltsam findet er das schon. Dann müßte man ja auch Nietzsche für einen »Rambo des Geistes« halten, für einen »reinen Angeber: bei diesen aufgeblähten Sätzen!« Freilich: Position beziehen wollte er schon. »Wenn die Leute sich unbedingt jemand zu den Büchern und Stücken vorstellen müssen, dann auch den richtigen.«

Sonst zeigt er sich ja nicht. Nicht bei Premieren, nicht bei einer Preisverleihung, nicht auf Lesungen, schon gar nicht im Fernsehen. Da ist er konsequent, und was zunächst nur die ganz persönliche Hemmung war, vor vielen Menschen zu sprechen, hat sich mittlerweile zu einer Haltung kultiviert. »Wer sich bei einer privaten Unterhaltung von Millionen Unbeteiligter begaffen läßt«, so heißt es in seinem Essay zum täglichen Fernsehritual, »verletzt die Würde und das Wunder des Zwiegespräches, der Rede von Angesicht zu Angesicht.«

Unbeeindruckt davon kamen und kommen viele Aufforderungen, sich zu bekennen – als wäre sein Essay nicht genug. Es muß eine unerhörte Provokation darstellen, wenn einer nicht jede Möglichkeit zum öffentlichen Auftritt nutzt: »Eigenbrötler« ist da noch ein freundliches Wort. Dabei hat Strauß sich selbst, gleich im ersten Satz seines Essays als jemand zu erkennen gegeben, »der vor der freien Gesellschaft, vor dem Großen und Ganzen, Scheu empfindet«. Und vorsichtshalber gleich hinzugesetzt: »nicht weil er sie heimlich verabscheute, sondern im Gegenteil, weil er eine zu große Bewunderung für die ungeheuer komplizierten Abläufe und Passungen, für den grandiosen und empfindlichen Organismus des Miteinander hegt«. Doch so feine Töne werden gern überhört.

Die Kraft seines Aufsatzes rührt nicht zuletzt daher, daß Strauß Verstörung zeigt, nicht Meinungsstärke – eine Verstörung, die das Bild des fast tänzerischen Miteinanders gefährdet sieht: Ist da nicht ein »letztes knisterndes Sich-Fügen« zu hören, ein »leises Einschnappen, wie ein Schloß, ins Gleichgewicht«? Danach könnte alles reißen, heißt es bei Strauß: Nerven, Netze, Träume. Das »Gleichgewicht« – da ist das Wort. Gibt es eine Verbindung zwischen Bühne und Essay? Was hat das eine, der Text, mit dem anderen, dem Theaterstück, zu tun? Strauß, dazu befragt, weicht aus: Es seien die gleichen »Vibrationsverhältnisse«, sagt er. Er wird sich hüten, sein Stück selbst zu deuten.

Verwundert hat ihn freilich die Interview-Behauptung von Burgtheater-Direktor Claus Peymann, das Stück rieche »ein bißchen sehr nach Schwarz-Weiß-Rot«. In der Tat muß man sich fragen: Welchen Text mag Peymann da gelesen haben?

Das neue Bühnenwerk ist ein fast sommerliches Stück, frei von allem Mythenzauber, zumindest an der Oberfläche ganz auf die Gegenwart bezogen. Oder sollte gar die »innerliche Ortsverlagerung«, die eine Bühnenfigur verspürt, schon unschicklich sein? »Seitdem das Land soviel größer geworden ist«, wird da ausgeplaudert, »seitdem es einen neuen Körper besitzt, befindet sich eigentlich niemand mehr an demselben Ort, an dem er vorher war.« Von Deutschland ist im ›Gleichgewicht‹ die Rede – mehr aber noch, viel mehr von der Liebe. Die Frage ist hier, ob Lilly Groth, die Frau des Bogenschützen, ihrem Mann während seiner einjährigen Abwesenheit – wie verabredet – treu geblieben ist oder nicht. Eine moderne Penelope? Ausgemacht gewesen ist vor der Trennung zwischen den Gatten, daß »auf Liebesbetrug die Todesstrafe« stehen solle. Nur so dahingesagt? Nur ein Spiel? Oder ist es am Ende doch kein Zufall, mehr als ein Versehen, daß der Pfeil die Gattin trifft? Noch kurz, bevor er schießt, erklärt nämlich ihr Ehemann: »Ob der Pfeil sein Ziel erreicht, ob er's verfehlt, ist eine Frage des inneren Gleichgewichts und nicht der Angriffslust.«

Hat sie ihn nun betrogen oder nicht? Der Dichter verweigert auch in diesem Punkt die Auskunft. Das wisse er doch selbst nicht, sagt Strauß lachend. Er hält das neue Stück, seine »bürgerliche Invention«, wie er sagt, für eine der schwersten Partituren, die er je fürs Theater geschrieben hat – auch wenn das Stück so »konventionell« aussehe. Das habe ihn verlockt: Etwas nach außen hin ganz schlicht erscheinen zu lassen und »innen drinnen die größtmögliche Oszillation« zu erreichen. Es sei im Grunde das Gegenteil von allem, was er bisher gemacht hat: »Das gesamte Geheimnis muß an der Oberfläche stattfinden, sonst hat es keinen Zweck!«

Seit mehr als zwanzig Jahren arbeitet Strauß nun für die Bühne. Nach der Uraufführung seines ersten Stücks ›Die Hypochonder‹ – 1972 am Hamburger Schauspielhaus von Claus Peymann in Szene gesetzt – forderte eine Boulevardzeitung den

Kopf des damaligen Intendanten Ivan Nagel: Was dem Publikum zugemutet werde, sei »an Dummheit und vor allem aber an Frechheit nicht mehr zu überbieten«. Die ›Frankfurter Allgemeine‹ glaubte den Fall Strauß gleich zu den Akten legen zu können: »Dieses Stück stammt von einem Dramaturgen, der ein Kritiker war.« Der junge Dramatiker, einst Redakteur der Zeitschrift ›Theater heute‹, arbeitete damals noch als Dramaturg an der Berliner Schaubühne. Immerhin entdeckte der ›Spiegel‹ »blinkende Sentenzen und Theatercoups« und sah den damals 27jährigen Jungautor schon auf dem Weg jenseits linker Gewißheit und Ideologie: »Strauß war, wie viele seiner Generation, schließlich frustriert davon, daß alles erklärbar und analysierbar schien.« Andere wollten in den Stücken des bald schon von den Theatern umworbenen Dramatikers etwas ganz anderes wahrnehmen: die zeitkritische und satirische Potenz. Als »Gesellschaftskritiker« sei er lange Zeit ganz gut akzeptiert worden, sagt Strauß heute. Das Hätschelkind der Theaterkritik ist er längst nicht mehr. Ein Rezensent fragte 1991, ob das 13. Stück mit dem Titel ›Angelas Kleider‹ nicht besser im Papierkorb gelandet wäre.

Er sagt zu all dem nur: »Ich habe mich für religionsphilosophische Themen immer interessiert, lange bevor man mir nachgesagt hat, daß das eine bestimmte Mode war. Nach ›Groß und klein‹ haben die Leute ja schon reihenweise von mir Abschied genommen, die vorher gesagt haben, ich sei ein interessanter und aufgeweckter Gesellschaftskritiker. Leider gebe es da nun Mystik. Dieses Wort wird ja rücksichtslos gegen seinen eigentlichen Bedeutungsgehalt verwendet: alles, was man nicht sofort ins Kritische verfügen kann, wird mystisch genannt. Dazu kann ich nur sagen: Wie bedauerlich, daß mancher über die begrüßenswerten Theorien, mit denen wir alle aufgewachsen sind, nicht hinausgekommen ist, und neben Adorno vielleicht einmal Scholem gelesen hat – oder anderes, das sich mit den unaufklärbaren Verhältnissen des Denkens beschäftigt.«

Plötzlich gilt Strauß als Gottsucher. Doch das ist einer nicht schon deswegen, weil er sich dafür interessiert, »wie Uraltes ins Jetzt« durchschlägt, und es bedauert, daß wir »als Kolonialherren der Vergangenheit« – wie im Prosaband ›Fragmente der Un-

deutlichkeit‹ (1989) nachzulesen – »unsere Zeit so über alle anderen« stülpen. Bei Alexander Kluge heißt das gar nicht so viel anders: »Angriff der Gegenwart auf die übrige Zeit«. In Strauß aber
will man partout den weltfremden Gegenwartsflüchtling sehen.
Einen Essay wie den ›Anschwellenden Bocksgesang‹ freilich
kann niemand schreiben, der nicht mit den Schwingungen seiner
Zeit bestens vertraut ist – und solche Theaterstücke, die sich
trotz ihrer gewagten Brüche und mythologischen Einschübe auf
den Bühnen immer wieder bewähren, auch nicht. Strauß ist nicht
nur im Grimmschen Wort- und Wörterschatz zu Hause, sondern ebenso in der Sprache der Computerkids, der Hirnfor-
schung, der Ethnologie, der Molekularphysik. »Data-Glove und
Runenholz« sind ihm gleichermaßen vertraut.

Strauß zählt zu den erfolgreichsten Theaterautoren der Gegenwart. Vierzehn Stücke hat er bisher geschrieben, die in mehr
als 400 Inszenierungen über die Bühnen von dreißig Ländern
gingen. Eines seiner schwierigsten Werke, ›Kalldewey, Farce‹,
Anfang 1982 in Hamburg uraufgeführt, ein Theaterstück, bei
dem der Zuschauer laut Strauß nicht wissen sollte, »ob man sich
in einer Irrenanstalt oder einer ästhetischen Innovation befindet«, hat sich mittlerweile an die Spitze der Aufführungsstatistik
gestellt: Allein in München steht es seit nunmehr zehn Jahren auf
dem Spielplan der Kammerspiele.

Im nächsten Jahr, im Dezember 1994, wird er fünfzig Jahre alt.
Vorher würde er gern wieder eine größere Prosaarbeit publizie-
ren*. »Aber wer will die von mir?« fragt er, ohne sein Gegenüber
anzusehen. Sein brillanter erotischer Erzählkranz ›Kongreß‹
(1989) wurde kaum gewürdigt, der Verfasser von der ›Frankfurter Allgemeinen‹ gar als »verruchte Courths-Mahler« abgetan,
die Prosadenkstücke ›Fragmente der Undeutlichkeit‹ (1989) und
›Beginnlosigkeit‹ (1992) waren von vornherein nur an ein kleines
Publikum adressiert.

Wenn man in die »reifen Jahre« komme, möchte man doch
gern sagen können, man arbeite an einem »Projekt«, erzählt
Strauß nicht ohne selbstironischen Beiklang: »Der ›Zauberberg‹

---

* Im August 1994 erschien der Prosaband ›Wohnen Dämmern Lügen‹.

wird's vielleicht nicht werden – aber zumindest hätte man gern
ein Projekt, mit dem man sich länger beschäftigen kann, und sei
es bis zum Sechzigsten.« Er schaut aus dem Fenster, als ob dort
draußen die Antwort zu finden wäre. In Gorkis ›Sommergästen‹,
jenem Theaterstück, das Strauß einst, ganz am Anfang seiner literarischen Laufbahn, für Steins Schaubühne eingerichtet hat,
wird ein Schriftsteller gefragt, ob er an »etwas Größerem« arbeite – so zitiert Strauß aus dem Gedächtnis. Ein etwas umfang-
reicheres Werk dürfte es schon werden, nicht immer nur »lauter
kleine Stücke«. Strauß: »Das ist eine tiefe Sehnsucht!« Dann resigniert: »Man hat eben seinen Rhythmus gelernt. Und dieser
Rhythmus ist der des Clips, des Augenblicks, des Hinguckens,
auch mal des Meditierens, ganz egal. Es ist eben Tagebuch, das
einfach unendlich fortgesetzt wird. Und am Ende kann man jedes Jahr oder alle zwei Jahre etwas veröffentlichen. Aber es wird
nie ein Werk.« Mit dem täglichen Schreiben bringe man sich um
das Werk. Auf diese Weise lasse sich natürlich alle paar Jahre etwas veröffentlichen. Doch wenn er an Paul Valéry und dessen
›Cahiers‹ denke, fragt er sich schon gelegentlich, wie jenes Werk
wohl beschaffen gewesen wäre, das der Kollege gern geschrieben
hätte und eben nicht geschrieben hat. »Ein tieftrauriger Gedanke«, sagt er. So ähnlich hat Strauß es schon in seinem Buch
›Niemand anderes‹ (1987) formuliert: Der Schriftsteller, der alles
verrate und nichts für sich behalten könne, werde niemals »das
schöpferische Werk« zustande bringen. »Tag für Tag verhindert
er seine Lebens*geschichte*, indem er sich dem prompten Augenblick, der nackten Gegenwärtigkeit preisgibt, so daß ein scho-
nendes Imperfekt und die natürliche Selektion der Erinnerung
keine Chancen haben.«
   Aber er kann doch glänzend über die Gegenwart und unser
Großstadtleben schreiben? Warum keinen großen Roman? Er
winkt ab. »Für diese Art von kurzfristigem Verbrauch gibt es
doch wirklich genug. Ich kann keine glaubwürdige Form finden
für das, was da verlangt wird.« Er jedenfalls könne es nicht, betont er noch einmal. Auf seinen Roman ›Der junge Mann‹ (1984)
passe das Wort »gelungen« so wenig wie etwa auf Goethes späten ›Wilhelm Meister‹, an dem er sich orientiert habe – ohne sich
damit messen zu wollen.

Kann er sich denn nicht vorstellen, einmal einen leichten erzählerischen Wurf zu wagen? Das Gestalten von Figuren falle
ihm in der Prosa schwerer als auf der Bühne, antwortet Strauß.
»Ich kann keine glaubwürdige Form finden für das, was da verlangt wird.« Er würde ja gern, sagt er. Und noch einmal: »Ich
kann es nicht.« Später kommt er noch einmal darauf zurück. Es
läßt ihm keine Ruhe. »Wie soll man das machen? Selbst wenn
ich die Erkenntnis unterdrücken würde, daß es geschlossene
Figuren weder im Alltag noch sonst irgendwo gibt – ich könnte
keine Charaktere schaffen wie Marquez. Das ist einfach etwas,
was sich mit meiner Wahrnehmung von Realität nicht vereinba-
ren läßt. Für mich ist da nur Diffusion. Es ist mir undenkbar,
anderes als Strömungen und Überlagerungen zu sehen, die
durch Menschen, Ideen, Gefühle mitten hindurchgehen. Und
ich versuche einfach, so viel wie möglich davon in mir zu sammeln und wieder zu zerstreuen, möglichst spannungsvoll zu
zerstreuen.« Schon die Sache mit den Namen von Figuren sei
für ihn schwierig. Alles das, was wie ein Name auf einem Klin-
gelschild aussehe, sei für ihn nicht zu benutzen. Kürzlich hat er
im Kino den amerikanischen Film ›Falling down‹ gesehen: Daß
der Held den Namen Defence trägt, gefällt ihm – wie auch die
Geschichte, die erzählt wird. Er kann sich gleich lebhaft an dra-
maturgische Mängel und Fehler erinnern. Darüber spricht er
mit Vergnügen.

Das Theater sei für ihn immer noch eine Herausforderung,
sagt er, eine aus langer Tradition herkommende Form, mit Heu-
tigem anzufüllen. Beim Schreiben habe er immer die alte Guck-
kastenbühne vor Augen. »Das regt mich mehr an als der Roman,
der eine beliebige Freiheit bietet. Ob ich nun recherchiere oder
eine reine Phantasiegeburt hinstelle, das ist völlig wurscht. Wenn
es gut ist, ist es in jedem Fall ein Roman.« Für ihn als Autor ist es
produktiv, daß er einen Schauspieler auf der Bühne nicht »dumm
dastehen« lassen könne. Der müsse sich seinen Text zu eigen machen. »Ein Theatertext ist in erster Linie Gebärde. Der Zuschauer muß spüren: Da steht eine Figur, die eine Geschichte
hat. Und gleichzeitig ist das Theater die absolute Gegenwart –
und sei sie noch so synthetisch.« Das Epos dagegen verlange
Vergangenheit. Und er sei als Schriftsteller »eine völlig vergan-

genheitswidrige Erscheinung«. Kurz gesagt: »Ich beherrsche das Imperfekt nicht.«

Und so fühlt er sich ein wenig Max Frisch nah, den er – wie sich selbst – nicht zu jenen Erzählern zählt, »die aus dem tiefen Brunnen der Vergangenheit schöpfen«, sondern der ein »Epiker der persönlichen Lebenszeit« gewesen sei, »wie sie mit dem Eintritt ins Mannesalter zum Problem wird« – so schrieb Strauß 1991 in einem kleinen Nachruf für die ›Zeit‹: »Ohne dem Augenblick zuviel Ehre zu erweisen, hat er den Stil und die Technik eines besonderen Gewärtigens entwickelt: Wer jemand wann unter Umständen ist oder sein könnte.« Doch deutlich drückte Strauß auch den Abstand zu seinem Schweizer Kollegen aus: Frisch als »engagierter Autor« scheint ihm »nicht mehr so sehr weit entfernt vom geistigen Biedermann« zu sein, und »die Parabel von diesem selbst«, also das berühmte Stück ›Biedermann und die Brandstifter‹, komme offenkundig »aus einem literarisch vorkybernetischen Zeitalter der szenischen Modellbauer und Mechaniker«.

Dem amerikanischen Dichter Robinson Jeffers, der sein Leben zurückgezogen in einem Haus an der Küste des Pazifik verbracht hatte, bereitete Strauß 1989 in den ›Fragmenten der Undeutlichkeit‹ eine postume Hommage. »Er selbst ging nicht gern unter Leute«, läßt Strauß die Ehefrau des Dichters erzählen. »Vertrug es nicht gut. Zwei, drei Menschen an einem Tag, und er war für den Rest des Monats mit der menschlichen Rasse zerfallen.« Freilich, Strauß zitiert ebenso den Jeffers-Satz: »Ansichten gehören zum Mann, und er muß ihnen Luft machen, auch wenn die Poesie darunter leidet.« Das ist Jeffers nicht gut bekommen. Er wurde wegen seiner politischen Äußerungen befehdet und ins Abseits gedrängt. Strauß läßt den Amerikaner ironisch und bitter sagen: »Auch daß ich es anscheinend versäumte, Hitler zu verurteilen, Welthund Hitler, der alles Böse der modernen Zivilisation auf sich genommen hatte und straffreien Raum hinterließ für anderer Leute Verbrechen, beispielsweise Bomben auf Japan zu werfen, brachte mir keine Freunde unter den Künstlern und Zeitungsleuten, den Linksradikalen und Intellektuellen.«

Jeffers' Abgang ist von der Art, wie ihn nur ein Dramatiker

(ursprünglich gab es einen Plan zu einem Jeffers-Stück) so formulieren kann – eine Spiegelung des einen Dichters im anderen
und fast schon eine prognostische Szene: »Dann schlich ich aus
der Arena, verließ diesen Basar der Erkenntnismoden und hörte
noch, wie in meinem Rücken die Wellen der Debatte jäh wieder
in die Höhe schossen. Aber sie bemerkten gar nicht, daß ich
längst verschwunden war...«

Verwunderlich am riesigen Echo auf Straußens ›Spiegel‹-Es-
say bleibt, daß sich kaum jemand die Mühe machte, in den Prosa-
büchern des Autors nachzuschlagen, sich für Zusammenhänge
mit dem Erzählwerk, etwa den literarischen Denkstücken
(›Paare, Passanten‹, ›Niemand anderes‹, ›Beginnlosigkeit‹) zu interessieren. Vor allem vor einem Vorwurf hätte das den Autor
vielleicht bewahrt: daß bei ihm einiges »auf der Strecke« bleibe,
nämlich »die Geschichte des Holocaust, um nur eines der Opfer
zu nennen«, wie der Romancier Tilman Spengler in der ›Woche‹
behauptet hat. Dessen Begründung: Strauß habe von einem
»Verhängnis« gesprochen, dem man nur mit »Erschütterung«
begegnen könne.

Ein völlig haltloser Vorwurf. Das deutsche Verbrechen bestimmt wie bei kaum einem anderen Autor seiner Generation
schon von den frühesten literarischen Arbeiten an den heimlichen Fluchtpunkt des Schreibens. In einer der mittlerweile sich
häufenden Doktorarbeiten über den Autor heißt es ganz richtig:
»Bislang weitgehend unbeachtet, zieht sich die Faschismusthe-
matik wie ein roter Faden durch das Strauß'sche Gesamtwerk.«
Allerdings ist davon bei ihm nicht in Form billig zu habender
Übereinkünfte die Rede. In seinem Aufsatz spricht Strauß in der
Tat von einem Verhängnis, jedoch einem »Verhängnis in einer
sakralen Dimension des Worts«, es handle sich »nicht einfach
um ein Tabu«. Wie daraus eine Verharmlosung oder Negierung
der Verbrechen abgeleitet werden soll, bleibt unerfindlich – zumal der Zusammenhang erweist, daß Strauß den brandschatzen-
den Jugendlichen unserer Gegenwart (die er gleichwohl »von
uns verwahrloste Kinder« nennt) jedes Recht abspricht, sich
schlicht als Tabuzertrümmerer zu gerieren. Die Verbrechen der
Nazis seien »so gewaltig«, »eine über das Menschenmaß hinaus-
gehende Schuld«, daß sie nicht von ein oder zwei Generationen

abzuarbeiten seien – ein Wort, das Strauß, hellhörig, in Anführungszeichen setzt. Doch anders als die von ihm attackierten »kritisch Aufgeklärten«, die immer noch gern gedankenlos von unbewältigter Vergangenheit reden, als bedürfe es nur eben einer kleinen Anstrengung, um sie endlich zu bewältigen, anders als jene, die, wie Strauß glaubt, »keinen Sinn für Verhängnis besitzen«, versucht er die Qual der Befangenheit zu benennen.

Die Voraussetzung für sein Denken und Schreiben skizzierte Strauß schon 1981 in dem Prosaband ›Paare, Passanten‹ so: »Unser Älterwerden kreist in immer erweiterten Gedächtnis-Ringen um unsere einzigartige Geburtsstätte, den deutschen Nationalsozialismus. Der Abstand vergrößert sich, doch können wir aus der konzentrischen Bestimmung niemals ausbrechen. Für diejenigen, die aus dem Exzeß des Jahrhunderts hervorgingen, wird es keine Lebensphase geben, in der sie nicht erneut zu diesem Ursprung sich innerlich verhielten, so daß er eigentlich das geheime Zentrum, ja Gefängnis all ihrer geistigen (und seelischen) Anstrengungen bildet.«

Der Roman ›Der junge Mann‹ (1984) ist bis in feinste Verästelungen geprägt von der allegorisch gewendeten Beschäftigung mit Hitler. »Noch immer hält uns sein Tod umschlungen und flößt uns Furcht und Atem ein«, heißt es da. Und als Strauß 1989 eingeladen war, sich am Sonderheft ›Spiegel Spezial‹ zum Thema ›100 Jahre Hitler‹ zu beteiligen, schrieb er: »Ich sehe nicht, wie ich seiner gedenken könnte.« Und antwortete dann doch: »Er: nicht verwendbar für die Phantasien der Wiederkehr oder zur Denunziation irgendeiner mißliebigen Politik von heute. Dieser mächtigste Nachzehrer unter den Deutschen ist ohnehin immerzu anwesend in der endlosen Verkettung ihrer Negationen, Radikalismen, Nichtungsgelüste, Gesinnungsfieber. In meinem Zeitleben bleibt alles von innen und außen durch Vergangenheit erpreßt. Es gibt kein von ihm verschontes Schreiben und Meinen. Geboren zu nah dem Epizentrum des Bösen, um nicht von ihm noch erfaßt zu werden und Existenz zu erfahren als Hin- und Hergeworfensein.«

Strauß sprach damals, vor vier Jahren, von »einer redenden Nachwelt«, in der er lebe: »Unbedenklich und wüst verströmt das Reden sogar über Shoa und Holocaust; ein Sprechen ohne den mindesten Argwohn, ob Sprache hier der Scham nicht widerspreche.« Daß solche nachdenklichen Töne manchem nicht gefallen, muß wohl damit zusammenhängen, daß die »zutiefst ironische Intelligenz«, wie Strauß einmal höhnisch formulierte, sich angesprochen und insgeheim vielleicht sogar ertappt fühlt, wenn der Dichter etwa in seinem Buch ›Niemand anderes‹ (1987) die Vermutung zu äußern wagt, daß »deren tiefe Überzeugungsleere im übrigen am allerwenigsten dazu geeignet ist, die Nachfolgenden gegen neue Dämonie und ungute Dunkelheit zu feien«.

Das Theaterstück ›Das Gleichgewicht‹ ist im Herbst 1992 entstanden, lange vor der Veröffentlichung des ›Anschwellenden Bocksgesangs‹. Lange vor der erhitzten Debatte um diesen Text. So kann also die erste Szene im zweiten Akt, der Dialog zwischen Vater und Sohn, noch keine Verarbeitung für die Bühne sein, auch wenn es nun fast so klingen will. Christoph Groth nämlich, der Vater, wirft seinem Sohn Markus vor, er zündele »mit verbotenen Ideen, nicht weil du wirklich Feuer legen wolltest, sondern weil es so hübsch zischt und stinkt«. Er fühle sich »wie ein Erkundungsspeer«, erwidert der Sohn, »hinausgeworfen auf feindliches Gebiet«. Reaktion des Vaters: »Wenn du dich nur halb so geschwollen ausdrücken würdest!« Und dessen politische Überzeugung: »Die Welt wird liberal zur Gänze sein, oder sie wird überhaupt nicht mehr sein!«

Ein Generationenkonflikt mit verkehrten Rollen? Jedenfalls verbirgt sich dahinter eine gehörige Portion Selbstironie des Dramatikers, der seine eigene politische Wortmeldung nicht ohne die Überwindung innerer Widerstände publiziert hat. Den Sohn im Theaterstück nämlich ergreift schnell Unbehagen, er hat Angst vor der eigenen Courage: »Es ist der Mut, Vater, der einen plötzlich packt, im Handstreich ganz ergreift, und der einen ganz plötzlich wieder verläßt, kaum daß man seine Botschaft ausgestoßen hat.« Aber da ist der Pfeil schon unterwegs.

Das eigene Leben variieren

John Updike

Beverly Farms bei Boston, 1. August 1983

Vor dem Haus, auf hohem Mast, die Fahne: Stars and Stripes. Ein schönes Haus: weiß, dreigeschossig, im Kolonialstil. Die Privatstraße, die zu vier, fünf im Wald versteckten Villen führt, endet hier. Grüner Rasen, weiter Blick hinaus auf den Atlantik, draußen ein paar kleine Inseln, Segelboote. Eine leichte Neuengland-Brise weht über der Massachusetts-Bay.

Aus der Tür tritt John Updike, federnd, groß. Ein schlanker Mann, der den Oberkörper etwas vorbeugt und sich so bewegt, als wäre er selbst hier zu Gast, als sei er noch nicht völlig verwachsen mit diesem Ort. »Wo wollen wir sitzen?« fragt er und hält die Haustür auf. »Wir können es uns hier unten bequem machen oder oben in eins meiner Arbeitszimmer gehen.« Sein Englisch ist klar und verständlich. Wir gehen nach oben. Sein Schreibzimmer sieht aus wie eine Redaktionsstube: auf dem Tisch ein Computer mit Tastatur und Bildschirm. In grünen Lettern leuchten Sätze aus einem neuen Roman. Arbeitet er wirklich mit diesem Gerät? Ja, zum erstenmal. Updike ist gerade dabei, die Bleistift-Fassung umzuarbeiten. Schreibt er zunächst mit der Hand? Nur die Romane, erklärt er. »Den nächsten werde ich gleich hier eingeben. Man kann alles wunderbar hin und her schieben, verändern und löschen.« Er hat sich ein Zusatzprogramm speichern lassen, weil die englische Sprache Akzente und Umlaute nicht kennt. Jetzt kann er auch ausländische Zitate verarbeiten. Kaum sitzen wir, springt er wieder auf. Er holt sich Zigarillos. »Ich rauche keine Zigaretten mehr, nur diese kleinen Zigarren, unter Streß drei bis vier Stück am Tag.« Er läßt sich in einen alten tiefen Ledersessel fallen, rückt sich den Aschenbecher zurecht, nimmt die Brille ab.

»Dies ist kein besonders bescheidenes Haus«, sagt er. »Wir wohnen noch nicht sehr lange hier, gut ein Jahr. Es ist ein großes Haus in einem sehr schönen Teil der Erde, und ich hoffe, es wird mir kein Unglück bringen. Ich bin etwas ängstlich angesichts einer so schönen Umgebung.« Beverly Farms ist für Boston etwa das, was die feineren Elbvororte für Hamburg sind, die Hale Street eine Art langgestreckte Elbchaussee. Je weiter man sich von Boston entfernt, desto prächtiger werden die Villen. Irgendwann sieht man die Häuser von der Straße aus gar nicht mehr, nur noch die Parks, hinter denen sie sich verstecken, und gelegentlich eine Einfahrt. Updike stammt aus einer ländlichen Gegend in Pennsylvania. Er ist Anfang Fünfzig. Am 18. März 1932 wurde er in einem Ort namens Shillington geboren. Ein weiter Weg. »Wachsen ist Treulosigkeit«, heißt es in einem seiner Romane. »Es gibt keinen anderen Weg. Niemand kann irgendwo ankommen, ohne irgendwo fortgegangen zu sein.«

John Updike zählt heute zu den erfolgreichsten Schriftstellern Amerikas. Viele seiner Romane sind Bestseller geworden. Er hat ein Thema, dem er immer wieder neue Nuancen entlockt und auf das er unermüdlich zurückkommt, mit der Wut und Kraft des Zwanghaften, nämlich die Unausweichlichkeit und Absurdität jener Institution, die zwei Menschen binden und verbunden halten soll. Einen »Pornographen der Ehe« hat man ihn genannt – ein wenig spöttisch wohl, aber doch nicht ganz unzutreffend. Updike hat die Sexualität energisch in das Zentrum seines Werkes gerückt, doch ist er nie ein Propagandist der freien Liebe gewesen. Monogamie mag es in seinen Büchern so gut wie nicht geben, doch die Lust ist stets gebrochen – durch das, was das Leben dazwischenschiebt: Verantwortungs- und Schuldgefühle, Versagens- und Todesängste, Schwangerschaften, Kinder. Gläubigkeit und das Wissen um die Vergänglichkeit sind die geheimen Gegenpole zum Thema Sexualität – oder nur die Kehrseite der Medaille?

Die Lust an der Liebe hat bei Updike zumeist einen einfachen, altmodischen Namen: Ehebruch. So kündigen Romantitel wie ›Heirate mich!‹ oder ›Ehepaare‹ (das erfolgreichste, nicht unbedingt beste Buch Updikes) keine Erbauungsliteratur an, sondern sie sind ironische Wegweiser in einen Dschungel. Die Romane

John Updike, 1983 vor seinem Haus in Beverly Farms

führen vor: amerikanisches Leben in den Vorortvillen, Alltag der gut- und bessergestellten Mittelklasse in den sechziger und siebziger Jahren. Die Helden: Durchschnittsbürger, also Irrende und Verirrte, Zweifelnde und Verzweifelte, Hörige und Routiniers, Verliebte und Verfallene. Ort der Handlung: zumeist die Ostküste der Vereinigten Staaten, Neuengland zwischen New York und Boston oder, wie es längst unter Literaturkennern heißt, »Updike-Land«.

»Sexualität ist – wie die Religion – ein Weg, um dem Schrecken der menschlichen Existenz gewachsen zu sein«, sagt Updike und spielt mit der Brille. »Für junge Leute ist das heute alles eine Selbstverständlichkeit, es gehört für sie einfach dazu. In meiner Generation war das noch eine phantastische Sache. Es kam mir geradezu verblüffend vor, daß es so etwas wirklich geben sollte, daß zwei Menschen das miteinander tun konnten.« Warum ist es gerade der amerikanischen Literatur vorbehalten geblieben, den Ausbruch einer neuen Sexualmoral darzustellen? »Europa hat immer eine Art Realismus in sexuellen Dingen gehabt. Man war deutlich, ohne es besonders hervorzuheben. Denken Sie an ›Madame Bovary‹. Es ist doch recht eindeutig, worum es da geht. In der amerikanischen Literatur war das ganz anders: ein Teil des puritanischen Erbes, nehme ich an. Und als wir dann Sexuelles beschrieben, revoltierten wir gegen dieses Erbe. Ich glaube übrigens, daß das Vergnügen daran, Sex in den Mittelpunkt zu stellen, vorbei ist. Jedenfalls für mich. Das ist inzwischen so viel gemacht worden, und es ist heute so leicht, verglichen mit dem, was in den fünfziger und sechziger Jahren möglich war.«

Und der Unterschied zwischen erotischer und pornographischer Literatur? »Ich glaube, das eine versucht, Sexualität im Zusammenhang gelebten Lebens zu zeigen. Die zwei Szenen in ›Bessere Verhältnisse‹ illustrieren die sexuellen Gewohnheiten in der Mittelklasse, außerdem treiben sie die Handlung voran. Sie sind eingespannt in einen Rahmen sehr gemischter Gefühle: Die Leute haben sehr unterschiedliche Gefühle dabei. Bei Henry Miller ist das – jedenfalls zum großen Teil – mit unrealistischen Dingen hochgepeitscht, Gefühle tauchen nicht auf, die Gefahren tauchen nicht auf, etwa der Schwangerschaft, all die Konsequenzen der Sexualität tauchen gar nicht auf. Das Sexuelle ist aus dem Zusammenhang genommen.«

In Updikes Roman ›Der Sonntagsmonat‹ gibt es eine treffliche kleine Typologie der Untreue:

»Der Ehebruch der hoffnungslos Verheirateten, der Paare in den Dreißigern mit nur langsam größer werdenden Kindern und nur langsam kleiner werdenden Hypotheken, ist ein Lasttier, in der Tat, denn dieser Ehebruch dient dem Zweck, das Unabänderliche erträglich zu machen. Der Flirt beim Wohltätigkeitsball, die in ein Firmentelefon gestotterte Einladung zum Lunch, das Treffen mittags im Motel, ohne einen Augenblick die Uhrzeit zu vergessen, die geschmuggelten Briefe, das schmerzliche und sensible Auseinandergehen – das sind Eheriten, Ferien für die Verfolgten, doch werden sie ergreifenderweise oft nicht als solche verstanden von den Beteiligten, die sich gegenseitig mit

Vorwürfen geißeln, während sie gleichzeitig einander als Sand-
säcke gegen die Überschwemmung ihrer Heime in Position zer-
ren. Der Ehebruch derer, die in ihren Vierzigern sind, erlangt
wieder eine gewisse Unbeschwertheit, eine windspielartige Aus-
gelassenheit und ein pfauenhaftes Glänzen. Kinder gehen aus
dem Haus, Eltern sterben, Geld verliert an Wert. Nichts ist so
schwierig, wie es einst schien.«

Daß diese Erkenntnisse von einem Geistlichen vorgetragen
werden, der selbst mit dem siebten Gebot seine zahl- und variati-
onsreichen Schwierigkeiten hat, ist nur eine der vielen Pointen
Updikes. Er liebt das ironische Spiel, er bewahrt die nötige epi-
sche Distanz zu seinen Figuren, ohne diese doch zu verraten
oder in ihren Nöten allein zu lassen.

Eigentlich wollte John Updike Zeichner werden. Nicht Maler,
sondern Cartoonist, er wollte für Walt Disney arbeiten oder für
den ›New Yorker‹. Zeichentrickfilme und Cartoons waren die
kulturellen Impulse in den dreißiger und vierziger Jahren. Die
Eltern ließen ihn gewähren. »Meine Mutter war eine verhinderte
Schriftstellerin, sie war Einzelkind wie ich und recht gebildet für
den ländlichen Rahmen. Sie war, sie ist eine intelligente Frau. Sie
wäre gern Schriftstellerin geworden. Und ich glaube, daß diese
künstlerischen Ambitionen daheim mir sehr geholfen haben,
meine eigenen Träume zu formulieren. Mein Vater war nicht
künstlerisch veranlagt, doch sehr freundlich und ermutigend. Es
waren wirklich die idealen Eltern für einen, der mit dem Gedanken spielte, Schriftsteller zu werden. Und noch etwas ist hilfreich, wenn man Künstler werden will: keine reichen Eltern zu
haben. Wenn Geld da ist, gewöhnt man sich schnell daran. Auch
der Beruf des Vaters kann eine Versuchung sein; wenn er Rechtsanwalt ist, wird man Rechtsanwalt. Mein Vater war Lehrer, und
ich hatte nicht den Wunsch, Lehrer zu werden.«

Updike ging nach Harvard, wo er Literatur studierte. Das
Schreiben schien ihm – irgendwann zwischen fünfzehn und
zwanzig – die bessere Chance zu sein. Er gab sich fünf Jahre Zeit,
und er weiß noch heute, wann das war: im Juni 1954. Im selben
Monat schon nahm der ›New Yorker‹, seine Traumzeitschrift,
ein Gedicht und eine Geschichte von ihm an. Es kam noch besser: Während er in England mit einem Stipendium studierte, er-

hielt er das Angebot, Reporter bei diesem Blatt zu werden. Er konnte es kaum fassen. Seit dem dreizehnten Lebensjahr war der ›New Yorker‹ sein Traumziel gewesen, und ganze zehn Jahre später war es erreicht.

Die Familie Updike zog in die große Stadt. Der junge Journalist erhielt ein Büro im siebzehnten Stock, und gleich seine erste Geschichte in der legendären Rubrik ›Talk of the Town‹ war ein solcher Erfolg, daß ihn der Chefredakteur telefonisch vom Reporter zum »Talk«-Autor beförderte – Updike brauchte nun seine Texte niemandem mehr vorzulegen, sie wurden so gedruckt, wie er sie geschrieben hatte.

»Für einen Bauernjungen aus Pennsylvania, der ich im Grunde bin, war der Sprung in diese Stadt ein Riesenerfolg«, sagte er, und man merkt: Er erinnert sich gern an die Zeit. Und doch: Updike, der auch fleißig Gedichte und Erzählungen im ›New Yorker‹ veröffentlichte, hatte nach zwei Jahren das Gefühl, nicht mehr voranzukommen. Im Jahre 1957 entschloß er sich, New York und dem ›New Yorker‹ den Rücken zu kehren und fortan als ungebundener Schriftsteller sein Glück zu versuchen.

»Ich war verheiratet, schon auf der Hochschule, ich hatte sofort damit begonnen, Babys in die Welt zu setzen, und nun quittierte ich den einzigen Job, den ich jemals hatte«, sagt er nicht ohne Vergnügen und fügt lakonisch hinzu, das sei schon ein sehr seltsames Verhalten gewesen: »very odd behaviour«. Das Verständnis der Redaktion, die ihm die Rückkehr offenhielt, erleichterte den Entschluß, in die Nähe von Boston zu ziehen: zurück aufs Land, weil es dort billiger war. Und es gab noch einen Grund: »In New York kamen einem selbst die tiefsten eigenen Gefühle irgendwie albern, naiv vor. Und man schreibt doch gerade aus diesen dummen Gefühlen heraus. Das ist es, was in die Romane eingeht. Ich konnte hier draußen besser und freier schreiben als in der Stadt, wo ich auch so eine supergescheite Person geworden wäre.«

Im Januar 1958 erschien das erste Buch, ein Lyrikband. Im Jahr darauf folgten eine Sammlung mit Erzählungen und der erste Roman, ›Das Fest am Abend‹, ein Achtungserfolg. Updike ernährte sich und die Familie viele Jahre lang allein durch das

Schreiben von Geschichten. Wäre er je zum Romancier geworden – ohne die Erzählungen?

»Nein, ich glaube, daß das außerordentlich wichtig war. Ich wäre niemals Schriftsteller geworden, hätte ich damals nicht die Möglichkeit gehabt, Short stories zu verkaufen. Ich weiß nicht, was ich gemacht hätte, aber ein Romancier wäre ich jedenfalls nicht geworden. Ich schrieb Romane, weil ich dachte, es würde erwartet, ich dachte nicht, daß man damit Geld machen könnte. Mein erster Roman war sehr experimentell und unbedeutend, der zweite war auch ziemlich experimentell. Es war ein Weg, um mehr ich selbst zu sein, als das in einer Short story möglich war. Eine Short story ist eine Art Gast in einem anderen Haus: etwa in einem Magazin. Das Wort *fuck* hätten sie nicht gedruckt. Heute würden sie das tun, aber nicht damals, in den fünfziger Jahren. Der einzige Weg, dieses Wort zu verwenden, war, einen Roman zu schreiben. Ich glaube also, ich begann damit, Romane zu schreiben, um vollkommen ich selbst zu sein. Aber die Short stories – das bin natürlich auch ich. Mancher meint, sie seien besser, in ihnen stecke mehr von mir als in den Romanen. Vielleicht ist das so. Ich beklage mich nicht, wenn es so ist. Ich habe eine ganze Menge davon geschrieben und viel von mir hineingepackt. Und sie haben mich ernährt von meinem dreiundzwanzigsten Lebensjahr an. Ich zog hierher, wo das Leben billig war. Die Romane sorgen erst für meinen Lebensunterhalt, seit ich vierzig bin. Fünfzehn Jahre lang war ich in erster Linie ein Autor von Short stories. Es macht Spaß, sie zu schreiben, die Short story ist eine elektrische Form wie das Gedicht. Man merkt, wenn die Sache rund ist. Ein Roman ist immer unvollkommen…«

Noch in New York, 1956, hatte Updike eine Geschichte über ein junges Ehepaar geschrieben, über die Maples. Sieben Jahre später nahm er den Faden wieder auf (die Maples sind mittlerweile, wen wundert es, von New York nach Boston gezogen), und er tat es dann noch fünfzehnmal, bis in die siebziger Jahre hinein. Die letzte Geschichte berichtet von der Scheidung: »Die zwanzig Jahre, in denen es angebracht gewesen wäre, einander zu lieben, waren vorüber.« Das Faszinierende an Updikes kurzen Erzählungen sind die Knappheit und Präzision, auch das Unaufdringliche seines Stils. Und wie genau kann schon der erste Satz einer Erzählung das Resümee geben, ohne doch die Neugier zu nehmen. Einmal heißt es: »Die Maples waren jetzt neun Jahre verheiratet, also schon fast zu lange.« Ein anderes Mal: »Die Maples hatten schon so lange an eine Trennung gedacht und darüber geredet, daß es schien, sie würden dieses Vorhaben nie verwirklichen.« Fast ergibt sich aus Anfangssätzen eine Geschichte für sich. Eine später geschriebene Story beginnt: »Da die Sexualität der einzige wunde Punkt in ihrer Ehe war, kamen die Maples überein, sie aufzugeben – die Sexualität, nicht die Ehe, die achtzehn Jahre alt war und sich bis zu einem Horizont zurückerstreckte, wo selbst ihrer beider Geburtsschmerzen schmerzvoll zu verschmelzen schienen.« Helfen kann den beiden auch das nicht mehr. Vor kurzem hat Updike die verstreute Maples-Ehe in einem Buch gebündelt: ›Der weite Weg zu zweit‹ (noch schöner das Original: ›Too far to go. The Maples-Stories‹).

Die Treue zu erfundenen Figuren ist bei ihm kein Einzelfall. Der zweite Roman, 1960 erschienen, ›Hasenherz‹, hat einen Helden, der Rabbit genannt wird, Hase, wegen eines nervösen Zuckens unter der Nase. Dieser Harry Angstrom, ein ehemaliger Basketball-Star, entwickelte sich im Laufe der Zeit zu einem Alter ego. Ende der sechziger Jahre, als die Menschen auf dem Mond herumspazierten, schrieb Updike die erste Fortsetzung: ›Unter dem Astronautenmond‹. Er hatte damals viel Zeit mit einem nicht vollendeten historischen Roman verbracht (aus dem später sein einziges Theaterstück erwuchs, ›Buchanan Dying‹) und dachte sich, warum nicht Harry wieder hervorholen und sehen, wie es nun mit ihm steht. »Die Leute hatten mich oft gefragt: Wie geht es denn weiter, wo läuft Rabbit hin?« (›Rabbit, Run‹ lautet der Originaltitel des ersten Bandes.)

Und wieder zehn Jahre später, also vor kurzem, kam der dritte Band heraus: ›Bessere Verhältnisse‹, sein bisher bester Roman. Inzwischen ist Angstrom, als Folge seiner Ehe, die im ersten Band durch ihn, im zweiten Band durch die Ehefrau gefährdet schien und im dritten zu halten verspricht, zu einem profitablen Autogeschäft gekommen: Er verkauft Japaner. Er wohnt immer noch in einer kleinen Stadt in Pennsylvania – Updike, wie er vielleicht heute leben würde, wenn er nicht fortgegangen wäre? (Im Original heißen die zwei neueren Titel, stabgereimt den Zusammenhalt demonstrierend: ›Rabbit Redux‹ und ›Rabbit Is Rich‹.) Daß ein Autor eine Figur, die nicht autobiographisch ist, mit sich altern läßt und sie jeweils in dem Lebensabschnitt beschreibt, in dem er sich selbst befindet, ist eine faszinierende Idee.

Aber wie kennt Updike sich noch in einem Ambiente aus, dem er doch längst entwachsen ist? »Ich fahre ja gelegentlich in meine Heimatstadt, wo meine Mutter lebt, ich treffe alte Freunde. Und außerdem treten gewisse kulturelle Veränderungen überall im Lande auf. Allerdings: in zehn Jahren könnte es ein Problem werden. Ich habe ein wenig Angst vor dem vierten Band.« Der soll den Zyklus runden, muß alle Fäden plausibel zusammenlaufen lassen und doch ein eigenständiges Werk sein.* »Ich brauche zum Beispiel schnell ein Enkelkind. Ich habe ihm doch ein kleines Baby zukommen lassen... Erinnern Sie sich? Aber keines meiner eigenen Kinder hat bisher ein Kind. Die müssen schnell eins produzieren! Sonst muß ich mir woanders mein Enkelkind suchen.« Updike zündet sich ein Zigarillo an. Beim Sprechen erhebt er sich manchmal ein wenig aus dem Sessel, oft hebt er nur den Arm, um etwas zu unterstreichen. Seine Stimme ist warm, wohltuend: eine Erzählstimme. Wenn er merkt, daß er ins Reden kommt, stoppt er sich selbst ab: um es kurz zu machen, sagt er dann, »to make a long answer short«.

Autobiographisch geprägt sind vor allem die Erzählungen. Die Stationen seines Lebens sind darin wiederzufinden: nicht nur in den Maples-Geschichten, die weitgehend an seiner ersten Ehe orientiert sind. Die Romane dagegen sind Spielformen: Probeläufe eines anderen, phantasierten Lebens. Auch in ihnen steckt viel Selbsterfahrenes, so die Auseinandersetzung mit dem Vater im ›Zentaur‹ (1963) oder mit der Mutter in dem kurzen, wunderschönen Roman ›Auf der Farm‹ (1966), doch für die Handlung selbst gilt: alles erfunden. »Anfang der sechziger Jahre stand ich kurz vor der Scheidung, doch wir blieben zusammen. Die Kinder waren noch klein. So schrieb ich einen Roman über einen Mann, der geschieden war und mit seiner neuen Frau zum erstenmal die Mutter besucht. Das war meine Art, damit fertig

---

* Der vierte und abschließende Band der Tetralogie erschien pünktlich 1990: ›Rabbit at Rest‹; deutsch 1992: ›Rabbit in Ruhe‹.

zu werden. Schreiben ist eine Ausflucht, eine Möglichkeit, das eigene Leben zu variieren. Vieles von dem, was man sich ausdenkt, könnte eines Tages passieren.« Die Scheidung von seiner ersten Frau Mary geschah viele Jahre später, 1974, als die vier Kinder schon groß waren. Seit 1977 ist Updike wieder verheiratet, Martha heißt seine Gefährtin.

Wie verarbeitet er autobiographische Elemente? Führt er ein Tagebuch? »Nein, ich vertraue eigentlich darauf, daß mein Gedächtnis schon das zurückbehält, was wirklich wichtig ist. Wenn ich an einem Roman sitze, mache ich mir zwischendurch gelegentlich Notizen, die entweder Zukünftiges betreffen oder Ideen für Kürzungen enthalten. Ich habe nie viel davon gehalten, Diagramme oder so zu zeichnen. Ich habe auch nie ein Notizbuch oder Tagebuch geführt. Ich fürchte immer, daß solche Aufzeichnungen in einem Roman wie Fremdkörper wirken. Es ist besser, seinem Gedächtnis und seiner Phantasie zuzutrauen, die entsprechenden Szenen aus dem eigenen Kopf zu holen. Short stories habe ich manchmal unmittelbar nach bestimmten Ereignissen geschrieben. Aber ich habe niemals einen Dialog notiert, etwa weil ich dachte, der sei amüsant gewesen. Wenn es wirklich ein guter Dialog war, wird er mir im richtigen Moment schon wieder einfallen. Ein Stück Fiktion sollte einen fast musikalischen Zusammenhang haben. Am besten ist es, mit einem leeren Kopf zu beginnen und darauf zu hoffen, daß sich etwas aufbauen wird und daß es sich selbst ernähren wird. Wenn man zu viele Konzepte und Papiere hat, ist die Gefahr groß, daß es sich verstopft.«

Hätte er nicht Lust, eine Autobiographie zu schreiben? »Ich habe darüber nachgedacht. Es reizt mich schon, nicht gerade Memoiren, aber vielleicht fünf Essays über Aspekte meines Lebens zu schreiben. Zum Beispiel mußte ich zeit meines Lebens auf eine Hautkrankheit Rücksicht nehmen, ich hätte Lust, einen Aufsatz mit dem Titel ›Im Krieg mit meiner Haut‹ zu schreiben. Möglich, daß ich das eines Tages mache. Nein, keine Autobiographie, dazu ist mein Leben zu langweilig. Außerdem existiert die schon: verteilt auf meine Short stories.«*

---

* Es wurden sechs Essays, die 1989 unter dem Titel ›Self-Consciousness‹ erschienen; deutsch 1990: ›Selbst-Bewußtsein‹.

Ein heikles Thema: Religion. Ja, sagt Updike, das sei ein unsicherer Gegenstand und ein verwirrender dazu: »a slippery subject and an embarrassing one«. Er gerät auch prompt ein wenig ins Stottern, fängt sich dann wieder: »Ich habe niemals aufgehört, ein bekennender Christ zu sein. Ich habe nicht – wie andere Christen – gesagt: Ich glaube nicht an Gott. Ich bin Mitglied der örtlichen Kirche. Sicherlich ist der Glaube schwankend, bisweilen fast gar nicht da, aber immer, wenn ich schreibe, taucht er auf. Er ist die einzige Antwort, die ich persönlich auf die lähmende Angst gefunden habe, die mich von Zeit zu Zeit befällt. Möglicherweise – das gilt für Harry Angstrom wie für mich – nimmt diese Angst im Laufe des Lebens ab.« Er spricht über seine Figuren gelegentlich wie über Lebende. »Vielleicht hängt mein Glaube auch ganz einfach damit zusammen«, fügt er hinzu, »daß meine Vorfahren Christen waren und daß das Christentum eine lebendige Erfahrung für mich war, als ich aufwuchs.«

Seine Vorfahren stammen aus Deutschland, der Mädchenname der Mutter war Hoyer. Noch heute werde in manchen Gebieten Pennsylvanias Deutsch gesprochen, »a kind of Plattdeutsch«, sagt Updike. Seine Großeltern konnten es noch, er kann es nicht, was er sehr bedauert. »Ich selbst fühle mich ziemlich germanisch. Die Deutschen sind hierzulande dafür bekannt, hart und methodisch zu arbeiten. Sie geben wirklich gute Amerikaner ab, eigentlich bessere als die Engländer.« Er würde gern einmal nach Deutschland kommen, am liebsten als Tourist. Er hätte Lust, sich einfach eine Fahrkarte zu kaufen und dann den Rhein hinabzufahren.

Er erhebt sich. Im Nebenzimmer stehen zu beiden Seiten Bücherwände mit Übersetzungen, geordnet nach Titeln, nicht nach Sprachen oder Ländern. Man merkt Updike den Wunsch an, irgend etwas vorzeigen zu wollen. Aber was hat einer wie er außer seiner Arbeit, die nicht vorzuführen ist, und den Ergebnissen, die kunterbunt im Regal stehen, Bücher eben... An der Wand hängen einige Fotos. Er erklärt, mit wem er jeweils darauf zu sehen ist. Sein Gesicht hat sich im Laufe des Lebens sehr verändert. Er gehört zu jenen Männern, die in der Jugend eher etwas dümmlich dreinschauen und erst mit den Jahren Konturen be-

kommen. Der Kopf mit der ausgeprägten Nase strahlt heute sowohl Verletzlichkeit wie Genußfähigkeit aus, also auch die Fähigkeit, mit sich selbst zufrieden zu sein, endlich, nach so vielen
Jahren der Unsicherheit. Er zählt zu jenen, die erst im Alter richtig attraktiv werden. Sein Haar ist eine Mischung aus Dunkel-
blond und Weiß, ohne daß es wie Altersgrau wirkt. Er ist agil,
doch bedächtig in seinen Bewegungen. Er zieht einen Lyrikband
hervor, gibt ihn mir: »Ich schreibe immer noch Gedichte, seltener allerdings.« Stolz wie ein Anfänger erzählt er, daß er gerade
dem ›New Yorker‹ wieder ein Gedicht verkauft habe. Früher
konnte er dort zehn im Jahr unterbringen, heute ist er schon über
eines glücklich. Er sei wohl kein großer Lyriker, meint er. Aber
er habe Spaß an Gedichten, und demnächst wird es wieder einen
neuen Band geben.

Updike gilt in Amerika als einer der besten Literaturkritiker.
Er schreibt recht viel, mindestens eine »review« pro Monat.
Das heißt für ihn: daß er nur noch selten ein Buch rein zum
Vergnügen liest. »Das ist nicht gut. Ich finde, ein Schriftsteller
sollte lesen, wonach ihm gerade ist: einen Klassiker oder ein
Sachbuch, das ihm weiterhilft. Es fällt mir ein bißchen schwer,
vom Journalismus zu lassen. Das hat mit einer Schwäche von
mir zu tun. Sie werden lachen: Ich sehe meine Worte furchtbar
gern gedruckt.«

Updikes literarisches Werk, ein schon heute beachtliches
Œuvre, ist nicht einheitlich in seiner Qualität – aber die Fülle seiner Beobachtungen, die kompromißlose Weise, mit der er seinen
Figuren auf die Haut und ins Hirn schaut (denn die interessan-
tere Seite der Sexualität findet bei ihm nicht im Bett, sondern im
Kopf statt), das ironische Spiel des distanzierten und doch invol-
vierten Erzählers machen seine Literatur allemal lesenswert. Solche Fülle von Gegenwart und Gegenwärtigkeit findet sich kaum
woanders in der Literatur der siebziger Jahre – schon gar nicht in
der deutschen. Selbst wenn ein Roman hauptsächlich in Afrika
spielt wie ›Der Coup‹ aus dem Jahr 1979, ist Amerika stets der
klug und kritisch gesehene Bezugspunkt. Updike schreibt über
das, was er kennt. Und schreibt so auch für Leser, die seine Welt
nicht kennen.

»Ich habe viel Glück gehabt bei meiner Karriere, ich habe

Glück gehabt mit meinen Eltern, Glück mit meinem Wunsch, zum ›New Yorker‹ zu kommen, der einzigen Zeitschrift, die mich voranbringen konnte und mir Ersatz für einen regulären Beruf bot. Vielleicht bin ich in gewisser Weise zu glücklich dran, mir fehlen die Erfahrungen, die viele Leute haben. Ich schreibe nun schon so lange. Aber es bringt mir immer noch Spaß, ich lasse gern Sachen entstehen. Ein Buch zu machen, befriedigt mich. Ich glaube, es war eine gute Entscheidung, eigentlich nicht so sehr eine Entscheidung als vielmehr ein Gelüst, das sich in Leben verwandelt hat. Als ich Mitte Zwanzig war, habe ich mir vorgenommen, jedes Jahr ein Buch zu machen: ein Buch, nicht einen Roman. Das konnte auch ein Band mit Gedichten sein oder Kurzgeschichten. Und daran habe ich mich mehr oder weniger gehalten. Es sind nicht immer umfangreiche Bücher geworden. Ich schreibe eigentlich nicht besonders schnell, aber beständig, jeden Tag. Nun, jeder andere arbeitet auch Tag für Tag – warum nicht ich? Ich mache das jetzt bald dreißig Jahre, und manchmal denke ich, zu viele Wörter sind schon durch meinen Kopf und meine Finger gegangen. Die Gefahr ist, daß man dieselben Worte wieder benutzt, sich in alten Gleisen bewegt, Gewohnheiten annimmt. Ich würde gern etwas weniger fleißig sein! Von jetzt an!«

Später stehen wir vor dem Haus, blicken auf den Atlantik. »Ich mag es, wenn dort unten Segelboote schwimmen«, sagt er. Sitzt er manchmal hier? So gut wie nie. Badet er? Ja, einmal die Woche. Er spielt Tennis und Golf, »eine späte Liebe«. Hierher kommt er nur, um die Fahne aufzuziehen. Er bemüht sich, ein guter Nachbar zu sein. Wissen die anderen, daß er Schriftsteller ist? Ja, doch sprechen sie ihn selten darauf an. Der Rasen ist frisch gemäht. »Wir suchen eine Hilfe, es ist schwer, jemanden zu finden. Für meine Frau ist das zuviel, und ich kann kaum helfen, weil ich schreibe.«

Der Mann über dem Meer. Es gibt eine frühe Erzählung von Updike, in der einem Bademeister, der am Strand auf einem Hochstuhl sitzt, eine kleine Philosophie der Schriftstellerei in den Mund gelegt wird. »Meine Hauptaufgabe, derweil ich über der Menge throne, ist, alle miteinander in die Unsterblichkeit zu heben. Es ist keine leichte Aufgabe; die Menge ist groß und jeder

einzelne darin auf seine Weise unwürdig.« Schließlich ruft er der
bunten Schar zu: »Tobt; eßt die Gischt; seid Kinder. Ich bin hier,
über euch. Ich habe meine Jugend hingegeben, damit ihr all dies
tun könnt. Ich warte.« Prophetischer Blick auf ein Schriftstellerleben. Über uns flattert, hoch oben, die amerikanische Flagge im
blauen Himmel Neuenglands. »Auf Wiedersehen«, sagt John
Updike – auf deutsch.

Frankfurt am Main, 16. April 1985

Nach Deutschland kommt er auf Einladung des Verlags. Die
Übersetzung der ›Hexen von Eastwick‹ ist soeben erschienen,
des Romans, den er als ersten auf seinem Schreibcomputer korrigiert hat. Ein Mittagessen mit John Updike in Frankfurt:
Seine Haare sind grauer geworden. In mein Romanexemplar
schreibt er hinein: »We meet again – on your territory.« Er hält
das Buch in der Hand, das Titelbild von Hans Hillmann gefällt
ihm. Auf die Übersetzungen ins Deutsche und Französische
scheint er besonders stolz zu sein: »die zwei großen Literatur-
sprachen«. Er habe den Stoff dieses Romans lange im Kopf gehabt, sagt Updike. »Um das loszuwerden, schien es mir am besten, es einfach zu schreiben.« Er lacht auf seine spitzbübische
Art. Er habe dieses Mal mehr erfunden als in seinen anderen
Büchern. »Das Buch hier ist kälter als die mehr autobiographischen.« Er hat vorher einiges über Hexerei gelesen. Tatsächlich
treten, kaum getarnt, in dem Roman auf: drei Hexen und der
Teufel.

»Bis zum heutigen Tag erkennt man New England auf Kalen-
dern und Postkarten am weißen protestantischen Kirchturm«,
hat Updike einmal geschrieben (im Vorwort zu einem Bild-
band). Eastwick ist so eine typische amerikanische Kleinstadt an
der Ostküste: Die Turmspitze überragt hier alles. Alexandra,
Jane und Sukie, jung, schön und alle drei ihrer Ehemänner ledig,
treffen sich regelmäßig, um über Hexenkunst und die wenigen
passablen Mannsbilder zu tratschen, besonders über jenen Unbekannten, der gerade die größte Villa des Ortes gekauft hat. Sie
laufen direkt in die Arme des Teufels. Eine schöne Idee, doch

Updike hat nicht recht etwas daraus gemacht – am Ende wohl, weil er dem Übersinnlichen nicht über den Weg getraut hat, aber doch mutig damit umspringen wollte. So ist in den ›Hexen von Eastwick‹ alles eine Spur zu platt, zu deutlich – und die Orgien der drei Frauen mit dem Teufel lassen so kalt, wie sich der Körper jenes Herrn angeblich anfühlt.

Updike ist bei diesem Roman nicht auf der Höhe seiner Kunst, vielleicht ist die Geschichte wirklich zu weit von ihm selbst weg. ›Die Hexen von Eastwick‹ enthalten gleichwohl ein paar glanzvolle Passagen, in denen die Landschaft und die Natur eine Rolle spielen – und die Musik. Und einige der vertrauten, aphoristisch zugespitzten Alltagswahrnehmungen gibt es natürlich auch hier, so wenn eine der drei zeitgenössischen Hexen – als erfahrene Geliebte einiger Ehemänner – über »dieses andere Geschlecht« plaudert, das »sich so groß tat und so kühne, forsche Reden führte und dabei doch so schutzbedürftig war; lauter Babies in Wirklichkeit, sobald man ihnen die Brüste zum Saugen darbot oder leicht den Schoß öffnete und sie einlud: wie sie sich dann dort verkrochen, und hineinwollten, wieder zurück«. Deryl van Horne ist da natürlich von anderem Kaliber, dieser Teufel kann es sich – seine drei entblößten Gespielinnen im Blick – sogar leisten, die Schöpfung zu preisen; und wenn er das Loblied auf die weibliche Brust und die sexuelle Lust singt, hört man den staunenden, gläubigen und hingebungsvollen Romancier heraus: »Dieser hochkomplizierte Apparat aus Röhren und Leitungen, nur bei dem einen Geschlecht: um Nahrung zu produzieren, Nahrung, die weit bekömmlicher fürs Baby ist als jedes Laborgesöff. Oder die Entstehung der sexuellen Lust! Kennen Tintenfische so etwas? Plankton etwa? Die brauchen wenigstens nicht zu denken, aber wir, wir denken. Was für ein Köder mußte konstruiert werden, um uns bei der Stange zu halten! Da ist mehr eingebaut als in so ein verrücktes Aufklärungsflugzeug, das den Steuerzahler zig Millionen kostet und dann doch bloß abgeschossen wird. Angenommen, das wäre alles weggelassen: kein Mensch würde irgendwen ficken, die Art würde stehenbleiben und jeder nur noch Sonnenuntergänge bewundern und den Lehrsatz des Pythagoras.«

Ganz ohne Sex kommen seine Bücher also doch noch nicht

aus? »Gewiß nicht«, sagt Updike. »Ich arbeite jetzt an einem Roman, in dem das Thema eine viel größere Rolle spielen wird. Übrigens auch der Computer.« Er habe sich mühsam in die Welt der Computer hineindenken müssen – obgleich er früher einmal gut in Mathematik gewesen sei. Schon in dem Roman ›Die Hexen von Eastwick‹ taucht ein »word processor« auf; Sukie, die im Hauptberuf Journalistin ist, schreibt am Ende »mit großer Geschwindigkeit Paperback-Romanzen, stellt mit ein paar Anschlägen ihrer Fingerspitzen Absätze um, gibt den Personen neue Namen und speichert wiederverwendbare Standard-Leidenschaften und -krisen«. Hat der Computer Einfluß auf den Schreibvorgang? Doch, es gebe da schon Unterschiede, sagt Updike. Er fürchtet, sein Stil könnte sich verändern. »Man wird geschwätziger.«

Handelt es sich bei dem entstehenden Roman schon um den vierten Band des Rabbit-Zyklus? Nein, sagt Updike, zwei Theologen seien die Hauptfiguren. Der Plan zur Abrundung des Romanwerks besteht aber immer noch? John Updike nickt. »Mittlerweile bin ich auch Großvater geworden. Ich teile also eine wesentliche Erfahrung mit Harry Angstrom.«

New York, 4. April 1988

Der Fahrstuhl ist alt, aber er flößt Vertrauen ein. Ein Fahrstuhlboy schließt sanft die Tür von innen, dann das Scherengitter – und schon hebt sich das holzgetäfelte Gefährt in die Höhe. Die Zimmer sind klein, man öffnet die Tür mit einer Codekarte – das einzig Moderne in diesem Hotel. Ein Fernseher, im Miniaturformat, ist in der altmodischen Kommode versteckt. Obenauf das neueste Heft des ›New Yorker‹ – mit Empfehlung der Hoteldirektion.

»Das ›Hotel Algonquin‹ war ein nicht sehr hohes, enges Gebäude mit kleinen Zimmern; auch wenn man die Zimmertür absperrte, blieb noch ein Spalt offen, als ob schon oft daran gerüttelt worden sei.« So erfuhr es der Held aus Peter Handkes Erzählung ›Der kurze Brief zum langen Abschied‹ in den siebziger Jahren, so ist es immer noch. Das ›Algonquin‹ nimmt den Gast auf, als hätte er nur eben einen kleinen Umweg über den Atlantik hinter sich gebracht. In der Lobby, für ihre Behaglichkeit berühmt, trifft man Künstler aus Europa und Amerika, nämlich Europäer, die Amerika, und Amerikaner, die Europa lieben. Auch Wolfgang Koeppen fand sich kürzlich hier in der 44. Straße auf seiner jüngsten Amerikafahrt ein – und die Lobby, die zu verschiedenen Bars und Restaurants führt, hat es ihm angetan, »altmodische, gemütliche Räume in Dämmerung gehalten, von der man nicht weiß, ob es Morgen oder Abend ist, Sessel für Pfeifenraucher und Zeitungsleser«. Thomas Mann war ebenfalls hier: im Juni 1935, auf seiner zweiten Amerikareise. Für eine Nacht bewohnte er das Zimmer 1008, »ein hübsches, leidlich luftiges Appartement«.

Doch ist dies nicht nur ein Hotel für deutsche Schriftsteller auf Reisen. Hier saßen in den zwanziger und dreißiger Jahren um einen literarischen Stammtisch, dem ›Algonquin Round Table‹, regelmäßig die Gründungsmitglieder und Mitarbeiter des ›New Yorker‹: Schriftsteller und Journalisten, oft beides in einer Person, eine Mischung, wie sie für Amerika schon immer selbstverständlicher war als für Deutschland. Die Redaktion der Zeitschrift arbeitet noch heute vis-à-vis und fühlt sich diesem Haus verbunden. Hier, in den Räumen des ›Algonquin‹, ist das ehrwürdige Blatt 1925 aus der Taufe gehoben worden. Das Hotel selbst ist viel älter, fast so alt wie dieses Jahrhundert: 1902 wurde es gebaut.

Das wohl populärste Mitglied des Kreises war Dorothy Parker. Es heißt, niemand habe die Tafel vor ihr verlassen – aus Furcht, in Abwesenheit sofort ein Opfer ihrer bösen Zunge zu werden. Die Lyrikerin, Erzählerin und Theaterkritikerin, Jahrgang 1893, hatte ungezählte Liebesgeschichten, war dreimal verheiratet und unternahm vier Selbstmordversuche; sie starb 1967 verbittert in einem Hotelzimmer – freilich nicht in einem des ›Algonquin‹. Gerade ist eine Biographie über sie erschienen: ›Dorothy Parker – What Fresh Hell Is This?‹ von Marion Meade.

John Updike hat das Buch unverzüglich und ausführlich im neuesten ›New Yorker‹ gewürdigt. Ihn interessiert daran vor allem die Legende des Zirkels, der ihn seit seiner Jugendzeit fasziniert. »Schon in jenen Tagen, vor Erfindung des Fernsehens, als es in New York ein Dutzend Zeitungen gab und Short stories so heiß waren wie heute ein Rock-Video, war es nicht einfach, sich mit Worten den Lebensunterhalt zu verdienen, auch nicht für jene, die wie Mrs. Parker prominent wurden.«

Um Updike in New York zu treffen – welcher Ort wäre da besser geeignet als der ›Rose Room‹ des ›Algonquin‹? Einst hat er an dieser Stelle im Kreis der Kollegen vom ›New Yorker‹ gespeist. Damals, Mitte der fünfziger Jahre, war er ein erfolgreicher junger Reporter bei dieser Zeitschrift, den es aus einer kleinen Stadt in Pennsylvania geradewegs in die Metropole verschlagen hatte – und gleich auf einen der ersten Ränge des amerikanischen Journalismus. Vor recht genau dreißig Jahren erschien sein Debütband, eine Sammlung mit Versen. Den Lebensunterhalt verdiente sich der Schriftsteller noch lange Zeit mit Short stories, die ihm der ›New Yorker‹ regelmäßig abnahm. »Ich habe die Verbindung zum ›New Yorker‹ niemals abreißen lassen, und nach wie vor ist die Zeitschrift eine Art Heimat für mich.«

Updike, heute 56, lebt immer noch in seiner Villa mit Blick auf den Atlantik; der Romancier kommt nur selten nach New York – aber wenn, dann hierher, ins Hotel ›Algonquin‹. Er wirkt aktiv und schlank. Er raucht nicht mehr, nicht einmal seine Zigarillos, er trinkt keine harten Sachen – »no brandy!« – und paßt beim Essen auf. »Was bleibt da noch?« Hat ihm sein Arzt dazu geraten? Nein, sagt er, seine Frau; sie habe mit dem Rauchen aufgehört, also auch er. Durch die zweite Eheschließung vor einigen Jahren sind zu seinen vier Kindern noch drei hinzugekommen – allesamt längst erwachsen: Ein Sohn seiner Frau wird demnächst heiraten; Updike will sich am nächsten Tag, nach einem Besuch bei seinem Verleger Knopf, mit ihm hier in New York treffen.

Der Roman ›Das Gottesprogramm‹ ist gerade in deutscher Sprache erschienen: Zwei Theologen, ein junger und ein alter, streiten um die Frage, ob sich die Existenz Gottes beweisen lasse – vielleicht mit Hilfe des Computers. »Ich kam auf diese Idee, nachdem ich Besitzer eines Textcomputers geworden war«, sagt Updike. »Als ich den eines Tages abschaltete, erschien ein merkwürdiges Durcheinander von Zahlen auf dem Bildschirm – der Apparat war nicht ganz in Ordnung. Es sah aus wie ein geheimnisvoller Code, irgendeine Nachricht, und dann tauchte da sogar ein Gesicht auf – jedenfalls sah ich für eine Minute eine Art Gesicht. So kam mir die Idee vom Computer, der das Geheimnis der Existenz Gottes birgt.« Schreibt er immer noch so gern auf dem Computer? »Ich bin nicht ganz sicher, ob der ›word processor‹ in der Phase der Inspiration eine große Hilfe ist.« ›Das Gottesprogramm‹ hat er komplett, von Anfang an, ins System gegeben. »Vielleicht war das ein Fehler.«

Den neuen Roman ›S.‹ hat er wieder von Hand verfertigt – »ich bin dahin zurückgekehrt«. Der Vorteil des Computers sei offensichtlich: Man könne leicht Korrekturen ausführen und die Dinge hin- und herschieben. »Ich fühle mich manchmal wohler mit Bleistift und Papier.«

Immerhin befindet sich ›S.‹ unter den ersten zehn Plätzen der Bestsellerliste – und hat eine für Updike-Romane ungewöhnlich hohe Startauflage: 100 000 Exemplare. Mehr noch freut er sich anscheinend über den dunkelgrünen Umschlag, auf dem sich scharlachrot der Titelbuchstabe schlängelt – sein eigener Entwurf. »Bei einigen älteren Umschlägen habe ich nur Vorschläge gemacht, aber dieser hier ist wirklich meine Schöpfung. Und vielleicht schreibe ich ja überhaupt nur Bücher, damit ich die Umschläge machen kann!« Der Buchstabe »S« steht in Updikes 13. Roman für Sarah Worth, eine 42 Jahre alte Ehefrau aus Neuengland, die ihren Ehemann verläßt, um sich in Arizona einer religiösen Sekte anzuschließen und die Geliebte des Anführers zu werden. Ein moderner Briefroman: auf Postkarten und Tonbändern erklärt sich die Ehemüde – gegenüber der Tochter, dem Mann, der Mutter, dem Psychiater und dem Zahnarzt daheim.

Mit ›S.‹ umspielt Updike nun zum dritten Mal einen amerikanischen Klassiker des vergangenen Jahrhunderts: Nathaniel Hawthornes Roman ›Der scharlachrote Buchstabe‹ aus dem Jahr 1850 – wie zuvor schon in den Büchern ›Der Sonntagsmonat‹ und ›Das Gottesprogramm‹. Damit ist eine Art Trilogie abgeschlossen. Was reizt ihn so an Hawthornes Vorbild? »Hawthorne war, auch wenn er aus der puritanischen Ecke kam, in gewisser Weise ein Antipuritaner, und ›Der scharlachrote Buchstabe‹ ist ein antipuritanisches Buch. Es läßt einen sehr überzeugend die düstere, bedrückende, restriktive Atmosphäre im frühen Neuengland spüren.«

Könnte so eine Atmosphäre wieder kommen? Wie bedrohlich findet er Aids? »Ich glaube, daß eine große Veränderung stattfindet. Ich kann da nur mutmaßen, ich selbst bin – glücklich verheiratet und so weiter – nicht mehr sehr aktiv involviert in das amerikanische Sexualleben. Es gab immer Geschlechtskrankheiten, aber diese ist irgendwie schlimmer und scheint unheilbar zu sein. Wir hatten uns schon daran gewöhnt, daß alle Krankheiten heilbar sind, und in den sechziger und siebziger Jahren hat man Geschlechtskrankheiten nicht sehr ernst genommen. Mein Roman ›Ehepaare‹ handelte vom Beginn der sexuellen Revolution, vom Aufkommen der Pille und von anderen sozialen Umwälzungen. Aber ich denke, damit ist es nun vorbei.«

Im ›Gottesprogramm‹ (mit dem Untertitel ›Rogers Version‹, entsprechend dem Titel der 1986 in Amerika erschienenen Originalausgabe: ›Roger's Version‹) ist der Held Roger Lambert, ein Theologe, etwa so alt wie der Autor selbst bei der Niederschrift: Anfang Fünfzig. In einer Fußnote läßt Updike ihn seufzen: »In und ab einem bestimmten Alter ist der beste Sex der Sex im Kopf – Sex, der unter dem sicheren Verschluß der Hirnschale bleibt.« Übrigens hat das der Übersetzer sehr frei, wenn auch phantasievoll übertragen; im Original heißt es an dieser Stelle schlichter: »At a certain age and beyond, the best sex ist head sex – sex kept safe in the head.« Da wird zugleich das Motiv der Angst vor Aids (Anklang an »Safe sex«) deutlich.

Und wirklich spielt der Romancier in diesem Buch stärker als zuvor mit dem Vergnügen des Voyeurismus: In einer das Pornogenre geradezu imitierenden Passage stellt sich Lambert vor, wie seine Frau Esther sich mit dem jungen Theologiestudenten Dale einläßt: »Esthers Gesicht, beflissen und entrückt, neigt sich herab, riesig wie auf einer Kinoleinwand, um den bitteren Nektar zu trinken und ihre Lippen so weit als möglich an dem Schaft hinuntergleiten zu lassen, wieder und wieder.« Die bildliche Darstellung einer Fellatio: »Und als der erste Schwall hervorbricht, wie in Zeitlupe in einem pornographischen Film, muß sie es in sich spüren, muß es in sich aufnehmen, all dieses schockierend reine Weiß.« Reine Phantasie? Oder sind sie vielleicht ein und dieselbe Person: der alte Roger und der junge Dale, der skeptische Theologe und der feurige Gottsucher?

Ja, bestätigt Updike, für ihn sind die beiden männlichen Protagonisten zwei Versionen desselben Mannes in verschiedenen Le-
bensaltern: »Es handelt sich um einen Mann, der mit sich selber
spricht.« Im jüngeren Ebenbild nähert sich der Ich-Erzähler gewissermaßen per Imagination der eigenen Frau – eine sonderbare
Variante jenes Themas, das Updike seit jeher beschäftigt hat: des
Ehebruchs. »Ich bin immer wieder auf den Ehebruch zurückge-
kommen«, sagt er, »weil ich mich für den Verrat interessiere. In
uns gibt es so etwas wie eine Innen- und Außenseite: Nach außen
hin jedenfalls sind wir höflich und liebenswürdig – und Ehebruch ist der Moment, wo wir eine Grenze überschreiten. Unser
Ich wird revolutionär.« Der Ehebruch führe nach seiner Erfahrung freilich zumeist zurück zum Ehepartner. »Sexuelle Abenteuer sind so etwas wie ein Umweg zur Ehe«, sagt Updike.

Und wie steht es mit dem Sex im Kopf? »Im Grunde mögen
wir Sex im Kopf lieber als den realen, glaube ich. In der Literatur
wird Sex ohnehin ideal. Wenn Roger Lambert sich seine Frau
beim Ehebruch vorstellt, ist das aufregend für ihn und für mich.«
Die Darstellung des Sexuellen in einem Roman sei stets »head
sex«. Roger, auf dessen Version der Geschichte, auf dessen Sichtweise der Roman sich beschränkt, habe im übrigen das Gefühl,
»Sex verunreinige die gesellschaftliche Ordnung und den Körper«. Unter anderem sei ›Das Gottesprogramm‹ auch ein Buch
über das »Klimakterium des Mannes«.

Theologie und Pornographie hätten etwas gemeinsam, sagt
Updike: »Beide versuchen, das Unaussprechliche auszudrük-
ken. Beide verstoßen gegen den guten Geschmack.« Fast verlegen trägt er seine Vorstellung vor, daß »Liebe machen und an
Gott glauben« zwei Wege seien, sich selbst zu verwirklichen,
»zu sagen: ja, ich existiere, und ich will existieren«. Als er 1985
den Fragebogen des ›FAZ-Magazins‹ ausfüllte, antwortete Updike auf die Frage nach seinem Traum vom Glück: »Ewig leben!« Stimmt das noch? Er kratzt sich am Ohr und fragt zurück:
»Habe ich das geschrieben?« Es mag Tage geben, sagt er dann, an
denen er nicht ewig leben wolle. »Aber das Leben war insgesamt
freundlich zu mir. Ich lebe gern. Auf das Ende kann ich noch etwas warten.«

In den vergangenen drei Jahren sind allein in Deutschland vier

Bücher Updikes erschienen, eine bunte Mischung: neben dem Roman ›Das Gottesprogramm‹ jeweils eine Auswahl der Lyrik (›Gedichte‹), der Essays (›Amerikaner und andere Menschen‹) und neuerer Erzählungen (›Der verwaiste Swimmingpool‹) – alle drei Bände von ihm selbst für die deutschen Leser zusammengestellt. Zu den Erzählungen schrieb er eigens eine Vorbemerkung: »Im allgemeinen handeln die Geschichten vom häuslichen Leben und seinen Störungen: häuslich, weil das die Lebensform ist, von der ich am meisten verstehe, und gestört, weil ungestörtes Glück kein Thema fürs Erzählen, sondern für wortlose Meditation ist.« Er hoffe, fügte er hinzu, »daß einige deutsche Leser in diesen nordamerikanischen Haushalten und Ehen, Landschaften, Wetterlagen und Automobilen Stimmungen und Gefühle wiederfinden werden, die ihnen nicht allzu fremd sind«.

Das werden sie. Und das weiß er. Updike hat es als Chronist des Mittelstands zur Meisterschaft gebracht. Im Essayband findet sich ein Selbstinterview, in dem er sein Credo offenbart. »Ich mißtraue Büchern mit spektakulären Menschen oder Ereignissen«, heißt es da. »Literatur sollte sich wie die Evangelien mit dem Inneren derer beschäftigen, die im Verborgenen leben. Das kollektive Bewußtsein, das einmal beim Edelmann zu finden war, muß sich jetzt mit dem Durchschnittsbürger zufriedengeben.«

Diese selbstgewählte Beschränkung auf einen bestimmten sozialen Lebensbereich führt weder zur Schonung seiner Figuren noch gar der Leser – Updike ist, bei aller Vertrautheit des Sujets, ein unerbittlicher, ein radikaler Erzähler. Mag sein, daß er nicht unbedingt als Neuerer der Literatur dasteht (er hat sich selbst auch nie so verstanden), doch seine Prosa kommt im Versuch, subtilsten Wahrnehmungen und intimsten Einblicken nachzuspüren, einem Experiment mitunter so nah, daß die übliche Unterscheidung in eine avancierte und eine konventionelle, traditionelle Erzählweise bei ihm nicht greift. Er sei bereit, schreibt er in einem der Essays, »so gut es geht, im Wohnzimmer eines Fremden gute Manieren zu zeigen, doch unser Leseleben ist viel zu kurz, als daß ein Schriftsteller höflich sein dürfte«.

Diese Überzeugung bekräftigt er noch einmal beim Abschied in der Lobby des Hotels ›Algonquin‹. »Man schreibt doch

John Updike, 1994 in Boston

nicht«, sagt er, »um als netter Mensch zu gelten. Man schreibt, weil man das Leben so zeigen will, wie es ist.« Er ist nun mit den Vorarbeiten für den Abschluß seiner Rabbit-Romanfolge beschäftigt. Das Buch soll pünktlich zu Beginn der neunziger Jahre auf den Markt kommen. Es ist noch viel zu tun. Auf dem Weg zum Fahrstuhl erzählt Updike von einer privaten Obsession. Wenn er in einem Hotel sei, schaue er gern aus dem Fenster und hoffe darauf, daß sich im gegenüberliegenden Gebäude irgend jemand auszieht. »Aber wenn überhaupt jemand zu sehen ist«, sagt er und lacht, »dann garantiert an einem Schreibtisch. Die Amerikaner arbeiten immer nur.« Dann schließt sich hinter ihm die Fahrstuhltür und John Updike entschwebt.

Boston, 18. August 1994

Er ist noch schlanker geworden. Seine Haare sind weiß, selbst die Augenbrauen. Pünktlich um drei Uhr steht er in der Halle des Ritz-Hotels in der Arlington Street. Hellblaues Jackett, blau-weiß gestreiftes Hemd, rote Krawatte mit dunkelblauem Muster. In der Hand ein Stockschirm. Ein Gentleman, ein asketischer Herr von 62 Jahren, leicht gebeugt – und immer noch der emsige Schriftsteller. Warum unentwegt so fleißig? Was treibt ihn an? »Angst vor Armut«, sagt er ganz ernsthaft.

Seit 1988 sind drei neue Romane erschienen, an einem vierten – es wird dann insgesamt sein 17. sein – arbeitet er. 1990 kam in Amerika, getreu dem Zehn-Jahresrhythmus, der vierte Band der ›Rabbit‹-Tetralogie heraus: ›Rabbit at Rest‹ (deutsch 1992: ›Rabbit in Ruhe‹), eine würdige Rundung des Zyklus und überhaupt einer der besten Romane, die Updike je geschrieben hat. Es folgte 1992 der Roman ›Memories of the Ford Administration‹, der in diesem Herbst auch in deutscher Sprache erscheinen wird (›Erinnerungen an die Zeit unter Ford‹). Gerade ist der kurze Roman ›Brazil‹ veröffentlicht worden, eine Liebesgeschichte, die in Brasilien spielt. Außerdem publizierte Updike 1989 seinen Memoirenband ›Self-Consciousness‹ (deutsch 1990: ›Selbst-Bewußtsein‹), der in sechs Kapiteln einige Aspekte seines Lebens erzählt. Dann zwei Sammlungen mit Essays (1989 ›Just Looking‹

mit Texten über Bilder und Museen, 1991 ›Odd Jobs‹, mehr als
900 Seiten mit Buchkritiken und Essays*). Und schließlich eine
umfassende Sammlung seiner lyrischen Produktion (›Collected
Poems‹ 1953–1993).

»In meinem Fall ist das Schreiben fast schon ein Laster geworden«, sagt Updike amüsiert. Vielleicht nicht das Schreiben selbst,
schränkt er ein, aber das, was darauf folgt: Das fertige Buch etwa
mache ihm immer noch jedes Mal großes Vergnügen. Seine Frau
habe ihm die übrigen Laster fast alle abgewöhnt. Immer noch sei
er »gehorsam« und Nichtraucher. Er sei kein reicher Mann wie
etwa John Grisham, der Krimiautor (›Die Akte‹), betont er einmal mehr. Er habe früher beim ›New Yorker‹ gut verdient,
räumt er dann ein, und seine vielen Bücher seien wie eine »Kette
kleiner Ameisen«: Er könne also nicht klagen.

Und die Leser? Die Leser hätten sich verändert, meint Updike.
»Ich war in den fünfziger Jahren auf dem College. Damals wurde
ein geradezu priesterliches Bild des Schriftstellers vermittelt: Ein
Schriftsteller war ein höheres Wesen«, sagt er. »Mich beschleicht
in der letzten Zeit das schreckliche Gefühl, daß die Art Buch, die
ich zu schreiben imstande bin, ein Buch von einigem thematischen
Gehalt, ein wenig paradox mit einer kleinen Aufforderung zum
Mitdenken und ein paar Gedankenspielereien – daß all das obsolet
ist, daß die Leser für ein solches Buch mit meiner Generation aus-
sterben. Kurz: daß ich eigentlich ein Produkt herstelle, für das es
keinen richtigen Markt gibt. Es bleibt also ein nagendes Gefühl,
das man sich 1959 noch gar nicht vorstellen konnte, nämlich daß
sich einem das ganze Fundament künstlerischer Unternehmun-
gen unter den Füßen verschoben hat – wie bei einem kleinen Erdbeben. Und just die Art Vergnügen, die man seinen Lesern anbie-
tet, scheinen manche nicht mehr als vergnüglich zu empfinden.
Immerhin gibt es noch genug Leute meines Alters. Die werden für
meine Lebensspanne ausreichen.«

Updike fürchtet, daß das Fernsehen der Literatur langfristig
schade. »Selbst Nachrichten werden zu Unterhaltungsware. Die
Nachrichten werden angestellt, weil man Abenteuer will, Spannung. Das macht uns alle auf eine Art dumm, die es früher nicht

---

* Eine deutsche Auswahl ist im Frühjahr 1995 erschienen: ›Vermischtes‹.

gab. Ich glaube, gemessen an den alten Standards, werden wir immer dümmer.« Verfilmung seiner Romane? Dem steht er positiv gegenüber. »Ich bin der Ansicht: Das Buch bleibt, der Text ist immer greifbar. Im Grunde fließt die Filmfassung nur darüber hinweg.« Sein neuer Roman ›Brazil‹ sei – im Gegensatz zum Vorgänger ›Erinnerungen an die Zeit unter Ford‹ – ein Buch, aus dem sich gut ein Film machen ließe, glaubt er. »Ein Filmemacher aus Brasilien hat Interesse bekundet. Es würde mir gefallen, wenn ein richtiger Brasilianer das macht, mit Zugang zur brasilianischen Szenerie.«

Brasilien fasziniert ihn, seit er 1992 zum ersten Mal dort war. Sein brasilianischer Verleger hatte ihn eingeladen. Die wilde Landschaft im Roman freilich entstammt seiner Phantasie und Büchern, die er später über das Land gelesen hat. »Die Gegenden, die ich schildere, habe ich nie kennengelernt«, sagt Updike. »Soweit westlich war ich gar nicht.« Der Roman ›Brazil‹ schildert die Flucht eines schwarz-weißen Liebespaars aus den Städten in unzivilisiertes Terrain: Flucht vor dem Fluch des Vaters der jungen Frau. Das klassische Paar Tristan und Isolde habe ihn immer gereizt, erklärt Updike – und das Thema der Rassenmischung. »Ein sehr amerikanisches Problem. Mehr als das: Bestandteil unserer nationalen Existenz.« Er gibt sich in diesem Punkt optimistisch. »Alles, was wir hören und sehen, von der Mode über Werbespots im Kino bis hin zur Popmusik, ebnet den Weg zu einer weniger rassistischen Gesellschaft.« Freilich schränkt er ein: »Es wird lange dauern.« Noch sei die Welt weitgehend gespalten »in dunkle Arme und weiße Reiche«.

Das Thema berührt ihn persönlich. Eine Tochter von ihm ist mit einem Westafrikaner, ein Sohn mit einer Ostafrikanerin verheiratet. »Schon merkwürdig, beide haben Afrikaner geheiratet, und ich habe drei afrikanisch-amerikanische Enkelkinder.« Und nach einer Pause sagt er: »Irgendwo tief innen bedeutet es auch etwas für mich. Ich weiß nicht genau, was. Ich bin in einer weißen, protestantischen Umgebung groß geworden. In der High school war nur eine schwarze Familie vertreten. Allerdings habe ich schon früh Jazz gehört. Jeder weiße Amerikaner muß sich bewußt sein, daß seine Kultur zum Teil schwarz ist. Daß jeder von uns bis zu einem gewissen Grad schwarz ist, weil wir schwarz singen, schwarz denken und uns obendrein schwarz kleiden.«

Der Roman schlägt dieses Motiv gleich zu Beginn an. Die ersten beiden Sätze aus ›Brazil‹ lauten: »Schwarz ist eine Schattierung von Braun. Weiß auch, wenn man genau hinsieht.« Ja, Brasilien habe ihn auch deshalb interessiert, sagt Updike, weil es der verschmolzendste aller Schmelztiegel weit und breit sei. »Und wenn einer schon über Brasilien schreiben will, was soll er sonst schreiben als eine schwarz-weiße Liebesgeschichte?«

Beim Sprechen hält er gelegentlich die Finger vor den Mund. Er hat schon so viele Interviews in seinem Leben gegeben – gerade ist eine bescheidene Auswahl dieser Gespräche in Amerika als Buch erschienen: ›Conversations with John Updike‹, Interviews aus den Jahren 1959 bis 1993. Updike weiß, daß diese Arbeit zum Geschäft gehört, und er entzieht sich nicht, zur Freude der Journalisten. Aber daheim empfängt er nicht mehr gern. Seiner Frau zuliebe. Hin und wieder ist während des Gesprächs sein leichtes Stottern bemerkbar, das er grandios in ›Selbst-Bewußtsein‹ (›Über die Schwierigkeit, Worte herauszubringen‹) beschrieben hat. Dieses Gebrechen sei – wie auch seine Hautkrankheit, der ebenfalls ein Kapitel gewidmet ist – »vielleicht nicht nur negativ«, heißt es da. »Es veranlaßt mich, es mir zweimal zu überlegen, bevor ich auf Podien steige und mich in Hörsälen und bei Konferenzen sehen lasse – all dies gesellschaftlich anerkannte, geistig jedoch korrumpierende öffentliche Reden, um das Schriftsteller, auch die nicht so bedeutenden, immer wieder gebeten werden. Von Natur entgegenkommend und begierig nach gesellschaftlicher Anerkennung, würde ich nie nein sagen, wenn ich nicht Angst vor dem Stottern hätte.« Und nicht ohne Vergnügen heißt es am Schluß des Kapitels: Er habe das Hemmnis in seinem Sprechapparat überwinden müssen – »und obwohl sie immer noch auftaucht, diese ängstliche, schuldbewußte Sperre in meiner Kehle, ist es mir gelungen, mehrere Millionen Worte um sie herumzuschleusen«.

Im Roman ›Erinnerungen an die Zeit unter Ford‹ heißt es nun: »Wenn die Leidenschaften verflogen sind und was wir zu erreichen trachteten, von der Geschichte zunichte gemacht worden ist, bleiben doch die Worte, die wir schreiben, und werden für uns sprechen.« Ein Roman des Rückblicks, des Abschieds. Rückblick auf die Jahre zwischen 1974 und 1977, Abschied von der Zeit sexueller Libertinage. Doch das ist nur die eine Hälfte. Die andere besteht im Versuch einer biographischen Skizze über James Buchanan, der von 1857 bis 1861 amerikanischer Präsident war.

Die Verknüpfung stellt Updike recht einfach her: Der Geschichtsprofessor Alf Clayton erinnert sich Anfang der neunziger Jahre an sein vergebliches Bemühen, in den siebziger Jahren Frau und Familie zu verlassen, seine Geliebte Genevieve zu heiraten – und ein Buch über Buchanan zu schreiben. Er scheitert im einen wie im andern Fall. Was bleibt, sind Erinnerungen einerseits, Fragmente andererseits. Eine merkwürdige Epoche, sagt sich Clayton, der darüber rund 15 Jahre später erzählt, zu einer Zeit, in der es »eine Sache auf Leben und Tod« geworden sei, mit jemandem ins Bett zu gehen. Damals hingegen: »Gerald Ford präsidierte während seiner zwei Jahre und fünf Monate dauernden Regierung einer Vielzahl – dürfen wir sagen, einer Millionenschaft? – sogenannter One-night stands; ein Grundsatz dieser Ära war, daß man jemanden nicht besonders gern haben mußte, um mit ihm oder ihr zu vögeln, die betreffende Person auch nicht besonders gut zu kennen brauchte.«

Mit der Erinnerung ist das so eine Sache, das zeigt Updike glänzend in diesem Buch. »Ich erinnere mich, daß ich mit meinen verlassenen Kindern vor dem Fernseher saß, als Nixon zurücktrat«, so beginnt der Roman, und so begann auch die Ford-Ära. Am Ende heißt es: »Je länger ich über die Zeit unter Ford nachdenke, desto mehr habe ich das Gefühl, daß ich mich an nichts erinnere.« Der Geschichtsprofessor ist sogar skeptisch gegenüber den eigenen erotischen Reminiszenzen. Nur im Rückblick seien »unsere amourösen Begegnungen ideal, frei von Störungen.« Fazit Claytons und seines Erfinders: »Die Vergangenheit ist ebenso trügerisch wie die Zukunft, und wir existieren in der Gegenwart, blind für die Wolkenformationen, taub für den Vogelgesang. Und doch hat das Leben etwas Heiliges, das uns immer wieder drängt, es auferstehen lassen zu wollen.«

Ein Roman voller Lebensklugheiten, unübertrefflich – wie stets bei Updike – die Sexszenen, bewegend die Schilderung der scheiternden außerehelichen Liebe. Und doch kein vollkommen geglücktes Buch. Die Konfrontation des freizügigen Zeitalters mit der viktorianischen Epoche, wie sie von Buchanan und seiner Umgebung repräsentiert wird, hat hier etwas Mechanisches (und ist dem britischen Romancier John Fowles mit seinem Roman ›Die Geliebte des französischen Leutnants‹ weitaus besser gelungen). Die ausführlichen Bruchstücke und Fragmente aus der mißlungenen Buchanan-Biographie Claytons bleiben Fremdkörper. Updike hatte vor vielen Jahren einmal die Absicht, einen historischen Roman über Buchanan zu schreiben – und schrieb statt dessen, 1974, ein Theaterstück zum Thema: Handelt es sich bei den Buchanan-Passagen jetzt etwa um eine Art Resteverwertung? Er bestreitet das. »Ich habe einiges von dem, was vorlag, verwendet«, sagt er. »Aber das meiste habe ich neu gemacht. Von dem fehlgeschlagenen Roman lag nicht mehr viel vor.« Er habe in den ›Erinnerungen an die Zeit unter Ford‹ versucht, über Geschichte und Gedächtnis zu schreiben – »und darüber, wie wenig zuverlässig beides ist«.

Vielleicht werde er etwas kürzer treten, wenn er demnächst 65 wird, überlegt Updike. Ohnehin mußte er seinen Nebenerwerb, die Buchkritik, erheblich einschränken. Sein Hausblatt, der ›New Yorker‹, habe sich stark verändert – seine Mitarbeit sei nun nicht mehr so erwünscht. Er sei ganz froh darüber. Liegt das an der neuen Chefin Tina Brown? Er äußert sich vorsichtig: »Sie ist sehr freundlich zu mir. Ich kann mich nicht beklagen. Ich weiß es zu schätzen, daß sie versucht, ein vielleicht etwas müdes Magazin zu beleben.« Es gehe beim ›New Yorker‹ heute weniger gelehrsam zu. »Und viele meiner Kritiken waren auf ihre Art gelehrsam. Es ging da um Bücher, die mich interessierten, von denen ich etwas als Schriftsteller lernen konnte. Ich wollte ohnehin weniger Bücher besprechen. Ich bin einst so nebenbei zur Buchkritik gekommen. Dann starben die alten Kritiker weg, und meine Mitarbeit wurde immer wichtiger, bis ich am Ende eine Rezension pro Monat schrieb – das war einfach zu viel.«

Kein Bedauern? »Was ich vermisse, ist der Kontakt zur ausländischen Literatur. Meine Überzeugung war immer, daß ich als Amerikaner von europäischen Autoren viel lernen kann. Europäer interessieren sich für die Theorie des Schreibens. Sie wissen, daß es da im späten 20. Jahrhundert ein Problem mit der Fiktion gibt. Die Amerikaner kapieren immer noch nicht richtig, daß das Erfinden in der Literatur eine verwirrende Angelegenheit ist.« So schrieb er auch über Thomas Bernhard (dessen Schreibweise ihm etwas hysterisch vorkam) und Patrick Süskind (dessen Roman ›Das Parfum‹ ihm gut gefallen hat); Peter Handkes Erzählung ›Nachmittag eines Schriftstellers‹ fand er »amüsant und beneidenswert«. Daran erinnert er sich heute noch: »Das Buch bietet viele Annehmlichkeiten – ein kurzes, ein sehr persönliches Buch. In der deutschen Literatur scheint mir fast so etwas wie eine Intimität zwischen Autor und Leser vorzuherrschen.«

Vermißt er seinen Roman- und Serienhelden Rabbit, der ihn und den er dreißig Jahre lang (durch vier Romane) begleitet hat? Ganz ernsthaft sagt Updike: »Ich habe nicht geglaubt, daß ich ihn überleben würde. Ich dachte, daß ich im Jahr darauf selber sterben würde. Und nun lebe ich immer noch. Doch, Rabbit vermisse ich.« Der letzte Band des Romanzyklus, vor vier Jahren in den USA erschienen, bedeutet einen Einschnitt auch für sein Leben. Mitten in der Arbeit an dem Buch, als gerade die erste Fassung abgeschlossen war, starb im Oktober 1989 Updikes Mutter, die all die Jahre die wichtigste Verbindung zur alten Heimat und zum Schauplatz der Tetralogie gewesen ist. ›Rabbit in Ruhe‹ ist ein Roman des Abschieds, auch von der Liebe. Harry Angstrom ist zu einer traurigen Figur geworden. Er fühlt sich alt. Dabei ist Rabbit erst 55 – und seit 33 Jahren mit Janice verheiratet.

Florida, Ende 1988: Das Ehepaar Angstrom, das sich hier ein Apartment für die Wintermonate gekauft hat, erwartet am Flughafen den Sohn Nelson mitsamt Familie. So beginnt der Roman. Doch die Familienzusammenführung bringt wenig Segen: Rabbit kentert auf einer Segeltour mit der achtjährigen Enkeltochter; zwar kann er das Kind retten (eine dramatische Szene), doch nur um den Preis eines Herzinfarkts. Dann, kaum aus dem Krankenhaus entlassen, erfährt er von Unterschlagungen des Sohnes in der eigenen Firma. Schließlich wird der einst vom Schwiegervater gegründeten Autovertretung sogar die Toyota-Lizenz entzogen, die der Familie Reichtum gebracht hat. Nichts läuft mehr bei Rabbit.

Auch mit den Frauen nicht? »Eines weiß er mit Sicherheit: wenn er Teile seines Lebens wieder hergeben müßte, das letzte, das er hergäbe, wäre das Ficken.« Und doch: Rabbit, der immer wieder fremdgegangen ist und bis zum Schluß nicht erfährt, ob er eine außereheliche Tochter hat, dieser von den Frauen Verwöhnte traut sich nicht mehr. Auch von Thelma will er nichts mehr wissen, der langjährigen Geliebten. Für Rabbit war's bequem, für sie die große Liebe. Er gibt ihr den Laufpaß, obgleich sie, das hat Harry besonders zu schätzen gewußt, bei ihren heimlichen Begegnungen stets bereit gewesen ist, »es mit dem Mund zu machen«. Janice, die Ehefrau, ist seit langem dafür nicht mehr zu haben. Sie hat andere Sorgen, als sich um das sexuelle Wohl des Gatten zu kümmern: Sie bereitet sich in Abendkursen auf ein Leben ohne Rabbit vor. Kein Wunder, daß dessen Blick nicht mehr besonders liebevoll auf den Frauen ruht. Updike, der seinen Harry gern bei kruden und unausgegorenen Gedanken packt, gibt ihm auffällig viel Abwehr gegen alles Weibliche mit auf den Weg. Rabbit darf sich sogar den »eigentümlichen Charme« eingestehen, den Schwule für ihn haben, »eine knabenhafte Leichtigkeit, ein Erhabensein über den weiblichen Morast, in dem das Leben ausgebrütet wird«.

Rabbits letzte Geliebte ist ausgerechnet die eigene Schwiegertochter – keine Glanzleistung, auch wenn er selbst das ganz anders sieht. Stolz registriert der Herzkranke: »Sie kam zweimal.« Die familieninterne Aufdeckung des Skandalons führt indirekt dazu, daß er einen zweiten Herzinfarkt erleidet, den er nicht überlebt. Daß Harry Angstrom fern in Florida und nicht in jener Kleinstadt Brewer stirbt, die er im tiefsten Inneren nie verlassen hat, zählt zu den leisen, bitteren Pointen des Romans, der gesamten Romantetralogie. Ist die Geschichte mit Rabbits Tod endgültig beendet – oder kann Updike sich vorstellen, aus der Sicht des Sohnes oder der Witwe die Fortsetzung zu erzählen? Daran habe er in der Tat schon gedacht, sagt er. »Vielleicht werde ich es tun. Es ist ja einiges offengeblieben. Die Tochter seiner ersten Geliebten – ist sie sein Kind oder nicht? Ich glaube, ich bin es dem Leser schuldig, zumindest das zu klären.« Aber vor 1999 müsse er das nicht entscheiden, und das sei glücklicherweise noch fünf Jahre hin.

Fototermin im Stadtpark gleich gegenüber dem Hotel: Updike nimmt sich noch die Zeit, obgleich er seiner Frau versprochen hat, vor der Rush-hour nach Hause zu fahren. Public Gardens: Schwäne am Teich, in der Ferne der Großstadtlärm. Nach Deutschland würde er gern wieder einmal kommen, sagt er. »Ich war noch nie in Berlin.« Doch in diesem Jahr werde nichts daraus. Dann muß er endlich los. Der Wagen parkt in einer Seitenstraße. Zuletzt winkt John Updike noch einmal mit seinem Schirm.

Schwächen in Siege verwandeln

Martin Walser

Überlingen am Bodensee, 28. August 1985

Sieben Eichen stehen am Wasser. Der Garten fällt von der Terrasse des Hauses leicht zum See hin ab. Eine Hängematte zwischen zwei Baumstämmen. Wildes Gras, am Ufer ein Ruderboot. »Das sind die Eichen, die meine Tochter für den Umschlag von ›Meßmers Gedanken‹ gemalt hat«, sagt Martin Walser.

»Ich habe jetzt Gründe, zu Hause zu bleiben«, heißt es in dem Prosabuch. »Nicht, daß ich genug gesehen hätte. Niemand hat genug gesehen. Jeder zuviel.« Seit 1968 wohnt er mit seiner Familie hier in Nußdorf, einem Ortsteil von Überlingen. Das Haus ist von der Straßenseite nicht besonders auffällig, drinnen erweist es sich als geräumig und hell, ein Flügel steht in dem großen Zimmer, das zum Garten führt. »Heute wäre das unerschwinglich«, sagt der Hausherr. »Man zahlt in dieser Gegend Phantasiepreise.« Damals konnte er sich den Kauf leisten, nach seinem ersten größeren Erfolg, dem Theaterstück ›Zimmerschlacht‹. Zurückgekehrt in seine Heimat, hierher an den Bodensee, war er gut zehn Jahre zuvor – nach einer Zeit als Funkjournalist in Stuttgart. Er war damals schon Familienvater. Inzwischen sind die vier Töchter längst erwachsen. Franziska, die Älteste, ist Schauspielerin geworden; Johanna, die oben im Haus auf ihrer Maschine schreibt, jetzt nur noch auf Besuch, hat schon einen Prosaband veröffentlicht; Alissa, die für viele von Walsers Büchern die Umschlagmotive gezeichnet hat, studiert Malerei in Amerika; Theresia, die noch hier wohnt, wird demnächst Gesang studieren.

Martin Walser sitzt auf einer Bank in der gemütlichen und geschützten Nische, mit dem Rücken am offenen Kamin in der Hauswand, bequem auf ein Kissen gestützt. Es ist ein ruhiger,

Martin Walser, 1986

warmer Spätsommertag. Der See wirft kaum Wellen. »Wenn ich einen Roman fertiggeschrieben habe«, sagt Walser, »denke ich immer: Jetzt hast du wieder gar kein richtiges Formexperiment gemacht.« Drei Bücher sind in diesem Jahr erschienen: im Frühjahr der schmale Band ›Meßmers Gedanken‹, jetzt im Herbst der Roman ›Brandung‹ und zwischendrin die dramatisierte Fassung jener 1978 veröffentlichten Novelle ›Ein fliehendes Pferd‹, die Walsers erfolgreichstes Buch ist. Das Stück wird nicht weit von hier, beim Sommertheater in Meersburg (einer Initiative Walsers zusammen mit Rolf Hochhuth), Abend für Abend vor vollem Haus gespielt.

Der Roman ›Brandung‹ erzählt eine einfache Geschichte: Ein Mann in den Fünfzigern fährt für einige Zeit nach Kalifornien und verliebt sich in eine Studentin. Seine Frau, die ihn begleitet hat, muß bald nach Deutschland zurückkehren, weil ihr Vater im Sterben liegt. Ein Freund des Mannes begeht Selbstmord. Die Liebesbegegnung mit der jungen Frau findet nicht statt. Am Ende ist auch die tot, Opfer eines Unfalls.

»Sie können natürlich sagen: Wer sich auf triviale Konstruktionen einläßt, der kommt darin um«, sagt Walser. Also gut: Findet er nicht, daß etwas viel gestorben wird in seinem Roman? »So viele sind es gar nicht«, sagt er schnell. »Da täuschen Sie sich! Wenn Sie es zählen…« Dann räumt er ein: »Für meine Verhältnisse vielleicht! Ich empfand Tote in belletristischen Büchern auch immer als Erpressung, eine sentimentalische Erpressung, die ich verabscheue.« Er habe mit ›Brandung‹ den traditionellen Roman erst einmal in Besitz zu nehmen versucht, sagt er dann. Zum erstenmal habe er jetzt das Gefühl, mit einem Roman die Form »bedient« zu haben. »Für mich ist dieser Fiktionsroman eine schwere Aufgabe.« Seit 1976 habe er sich daran versucht, von ›Jenseits der Liebe‹ bis zur ›Brandung‹ habe das gedauert, neun Jahre. »Die Kapitel müssen Funktionen des Ganzen werden. Es muß eine Schwere-Zunahme von Kapitel zu Kapitel drin sein, es darf kein wesentliches Motiv verlorengehen, das muß alles mitgeführt werden – und es darf nicht wie ein Mitgeführtwerden wirken! Verstehen Sie?«

Je mehr Walser redet, desto deutlicher wird, daß seine Aussagen eigentlich tastende Schritte sind; er sucht Boden unter den

Füßen. Von Selbstzufriedenheit ist er weit entfernt. »Ich bin der Meinung, daß die Fiktion eine Maschine ist, die noch etwas leistet.« Vielleicht könne er diese Maschine nicht »souverän bedienen«. Aber er benötige sie. »Für mich ist dieses Figurenensemble, mit dem ich mich umgebe wie mit einer Bodyguard, mindestens so wichtig, wie es zum Beispiel für Kierkegaard die Pseudonyme waren.« Er ist theoretisch beschlagen – auch wenn er, nach seinen philosophischen Hausgöttern befragt, abwinkt. Nein, er komme mit seinen Lesebedürfnissen nicht nach, sagt er. Kierkegaard, Nietzsche und Fichte seien immer noch die Bezugspunkte – und natürlich Hegel, »eine alte schwäbische Hausaufgabe«. Zu Fichte zieht ihn eine Wahlverwandtschaft. Dessen Wissenschaftslehre sei doch eigentlich genauso eine Fiktion wie die eigenen Romane. »Das ist der Punkt: Wenn man nichts von zu Hause mitgekriegt hat, nur ein bißchen Katholizität, die dann unterwegs verdurstet, ein bißchen Anstand, aber eine tief eingebaute Unsicherheit…« Redet er von Fichte, redet er von sich? »Daß man als total Verunsicherter immer wieder angezogen aus dem Haus geht und behauptet, man sei der und der – und nichts ist so ungewiß wie das!«

Martin Walser hat keine leichte Jugend gehabt. Geboren wurde er am 24. März 1927 in Wasserburg am Bodensee. Die Eltern, Bauernkinder, probierten nicht sehr erfolgreich den Aufstieg, sie betrieben eine kleine Gastwirtschaft und nebenbei einen Kohlenhandel. Der Vater war in Geschäften nicht geschickt. Er starb früh, als das Kind gerade elf war. Später hat der Sohn, einer von drei Brüdern (nur zwei überlebten den Weltkrieg), poetische Versuche seines Vaters gefunden. Die Kinder mußten der Mutter im Geschäft helfen, der Schulbesuch litt darunter. Auf dem Gymnasium in Lindau wurde dem Schüler Martin die Herkunft immer wieder unter die Nase gerieben. Und fast hätte der Direktor ihm 1946 das Abiturzeugnis verweigert, als der junge Mann (der seit dem zwölften Lebensjahr Gedichte schrieb) auf der Abiturfeier mit der Schulzeit in Versform abrechnete. Vorher war Walser im Krieg: von 1943 an, zunächst bei der heimatlichen Flak.

Das Studium, erst in Regensburg, dann in Tübingen, fiel in eine schwierige Zeit: Walser mußte nach der Währungsreform

1948 seinen Lebensunterhalt selbst verdienen. Erfahrungen, die er beim Studententheater gemacht hatte, als Schauspieler und mehr noch als Verfasser von Sketchen, brachten ihn in Kontakt mit dem Rundfunk. Für Radio Stuttgart und den späteren Süddeutschen Rundfunk arbeitete er viele Jahre lang als Redakteur, auf eigenen Wunsch ohne feste Anstellung (von ein paar Monaten abgesehen).

Er wollte lieber frei sein, zog aber immerhin nach Stuttgart; 1950 heiratete er, 1952 kam das erste Kind zur Welt. Nebenbei schloß er das Studium ab: mit einer Dissertation über Kafka. Das war 1951. Die Mutter sollte wissen, daß aus dem Sohn etwas geworden war.

Der mütterliche Einfluß ist wichtig gewesen. »Die Erwartungen, die uns durch das Entgegenkommen unserer Mütter geweckt wurden«, hat er einmal geschrieben, »wurden und werden von der sogenannten Wirklichkeit nur enttäuscht.« Ihr katholischer Glaube hat Martin Walser nie ganz losgelassen, auch wenn er selbst der Religion abwehrend gegenübersteht (allerdings ist er bis heute nicht aus der Kirche ausgetreten): Er sieht sich durch den Einfluß seiner Erziehung in der Erlebnis- und Erfahrungsweise »verkrümmt«, wie er kürzlich in einem anderen Gespräch verraten hat.

Anfang der fünfziger Jahre, als sich Rundfunk und Fernsehen im Aufbau befanden, waren die Aufgabenbereiche nicht starr festgelegt. Walser war abwechselnd Reporter, Satiriker, Hörspielautor, Regisseur. Sein erstes Hörspiel wurde 1952 gesendet. Auch nachdem er sich Anfang 1957 von Stuttgart und der Funkarbeit verabschiedet hatte, blieb er dem Hörspiel treu. Daß er Schriftsteller werden wollte, war für ihn früh klar. Auf einer Tagung der Gruppe 47 war Walser 1951 als Reporter dabei. Hans Werner Richter soll in einer Pause den Mann vom Rundfunk gefragt haben, ob alles laufe, worauf er die Antwort erhielt: »Technisch einwandfrei – aber was da gelesen wird, das kann ich besser!« Zwei Jahre später war Walser selbst geladen, 1955 gewann er mit einer Erzählung den Preis der Gruppe 47. Im selben Jahr – drei Jahrzehnte ist es her – kam das erste Buch heraus, der Prosaband ›Ein Flugzeug über dem Haus‹. Sein erster Roman ›Ehen in Philippsburg‹ erschien 1957.

»In einem überfüllten Aufzug schauen alle Leute aneinander vorbei«, lautet der Angelhaken, der den Leser in den Roman zieht. Die Situation kennt jeder, und daß der Fahrstuhl ein Ort ist, der für mancherlei Anfänge und Aufstiege gut ist, leuchtet ein. »Auch Hans Beumann spürte sofort, daß man fremden Menschen nicht ins Gesicht starren kann, wenn man ihnen so dicht gegenübersteht.« Das ist der zweite Satz. Und sofort weiß man: Der Held kennt sich an diesem Platz noch nicht gut aus, und: Er will unbedingt nach oben. Tatsächlich kommt Beumann aus der Provinz und erobert sich einen begehrten Platz bei einer Zeitung. Walser schrieb sich Stuttgarter Erfahrungen von der Seele. Warum verlegte er die Handlung nach Philippsburg? »Ja, das so zu nennen, war ein Fehler«, erklärt Walser jetzt. »Ich habe überhaupt nicht gewußt, daß es eine Stadt mit diesem Namen in Deutschland gibt. Es sollte ein fiktiver Ort sein. Wenn ich gewußt hätte, daß bei Karlsruhe ein Philippsburg liegt, hätte ich das nicht gemacht. Der Roman muß in Stuttgart spielen! Ich fühlte mich damals unfähig dazu. Ich hatte Angst, daß zuviel Unmittelbares, Stuttgarterisches in den Roman eingedrungen sei.« Der Roman ›Ehen in Philippsburg‹ zeigt, wie es sich in einer westdeutschen Großstadt der fünfziger Jahre leben, arbeiten und lieben ließ. Er ist bei allen Anfängerschwächen eines der interessantesten Bücher Walsers geblieben.

Ortsnamen, Automarken stören ihn in der Fiktion nicht grundsätzlich, doch er nimmt die Sache mit den Realitätspartikeln sehr genau – jene Universität in Kalifornien, an der der Lehrer Halm in der ›Brandung‹ für einige Zeit unterrichtet, trägt einen Phantasienamen. »In meinem System darf fast nichts unverwandelt auftauchen«, sagt Walser. Das »Realitätsverhältnis« wird von ihm beim Umarbeiten der Notizen in den Roman entschieden. Er kann genau sagen, in welchen Werken ihm nach seiner Meinung dabei Fehler unterlaufen sind – die scheinen ihn mehr zu schmerzen als mancher Totalverriß.

Das große Vorbild ist auch hier: Kafka. Der habe einen ungeheuren »Fiktionsinstinkt« gehabt. Schon in der Dissertation hat der junge Walser ein Beispiel aufgeführt, eine Textstelle, in der von einer »sozialistischen« Versammlung die Rede ist. Kafka hat sie verworfen. »Weg!« ruft Walser jetzt noch begeistert und klatscht in die Hände.« Wenn es eine politische Versammlung wäre: prima! Aber eine sozialistische darf es nicht sein. Das sind handwerkliche Gesetze.« Um zu verdeutlichen, was er meint, führt er aus dem Stegreif zwei Stellen aus Kafka-Romanen an, die einzigen Passagen, die er als mißlungen betrachtet: Im ›Schloß‹ ist einmal von einer möglichen Auswanderung nach Südfrankreich die Rede, im ›Prozeß‹ von Mailand. »Sehen Sie, wenn es Südfrankreich gibt, gibt es diesen ganzen Roman nicht mehr. Und wenn es Mailand gibt, kann der ja nach Mailand fahren, und alles ist in Ordnung.« Solche Systeme seien sehr empfindlich.

Frage an den Kafka-Kenner: Hat für ihn denn nur das Bedeutung, was Kafka zu Literatur verwandelt hat? Stehen die Tagebücher und Briefe dem Werk nicht gleichrangig gegenüber? Entschiedene Abwehr bei Martin Walser: »Nein, für mich sind das zwei Planeten. Die ›Verwandlung‹ ist das Gegenteil der Briefe. Bei den Briefen wird mein Mitleid mobilisiert, da werde ich hineingezogen in diese Misere, und das tut mir alles wahnsinnig leid, und ich finde auch die Sätze großartig, nehme teil am Büro- und Postverkehr. Aber das ist der Stoff, und das andere ist die Literatur! Ebenso ›Werther‹: das ist etwas anderes als die Briefe, die der junge Goethe geschrieben hat. Da sitzt jeder Satz und jede Szene und die Folge der Szenen! Alles, was dort Misere ist, ist hier Triumph über die Misere: dadurch, daß sie dargestellt wird. Sätze, die gegen das Elend geschrieben worden sind, die helfen mir. Es sind halt Siege, nicht wahr? Das sind Siege! Denn der Gregor Samsa ist einer, der im Verrecken triumphiert über die Bedingungen, unter denen er verreckt. Das andere ist nur der Naturalismus der Niederlage selber. Mit Gregor Samsa muß man kein Mitleid haben.« Er fragt nach, als wäre er zu weit gegangen: »Können wir uns da einigen?« Und schnell hakt er noch einmal nach, er will verstanden werden. Einem Sportler oder einem Pianisten schaue man doch auch ungern bei den täglichen schmerzlichen Übungen zu. Lieber bewundere man das Ergebnis. »Am deutlichsten ist es in der Musik. Ich meine, Musik findet erst statt, wenn dieses Briefstadium überwunden ist. Das davor ist ja noch keine Musik. So ernst muß man es nehmen.« Schädlich sei das Unmittelbare, sagt er dann, bevor er selbst die Gegenposition zitiert. Gewiß, er weiß, man lebe in einer Epoche narziß-

tischer Prosa, und ja näher der Monolog am Autor, desto ver-
trauenswürdiger scheine der Text zu sein. »Also das Werk im
Grunde ein blutiger, ungefilterter Monolog!« Er jedoch setzt auf
seine »Fiktionsmaschine«. Er hofft, mit der Fiktion genausoweit
in der Genauigkeit kommen zu können wie andere mit dem »unmittelbar authentischen Text.«

»Durch mein Gesicht ziehen die Jahre wie Eroberer.« Walser
legt diese Worte dem fiktiven Schriftsteller Tassilo Herbert
Meßmer in den Mund. Oder: »Ich bin nicht böse genug, also
auch nicht gut genug.« Das Buch ›Meßmers Gedanken‹ besteht
aus solchen pointierten Bekenntnissätzen, aus Aphorismen und
Aperçus. Es steckt voll wunderbarer, auch wunderlicher Beobachtungen über das, was den Menschen im Innersten gerade
noch zusammenhält, mal in der Ich-Form, mal in der dritten Person abgefaßt. »Er zerfällt in einzelne Sätze; die tarnt er als Rufe«,
heißt es von Meßmer. Es sind intensive, offenherzige Notate, die
in manchem an die Notizbücher Peter Handkes erinnern.
Warum aber die Einkleidung in die Fiktion? Warum Meßmers
Gedanken, warum nicht Walsers Gedanken?

Er greift die Frage auf, als habe er nur darauf gewartet. Es ist
ein Problem, das ihn offenbar beschäftigt. »Ich habe mit dem
Gedanken gespielt, dieses Buch ohne die Figur Meßmer herauszubringen. Das Manuskript trug einmal den Arbeitstitel ›Die
Macht der Fürwörter‹: Die Gedanken sind ja nicht alle in der
Ich-Form, sondern es gibt auch ›er‹, ›du‹, ›man‹. Meine Erfahrung ist, daß Sätze um so weniger ›ich‹ sagen können, je radikaler
sie in ihrer Genauigkeit sind.« Handkes Mut, sich selbst auszu-
stellen, imponiert ihm. »Ich bin voller Bewunderung für diesen
Kollegen.«

Und er fügt hinzu, als müsse er sich erklären oder entschuldigen: »Ich halte es nicht aus, unmittelbar aufzutreten. Es tut mir
zu sehr weh.« Gewisse Erfahrungen der Lächerlichkeit, die er
mit sich selbst gemacht habe, könne er nur mit Hilfe erfundener
Figuren darstellen. »Es gibt Situationen, wo man so lächerlich
ist, wie man nur sein kann, so gedemütigt oder geprügelt oder ge-
ohrfeigt oder depraviert, wo Macht über einen ausgeübt worden
ist. Also: der man da war, mit dem möchte man nicht mehr in einer Haut sein müssen.« Meßmer läßt er sagen: »Das Höchste:

wenn es gelänge, die eigene Person statt als Hauptperson als Nebenperson darzustellen.« Und Meßmers Ideal lautet: »Entblößung und Verbergung gleich extrem.«

Entblößung und Verbergung: das sind die Pole, in deren Spannungsfeld jedes Schriftstellerleben gerät. Martin Walsers Romane, Novellen und Erzählungen bieten Fiktion, Erfundenes – aber ihr Stoff besteht aus so vielen Partikeln intimster, innigster Wahrnehmung, daß mancher Leser über dem Spiegel, der ihm da im unerwarteten Winkel vorgehalten wird, verschreckt das Weite gesucht hat. Andere wiederum sind süchtig nach dieser Möglichkeit, sich selbst im anderen – in einer Walser-Figur – zu entdecken. »Das ist wahrscheinlich das Schwerste«, heißt es von Helmut Halm im Roman ›Brandung‹, »sich so glücklich zu fühlen, wie man ist.« Das dürfte eigentlich für Martin Walser nicht gelten – diese Lebhaftigkeit in Mimik und Gebärde, diese gesellige Lust, sich in ein Gespräch einzulassen, diese Feinfühligkeit im Umgang mit dem Gesprächspartner! Er wirkt, wie er das Zigarillo im Mund hält und im Eifer des Gesagten gar nicht dazu kommt, es anzuzünden, als ruhe er ganz in sich: ein Mann, der wissen muß, daß er beeindruckt, der einen Kopf hat, nicht nur im intellektuellen Sinne – mit dunklen buschigen Augenbrauen in einem ausdrucksreichen Gesicht, unter weißgrauen Haaren. Und dabei sagt er: »Ich habe nie die Stiller-Problematik Frischs verstanden. Daß einer ablehnt, der zu sein, für den ihn die anderen halten! Da komme ich vom entgegengesetzten Mangel: Ich wäre glücklich über Wahrgenommensein – wenn ich eine solche Solidität erreichen kann, daß die Leute sagen: Ach so, du bist ja der! Da wäre ich in alles mögliche geschlüpft und hätte geschrien: Herrlich, daß ich ein Stiller bin!«

Wahrlich: er ist kein Selbstbewußter, Selbstgewisser. Auch wenn es im Vortrag, in einer Lesung bisweilen so scheinen mag. Er ist ein guter Anwalt seiner Texte, ein musikalisch sprudelnder Darbieter, einer, der jede Silbe zu sich selbst kommen läßt; aber er braucht den Schutz der Form, den Mantel der Sprache, er sucht Zuflucht im artistischen Satzbau. Er stellt nicht sich, den Meister, aus, sondern das Gemeisterte, das Produkt. Wenn er über sich sprechen soll, ist Martin Walser eher zaghaft, zögerlich, ein bißchen umständlich auch; doch dann schraubt er selbst im Gespräch unter vier Augen plötzlich die Stimme hoch, reitet seinen Satzbau in waghalsige Konstruktionen hinein, krönt alles mit einem erlesenen Wort, einem blitzenden Ausdruck. »Der Sprachfluß ist das, was mich trägt«, sagt er. »Erzählen ist ja nichts anderes, als daß ein Ton zustande kommt, nichts anderes: nur ein Ton! Wenn der sich nicht bilden will, muß man verzweifelt wieder aufhören. Ich bin gegen Entscheidungen, gegen Wahlen, gegen Willkür. Bei meiner Fiktionsmaschine lasse ich mich völlig leiten. Ich bin nicht zuverlässig als Entscheidender. Ich bin passiv.«

Er weiß selbst, daß weite Bereiche seiner persönlichen und historischen Erfahrung bisher aus dem Werk ausgeblendet sind: Die erste Hälfte dieses Jahrhunderts kommt in seinem Prosawerk nicht vor (in einigen Theaterstücken ist das anders), auch nicht die eigene Schulzeit im Dritten Reich, nicht die Kriegsphase. »Ich habe noch nie zurückgegriffen in diese Zeit, weil ich es für so schwer halte. Ich bin mir darüber aber seit zwanzig Jahren im klaren: Wenn ich meine Fiktionsideologie überhaupt aufrechterhalten will, dann muß ich ihr einmal das abfordern. Das würde ich ihr demnächst gern einmal abfordern.« Doch könne er das nicht auf Kommando: »Schreiben Sie doch mal über Ihren Kriegsschluß!« Da müsse er absagen: »Das habe ich nicht so ›da‹. Das muß herausgeholt werden mit meiner Maschine.«

Es kann ihm dagegen passieren, daß er nach Kalifornien kommt – und sich unversehens in die Helmut-Halm-Rolle gedrängt fühlt. »Ich hatte gar nicht vor, mit Helmut Halm noch ein Buch zu machen«, sagt er. Halm, Protagonist der Novelle ›Ein fliehendes Pferd‹, wird nun, im Roman ›Brandung‹, mit einer Welt konfrontiert, die ihm Ausflüchte schwermacht. »Der Halm ist eine Figur, die sich einmal einer sehr partiellen Provokation, nämlich dem sich jung gerierenden Klaus Buch gegenüber verhalten mußte. Dieser Klaus Buch ist jetzt ersetzt durch einen ganzen Kontinent, durch die Westküste, durch ein ganzes Land. Und da ist es nicht mehr so leicht, dagegen zu sein – wie gegenüber so einem Kerl, dem man überheblich begegnen kann. Aus diesem Grund provoziert Kalifornien diese sich verschließen wollende Figur.« Gegen Ende des Jahres 1983 war Martin Walser für vier Monate zu einer Gastprofessur nach Berkeley gekommen, vis-à-vis von San Francisco. »Die Konfrontation mit so einem Jugendlichkeitsgelände rief bei mir also Halm auf die Szene. Ich kann mich gar nicht dagegen wehren. Ich mußte dann diese Strecke schon im Halm-Kostüm, mit der Halm-Sprache, der Halm-Haltung passieren. Von mir aus ist da kein Widerstand möglich.« Er hatte eigentlich ein ganz anderes Projekt im Kopf: Er wollte ein kleines Büchlein schreiben, geplanter Titel: ›Mit Kafka in Kalifornien‹.

Statt dessen die ›Brandung‹, 1984 nach der Rückkehr entstanden. Es ist das erste Buch Walsers, das in Amerika spielt. Übrigens sollten ›Meßmers Gedanken‹ ursprünglich zum Roman dazugehören; seit langem schon wollte Walser mit dieser Figur seine amerikanischen Erfahrungen (das erste Mal war er 1958 drüben) ausdrücken. Mitte der siebziger Jahre hatte er einen Versuch gemacht, nach fünfzig Seiten war er steckengeblieben – »zu naturalistisch mit dieser Figur«. Nun sollten wenigstens Meßmers Gedanken Aufnahme finden. »Dann habe ich gemerkt: Das hätte die Atmosphäre der ›Brandung‹ nicht verkraftet, als Form«, sagt Walser. Er hebt den Ton an: »Unmöglich, unmöglich, unmöglich! Daß man überhaupt so etwas wollen kann, ist nachträglich entsetzlich. Das kann einen für immer mißtrauisch machen sich selbst gegenüber. Dann habe ich mich entschlossen: Schnitt, raus! Jetzt soll das zuerst erscheinen.« Der Schriftsteller Meßmer wird im Roman nur noch kurz erwähnt, seine Gedanken haben ein eigenes Buch. Und die Vereinigten Staaten gehören Helmut Halm, dem Lehrer.

Die Verzahnung des Walserschen Prosawerks, mit Fleiß und List betrieben, ist eine Wissenschaft für sich. Es gibt – von den Erzählungen abgesehen (zu denen auch einige Linien aus den Romanen herüberführen) – zwei literarische Kosmen. Beim ersten steht Anselm Kristlein im Mittelpunkt: der neben Oskar Matzerath (und dem Schweizer Anatol Stiller) prominenteste Held der deutschen Nachkriegsliteratur. Die Kristlein-Trilogie, erschienen zwischen 1960 und 1973, umfaßt die Romane ›Halbzeit‹, ›Das Einhorn‹, ›Der Sturz‹; der Erstlingsroman ›Ehen in Philippsburg‹ gehört am Rande dazu (dessen Held Hans Beumann taucht später neben Kristlein wieder auf). Beim anderen Kosmos bilden vier »Einsilbige«, wie Walser gern sagt, den harten Kern: Helmut Halm, Franz Horn und die beiden Zürns, Xaver und Gottlieb. Ihnen sind eigene Novellen und Romane gewidmet, einer spielt jeweils die Hauptrolle. Die anderen spielen bisweilen eine Nebenrolle, sie rufen an oder kommen zu Besuch – oder man schickt sich eine Karte. Das ist die »Bodyguard«, mit der er sich umstellt, um sich bedeckt zu halten: kein entschlüsselbares Alter ego, sondern ein Kranz von Personen. Von der Kristlein-Figur hat er sich verabschiedet: »Ich möchte nicht mehr in der ersten Person auftreten.« Seit 1976 schreibt er nur noch in der dritten. Bei der ersten Person kommt das Gegenüber nicht genug zur Wirkung, glaubt Walser.

Oder folgt er auch hier dem großen Lehrmeister, Franz Kafka? »Will man nun mutmaßen«, schrieb er 1951 in seiner Dissertation, »warum Kafka später vom ›Ich‹ zum ›Er‹ fortgeschritten ist, so darf man vielleicht sagen, daß ihm das ›Ich‹ zu wenig Distanz gewährte.« Möglich, daß Walser sich der Parallele nicht bewußt ist, möglich auch, daß er den Versuch aufgegeben hat, aus dem Schatten des Bewunderten unbedingt heraustreten zu wollen, jenen Versuch, den er mit dem munteren Ich-Erzähler Kristlein und dessen sprachlicher Schöpferlust über Jahre betrieben hat. Walser schreibt heute weniger prunksüchtig. Die Sprache der ›Brandung‹ ist zwar vorwärtsdrängend, variantenreich, doch immer wieder auch kurz und bündig, mit einem raschen nüchternen Zwischentakt: fließende Prosa, ohne Originalitätshascherei.

Die Romananfänge der vergangenen zehn Jahre spielen ganz offen mit jenem ersten Satz aus der ›Verwandlung‹, der da lautet: »Als Gregor Samsa eines Morgens aus unruhigen Träumen erwachte, fand er sich zu einem ungeheuren Ungeziefer verwandelt.« In ›Jenseits der Liebe‹, 1976, lautet die Kafka-Variation: »Als Franz Horn aufwachte, waren seine Zähne aufeinandergebissen«; drei Jahre später, in ›Seelenarbeit‹, heißt es zu Beginn: »Xaver griff nach dem leisen, unerträglichen Weckergeräusch und stellte es ab«; 1980 sieht der erste Satz des Romans ›Das Schwanenhaus‹ so aus: »Als Gottlieb Zürn aufwachte, hatte er das Gefühl, er stehe auf dem Kopf«; die ›Brandung‹ schließlich setzt etwas später am Morgen ein: »Halm stand vor dem Spiegel im Bad, hatte das Rasieren hinter sich, konnte aber nicht aufhören, sein Gesicht mit einer unauflösbaren Mischung aus Mißgunst und Genuß zu betrachten.« Halm ist immerhin schon einmal aus dem Bett. Das müssen die anderen erst noch schaffen. Fröhlich jedenfalls beginnt keiner der Walser-Helden sein Tagewerk.

Immer wieder findet sich bei Walser diese Bewegung: Der Held wacht auf, gequält, mit aufeinandergebissenen Zähnen, die Träume sind nicht gut gewesen, der Tag verspricht es nicht zu werden; es geht hinaus, zur Arbeit, zur Amerikafahrt; irgendwann kehrt der Held zurück, die Blessuren haben zugenommen, nach Wochen oder Monaten – doch eigentlich ist es wie ein einziger Tag, der vergangen ist; zurück ins Heim, in die Geborgenheit der Ehe, der Familie. Und folgerichtig enden die Romane in aller Unschuld im Bett: Der Held sucht die Hand der Frau oder ein Gespräch oder den Schlaf. Es ähneln sich diese Männer mit den einsilbigen Namen auf rührende Weise, ob sie nun als Chauffeur, Studienrat oder Immobilienhändler auftreten: Sie sind Väter von Töchtern, deren Freunden und Liebhabern sie aufs äußerste mißtrauen, sie haben Ehefrauen, mit denen sie mehr als nur die große Zahl gemeinsam verbrachter Jahre verbindet, und sie alle erleben die Abhängigkeit im Beruf und in der Familie in quälender Weise. Der Bodensee ist ihr Revier. Das Ehepaar Halm wohnt zwar in Stuttgart, macht aber regelmäßig hier Urlaub (wenn es sich nicht gerade in den Vereinigten Staaten aufhält): im Haus des Maklers Zürn. Die Romane enthalten wenig Handlung; die Novelle vom ›Fliehenden Pferd‹ ist da eine Ausnahme. Walser bietet keine Abenteuer. Und wenn, dann solche, die im Alltag versteckt sind. Seine Figuren sind keine Helden, sie kommen nur stolpernd durch den Tag, verändern sich nicht (und die politischen Verhältnisse schon gar nicht), sie drehen sich im Kreis. Sie sind schwach, abhängig, manchmal ein wenig lächerlich – und wenn wir als Leser nicht verschreckt aufhören, ihren Pfaden zu folgen, erkennen wir uns wieder.

Neben Kafka ist nicht zufällig Marcel Proust einer der literarischen Hausgötter. In einem Buch mit ›Liebeserklärungen‹, 1983 erschienen, hat Walser den zwei bewunderten Kollegen Dank abgestattet (aus diesem Jahrhundert hat er neben den beiden nur noch Brecht und Robert Walser aufgenommen). Es heißt da:

»Ich halte die unscheinbaren Situationen des Alltags, den die Gleichgültigen den banalen Alltag nennen, für ebenso wichtig wie irgendeine Festwoche voller Metaphysik: das ist ja gerade das Wunder der Genauigkeit, das Proust vollbrachte, daß es den Unterschied wichtig-unwichtig nicht mehr gibt. Daß er im Gegenteil alles das in seiner ganzen Wichtigkeit erzählte, was man bis dahin überhaupt nicht bemerkte.« Wovon Martin Walser immer wieder erzählt, das sind die Verkrümmungen, die entstehen, weil andere Macht über uns haben: in der Schule, im Büro, im Konkurrenzverhältnis, in der Familie. Die Kanäle, die sich solche Machtausübung sucht, kennt und verfolgt er wie kein zweiter. Und er kennt sich aus im Beziehungsgeflecht jener Menschen, die, wenn das überhaupt möglich ist, zusammen durchs Leben gehen wollen: Ehepartner – einschließlich der Kinder, die alles noch komplizierter machen. Schon vor dreißig Jahren (in einem Hörspiel mit dem Titel ›Ein grenzenloser Nachmittag‹) sagt bei ihm ein Mann: »Je mehr Leben man in die Welt setzt, desto verwundbarer wird man.« Und dessen Frau glossiert diese Haltung: »Ja nichts in die Welt setzen, keine Verantwortung haben, sich mit keinem Faden binden, sich nicht aussetzen, lieber einschrumpfen, mit dürren Lungen weiterröcheln in deiner künstlichen, unverletzbaren Luft. Aber ich will atmen, so sehr ich kann. So tief ich kann. Auch wenn's weh tut!«

So ist es über die Jahre geblieben. Diese Rollenverteilung wird variiert: im Theaterstück ›Zimmerschlacht‹, dem »Übungsstück für ein Ehepaar«, Anfang der sechziger Jahre geschrieben, 1967 uraufgeführt, ebenso in der Novelle ›Ein fliehendes Pferd‹, im August 1977 in kurzer Zeit verfaßt, ursprünglich als Gegenstück zur ›Zimmerschlacht‹ für die Bühne gedacht und nun auf Umwegen (durch eine Anregung des Regisseurs Ulrich Khuon) doch noch zum Theater gekommen. Auch der Roman ›Brandung‹ ist nicht in erster Linie die Geschichte einer erotischen Verlockung, sondern die jener Ehe, die am Ende gar nicht gebrochen wird. »Differenz hält Ehen zusammen, nicht Einigkeit«, lautet eine der verstreuten Wahrheiten dieses Buches. »Wenn die Rollen einmal sitzen, wird jeder Streit zum Kitt!«

An Intimkenntnis des psychologischen Ehekampfes und -friedens nimmt es zur Zeit kein Autor deutscher Zunge mit Walser auf, von Max Frisch vielleicht abgesehen. Da muß man schon in amerikanische Romane schauen, um Vergleichbares zu finden. Allerdings gibt es einen Unterschied: Walsers Romane sind entschieden züchtiger als diejenigen von Updike, Heller oder Philip Roth. Das war nicht immer so. Anselm Kristlein ist ein Ehemann, der gleich mehrere Geliebte hat, und jenes Buch über die Liebe, das er, als Ich-Erzähler im ›Einhorn‹, schreiben soll, scheitert nicht zuletzt an der Unmöglichkeit, die im sexuellen Rausch gestammelten Liebesworte und -silben zu fixieren – und selbst bei diesem Scheitern lernt der Leser noch mehr über die Last mit der Lust als in der ganzen übrigen deutschen Gegenwartsliteratur. Warum plötzlich diese Zurückhaltung? Ja, sagt Martin Walser, die »Thematisierung von Intimität« sei ein Problem, auch ein sprachliches. »So was könnte nur erzählt werden in einem Roman, indem der Autor sich nicht nur sich selber gegenüber verhält, sondern auch dem Gesellschaftlichen. Scham ist ja etwas, was man nicht für sich hat.« Er zieht an seinem Zigarillo, das er nun doch in Brand gesetzt hat, und schaut in sich hinein. Dann spricht er über seine Figuren, als seien es Freunde: »Xaver Zürns Problem ist das nicht so, der hat ein anderes. Gottlieb hat es auch nicht. Und Helmut Halm hat sich dagegen gewehrt, dieses Problem zu haben. Die Sache ist aber noch nicht ausgestanden.« Er kündigt an, daß das nächste oder übernächste Buch, in dem Gottlieb Zürn die Hauptrolle spielt, ein Roman »über das Bewußtsein vom Erotischen oder Sexuellen« sein werde. »Mein Arbeitstitel für diesen Zürn-Roman ist ›Johann Neuhaus‹ – und wenn Sie das ins Italienische übersetzen, kommt einer dabei heraus, der sehr viel mit diesem Problem zu tun hat.« Casanova am Bodensee also? »Es ist fraglos«, spinnt Walser den Faden weiter, »daß Gottlieb Zürn dieses Buch bestreiten muß, übrigens auch ein anderes, eine Bayreuth-Novelle.« Das sei wie eine Tonart, eine Frequenz. »Ein Komponist würde sagen: Das muß Es-Dur sein, nicht G-Dur. Und ich würde sagen: Halm ist keine Dur-Tonart, Gottlieb Zürn grenzt an eine. Das ist halt so.«

Gab es für Martin Walser schon einmal Probleme, wenn er Figuren seiner Romane nach realen Vorbildern gestaltet hat? »Das ist ein unendliches Problem«, sagt er, »aber nur für die engste Umgebung.« Es ist für ihn eine »handwerkliche Aufgabe«, daß sich niemand verletzt fühlt. Bisher sei es ihm erst einmal passiert, daß zwei Menschen beleidigt waren. Er klopft dreimal auf den Holztisch. »Das gehört zu meiner Fiktionsmaschine, daß das aufgehoben wird in ein anderes und nicht als solches stehenbleibt.« Er fügt hinzu: »Außer mir selbst entblöße ich niemanden. Und auch mich selbst entblöße ich durch Verbergung.« In einem Geburtstagsgruß an den siebzigjährigen Max Frisch, 1981, hat Walser diesen Zusammenhang, auf den er immer wieder zurückkommt, wohl am deutlichsten zum Ausdruck gebracht: »Das ist wirklich das Tollste und Interessanteste im Offenbarungsgelände Literatur: da wirtschaftet einer ein Literaturleben lang mit dem eigensten Stoff und macht uns alle glauben, er enthülle für uns eine neue Stufe der Intimität, ein neues Stadium der Authentizität, das fortgeschrittenste Kapitel der autobiographischen Weise. Und hat sich selbst doch völlig zurückgehalten. (...) Nicht im Material, sondern im Kalkül erscheint er. Und zwar als einer, der sich verbirgt. Der Effekt ist Kunst. Aber der Anlaß ist Scham.« So sagt er über Frisch – und wie oft, wenn einer über den anderen schreibt, auch über sich selbst. »Der Physiker transformiert Kräfte, der Schriftsteller Schwächen«, heißt es weiter. »So werden Elektrizitäts- und Kunstwerke betrieben.« Das ist Walsers Credo: Kunst resultiere aus einem Mangel. Nur der habe etwas zu sagen, dem etwas fehle.

Kein Wunder bei diesem Entblößungs-Verbergungs-Geschäft, daß Walser mit psychoanalytischen Literaturinterpretationen nicht viel im Sinn hat. Schon gegenüber Freud fühle er eine deutliche »Abhaltung«, er habe immer wieder versucht, ihn zu lesen. Aufgebracht ist er über die ›Goethe‹-Biographie Eisslers. Er sei »allergisch« gegen solche »Zurückführung von etwas höchst Lebendigem«. Meine Verteidigung, Eissler gehe doch sehr kenntnisreich vor, habe Hochachtung vor Leben und Werk Goethes, läßt Walser nicht gelten: »Soll ich Ihnen eine Stelle vorlesen? Ich garantiere Ihnen, daß ich Sie zum Lachen bringe!« Und wie reagiert er auf den Versuch, der seinem Werk gilt? Tilmann Moser hat unlängst Walsers Roman ›Brief an Lord Liszt‹, der 1982 erschienen ist und die meisten Leser und Kritiker eher ratlos machte, erhellend analysiert. Der einen Brief mit endlosen Nachsätzen schreibende Held Franz Horn (schon aus ›Jenseits

der Liebe‹ bekannt) ist für Moser Beispiel einer »schweren nar-
zißtischen Störung«. Er könne das nicht lesen, sagt Walser.
»Schrecklich! Ich bin nur darüber weggeglitten, weil ich das
nicht wissen will. Der behandelt den ja wie einen Kranken!«
Auch wenn man nach Mosers Interpretation plötzlich doch einen überraschenden Zugang zu dem Roman findet? »Ich glaube
nicht, daß es solche Schlüssel gibt. Vielleicht ist das einfach kein
Buch, das Sie brauchen. Das Buch spricht Sie nicht an: Also weg
damit! Wenn es jemand anspricht: Her damit!«

Für Walser sind die Reaktionen von Lesern angeblich wichtiger als die aus dem »professionellen Betrieb«. Er habe gerade
dort, wo er vermeintlich aus ganz Privatem heraus geschrieben
habe, »bei den peinlichsten Punkten, die in die Fiktion eingeflos-
sen sind«, die »intensivsten Kumpane«. »Richtige Spiegelungen!
Daß es so viele Spiegelungen gibt, gerade bei Sachen, von denen
man dachte, man sei eher allein mit ihnen...« Er macht eine
Pause, blickt nach innen. Plötzlich sagt er: »Wenn mich etwas
am Leben hält, pathetisch gesagt, dann sind es die Briefe der Leser!« Er schlägt mit der Faust gegen die Wand, gegen seinen
Kopf. »Wenn mich etwas vom...«, er zaudert, fängt sich dann,
indem er sich in eine andere Formulierung rettet, mit der Stimme
hinaufzieht: »Das ist eine Aufhebung der Unerträglichkeit bis zu
einem gewissen Grad, daß Leser sich melden.« Und falls es jemals für ihn eine Jubiläumsschrift geben sollte, wolle er seinen
Verleger bitten, dort nicht Grußadressen an ihn, sondern einen
Teil dieser Leserbriefe aus dreißig Jahren zu sammeln.

Martin Walser am Bodensee: das ist der Mann, der Schwächen
in Siege verwandelt. Denn wie er es bei anderen beschrieben hat,
so gilt es auch für ihn: Indem er seine Figuren eine Gratwanderung antreten läßt zwischen Lebensangst und Alltagstrott,
Pflicht und heimlicher Neigung, Selbstzerknirschung und einem
Rest von Hoffnung, indem er die Nackenschläge, die sie einstek-
ken müssen, in literarische Hochform bringt, in Sprache verwandelt, übersteigt er alle Not des Tages. Im Schreiben gibt er den er-
fahrenen Entbehrungen Raum und sich selbst Halt; schon das
Geschriebene, das Fertige, trägt ihn dann nicht mehr so gut. Täglich macht er Notizen, Fingerübungen.

Und die Politik? Walser hat sich, als es ihm angezeigt erschien, mit Verve in die politische Diskussion geworfen. Er ist ein brillanter Essayist, ein unerbittlicher Moralist. Einst galt er – zusammen mit Grass und Enzensberger, Böll und Siegfried Lenz – als Inbegriff des engagierten Schriftstellers. Er hat sich nie ausdrücklich für die Sozialdemokraten eingesetzt, obgleich er es war, der 1961 jenes Diskussionsbändchen herausgab, das allen intellektuellen Wahlhilfeunternehmungen vorausging: ›Die Alternative oder Brauchen wir eine neue Regierung?‹ In der Vietnam-Frage war die SPD Walser nicht entschieden genug. Er setzte – wie er bald merkte, irrtümlich – auf die DKP. Mitglied war er nie. Heute spricht er von der DKP nur noch verächtlich als der »Filialpartei«. Seine Sympathien gehören nun den Grünen. »Sie sind nicht mehr wegzudenken. Sie sind der Ausweis, mit dem diese Gesellschaft ihre politische Reifeprüfung gemacht hat. Seit man diese Leute im Parlament ohne Krawatte sieht, ist etwas vom Sinn der sechziger Jahre real geworden.« Er kann es sich vorstellen, daß die Grünen eine Zeitlang die Funktion des kleinen Koalitionspartners übernehmen könnten. Er findet es geradezu »märchenhaft«, daß es möglich war, in diesem Land mit einer scheinbar festgefügten Parteienarithmetik noch einen Typus hinzuzufügen.

Quält ihn als Autor die Frage, ob es eine Nachwelt überhaupt noch geben wird? »Verstehe ich nicht. Die Geschichte hat ja erst angefangen!« Bedrohungen habe es doch in der Geschichte der Menschheit immer gegeben. »Wenn wir früher dagesessen hätten, so wäre unsere Angst gewesen: Wenn die Türken durchkommen, sind wir erledigt!« Man habe sich stets das Ende Europas als den Untergang der Menschheit ausgemalt. »Es ist die jeweilige Bebilderung des Befürchteten. Die heißt jetzt: Auslöschung der Menschheit!«

Auch zur Politik kommt man nach seiner Meinung aus dem Gefühl des Mangels. Keine bewußte Entscheidung: man werde nicht einfach ein linker Intellektueller – andere stellen eines Tages fest, man sei es. »Ach ja, Anselm«, rief er in den siebziger Jahren seiner Figur Kristlein nach, »dich haben sie unter anderem auch für einen Gesellschaftskritiker gehalten. Als hättest du je eine Lippe riskiert, wenn die ganzen Verhältnisse dir nicht vorher Angst eingejagt hätten.« Und noch früher, in den fünfziger

Jahren, hat Walser sich so geäußert: »So gesellschaftskritisch sich ein Schreiber auch aufführt, zuerst meint er doch immer sich selbst. Vielleicht ist das, was er schreibt, eine Buße für ihn, vielleicht ein Gericht, vielleicht eine vorbeugende Maßnahme, vielleicht ein Spaß...« Walser entzieht sich niemals dem, was man von ihm erwartet – wenn er es auch selbst von sich erwartet. Gerade das, was ihm nicht leichtfällt, fordert ihn heraus. Nur so besteigt einer immer wieder den Berg und erarbeitet sich die kleinen und großen Siege: über sich, über das Leben, über die Vergänglichkeit.

Einige Tage nach dem Gespräch kommt eine Postkarte.

»Vergessen habe ich«, schreibt Martin Walser, »daß ich meine Zeitgenossenschaft seit Herbst 83 als Kolumnist der ›Weltwoche‹ abarbeite. Das zum sozusagen Politischen.« Mehrere Folgen seiner Kolumne in der Schweizer Zeitung befassen sich mit den Vereinigten Staaten, jenem Land, das ihn seit den fünfziger Jahren nicht mehr losgelassen hat. »Amerika ist eben nicht nur ein kapitalistisches Land, sondern die offenste Geschichtswerkstatt, die es je gegeben hat. Das aufregendste Menschenmischungsexperiment überhaupt.« Kaum sei man zum Beispiel in San Francisco gelandet (schrieb er im Herbst 1983), werde man »vor lauter Eindrucksandrang ganz passiv, sprachlos«. Seine Liebe zum Land läßt dennoch Raum für Kritik an der Politik. In der Glosse ›Religiöse Zeiten‹ notiert Walser: »Solange die amerikanischen Konservativen vom Schlage Reagans regieren, sind wir in akuter Lebensgefahr. Das Vokabular dieser Leute ist nicht das des Kalten Krieges, sondern des Kreuzzugs.« Den Ton des Leitartikels schlägt er in seiner Kolumne nur gelegentlich an. Schnell ist er auch hier bei den kleinen Verrücktheiten des Alltags, öffnet sich diesmal ohne den Schutz seiner literarischen Bodyguard: »Immer in den eigenen Wänden – das ist die Villa Verfolgungswahn. So entschuldige ich meine Reisewut. So lange fort sein, bis man hoffen kann, sich zu verlieren.« Und einmal, im Juli 1985, heißt es: »Mir ist es wohler, wenn ich sehe, daß ich wie andere bin.«

Die sieben Eichen im Garten am Bodensee haben ihre Wurzeln tief in der Erde. Der Schriftsteller, der sie vor Augen hat, wenn er seine Welten entwirft, indem er die eigene Welt umwen-

det, muß sich, um Halt zu finden, in anderen spiegeln, muß sich
verdoppeln, vervielfachen. In der Novelle ›Ein fliehendes Pferd‹
hat er es dem Studienrat Halm nachgesagt: »Nur wenn er ein anderer schien und ein anderer war, lebte er. Erst wenn er doppelt
lebte, lebte er.«

Nachwort

Es ist ein altes Spiel. Einer schreibt Bücher, Romane, Erzählungen, Gedichte – und ein anderer kommt und nimmt sich das Recht heraus zu fragen: Warum haben Sie das getan? Was haben Sie sich dabei gedacht? Wer sind Sie eigentlich? Alles erfunden? Das Spiel kam mit Goethe und Eckermann in Mode, so richtig zur Entfaltung allerdings erst in unserem Jahrhundert, dem Jahrhundert der Tests und Fragebogen, der Psychoanalyse und Ideologiekritik – und des Tonbandgeräts.

Zu diesem Spiel gehört, daß die Schriftsteller es angeblich nicht mögen. Thomas Mann behauptete von sich, eine »ausgesprochene Abneigung« gegen Interviews zu hegen, er habe es sich zur Regel gemacht, »Interviews für Zeitungen zu unterlassen«. Kein Wort davon ist wahr. Thomas Mann war in seiner Zeit einer der am häufigsten Befragten, immer wieder kamen die »Ausfrager« – und er ließ sie vor. »Im ganzen ist es so«, schrieb er 1934 in einem Brief, »daß ich die ausfragenden Journalisten enttäuscht habe, indem ich ihnen nicht sagte, was sie gern hören wollten, – und daß sie dann mit dem, was ich gesagt habe, soweit sie irgend konnten, das gemacht haben, was sie gern gehört hätten.«

Tun die Schriftsteller gut daran, sich auf dieses Spiel einzulassen? Wie Thomas Mann sind die meisten zeitgenössischen Schriftsteller dazu bereit – wenn auch immer wieder mit Vorbehalten und Einschränkungen (so verdanken sich zwei der Gespräche im vorliegenden Band, das von 1983 mit Philip Roth und das von 1980 mit Botho Strauß, allein dem glücklich gewählten Moment der Anfrage: beide Autoren, die sonst so gut wie nie Interviews geben, befanden sich gerade in einer Schaffenskrise und waren einem Gespräch nicht abgeneigt). Und natürlich ist noch lange nicht ausgemacht, daß, wer an diesem Spiel teilnimmt, nicht trotzdem gewichtige Einwände dagegen vorzubringen hätte.

John Updike – ein so umgänglicher wie ergiebiger Gesprächspartner – hat einmal im Vorwort zu einer Sammlung mit Interviews der ›Paris Review‹ einige Anmerkungen dazu gemacht. Er
spricht von der Befürchtung, daß die mehr oder weniger unkon-
zentriert auf ein Tonband gesprochenen Worte eines Schriftstellers als Ersatz für das gelten könnten, »was er oder sie mit so viel
Mühe und Liebe und Hoffnung auf Unsterblichkeit niederge-
schrieben und zum Druck gegeben hat«. Schriftsteller nähmen
Worte ernst, sagt Updike. Und sie verbärgen sich hinter ihnen:
»Der Schriftsteller, sogar der Lyriker, schlüpft, wenn er an seinem Pult sitzt und den Stift ergreift, in eine Verkleidung, die ihn
frei macht zu sprechen. Unser Appetit auf Interviews rührt zum
Teil von der Hoffnung her, daß die Verkleidungen fallen und die
mühsam aufgebaute Schriftstellerperson weggestoßen wird –
und daß die ›reale‹ Person so schändlich enthüllt dasteht wie die
formlose Schnecke ohne ihr wohlgestaltes Schneckenhaus.«

Eine unbegründete Furcht – weiß man doch, daß alles Maske-
rade ist, in fein abgestuften Nuancen: von der puren Fiktion des
Romans über die autobiographische Erzählung (›Montauk‹
etwa: je offener da einer, Max Frisch, von sich spricht, desto
mehr wird er zu einer fiktiven Gestalt) bis hin zum scheinbar un-
verstellten Gespräch über sich und das eigene Werk. Die Wahrheit ist nirgendwo zu finden, und sie ist überall enthalten.

Alles erfunden: Nicht nur die literarischen Texte sind Ver-
steckspiele und Inszenierungen, sondern auch die Entwürfe von
der eigenen Person sind nichts als Andeutungen, Verkleidungen,
Spiegelungen. Schriftsteller, und nicht nur sie, schirmen sich ab;
sie erfinden, um sich zu tarnen. Sie erfinden auch sich selbst. »Jeder Mensch«, heißt der berühmte, immer wieder variierte Satz
von Max Frisch, »erfindet sich eine Geschichte, die er dann, oft
unter gewaltigen Opfern, für sein Leben hält.«

Alles vergeblich also? Sinnlos die Beschäftigung mit dem, was
die Dichter über sich erzählen? Ganz und gar nicht. Literatur
setzt sich hier auf eine andere Art fort. »Entblößung und Verbergung gleich extrem«, lautet die Maxime, die Martin Walser an
seine Figur Meßmer delegiert hat. Entblößen und Verbergen –
dieses Spiel, ein endloses Spiel, kann nur dem müßig vorkommen, der Literatur als ein geschlossenes System ansieht.

Es ist ein altes Spiel, und auch die alten Fragen sind immer wieder zu stellen: Ist ein Stück Literatur autobiographisch gefärbt? Was ist Wirklichkeit, was Fiktion? Alles erfunden oder nicht? Ja, es scheinen gerade die einfachen Fragen zu sein, die, richtig gestellt, zu den interessanten Antworten führen, zu Ausflüchten und Aggressionen. Wie verändert sich einer, der sein Leben schreibend zubringt? Wie geht das konkret vor sich, Tag für Tag? Welches Verhältnis hat man zu dem, was da geschrieben steht? Wie funktioniert das alles? Wie hält man das aus? Woher holt man die Kraft und den Stoff und die Lust?

Geschichten über Schriftsteller sind in diesem Buch gesammelt, freilich so authentisch wie möglich dokumentierte: mit Hilfe des Tonbandgeräts. Sie folgen keiner vorgefaßten Strategie, haben keine übergeordnete Methode – es sei denn der Versuch, den anderen seine Geschichte erzählen zu lassen. Die Fragen dienen nur als Anstoß, dann wieder zum Insistieren oder gelegentlichen Intervenieren. Deshalb sind sie in diesen Porträts auch nur selten wiedergegeben. Sie haben, nachdem der Befragte den Faden aufgenommen hat, ihre Schuldigkeit getan.

Es sind dies Porträts, keine Interviews. Die Grenze ist fließend, der Unterschied aber erheblich. Das Abhören und Abschreiben des Tonbands ist nur ein Anfang, die Arbeit beginnt danach. Porträts erzählen Geschichten. Diese Geschichten sind Arrangements, bewußte, gezielte Arrangements: allein schon durch die Mischung aus Referat und Zitat (auch durch die Hinzunahme von Zitaten aus anderen Quellen, etwa den Büchern der Autoren, aus Vorträgen und Essays). Die Reihenfolge des Gesagten ist nicht unabänderlich: verstreute Äußerungen zu einem Thema sind vorsichtig gebündelt worden – es sei denn, die stufenweise Entwicklung eines Gedankens war von Bedeutung. Arrangiert sind diese Geschichten, doch das in ihnen Zitierte ist nicht weniger verläßlich als in jedem Autoren-Interview: Die wörtlichen Äußerungen sind nur so leicht überarbeitet worden wie bei jeder Übertragung von Gesprochenem in eine schriftliche Fassung üblich. Wo das Tonbandgerät noch nicht oder nicht mehr eingeschaltet war, beruhen die wörtlichen Zitate auf Notizen, die gleich nach der Begegnung angefertigt worden sind. Hinter jeder dieser Geschichten steckt mindestens ein Besuch am Ort des Lebens und Arbeitens. Es sind übrigens gerade die Unterbrechungen während eines Gesprächs, die mir im Gedächtnis geblieben sind, jene Situationen, nachdem man sich aus dem Sessel erhoben hatte, das Frage-und-Antwort-Spiel beendet war: mit Max Frisch in der Zürcher Straßenbahn, mit Philip Roth in einem amerikanischen Provinzkino, mit Botho Strauß im Berliner ›Kaufhaus des Westens‹. In solchen Szenen offenbarte sich oft mehr als in vielen Erklärungen.

Manche Episode fand nicht Eingang in das Porträt – und hätte doch eigentlich zur Geschichte gehört. Beim Gespräch mit Martin Walser etwa erschien einmal kurz seine Frau, um ihm mitzuteilen, gerade sei sie von jemandem angerufen worden, der im Adreßbuch die Entdeckung gemacht habe, daß Walser dort als »Schriftsetzermeister« geführt werde. »Das ist doch gar nicht schlecht«, sagte er und wiederholte genüßlich das Wort: »Schriftsetzermeister«. Der Amerikaner John Updike, zu Recht gelegentlich mit Walser verglichen, ist wie sein Kollege vom Bodensee ein Kafka-Kenner. Ich glaubte ihm etwas Neues mitteilen zu können und erzählte, daß Kafka angeblich beim Vorlesen seiner Texte laut gelacht habe. Updike zeigte sich überrascht. Am nächsten Morgen las ich sein Vorwort zu einer amerikanischen Ausgabe von Kafkas Erzählungen: genau diese Gewohnheit Kafkas wird dort erwähnt.

Die deutsche Literatur, weniger allerdings die zeitgenössische, spielt für die amerikanischen Autoren eine überraschend große Rolle – mit Kafka haben sich neben Updike auch Joyce Carol Oates und Philip Roth ausgiebig beschäftigt. John Irving, der für kurze Zeit in Wien studiert hat und bisher noch in jedem seiner Romane dieser Stadt Reverenz erwiesen hat (erst in seinem Roman ›Gottes Werk und Teufels Beitrag‹ macht er davon eine Ausnahme), ist ein Verehrer von Günter Grass. Auch umgekehrt ist, wenn nicht die Literatur Amerikas, so doch das Land für deutsche Schriftsteller immer von Bedeutung gewesen: Von den hier versammelten Autoren waren Günther Anders, Jurek Becker, Wolf Biermann, Max Frisch, Wolfgang Koeppen und Martin Walser für längere Zeit in den Vereinigten Staaten; einige haben zeitweise dort gelebt (Anders im Exil), alle sechs haben über das Land geschrieben. Von Walser stammt die Beobachtung (in seinem Roman ›Halbzeit‹): »Heutzutage ist es viel schwerer, zu beweisen, daß man nicht in Amerika war, als zu beweisen, daß man wirklich drüben gewesen ist.« Das ergibt noch einmal eine Geschichte für sich: die deutsche Literatur im Spiegel der fernen amerikanischen.

Eine Sammlung von Porträts ist immer eine Angelegenheit persönlicher Vorlieben, Sympathie spielt hinein. Ein Vergleich der Begegnungen auf beiden Kontinenten? Die Amerikaner zeigten sich gelassener, auch zufriedener mit ihrer Profession; daß es eine Arbeit ist, die sie oft verzweifeln läßt, erfahren sie genauso wie ihre europäischen Kollegen – aber gibt es eine bessere? Erfolg und Geld sind gut und wichtig, denn beides erlaubt dem Schriftsteller, in Ruhe neue Bücher zu schreiben. Schreiben ist ein Job, ein wunderbarer Job. Bei den Autoren aus der Schweiz, aus Österreich und Deutschland dagegen klingt das gequälter: Wozu macht man das alles noch? Wozu hat man es gemacht? Was bleibt? Das Gefühl, am Ende einer Tradition, überhaupt an einem Ende zu stehen, ist auf unserem Kontinent viel verbreiteter.

Nur hier scheint es möglich, daß jemand wie Günther Anders seine literarische Begabung mit der linken Hand abtut, weil Dringlicheres anzupacken sei: nämlich vor der atomaren Apokalypse zu warnen. »Keiner weiß, ob es die späteren Generationen noch gibt, für die man sich anstrengen soll«, springt ihm ein anderer, Max Frisch, bei. Nur Martin Walser fällt aus der Rolle, für ihn ist die Frage, ob es eine Nachwelt geben wird, müßig: »Verstehe ich nicht. Die Geschichte hat ja erst angefangen!« Und die Bedrohung? Die habe es in der Geschichte der Menschheit immer gegeben, mit jeweils anderen Inhalten: »Wenn wir früher dagesessen hätten, so wäre unsere Angst gewesen: Wenn die Türken durchkommen, sind wir erledigt!« Man habe sich stets das Ende Europas als den Untergang der Menschheit ausgemalt. »Es ist die jeweilige Bebilderung des Befürchteten. Die heißt jetzt: Auslöschung der Menschheit!«

Warum schreiben Sie? Auch diese Frage wird gestellt. Und die Antworten lauten fast gleich, Kontinente übergreifend: Weil ich nicht anders kann. Schreiben ist für die hier befragten Schriftsteller eine Existenzform, es gibt da keinen Ausweg – und wer, wie Frisch oder Koeppen, im Alter ans Ende gekommen ist, umkreist dennoch dieses Problem wieder und wieder. »Ich kann den Hahn nicht mehr zudrehen«, sagte in Wien Günther Anders. »Das kreativ zu nennen, wäre völlig falsch. Es ist eine Sache des Installateurs.« Die meisten lassen durchblicken (als wäre es ihnen unangenehm), daß sie fast keinen Tag ohne Notizen zubringen: ob es die zum Teil mit Tagesdatum versehenen Gedichte Jandls sind oder die Aufzeichnungen von Strauß oder die Kladden Walsers, aus denen, in fließendem Übergang, Romane entstehen – es gibt keinen Stillstand. Das kann zu Extremen führen, wie sie in diesen Porträts Joyce Carol Oates und Philip Roth verkörpern, die über Jahre, Jahrzehnte hin kaum etwas anderes kennen als ihre Arbeit. »Ich habe kein Leben, ich brauche kein Leben«, sagt Roth, »ich habe diese Sache.« Und seine Kollegin behauptet schlicht: »Ich arbeite die ganze Zeit.«

Was daran ist wahr? Was Legende? Keiner weiß es. Ein altes Spiel: Wer immer sich der Biographie einer anderen Person nähert, muß mit diesem Risiko rechnen – auch und gerade, wenn er sich auf Selbstäußerungen stützt. Arnold Zweig wollte einmal ausgerechnet über den Fachmann in Fragen der Verdrängung, Verleugnung und Abwehr, über Sigmund Freud, eine Biographie schreiben. Aus Wien erhielt er im Jahr 1936 eine unverhohlene, wenn auch freundliche Abfuhr. »Nein«, schrieb Freud, »ich liebe Sie viel zu sehr, um solches zu gestatten. Wer Biograph wird, verpflichtet sich zur Lüge, zur Verheimlichung, Heuchelei, Schönfärberei und selbst zur Verhehlung seines Unverständnisses, denn die biographische Wahrheit ist nicht zu haben, und wenn man sie hätte, wäre sie nicht zu brauchen.«

Nein, die Wahrheit ist nicht zu haben. Für den nicht, der – autobiographisch – über sich spricht, für den nicht, der sich – biographisch – von außen nähert, für beide nicht, wenn sie sich auf eine Begegnung einlassen. Auffällig, fast bei allen porträtierten Autoren: zunächst eine große Zurückhaltung. Sein Leben sei zu langweilig, um für eine Darstellung interessant zu sein, sagte Updike. »Sie werden sehen«, begrüßte mich Frisch, »meine Biographie ist nicht sehr ergiebig.«

Was hat der Schriftsteller vorzuzeigen – außer sich, seinen Worten und seinen Büchern? Die Bücher sind schnell vorgeführt: am liebsten immer wieder das Bord mit den Übersetzun-

gen in fremde Sprachen; manche dieser Bücherwände genau geordnet, andere verwildert, viele mit Lücken. Die Worte bergen
mitunter Überraschungen; das merkt der Fragende an einem
plötzlichen Ruck, einem Aufmerken des Antwortenden: Das
habe ich so noch nicht gesagt, das verblüfft mich selbst, das
wußte ich bisher noch gar nicht! Das sind Glücksmomente in einem Gespräch. Der Schriftsteller selbst bleibt das Rätsel. »Man
sucht den Autor«, hat Joyce Carol Oates einmal geschrieben,
»und findet – natürlich – einen Fremden.« Mich empfing sie in
ihrem Heimatort Princeton mit den Worten: »Wir Schriftsteller
existieren eigentlich nur in unseren Texten. Das heißt: wenn Sie
die Person treffen, so ist die Person gewöhnlich umgänglich und
freundlich, sie spricht auf einem ganz anderen Niveau.«

Ein altes Spiel, nie zu Ende gestellte Fragen: Wo steckt er, der
Autor? Ist der Schreibende mehr oder weniger als die Person, die
da vor einem sitzt und erzählt? Was haben sie miteinander zu
tun? Schreiben ist ein nie ganz aufzuklärendes, geheimnisvolles,
ein hartes Geschäft. Nur so rechtfertigt sich die Aufmerksamkeit, die wir den Schriftstellern widmen: wenn sie sich veraus-
gaben in einem peinigenden Kampf, der zumeist ein Leben lang
anhält. Denn Schreiben, so verstanden, ist eine andere Art des
Lebens. Sie manifestiert sich, wie jedes Leben, aber hier um
so vieles deutlicher und exemplarischer, in Erfindungen, in
Geschichten, in Bildern – »anders bekommen wir unsere Erlebnismuster nicht zu Gesicht« (Frisch). Romane, Erzählungen,
Gedichte, Theaterstücke: alles erfunden. Die Porträts und Geschichten über Schriftsteller: Variationen über ein altes Thema –
das Spiel mit Erfindung und Selbsterfindung. Alles erfunden?
Nein, natürlich nicht. Nicht alles.

Bio-Bibliografie der Schriftsteller

Günther Anders
Geboren (als Günther Stern) am 12. Juli 1902 in Breslau, gestorben am 17. Dezember 1992 in Wien. – Romane und Erzählungen: ›Der Blick vom Turm‹, 1968; ›Kosmologische Humoreske‹, 1978 (neu: ›Erzählungen‹, 1984); ›Die molussische Katakombe‹, 1992. – Essays und andere Schriften: ›Kafka – Pro und Contra‹, 1951; ›Die Antiquiertheit des Menschen‹, 1956; ›Der Mann auf der Brücke‹, 1959; ›Off limits für das Gewissen‹, 1961; ›Die Schrift an der Wand‹, 1967; ›Besuch im Hades‹, 1979; ›Die Antiquiertheit des Menschen‹, Band 2, 1980; ›Ketzereien‹, 1982; ›Hiroshima ist überall‹, 1982; ›Mensch ohne Welt‹, 1984; ›Lieben gestern‹, 1986. – Lyrik und Prosa: ›Tagebücher und Gedichte‹, 1985.

Jurek Becker
Geboren in Lodz (Polen), das Datum ist unbekannt (im Paß steht der 30. September 1937, wahrscheinlich ist Becker jünger), lebt in Berlin. – Romane: ›Jakob der Lügner‹, 1969; ›Irreführung der Behörden‹, 1973; ›Der Boxer‹, 1976; ›Schlaflose Tage‹, 1978; ›Aller Welt Freund‹, 1982; ›Bronsteins Kinder‹, 1986; ›Amanda herzlos‹, 1992. – Erzählungen: ›Nach der ersten Zukunft‹, 1980; ›Die beliebteste Familiengeschichte‹, 1992. – Essays: ›Warnung vor dem Schriftsteller‹, 1990.

Wolf Biermann
Geboren am 15. November 1936 in Hamburg, lebt dort. – Lyrik: ›Die Drahtharfe‹, 1965; ›Mit Marx- und Engelszungen‹, 1968; ›Deutschland. Ein Wintermärchen‹, 1972; ›Für meine Genossen‹, 1972; ›Alle Lieder‹, 1991. – Lyrik und Prosa: ›Preußischer Ikarus‹, 1978; ›Verdrehte Welt – das seh' ich gerne‹, 1982; ›Affenfels und Barrikade‹, 1986. – Prosa: ›Klartexte im Getümmel‹, 1990; ›Über das Geld und andere Herzensdinge‹, 1991; ›Der Sturz des Dädalus‹, 1992. – Theater: ›Der Dra-Dra‹, 1970.

Harold Brodkey
Geboren als Aaron Weintrub am 25. Oktober 1930 in Staunton (Illinois), lebt in New York. – Prosa: ›First Love and Other Sorrows‹, 1958 (›Erste Liebe und andere Sorgen‹, 1968); ›Stories in an Almost Classical Mode‹, 1988 (deutsch 1990/1991 in zwei Bänden: ›Unschuld/Nahezu klassische Stories‹, ›Engel/Nahezu klassische Stories‹); ›The Runaway Soul‹, 1991 (deutsche Ausgabe in Vorbereitung); ›Profane Friendship‹, 1994 (›Profane Freundschaft‹, 1994; erste Fassung in italienischer Übersetzung schon 1992).

Richard Ford
Geboren am 16. Februar 1944 in Jackson (Mississippi), lebt in New Orleans. –
Romane und Erzählungen: ›A Piece of My Heart‹, 1976 (›Ein Stück meines Herzens‹, 1989); ›The Ultimate Good Luck‹, 1981 (›Verdammtes Glück‹, 1989/1994); ›The Sportswriter‹, 1986 (›Der Sportreporter‹, 1989); ›Rock Springs‹, 1987 (›Rock Springs‹, 1989); ›Wildlife‹, 1990 (›Wildlife/Wild leben‹, 1991); ›The Womanizer‹, 1992 (in der Zeitschrift ›Granta‹; ›Der Frauenheld‹, 1994); ›The Independence Day‹ (1994); ›Eifersüchtig‹ (1995; bisher keine amerikanische Ausgabe).

Max Frisch
Geboren am 15. Mai 1911 in Zürich, dort am 4. April 1991 gestorben. – Romane und Erzählungen: ›Jürg Reinhart‹, 1934; ›Antwort aus der Stille‹, 1937; ›J'adore ce qui me brûle‹, 1943 (neu: ›Die Schwierigen‹, 1957); ›Bin oder Die Reise nach Peking‹, 1945; ›Stiller‹, 1954; ›Homo faber‹, 1957; ›Mein Name sei Gantenbein‹, 1964; ›Wilhelm Tell für die Schule‹, 1971; ›Dienstbüchlein‹, 1974; ›Montauk‹, 1975; ›Der Mensch erscheint im Holozän‹, 1979; ›Blaubart‹, 1982. – Tagebücher: ›Blätter aus dem Brotsack‹, 1940 (neu: 1964); ›Tagebuch mit Marion‹, 1947; ›Tagebuch 1946–1949‹, 1950; ›Tagebuch 1966–1971‹, 1972. – Essays: ›achtung: Die Schweiz‹, 1955 (Gespräch); ›Die neue Stadt‹, 1956; ›Öffentlichkeit als Partner‹, 1967; ›Forderungen des Tages‹, 1983; ›Schweiz als Heimat?‹, 1990. – Theater (Buchausgaben): ›Nun singen sie wieder‹, 1946; ›Santa Cruz‹, 1947; ›Die Chinesische Mauer‹, 1947 (neu: 1972); ›Als der Krieg zu Ende war‹, 1949 (neu: 1962); ›Graf Öderland‹, 1951 (neu: 1961); ›Don Juan oder Die Liebe zur Geometrie‹ 1953 (neu: 1962); ›Biedermann und die Brandstifter‹, 1958 (neu: 1973); ›Andorra‹, 1961; ›Biografie: Ein Spiel‹, 1967 (neu: 1968); ›Triptychon‹, 1978 (neu: 1981); ›Schweiz ohne Armee?‹, 1989.

Joseph Heller
Geboren am 1. Mai 1923 in New York, lebt auf Long Island. – Romane: ›Catch-22‹, 1961 (›Catch-22‹, 1964, zunächst unter dem Titel ›Der IKS-Haken‹); ›Something happened‹, 1974 (›Was geschah mit Slocum?‹, 1975); ›Good as Gold‹, 1979 (›Gut wie Gold‹, 1980); ›God knows‹, 1984 (›Weiß Gott‹, 1985); ›Picture This‹, 1988 (›Rembrandt war 47 und sah dem Ruin ins Gesicht‹, 1989); ›Closing Times‹, 1994 (›Endzeit‹, 1994). – Autobiographie (zusammen mit Speed Vogel): ›No Laughing Matter‹, 1986 (›Überhaupt nicht komisch‹, 1986).

John Irving
Geboren am 2. März 1942 in Exeter (New Hampshire), lebt in Vermont. – Romane: ›Setting Free the Bears‹, 1969 (›Laßt die Bären los‹, 1985); ›The Water-Method Man‹, 1972 (›Die wilde Geschichte vom Wassertrinker‹, 1989); ›The 158-Pound Marriage‹, 1974 (›Eine Mittelgewichtsehe‹, 1986); ›The World According to Garp‹, 1978 (›Garp und wie er die Welt sah‹, 1979); ›The Hotel New Hampshire‹, 1981 (›Das Hotel New Hampshire‹, 1984); ›The Cider House Rules‹, 1985 (›Gottes Werk und Teufels Beitrag‹, 1988); ›A Prayer for Owen Meany‹, 1989 (›Owen Meany‹, 1990); ›A Son of the Circus‹, 1994. – Erzählungen: ›Rettungsversuch für Piggy Sneed‹, 1993.

Ernst Jandl
Geboren am 1. August 1925 in Wien, lebt dort. – Lyrik: ›Andere Augen‹, 1956;
›Laut und Luise‹, 1966; ›sprechblasen‹, 1968; ›der künstliche baum‹, 1970; ›dingfest‹, 1973; ›serienfuss‹, 1974; ›für alle‹, 1974; ›die bearbeitung der mütze‹, 1978;
›der gelbe hund‹, 1980; ›selbstporträt des schachspielers als trinkende uhr‹, 1983;
›idyllen‹, 1989, ›stanzen‹, 1992. – Essays: ›Die schöne Kunst des Schreibens‹,
1976; ›Das Öffnen und Schließen des Mundes‹, 1985. – Theater: ›Aus der
Fremde‹, 1980.

Wolfgang Koeppen
Geboren am 23. Juni 1906 in Greifswald, lebt in München. – Romane: ›Eine unglückliche Liebe‹, 1934 (neu: 1960); ›Die Mauer schwankt‹, 1935 (neu: 1983); ›Jakob Littners Aufzeichnungen aus einem Erdloch‹, 1948 (zunächst anonym, neu:
1992); ›Tauben im Gras‹, 1951; ›Das Treibhaus‹, 1953; ›Der Tod in Rom‹, 1954. –
Erzählungen, Essays und Reiseberichte: ›Nach Rußland und anderswohin‹,
1958; ›Amerikafahrt‹, 1959; ›Reisen nach Frankreich‹, 1961; ›Romanisches
Café‹, 1972; ›Jugend‹, 1976; ›Die elenden Skribenten‹, 1981; ›Angst‹, 1987; ›Es
war einmal in Masuren‹, 1991.

Joyce Carol Oates
Geboren am 16. Juni 1938 in Lockport (New York), lebt in Princeton. – Ro-
mane: ›With Shuddering Fall‹, 1964; ›A Garden of Earthly Delights‹, 1967 (›Ein
Garten irdischer Freuden‹, 1970); ›Expensive People‹, 1968; ›Them‹, 1969
(›Jene‹, 1975); ›Wonderland‹, 1971; ›Do With Me What You Will‹, 1973; ›The
Assassins: A Book of Hours‹, 1975; ›The Triumph of the Spider Monkey‹, 1976;
›Childwold‹, 1976 (›Im Dickicht der Kindheit‹, 1983); ›Son of the Morning‹,
1979; ›Unholy Loves‹, 1979 (›Unheilige Liebe‹, 1984); ›Cybele‹, 1979; ›Angel of
Light‹, 1981 (›Engel des Lichts‹, 1984); ›Bellefleur‹, 1980 (›Bellefleur‹, 1982); ›A
Bloodsmoor Romance‹, 1982 (›Die Schwestern von Bloodsmoor‹, 1987); ›Mysteries of Winterthurn‹, 1984; ›Solstice‹, 1985 (›Im Zeichen der Sonnenwende‹,
1990); ›Marya: A Life‹, 1986 (›Marya – Ein Leben‹, 1991); ›You Must Remember
This‹, 1987; ›American Appetites‹, 1989 (›Amerikanische Begierden‹, 1993); ›Because It Is Bitter, and Because It Is My Heart‹, 1990 (›Bitterkeit des Herzens‹,
1994); ›The Rise of Life on Earth‹, 1991; ›Black Water‹, 1992 (›Schwarzes Wasser‹, 1993); ›What I Lived For‹, 1994. – Romane unter dem Pseudonym Rosa-
mond Smith: ›Lives of the Twins‹, 1987 (›Der Andere‹, 1989); ›Soul-Mate‹, 1989;
›Nemesis‹, 1990. – Erzählungen: ›By the North Gate‹, 1963; ›Upon the Sweeping
Flood and Other Stories‹, 1966; ›The Wheel of Love and Other Stories‹, 1970;
›Marriages and Infidelities‹, 1972 (›Lieben, verlieren, lieben‹, 1980/›Das Mitt-
wochskind‹, 1992); ›The Hungry Ghosts: Seven Allusive Comedies‹, 1974; ›The
Goddess and Other Women‹, 1974; ›The Seduction and Other Stories‹, 1975;
›The Poisoned Kiss‹, 1975; ›Crossing the Border‹, 1977 (›Grenzüberschreitun-
gen‹, 1978); ›All the Good Poeple I've Left Behind‹, 1979; ›A Sentimental Educa-
tion‹, 1980; ›Last Days‹, 1984 (›Letzte Tage‹, 1986); ›Wild Nights‹, 1985; ›Ra-
ven's Wing‹, 1986; ›The Assignation‹, 1988 (›Das Rendezvous‹, 1992); ›Heat:
And Other Stories‹, 1991. – Gedichte: ›Women in Love and Other Poems‹, 1969;

›Anonymous Sins and Other Poems‹, 1969; ›Love and its Derangements‹, 1970; ›Angel Fire‹, 1973; ›Dreaming America and Other Poems‹, 1973; ›The Fabulous Beasts‹, 1975; ›Invisible Woman‹. New and Selected Poems 1970–1982‹, 1982; ›The Time Traveler‹, 1989. – Essays: ›The Edge of Impossibility: Tragic Forms in Literature‹, 1972; ›New Heaven, New Earth‹, 1974; ›Contraries‹, 1981; ›The Profane Art‹, 1983; ›On Boxing‹, 1987 (›Über Boxen‹, 1988); ›(Woman)Writer: Opportunities and Occasions‹; 1988.

Philip Roth

Geboren am 19. März 1933 in Newark, lebt in New York und Cornwell Bridge (Connecticut). – Romane und andere Prosa: ›Goodbye, Columbus‹, 1959 (›Goodbye, Columbus!‹, 1962, ergänzt um Erzählungen); ›Letting Go‹, 1962 (›Anderer Leute Sorgen‹, 1965); ›When She Was Good‹, 1967 (›Lucy Nelson oder die Moral‹, 1973); ›Portnoy's Complaint‹, 1969 (›Portnoys Beschwerden‹, 1970); ›The Breast‹, 1972 (›Die Brust‹, 1979); ›Our Gang‹, 1971 (›Unsere Gang‹, 1972); ›The Great American Novel‹, 1973; ›My Life as a Man‹, 1974 (›Mein Leben als Mann‹, 1990); ›The Professor of Desire‹, 1977 (›Professor der Begierde‹, 1978); ›The Ghost Writer‹, 1979 (›Der Ghost Writer‹, 1980); ›Zuckerman Unbound‹, 1981 (›Zuckermans Befreiung‹, 1982); ›The Anatomy Lesson‹, 1983 (›Die Anatomiestunde‹, 1986); ›Epilogue: The Prague Orgy‹, 1985 (›Die Prager Orgie‹, 1986); ›The Counterlife‹, 1986 (›Gegenleben‹, 1988); ›The Facts. A Novelist's Autobiography‹, 1988 (›Die Tatsachen. Autobiographie eines Schriftstellers‹, 1991); ›Deception. A Novel‹, 1990 (›Täuschung‹, 1993); ›Patrimony. A True Story‹, 1991 (›Mein Leben als Sohn. Eine wahre Geschichte‹, 1992); ›Operation Shylock. A Confession‹, 1993 (›Operation Shylock. Ein Bekenntnis‹, 1994). – Essays: ›Reading Myself and Others‹, 1975.

Gerold Späth

Geboren am 16. Oktober 1939 in Rapperswil am Zürichsee, lebt dort. – Romane: ›Unschlecht‹, 1970; ›Stimmgänge‹, 1972; ›Die heile Hölle‹, 1974; ›Balzapf oder als ich auftauchte‹, 1977; ›Commedia‹, 1980; ›Sindbadland‹, 1984; ›Barbarswila‹, 1988; ›Stilles Gelände am See‹, 1991; ›Das Spiel des Sommers neunundneunzig‹, 1993. – Erzählungen: ›Zwölf Geschichten‹, 1973; ›Phönix – die Reise an den Tag‹, 1978; ›Ende der Nacht‹, 1979; ›Sacramento‹, 1983; ›Verschwinden in Venedig‹, 1985; ›Früher am See. Frühling, Sommer‹, 1988.

Botho Strauß

Geboren am 2. Dezember 1944 in Naumburg (Saale), lebt in Berlin. – Prosa: ›Schützenehre‹, 1975; ›Marlenes Schwester‹, 1975; ›Die Widmung‹, 1977; ›Rumor‹, 1980; ›Paare, Passanten‹, 1981; ›Der junge Mann‹, 1984; ›Niemand anderes‹, 1987; ›Kongreß‹, 1989; ›Fragmente der Undeutlichkeit‹, 1989; ›Beginnlosigkeit‹, 1992; ›Wohnen Dämmern Lügen‹, 1994. – Lyrik: ›Diese Erinnerung an einen, der nur einen Tag zu Gast war‹, 1985. – Theaterstücke: ›Die Hypochonder‹, 1972; ›Bekannte Gesichter, gemischte Gefühle‹, 1974; ›Trilogie des Wiedersehens‹, 1976; ›Groß und klein‹, 1978; ›Der Park‹, 1983; ›Die Fremdenführerin‹,

1986; ›Besucher‹, 1988; ›Die Zeit und das Zimmer‹, 1988; ›Sieben Türen‹, 1988; ›Schlußchor‹, 1991; ›Angelas Kleider‹, 1991; ›Das Gleichgewicht‹, 1993.

John Updike
Geboren am 18. März 1932 in Shillington (Pennsylvania), lebt in Beverly Farms (Neuengland). – Romane: ›The Poorhouse Fair‹, 1959 (›Das Fest am Abend‹, 1961); ›Rabbit, Run‹, 1960 (›Hasenherz‹, 1962); ›The Centaur‹, 1963 (›Der Zentaur‹, 1966); ›On The Farm‹, 1965 (›Auf der Farm‹, 1969); ›Couples‹, 1968 (›Ehepaare‹, 1969); ›Bech: A Book‹, 1970 (›Henry Bech‹, 1984, ergänzt um die Texte aus ›Bech Is Back‹, s. u.); ›Rabbit Redux‹, 1971 (›Unter dem Astronautenmond‹, 1973); ›A Month of Sundays‹, 1975 (›Der Sonntagsmonat‹, 1976); ›Marry Me‹, 1976 (›Heirate mich!‹, 1978), ›The Coup‹, 1978 (›Der Coup‹, 1981); ›Rabbit Is Rich‹, 1981 (›Bessere Verhältnisse‹, 1983); ›The Witches of Eastwick‹, 1984 (›Die Hexen von Eastwick‹, 1985); ›Roger's Version‹, 1986 (›Das Gottesprogramm‹, 1988); ›S.‹, 1988 (›S.‹, 1989); ›Rabbit at Rest‹, 1990 (›Rabbit in Ruhe‹, 1992); ›Memories of the Ford Administration‹, 1992 (›Erinnerungen an die Zeit unter Ford‹, 1994); ›Brazil‹, 1994. – Erzählungen: ›The Same Door‹, 1959; ›Pigeon Feathers‹, 1962 (›Glücklicher war ich nie‹, 1966, Auswahl aus ›The Same Door‹ und ›Pigeon Feathers‹); ›Olinger Stories‹, 1964 (Auswahl); ›The Music School‹, 1966 (›Gesammelte Erzählungen‹, 1971, Auswahl aus ›The Same Door‹, ›Pigeons Feathers‹ und ›The Music School‹; Neuauflage unter dem Titel ›Werben um die eigene Frau‹, 1988); ›Museums and Women‹, 1972; ›Too Far to Go‹, 1979 (›Der weite Weg zu zweit‹, 1982); ›Problems‹, 1979 (›Der verwaiste Swimmingpool‹, 1987, von Updike getroffene Auswahl aus ›Museums and Women‹ und ›Problems‹); ›Bech Is Back‹, 1982; ›Trust Me‹, 1987 (›Spring doch!‹, 1990); ›The Afterlife‹, 1994. – Lyrik: ›The Carpented Hen‹, 1958; ›Telephone Poles‹, 1963; ›Midpoint‹, 1969; ›Tossing and Turning‹, 1977; ›Facing Nature‹, 1985 (›Gedichte‹, 1985, von Updike getroffene Auswahl aus allen Gedichtbänden); ›Collected Poems 1953–1993‹, 1993. – Essaybände: ›Assorted Prose‹, 1965; ›Picked-Up Pieces‹, 1975; ›Hugging the Shore‹, 1983 (›Amerikaner und andere Menschen‹, 1987, von Updike getroffene Auswahl); ›Just Looking‹, 1989; ›Self-Consciousness‹, 1989 (›Selbst-Bewußtsein‹, 1990); ›Odd Jobs‹, 1991 (›Vermischtes‹, 1995, Auswahl). – Theaterstück: ›Buchanan Dying‹, 1974. – Kinderbücher: ›The Magic Flute‹, 1962; ›The Ring‹, 1964; ›A Child's Calendar‹, 1965; ›Bottom's Dream‹, 1969.

Martin Walser
Geboren am 24. März 1927 in Wasserburg am Bodensee, lebt in Überlingen am Bodensee. – Romane und Novellen: ›Ehen in Philippsburg‹, 1957; ›Halbzeit‹, 1960; ›Das Einhorn‹, 1966; ›Die Gallistl'sche Krankheit‹, 1972; ›Der Sturz‹, 1976; ›Jenseits der Liebe‹, 1976; ›Ein fliehendes Pferd‹, 1978; ›Seelenarbeit‹, 1979; ›Das Schwanenhaus‹, 1980; ›Brief an Lord Liszt‹, 1982; ›Brandung‹, 1985; ›Dorle und Wolf‹, 1987; ›Die Jagd‹, 1988; ›Die Verteidigung der Kindheit‹, 1991; ›Ohne einander‹, 1993. – Erzählungen und Prosa: ›Ein Flugzeug über dem Haus‹, 1955; ›Lügengeschichten‹, 1964; ›Fiction‹, 1970; ›Gesammelte Geschichten‹, 1983; ›Meßmers Gedanken‹, 1985. – Essays: ›Beschreibung einer Form‹, 1961; ›Erfahrungen und Leseerfahrungen‹, 1965; ›Heimatkunde‹, 1968; ›Wie

und wovon handelt Literatur‹, 1973; ›Wer ist ein Schriftsteller?‹, 1978; ›Heimatlob‹, 1978; ›Selbstbewußtsein und Ironie‹, 1981; ›Liebeserklärungen‹, 1983; ›Heilige Brocken‹, 1986; ›Die Amerikareise‹, 1986; ›Über Deutschland reden‹, 1988 (1989 aktualisiert); ›Vormittag eines Schriftstellers‹, 1994. – Theaterstücke: ›Das Sofa‹, 1961 (neu: 1992); ›Der Abstecher‹, 1961; ›Eiche und Agorra‹, 1962; ›Überlebensgroß Herr Krott‹, 1964; ›Der schwarze Schwan‹, 1964; ›Die Zimmerschlacht‹, 1967; ›Ein Kinderspiel‹, 1970; ›Das Sauspiel‹, 1975; ›In Goethes Hand‹, 1982; ›Stücke‹, 1987.

Nachweise

Diese Porträts sind zunächst in der ›Frankfurter Allgemeinen‹ (vor allem im ›FAZ-Magazin‹), in der ›Zeit‹ oder im ›Spiegel‹ veröffentlicht und für dieses Buch – zum Teil erheblich – erweitert worden. Den Verlagen ist für die Genehmigung zum Wiederabdruck zu danken. Das Gespräch mit John Updike im Jahre 1988 fand im Auftrag des ZDF statt und wurde zuerst im Fernsehen gesendet, bei den Gesprächen im Jahre 1994 mit Joseph Heller und Updike war mein ›Spiegel‹-Kollege Matthias Matussek dabei.

V. H.

Fotonachweise

S. 16   Günther Anders, 1984 in Wien
Foto: Hermann Dornhege

S. 33   Jurek Becker, 1986
Foto: Isolde Ohlbaum

S. 44   Wolf Biermann, 1981 in seinem Hamburger Haus
Foto: Calle Hesslefors

S. 55   Harold Brodkey, 1991 während des Gesprächs in New York
Foto: V. H.

S. 64   Harold Brodkey, 1994 in Venedig
Foto: Franco Tanel

S. 72   Richard Ford, 1991 in New Orleans
Foto: V. H.

S. 78, 79   Richard Ford, 1991 auf dem Balkon seine Hauses in New Orleans
Foto: V. H.

S. 85   Max Frisch, 1981 vor seinem Haus in Berzona
Foto: Andrej Reiser

S. 93   Max Frisch, 1982 in Zürich
Foto: V. H.

S. 101   Max Frisch, 1982 während des Gesprächs in seiner Zürcher Wohnung
Foto: V. H.

S. 106	Joseph Heller, 1983 während des Gesprächs auf Long Island Foto: V. H.
S. 119	Joseph Heller, 1994 am Strand von East Hampton Foto: Andreas Sterzing
S. 126	John Irving, 1989 in Deutschland Foto: Isolde Ohlbaum
S. 144	Ernst Jandl, 1982 in seiner Wiener Wohnung Foto: Gerd van Rijn
S. 150, 151	Wolfgang Koeppen, 1985 in seiner Münchener Wohnung Foto: Stefan Moses
S. 158	Joyce Carol Oates, 1983 in ihrem Haus in Princeton Foto: Andreas Sterzing
S. 165	Joyce Carol Oates, 1983 in ihrem Haus in Princeton Foto: Andreas Sterzing
S. 176	Philip Roth, 1983 in London Foto: Hermann Dornhege
S. 187	Philip Roth, 1991 während des Gesprächs in New York Foto: V. H.
S. 195	Gerold Späth, 1980 in Italien Foto: Calle Hesslefors
S. 196, 197	Gerold Späth, 1980 in Italien Foto: Calle Hesslefors
S. 208, 209	Botho Strauß, 1980 in der Berliner Keithstraße Foto: Barbara Klemm
S. 236	Botho Strauß, 1993 Foto: Ruth Waltz
S. 251	John Updike, 1983 vor seinem Haus in Beverly Farms Foto: Joel Meyerowitz
S. 271	John Updike, 1994 in Boston Foto: Andreas Sterzing
S. 282	Martin Walser, 1986 Foto: Isolde Ohlbaum

* * *

Innere Umschlagseiten:

S. 1 oben	Mit John Updike, Boston 1994 Foto: Andreas Sterzing
S. 1 unten	Mit Joyce Carol Oates, Hamburg 1987 Foto: Peter Peitsch
S. 320 oben	Mit Joseph Heller, Frankfurt 1985 Foto: Calle Hesslefors
S. 320 unten	Mit Joseph Heller, Long Island 1994 Foto: Andreas Sterzing

Botho Strauß
im dtv

Foto: Isolde Ohlbaum

Die Widmung
Von seiner Freundin verlassen,
schreibt Richard die »Biographie
seiner leeren Stunden«. dtv 10248

Paare, Passanten
Botho Strauß packt unser Leben
an seinen heikelsten, öffentlichsten
und zugleich intimsten Punkten.
dtv 10250

Kalldewey
Farce
Ein Stück um Liebe und Tod,
Flucht und Angriff, Traum und
Realität, Wahnsinn und Therapie.
dtv 10346

Der Park
Schauspiel
Die bundesdeutsche Gesellschaft
wird von den erotischen Gottheiten
aus Shakespeares »Sommernachts-
traum« heimgesucht. dtv 10396

Triologie des Wiedersehens
Groß und klein
Zwei klassische Theaterstücke der
siebziger Jahre. dtv 10469

Rumor
Die Lebenskrise eines Intellek-
tuellen, der zum trunksüchtigen
Narren wird. dtv 10488

Der junge Mann
Ein postmodernes Erzählwerk in
der Tradition des deutschen Ent-
wicklungsromans, intelligent,
gewagt und umstritten. dtv 10774

Die Fremdenführerin
Stück in zwei Akten
Ein ungleiches Paar verbirgt sich an
einem Ort, wo die alltäglichen
Gesetze des Zusammenlebens für
einen heißen Sommer lang nicht
gelten sollen. dtv 10943

Niemand anderes
Unsentimental und einfühlsam
skizziert Botho Strauß unspekta-
kuläre, doch für den einzelnen
zentrale Alltagsbegebenheiten.
dtv 11236

Besucher
Komödie
Ein großer Mime probt mit einem
jungen Schauspieler, der ihn mit
seiner ungebrochenen Verehrung
nervt. Beide fallen aus der Rolle
und aus ihren Rollen. dtv 11307

Marlenes Schwester
Zwei Erzählungen
dtv 6314

Als der Krieg zu Ende war...

Heinrich Böll:
Die Verwundung
und andere frühe
Erzählungen
dtv 10472

**Entfernung
von der Truppe**
Erzählungen
dtv 11593

Siegfried Lenz:
Ein Kriegsende
Ein furchtbares
Kriegsgericht in
letzter Minute
dtv 11175

Günter Grass:
Hundejahre
Danziger Klein-
bürgerwelt in
Faschismus und
Krieg
dtv 11823

Bruno Apitz:
Nackt unter Wölfen
Der Roman über die
Selbstbefreiung des
KZ Buchenwald
dtv 12002

Heimito von
Doderer:
Tangenten
Ein Kriegs- und
Nachkriegstagebuch
dtv 12014

Ernst Jünger:
Strahlungen II
Ernst Jünger, Fatalist
und distanzierter
Zeitzeuge. Tagebuch
von 1943 bis 1948
dtv 10985

Christa Wolf:
Kindheitsmuster
Auf den Spuren der
Kindheit im
Nationalsozialismus
dtv 11927

Erich Kästner:
Notabene 45
Tagebuchnotizen
aus dem letzten
Kriegsjahr
dtv 11016

Gudrun Pausewang:
**Fern von der
Rosinkawiese**
Sommer 1945.
Flüchtlingsströme
nach Westen. Auch
eine Mutter mit
sechs Kindern...
dtv 11636

Herbert
Rosendorfer:
**Vier Jahreszeiten
im Yrwental**
Die Wirren der letz-
ten Kriegstage drin-
gen ins Yrwental.
Das Tal muß viele
Flüchtlinge aufneh-
men, darunter man-
che dunkle Gestalt.
dtv 11145

Heinrich Böll
In eigener und anderer Sache

Schriften und Reden 1952 – 1985

Heinrich Böll hat seine Schriften und Reden
immer als gleichberechtigten Teil seines
Werkes angesehen. Seine Kommentare,
Glossen und Rezensionen bilden ein kritisches
Lesebuch zur deutschen Politik und Literatur
der letzten vierzig Jahre.

Heinrich Böll:
Briefe aus dem
Rheinland
Schriften und Reden
1960–1963

dtv

Heinrich Böll:
Die »Einfachheit«
der »kleinen« Leute
Schriften und Reden
1978–1981

dtv

Alle Bände einzeln
oder zusammen als
Kassette erhältlich

**Zur Verteidigung
der Waschküchen
Schriften und
Reden 1952 – 1959**
dtv 10601

**Briefe aus dem
Rheinland
Schriften und
Reden 1960 – 1963**
dtv 10602

**Heimat und keine
Schriften und
Reden 1964 – 1968**
dtv 10603

**Ende der
Bescheidenheit
Schriften und
Reden 1969 – 1972**
dtv 10604

**Man muß immer
weitergehen
Schriften und
Reden 1973 – 1975**
dtv 10605

**Es kann einem
bange werden
Schriften und
Reden 1976 – 1977**
dtv 10606

**Die »Einfachheit«
der »kleinen« Leute
Schriften und
Reden 1978 – 1981**
dtv 10607

**Feindbild und
Frieden
Schriften und
Reden 1982 – 1983**
dtv 10608

**Die Fähigkeit zu
trauern
Schriften und
Reden 1984 – 1985**
dtv 10609

**In eigener und
anderer Sache
Schriften und
Reden 1952 – 1985**
9 Bände in Kassette
dtv 5962

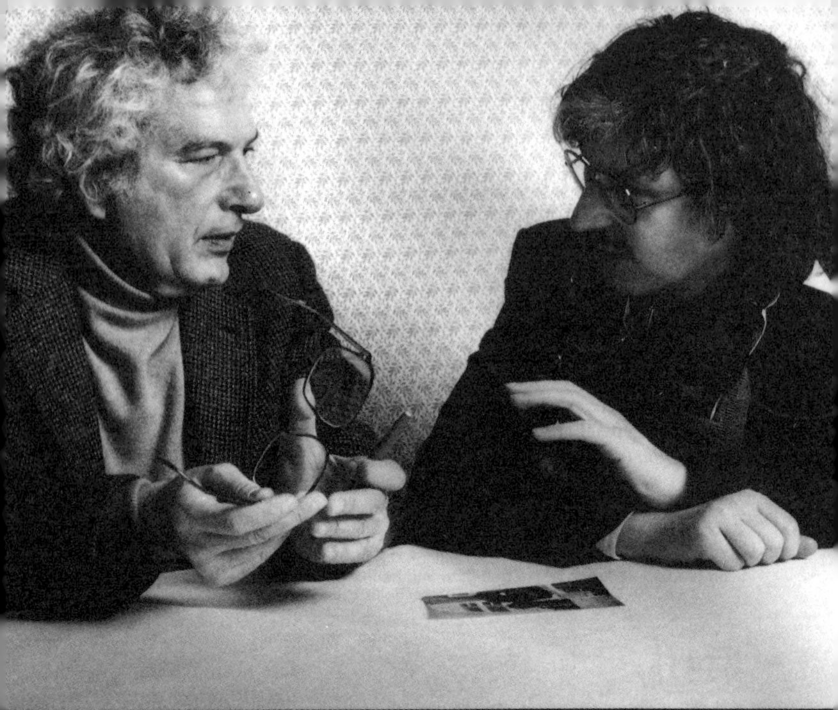

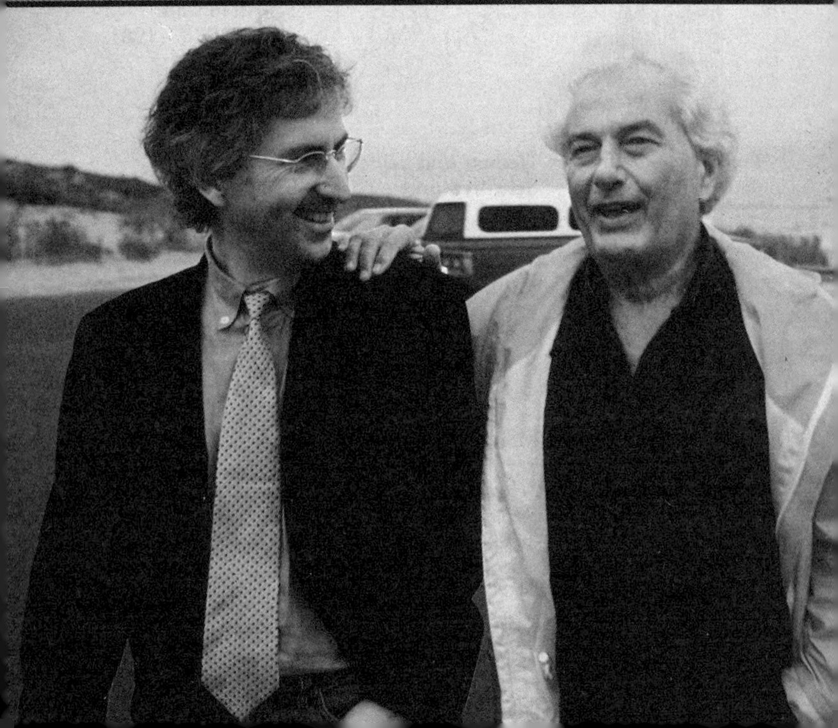